RICHARD RORTY
AMBIGUÏTÉS ET LIMITES DU POSTMODERNISME

POUR DEMAIN

Directeurs : André ROBINET et Gilbert HOTTOIS

BUYDENS (M) – *Sahara. L'esthétique de Gilles Deleuze.*

HOTTOIS (G) – *Evaluer la technique. Aspects éthiques de la philosophie de la technique.*

– *Pour une métaphilosophie du langage.*

LENAIN (T) – *Pour une critique de la raison ludique. Essai sur la problématique nietzschéenne.*

MISSA (J.-N.) – *L'Esprit-cerveau. La philosophie de l'esprit à la lumière des neurosciences.* Préface de Claude Debru.

PERELMAN (Ch) – *L'empire rhétorique.*

PONTON (L) – *Philosophie et droits de l'homme de Kant à Lévinas.*

WEYEMBERGH (M) – *Entre politique et technique. Aspects de l'utopisme contemporain.*

POUR DEMAIN
Directeurs : André ROBINET et Gilbert HOTTOIS

RICHARD RORTY AMBIGUÏTÉS ET LIMITES DU POSTMODERNISME

Direction scientifique et présentation

par

Gilbert HOTTOIS et Maurice WEYEMBERGH

PARIS
LIBRAIRIE PHILOSOPHIQUE J. VRIN
6, Place de la Sorbonne, V[e]

1994

Printed in France

ISSN 0180-4847

ISBN 2-7116-1204-X

PRÉSENTATION

Richard Rorty est un philosophe exceptionnel pour de nombreuses raisons. Je n'en retiendrai que deux. La première est l'extraordinaire multiplicité des courants qu'il brasse, des noms propres – ses « héros » – qui parsèment ses écrits et qui reviennent tels des personnages d'un cycle romanesque, tantôt à l'avant-plan, tantôt en contrepoint, avec des caractères qui évoluent au fil du temps. Rien de philosophique n'est étranger à R. Rorty. Il a beaucoup fait pour que la philosophie analytique anglo-saxonne et la philosophie « continentale » communiquent, et surtout ne s'excommunient pas mutuellement. La deuxième raison est que R. Rorty nous parle, avant tout peut-être, de *la philosophie* : de ce qu'elle est, a été, devrait être et ne pas être.

Cette discussion, qui nous intéresse, nous intellectuels philosophes, au plus haut point s'agissant de notre identité en une époque où celle-ci est fort en question, a commencé de l'intérieur même de l'identité philosophique que la contingence historique avait imposée à R. Rorty : la philosophie analytique du « linguistic turn ». D'emblée, dans ce premier livre (*The Linguistic Turn*), R. Rorty faisait communiquer les ténors de la philosophie du langage idéal et de la philosophie du langage ordinaire, manifestait leur espoir le plus profond – trouver en un (méta)langage commun la méthode unique de résolution des questions philosophiques et mettre fin ainsi à la cacophonie des philosophies. Mais, nous montrait R. Rorty, la cacophonie règne aussi chez les philosophes du langage. Son originalité fut alors, revenant de tous les rêves et de toutes les nostalgies d'universalité et d'unité, de considérer que cette irréductible pluralité de voix en dissonance n'est pas une chose regrettable ou mauvaise, qu'elle est au contraire précieuse et à préserver. La cacophonie, largement due au fait que certains essayent toujours de parler plus fort que les autres, devint alors la discussion, très vite la *conversation*, civilisée et condition de civilisation.

Tout à la fin de la longue *Introduction* au *Linguistic Turn* de 1967, on lit déjà explicitement que :

– les luttes métaphilosophiques du futur se centreront autour de l'opposition entre « réformer » et « décrire », entre la « philosophie comme proposition » et la « philosophie comme découverte », car si la conscience est langagière elle est, à la différence du sujet transcendantal, façonnée et façonnable, et la philosophie doit abandonner l'illusion de pouvoir être ou devenir une « super-science » : elle doit pouvoir entendre l'appel de l'art ;

– mais on y lit aussi que le plus important, ce n'est pas le « linguistic turn » qui prolonge autrement l'ancien rêve théorétique, mais la reconsidération des bases historiques de ce rêve lui-même qui remonte à Platon et que le début de la modernité marque décisivement avec Descartes et Locke. Déjà en 1967, Rorty énumère ces mythes fondateurs : celui d'un donné brut et d'un accès immédiat (non langagièrement médié) à ce donné ; celui de l'esprit comme une sorte d'œil immatériel. Et il ajoute que cette conception « spectatoriale » du savoir est la cible commune des critiques d'une série de philosophes contemporains, dont Dewey, Heidegger, Wittgenstein.

Si je me suis un peu attardé sur ce premier livre, c'est pour souligner la *fidélité*, la marque de l'*œuvre* et du *génie*, si celui-ci tient dans le fait que l'individu créateur n'explicite jamais qu'une idée, un noyau de signification original.

Tout est en place en 1967 : en germe en tout cas, quasiment programmé.

Et d'abord le livre qui paraîtra douze ans plus tard : *Philosophy and the Mirror of Nature*, devenu depuis lors un classique de la philosophie contemporaine. Mais ce livre n'est pas que la réalisation magistrale du programme annoncé à la fin de l'*Introduction* du *Linguistic Turn*. Il constitue une étape-pivot qui prépare la suite de l'œuvre sous forme désormais d'une efflorescence d'articles et de conférences réunis en quatre volumes tels quatre bouquets de textes.

Car dans *Philosophy and the Mirror of Nature* (*PMN*), ce n'est plus simplement de tel courant philosophique qu'il s'agit, ni même de tel tournant historique de la philosophie. La philosophie est identifiée à une manière d'être qui cherche à s'extraire de l'existence – des jeux de langages/formes de vie – par un certain rapport au langage qui est le rapport spéculatif et qu'entretient une pulsion très particulière que Freud aurait appelée la « pulsion épistémophilique » et que Nagel appelle le « besoin de transcendance ». Il s'agit, au fond, dans ce livre, de préparer par un travail détaillé de critique et de déconstruction, une mutation dans la manière de faire de la philosophie et de la situer au sein de la culture, de l'être-humain. Au-delà, il s'agit d'encourager une mutation plus profonde qui concerne l'image de l'homme elle-même : cet « homme spéculaire » que constellent quelques signifiants fondamentaux : Vérité, Transcendance, Réalité, Objectivité, Science, etc.

Dès *PMN*, spécialement dans sa troisième section, intitulée « De la philosophie », le virage est pris sous la forme d'une revendication de l'éthique, du choix fait seul ou avec les autres et sans assurance fondamentaliste, théologique, métaphysique ou scientiste. Déjà, la liberté et la tolérance prennent le pas sur la vérité ; déjà l'affectivité commence à avoir quelque droit à la parole malgré la pulsion philosophique et l'énergie investie à dissoudre cette pulsion. Le politique n'est plus très loin, ni la poésie.

Dès le premier de ses quatre ouvrages anthologiques, R. Rorty brouille décidément les cartes. *Consequences of Pragmatism* (1982) achève de détruire les privilèges du discours de vérité que l'onto-théologie et la science cherchent à préserver. Rorty affirme son pragmatisme herméneutique et historiciste contre toutes les formes de représentationalisme.

De nouveaux héros apparaissent ou occupent de plus en plus de place : Derrida, Foucault, Nietzsche… à côté de la trinité primitive. L'intérêt avoué pour la fiction se précise, mais la conversation ne s'étend pas ouvertement aux romanciers et aux poètes. La réflexion politique ne s'enclenche pas encore.

Cependant, déjà, Rorty s'inquiète de moins en moins de savoir si ce qu'il fait est « réellement » de la philosophie et il a cette phrase si riche pour qui lit dix ans plus tard « Trotsky et les orchidées sauvages » : « Nous devrions laisser s'épanouir des centaines de fleurs, les admirer tant qu'elles durent, et abandonner aux intellectuels historiens du prochain siècle le soin de les herboriser ». Ecrire, lire… Créer, interpréter… Rêver peut-être…

Tout cristallise enfin avec les leçons-conférences de 1986 et 1987 recueillies dans *Contingence, ironie et solidarité* en 1989 dont un grand nombre des analyses que l'on va lire s'inspirent en entrant dans le vif du sujet éthique et politique à propos des trois derniers recueils de Rorty. Il faut souligner l'intense continuité de cette œuvre qui s'est construite et a mûri progressivement dans une profonde fidélité à ses premières intuitions et à ses premières amours.

Certes, le livre sur Heidegger a avorté et la position de Rorty s'est nuancée à son égard dans la mesure où la pensée de Rorty se nuançait tout entière et accédait à une conscience plus aiguë des rapports entre philosophie et politique, entre la relation à soi (privée) et la relation aux autres (publique). D'autres héros n'ont cessé de s'affirmer toujours davantage dont Dewey à propos de qui il écrit, dans *Objectivité, relativisme et vérité* (*ORT*) « qu'il a graduellement éclipsé, dans mon imagination, Heidegger et Wittgenstein » (p. 16), auquel il demeure cependant profondément attaché.

La conversation ne cesse de s'enrichir de nouveaux interlocuteurs venus d'horizons philosophiques, tels Habermas ou Lyotard, mais aussi d'ailleurs plus fascinants peut-être : Proust, Kundera, Orwell, Nabokov ou encore Freud et Darwin.

Des types se dessinent, comme cela se passe dans certains genres littéraires, particulièrement au théâtre : le libéral ironiste, le libéral théoricien, le pragmatiste bien sûr et le démocrate… Le pragmatiste, qui est en somme le « dernier philosophe », n'ayant plus d'autre fonction que de préparer la voie pour le démocrate : « Dewey me semble nous avoir donné la bonne direction lorsqu'il présenta le pragmatisme non comme fondateur, mais comme nettoyant le terrain pour la politique démocratique » (*ORT*, p. 13).

L'ironiste en Rorty qui a dépensé tant d'énergie à déplacer, à déhiérarchiser le vocabulaire de base de la tradition philosophique et à redécrire celui de son propre contexte philosophique d'origine (la philosophie analytique) d'où il tenait son identité, arrive ainsi au terme de l'analyse du pouvoir symbolique de la philosophie. Et il peut s'ouvrir non seulement à l'art, mais aussi au sentiment : la solidarité, la sensibilité à la souffrance d'autrui, la vigilance à ne pas l'augmenter, à ne pas être cruel ni humiliant, le sens du « nous » et de son élargissement pacifique…

L'intellectuel se découvre ainsi sentimental. Peut-être l'a-t-il toujours été, et été si intensément que sa sensibilité si vive de la précarité et de la contingence des choses mortelles fut la source profonde de toutes ces illusions mortifères de la spéculation que sa vie n'eut de cesse de dissoudre afin de reprendre ses droits qu'elle ne tient que d'elle-même.

* * *

L'ouvrage que nous présentons brièvement ici résiste à l'unification systématique. Sa cohérence a quelque chose de « familial » au sens de Wittgenstein. Cette résistance n'est pas spécialement due au fait que les divers chapitres sont issus des exposés d'un Colloque consacré à Rorty et auquel il a pris une part très active [1]. Elle est le reflet de la

1. « Ethique et politique chez Richard Rorty », Bruxelles, mai 1993. Nous remercions tout particulièrement le FNRS, le NFWO et la Communauté française de Belgique grâce auxquels ce Colloque a pu se tenir.

post-modernité de l'auteur étudié qui s'exprime par une problématique conversationnelle filant dans toutes les directions. L'éthique, la politique, la science et l'esthétique suivant Rorty sont, toutes, considérées. Mais l'une des caractéristiques de notre auteur est qu'il congédie la distinction ferme de ces « genres », infusant philosophie, science, politique, éthique et littérature les unes dans les autres. Il reste cependant que chacun des contributeurs accentue un aspect de l'œuvre, même s'il est le plus souvent conduit, ce faisant, à tenir compte aussi d'une diversité d'apparentements. Les regroupements et présentations que nous avons effectués en guise d'introduction et de fil conducteur ne sont donc qu'indicatifs. Ils doivent faciliter la lecture de celui qui n'a des écrits de R. Rorty qu'une connaissance superficielle. Mais le lecteur voyagera avec profit entre ces textes selon d'autres itinéraires et d'autres rapprochements.

L'ensemble est conversationnel mais au sens d'une *discussion sérieuse* et nettement *critique*. Qu'il s'agisse du site occupé par Rorty dans la post-modernité, de sa philosophie politique et juridique, de sa description de la science et de la place qu'il accorde à la technique, de ses propositions éthiques et sociales aux limites de la tentation esthétisante et privatisante, qu'il s'agisse enfin et surtout de sa conception de l'activité philosophique et de sa manière de lire les autres philosophes, les auteurs s'entendent pour relever des insuffisances et des objections, en même temps qu'une indéniable originalité qui incite au débat.

Faut-il s'en étonner ? La redescription que Rorty propose de la philosophie elle-même est particulièrement radicale, c'est-à-dire « cruelle » – pour reprendre son expression –, et il n'y a donc pas lieu d'être surpris si les philosophes qui le lisent s'en émeuvent, protestent et défendent leur(s) identité(s). S'il sont en général d'accord avec l'anti-fondationalisme – qui n'est certes pas propre à R. Rorty – ils n'acceptent guère ce qui leur est proposé en échange et qui ruine tous les privilèges de la philosophie, dont celui de viser quand même, ne fût-ce qu'à titre d'idée ou d'idéal régulateur, le Vrai et le Bien sous quelque forme, certes toujours contextuellement et historiquement située. D'ailleurs, Rorty lui-même, dans la mesure où – peut-être pour son malheur – il demeure philosophe et échoue, jusqu'ici, à devenir le poète ou le romancier qu'il aurait sans doute préféré être, Rorty lui-même continue manifestement à entretenir quelque prétention à nous dire – à dire à *tous* les hommes – *ce qu'il vaudrait mieux* qu'ils fassent et qu'ils pensent. Et c'est bien à partir d'une position *philosophique*, ethnocentriquement enracinée, qu'il préserve cette prétention. Le problème de Rorty – mais ce n'est pas seulement le sien en cet âge peu philosophique – est sa difficulté à accepter les contingences qui l'ont institué philosophe et qu'il s'évertue à redécrire en déplaçant, du coup, le sens même de la philosophie.

Gilbert HOTTOIS

OUVERTURE

DROITS DE L'HOMME, RATIONALITÉ ET SENTIMENTALITÉ *

Dans un récit consacré à la Bosnie, il y a quelques mois [1], David Rieff disait « Pour les Serbes, les Musulmans ne sont plus des êtres humains… Les prisonniers musulmans, alignés par terre et attendant un interrogatoire, étaient écrasés par un garde serbe conduisant un petit camion de livraison… ».

Ce thème de la déshumanisation revient quand Rieff dit : « Un Musulman à Bosansi Petrovac… (était) obligé d'arracher d'un coup de dent le pénis de son camarade musulman… Si vous dites qu'un homme n'est pas humain, mais qu'il vous ressemble et que le seul moyen d'identifier ce démon est de lui faire baisser son pantalon – les Musulmans hommes sont circoncis et les Serbes ne le sont pas – ce n'est probablement là qu'un petit pas, psychologiquement, qui conduira à lui couper la verge… Il n'y a jamais eu de campagne de purification ethnique dont le sadisme sexuel ait été absent ».

La morale qu'il faut tirer des récits de Rieff est que les meurtriers et les violeurs serbes ne se considèrent pas comme violant les droits humains. Car ils ne font pas ces choses sur des êtres humains semblables à eux, mais sur des *Musulmans*. Ils ne deviennent pas inhumains, mais opèrent plutôt une différence entre les véritables êtres humains et les pseudo-humains. Ils font le même genre de distinction que celle établie par les Croisés entre les êtres humains et les « chiens

* « Human Rights, Rationality and Sentimentality », by Richard RORTY. Excerpted from On Human Rights : The Oxford Amnesty Lectures, 1993, edited by Stephen Shute and Susan Hurley. Copyright (c) 1993 by Basic Books. Reprinted by permission of Basic Books, a division of Harper Collins Publishers. Traduit de l'anglais par M.-G. PINSART et G. HOTTOIS, avec l'aide de M. WEYEMBERGH.

1. « Letter from Bosnia », *The New Yorker*, Novembre 23, 1992, p. 82-95.

d'infidèles » ou celle adoptée par les Noirs musulmans entre êtres humains et démons aux yeux bleus. Le fondateur de mon université était capable à la fois de posséder des esclaves et de penser, comme allant de soi, que tout être humain a été doté par le créateur de certains droits inaliénables. Ceci parce qu'il s'était lui-même convaincu que la conscience des Noirs, comme celle des animaux, « participait davantage de la sensation que de la réflexion » [1]. Comme les Serbes, M. Jefferson ne pensait pas qu'il violait lui-même les droits de l'*homme*.

Les Serbes estiment agir dans l'intérêt de la véritable humanité en purifiant le monde de la pseudo-humanité. Sous cet angle, leur image d'eux-mêmes ressemble à celle des philosophes moralistes qui espèrent épurer le monde des préjugés et des superstitions. Cette épuration nous permettra de surmonter notre animalité en devenant, pour la première fois, pleinement rationnels et ainsi pleinement humains. Les Serbes, les moralistes, Jefferson et les Noirs musulmans utilisent tous le terme « homme » pour signifier « gens comme nous ». Ils pensent que la ligne de démarcation entre les êtres humains et les animaux n'est pas simplement celle qui sépare les bipèdes sans plumes de tous les autres. Ils pensent que la ligne sépare des bipèdes sans plumes d'autres bipèdes sans plumes : il y a des animaux qui se meuvent sous une forme humanoïde. Nous et ceux qui nous ressemblent sommes des cas paradigmatiques de l'humanité, mais ceux qui sont très différents de nous en comportements et en coutumes sont, au mieux, des cas limites. Comme Clifford Geertz le dit, « les prétentions les plus regrettables de l'homme à l'humanité sont exprimées avec l'accent de l'orgueil de groupe » [2].

Nous, dans les riches et sûres démocraties, ressentons à l'égard des tortionnaires et des violeurs serbes ce qu'ils ressentent à l'égard de leurs victimes musulmanes : ils ressemblent davantage à des animaux qu'à nous-mêmes. Mais nous ne faisons rien pour aider la femme musulmane qui est violée par un groupe ou pour l'homme musulman

1. « Leurs douleurs sont passagères. Ces innombrables afflictions qui font douter si le ciel nous a donné la vie comme une grâce ou comme une malédiction, sont par eux moins ressenties et plus tôt oubliées. En général, leur existence paraît participer davantage de la sensation que de la réflexion. A ceci, il faut attribuer leur disposition à dormir quand ils sont soustraits à leurs divertissements et inactifs dans leur emploi. Un animal dont le corps est au repos et qui ne doit pas réfléchir est bien entendu disposé à dormir ». Thomas JEFFERSON, « Notes on Virginia », in *Writings*, ed. Lipscomb and Bergh, Washington D.C., 1905, vol. 1, p. 194.

2. C. GEERTZ, « Thick Description » dans son *The Interpretation of Culture*, New York, Basic Books, 1973, p. 22.

qui est castré, pas plus que nous ne faisions, dans les années trente, quand les nazis s'amusaient à torturer les Juifs. Ici, dans les pays sûrs, nous en arrivons à dire des choses du type « c'est ainsi que les choses ont toujours été dans les Balkans », en insinuant que, contrairement à nous, ces gens ont l'habitude d'être violés et castrés. Le mépris que nous éprouvons toujours pour les perdants – les Juifs dans les années trente, les Musulmans aujourd'hui – se joint à notre dégoût pour le comportement des vainqueurs et produit l'attitude semi consciente : « que la peste les emporte tous les deux ». Nous considérons les Serbes ou les nazis comme des animaux parce que les carnassiers féroces sont des animaux. Nous considérons les Musulmans ou les Juifs parqués dans les camps de concentration comme des animaux parce que les bestiaux sont des animaux. Ni l'une ni l'autre de ces espèces d'animaux n'est très semblable à nous, et il ne semble pas y avoir de raison pour que des humains soient impliqués dans des querelles entre animaux.

La distinction humain-animal n'est cependant qu'une des trois manières principales par lesquelles nous, êtres humains modèles, établissons une distinction entre nous-mêmes et les cas limites. La deuxième consiste à évoquer la distinction entre les adultes et les enfants. Les gens ignorants et superstitieux sont comme des enfants, dit-on ; ils accéderont seulement à une véritable humanité s'ils sont élévés dans une éducation appropriée. S'ils s'avèrent impropres à une telle éducation, cela prouvera qu'ils ne sont pas réellement de la même espèce que nous, gens éducables. Aux Etats-Unis et en Afrique du Sud, les Blancs ont l'habitude de dire des Noirs qu'ils sont comme des enfants ; c'est pour cette raison qu'il est convenable d'appeler les Noirs mâles, quel que soit leur âge, « boy ». On a l'habitude de dire que les femmes restent toujours enfantines ; c'est pour cette raison qu'il est juste de ne pas dépenser d'argent pour leur éducation et de leur refuser tout accès au pouvoir.

Toutefois, quand cela touche les femmes, il y a des manières plus simples de les exclure de la véritable humanité : en utilisant par exemple le terme « homme » comme synonyme d'« être humain ». Comme les féministes l'ont remarqué, de tels usages renforcent la gratitude du mâle moyen de n'être pas né femme, tout autant que sa peur de l'avillissement ultime : la féminisation. L'étendue de cette peur est attestée par la sorte particulière de sadisme sexuel décrite par Rieff. Sa remarque qu'un tel sadisme n'est jamais absent des tentatives de purification de l'espèce ou d'épuration du territoire confirme l'opinion de Catharine MacKinnon selon laquelle, pour la plupart des hommes, être une femme n'est pas conçu comme une manière d'être humain. Etre un non-mâle est la troisième voie principale pour être un non-humain.

Il y a plusieurs manières d'être un non-mâle. L'une est d'être né sans pénis ; l'autre est d'avoir son pénis coupé ou arraché d'un coup de dent ; une troisième est d'avoir été sodomisé. Beaucoup d'hommes qui ont été violés sont convaincus que leur virilité, et donc leur humanité, a été enlevée. Comme les racistes qui découvrent avoir des ancêtres juifs ou noirs, ils se suicident par pure honte, honte de n'être plus de l'espèce des bipèdes sans plumes qui seuls comptent comme humains.

Les philosophes ont essayé de se tirer de ce bourbier en expliquant ce que tous les bipèdes sans plumes, et seulement eux, avaient en commun, montrant ainsi ce qui est essentiel pour l'être humain. Platon prétendait qu'il y a une grande différence entre nous et les animaux, une différence digne d'être respectée et cultivée. Il pensait que les êtres humains ont un ingrédient particulier supplémentaire qui les place dans une catégorie ontologique différente de celle des bêtes. Le respect de cet ingrédient fournit aux gens une raison d'être aimables les uns vis-à-vis des autres. Les anti-platonistes comme Nietzsche rétorquent que ces tentatives pour inciter les gens à ne plus se tuer, se violer et se castrer les uns les autres sont en fin de compte condamnées à l'échec – car la vérité proprement dite au sujet de la nature humaine est que nous sommes une espèce animale exceptionnellement méchante et dangereuse. Quand les admirateurs actuels de Platon proclament que tous les bipèdes sans plumes – même l'imbécile et celui qui est resté en enfance, même la femme, même le sodomisé – ont les mêmes droits inaliénables, les admirateurs de Nietzsche répondent que la véritable idée de « droits humains inaliénables » est, comme l'idée d'un ingrédient supplémentaire spécial, un risible et mince essai des membres plus faibles de l'espèce pour détourner les coups des membres plus forts.

Selon moi, un progrès intellectuel important réalisé durant notre siècle est l'affaiblissement continu de l'intérêt pour le débat opposant Platon et Nietzsche. Il y a une volonté croissante de négliger la question « Quelle est notre nature ? » et de lui substituer la question « Que pouvons-nous faire de nous-mêmes ? ». Nous sommes beaucoup moins enclins que nos ancêtres à prendre au sérieux les « théories de la nature humaine », moins enclins à prendre l'ontologie ou l'histoire comme guide de notre vie. Nous sommes moins enclins à poser la question ontologique : Que *sommes*-nous ?, parce que nous entrevoyons que la seule leçon à tirer de l'histoire ou de l'anthropologie est notre extraordinaire malléabilité. Nous commençons à nous penser davantage comme un animal flexible, protéiforme, auto-créateur que comme l'animal rationnel ou l'animal cruel.

Une des formes que nous avons dernièrement adoptée est celle d'une culture des droits de l'homme. J'emprunte le terme « culture des droits de l'homme » au juriste et philosophe argentin Eduardo Rabossi. Dans son article intitulé « Human Rights Naturalized », Rabossi soutient que les philosophes devraient penser cette culture comme un fait nouveau et bienvenu du monde postérieur à l'Holocauste. Rabossi leur demande d'arrêter d'essayer de gratter derrière ou en dessous de ce fait, d'arrêter d'essayer de dépister ou de justifier les prétendues « présuppositions philosophiques ». Eu égard à l'opinion de Rabossi, des philosophes comme Alan Gewirth ont tort d'affirmer que les droits de l'homme ne peuvent reposer sur des faits historiques. « Ma thèse », dit Rabossi, est que « le monde a changé, que le phénomène des droits humains rend le fondationalisme des droits de l'homme démodé et hors de propos »[1].

Le fondationalisme des droits de l'homme est l'essai continuel des quasi-platonistes de gagner, enfin, la victoire finale sur leurs adversaires. La déclaration par Rabossi que cette tentative est *démodée*, me semble à la fois vraie et importante ; ce sera mon thème principal dans ce texte. J'élargirai et défendrai l'affirmation de Rabossi selon laquelle la question de savoir si les êtres humains *ont* réellement les droits énumérés dans la Déclaration d'Helsinki, ne vaut pas la peine d'être posée. Plus particulièrement, je défendrai l'affirmation que rien de pertinent pour le choix moral ne sépare les êtres humains des animaux si ce n'est des faits historiquement contingents du monde, des faits culturels.

Cette affirmation est parfois appelée « relativisme culturel » par ceux qui, avec indignation, la rejettent. Une raison de ce rejet est qu'un tel relativisme leur semble incompatible avec le fait que notre culture des droits de l'homme, la culture avec laquelle nous nous identifions

1. Rabossi dit également qu'il ne désire pas mettre en question « l'idée d'une fondation rationnelle de la moralité ». Je ne suis pas sûr de la raison pour laquelle il ne le fait pas. Rabossi veut peut-être dire que dans le passé – par exemple, à l'époque de Kant – cette idée avait encore un certain sens, mais plus maintenant. C'est en tout cas mon avis. Kant écrivait à une époque où la seule alternative à la religion semblait être quelque chose comme la science. Dans une telle période, inventer une pseudo-science appellée « le système de la philosophie transcendantale » – monter la scène d'un show où, au point culminant et terminal, l'on tire l'obligation morale d'un chapeau transcendantal – pouvait sembler, de manière plausible, la seule possibilité de sauver la moralité des hédonistes d'une part et du clergé de l'autre.

tous ici, est moralement supérieure aux autres cultures. J'admets parfaitement que la nôtre est moralement supérieure, mais je ne pense pas que cette supériorité plaide en faveur de l'existence d'une nature humaine universelle. Il en irait ainsi seulement si nous supposions qu'une affirmation de supériorité morale est mal fondée si elle n'est pas étayée par la connaissance d'un attribut humain distinctif. Mais la raison pour laquelle le « respect de la dignité humaine » – notre sentiment que les différences entre Serbe et Musulman, chrétien et infidèle, homosexuel et hétérosexuel, femme et homme n'auraient pas d'importance – devrait présupposer l'existence d'un tel attribut, n'est pas claire.

Traditionnellement, le nom de l'attribut humain commun qui est censé « fonder » la moralité est la « rationalité ». Le relativisme culturel est associé à l'irrationalisme parce qu'il rejette l'existence de faits trans-culturels moralement pertinents. Pour être d'accord avec Rabossi, il faut en effet être irrationaliste dans ce sens. Mais il n'est pas nécessaire d'être irrationaliste au sens de ne plus rendre aussi cohérent et aussi nettement structuré que possible le réseau de ses croyances. Les philosophes qui, comme moi, envisagent la rationalité comme la simple tentative d'une telle cohérence, disent avec Rabossi que les projets fondationalistes sont démodés. Nous envisageons notre tâche comme un effort pour rendre notre propre culture – la culture des droits de l'homme – plus consciente d'elle-même et plus forte, plutôt que comme une tentative de démontrer sa supériorité sur les autres cultures en en appelant à quelque chose de trans-culturel.

Nous pensons que le maximum que la philosophie puisse espérer faire est de synthétiser nos intuitions culturellement influencées sur la bonne manière d'agir en des situations diverses. Cette synthèse est l'expression d'une généralisation à partir de laquelle ces intuitions peuvent être déduites, à l'aide de propositions non-controversées. Cette généralisation n'est pas censée fonder nos intuitions mais plutôt les résumer. Le « Difference Principle » de John Rawls et l'élaboration par la Cour Suprême des Etats-Unis durant les dernières décennies, d'un « droit à la vie privée » constitutionnel, sont des exemples de cette sorte de synthèse. Nous voyons dans la formulation de telles généralisations synthétiques un accroissement de la capacité prédictive, et donc du pouvoir et de l'efficacité, de nos institutions, élevant par là le sens partagé de l'identité morale qui nous rassemble dans une communauté morale.

Des philosophes fondationalistes, comme Platon, St Thomas d'Aquin et Kant, ont espéré offrir un fondement indépendant pour de telles généralisations synthétiques. Ils auraient aimé inférer ces généralisations de prémisses antérieures, susceptibles d'être reconnues comme vraies indépendamment de la vérité des intuitions morales synthétisées. De telles prémisses *sont* supposées justifier nos intuitions en fournissant des prémisses à partir desquelles le contenu de ces intuitions peut être déduit. Je réunirai toutes ces prémisses sous le label « prétentions de connaître la nature des êtres humains ». Dans ce sens large, la prétention de connaître que nos intuitions morales sont des réminiscences de la Forme du Bon, ou que nous sommes les enfants désobéissants d'un Dieu aimant ou que les êtres humains diffèrent d'autres espèces animales par la possession d'une dignité plutôt qu'une simple valeur, toutes sont des prétentions qui concernent la nature humaine. Telles sont également les contre-affirmations selon lesquelles les êtres humains ne sont que de simples véhicules de gènes égoïstes, ou de simples éruptions d'une volonté de puissance.

Prétendre à une telle connaissance, c'est prétendre connaître quelque chose qui, bien que n'étant pas en soi une intuition morale, peut *corriger* les intuitions morales. Il est essentiel pour cette idée d'une connaissance morale, que toute une communauté pourrait en arriver à *savoir* que la plupart de ses intuitions les plus éminentes quant aux choses justes à faire, étaient fausses. Mais supposons à présent que nous nous demandions : *Existe*-t-il une telle sorte de connaissance ? Quel type de question est-ce donc que *cela* ? Selon l'opinion traditionnelle, c'est une question philosophique, appartenant à une partie de l'épistémologie connue sous le nom de « métaéthique ». Mais selon l'opinion pragmatiste que nous partageons, c'est une question d'efficacité : une question de savoir comment s'emparer au mieux de l'histoire – comment réaliser au mieux l'utopie esquissée par les Lumières. Si les actions de ceux qui essayent de parvenir à cette sorte de connaissance semblent peu contribuer à la réalisation de cette utopie, il faut trouver là une raison de penser qu'une telle connaissance n'existe pas. S'il semble que la plus grosse partie du travail accompli pour modifier nos intuitions morales est effectuée par manipulation de nos sentiments plutôt que par accroissement de nos connaissances, alors il y là une raison de penser que la connaissance que des philosophes comme Platon, St Thomas et Kant espéraient posséder, n'existe pas.

Cet argument pragmatiste opposé à celui de type platoniste, est du même genre que l'argument supprimant le salaire des prêtres qui accomplissent des sacrifices prétendument pour gagner la guerre – selon cet argument, tout le travail réel pour gagner la guerre semble être le fait de généraux et d'amiraux, sans parler des soldats d'infanterie. Cet argument ne dit pas : puisqu'il n'y a apparemment pas de dieux, il n'est sans doute pas nécessaire de soutenir les prêtres. Il dit au lieu de cela : puisqu'il n'est apparemment pas nécessaire de soutenir les prêtres, c'est qu'il n'existe sans doute pas de dieux. Le fait que l'émergence de la culture des droits humains semble ne rien devoir au développement d'une connaissance morale et tout à l'écoute d'histoires tristes et sentimentales, nous conduit nous, pragmatistes, à la conclusion qu'il n'existe probablement pas de connaissance telle que Platon l'envisageait. Nous allons plus loin : puisqu'aucune œuvre utile ne semble réalisée par l'insistance sur une nature humaine prétendument anhistorique, une telle nature n'existe probablement pas, ou du moins, rien dans cette nature n'est pertinent pour nos choix moraux.

Bref, mes doutes quant à l'effectivité des appels lancés en faveur de la connaissance morale sont des doutes quant à l'efficacité causale, non quant au statut épistémique. Mes doutes n'ont rien à faire avec des questions théoriques de type « métaéthiques » : questions au sujet de la relation entre les faits et les valeurs, ou entre la raison et la passion ou entre le cognitif et le non-cognitif ou entre les propositions descriptives et les propositions guidant l'action. Ni avec des questions au sujet du réalisme et de l'anti-réalisme. La différence entre le réaliste moral et l'anti-réaliste moral semble aux pragmatistes une différence qui ne fait pas de différence pratique. Bien plus, de telles questions méta-éthiques présupposent la distinction platonicienne entre la recherche qui vise une solution efficace de problèmes et la recherche qui poursuit un but appelé « la vérité pour elle-même ». Cette distinction s'effondre si, à la manière de Dewey, on envisage toute recherche – en physique tout autant qu'en éthique – comme une résolution pratique d'un problème ou si, à la manière de Peirce, on voit en chaque croyance un guide pour l'action [1].

1. L'état actuel de la discussion métaéthique est admirablement résumé dans « Toward Fin de Siècle Ethics : Some Trends » par Stephen DARWALL, Allan GIBBARD et Peter RAILTON (*Philosophical Review*, vol. 101, 1992, p. 115-189). Cet article, d'une vue large et sensée, considère comme admis qu'il y a un problème au sujet de la «défense de l'objectivité de la moralité» (p. 127), qu'il y a une question intéressante quant à savoir si la morale est « cognitive » ou « non-cognitive », que nous avons besoin de déterminer si nous possédons une « capacité cognitive » pour découvrir les propriétés morales (p. 148) et que ces sujets peuvent être traités de manière an-historique.

Quand ces auteurs se penchent sur des écrivains historicistes tels que Alastair MacIntyre et Bernard Williams, ils en arrivent à la conclusion qu'ils sont des « (méta)*théoriciens malgré eux* », qui partagent le désir propre aux auteurs « de comprendre la moralité, ses préconditions et ses perspectives » (p. 183). Ils font peu d'efforts pour s'accorder avec des propositions selon lesquelles il pourrait ne

Même après que les prêtres ont été mis à la retraite, la mémoire de certains d'entre eux peut toutefois encore être vénérée par la communauté – particulièrement le souvenir de leurs prophéties. Nous restons profondément reconnaissants à l'égard de philosophes comme Platon et Kant, non parce qu'ils ont découvert des vérités, mais parce qu'ils ont prédit des utopies cosmopolites – des utopies sur la plupart des détails desquelles ils ont pu se tromper, mais aussi des utopies pour lesquelles nous ne nous serions jamais battus si nous n'avions pas entendu leurs prédictions. Aussi longtemps que notre capacité de *connaître*, et en particulier de débattre de la question « Qu'est-ce-que l'homme ? », a semblé la chose la plus importante pour nous, êtres humains, des gens comme Platon et Kant ont accompagné les prédictions utopiques au moyen de prétentions à connaître quelque chose de profond et d'important – quelque chose à propos des parties de l'âme ou du statut transcendantal de la conscience morale commune. Mais cette capacité, et ces questions, ont, durant les deux cents dernières années, semblé devenir moins importantes. C'est ce changement de courant culturel que Rabossi synthétise dans son affirmation que le fondationalisme des droits de l'homme est *démodé*. Dans la suite de cet article, je désire aborder les questions suivantes : *pourquoi* la connaissance est-elle devenue beaucoup moins importante pour notre propre image qu'elle ne l'était il y a deux cents ans ? Pourquoi la tentative de fonder la

pas y avoir d'entité anhistorique appellée « moralité » à comprendre. Le dernier paragraphe de l'article suggère qu'il pourrait être utile que les philosophes moralistes connaissent plus d'anthropologie, de psychologie ou d'histoire. Mais l'avant-dernier paragraphe fait bien comprendre que, avec ou sans de tels supports, « la métaéthique contemporaine va de l'avant et les positions gagnent en complexité et en sophistication ».

Il est instructif, je crois, de comparer cet article avec celui d'Annette Baier (in *The Monist*, 67, 1984, p. 490) « Some Thougths On How We Moral Philosophers Live Now ». Baier y suggère que les philosophes moralistes pourraient « au moins occasionnellement, comme Socrate, considérer pourquoi le reste de la société ne tolérerait pas simplement mais subsidierait notre activité ». Elle poursuit en se demandant « est-ce que le fort accroissement proportionnel de philosophes professionnels et de philosophes moralistes est une bonne chose, moralement parlant ? Même si cela ne va pas jusqu'à donner un essaim de taons, cela peut donner une bande nuisible de chouettes ». La sorte d'auto-conscience et de doute de soi méta-philosophiques et historiques affichée par Baier me semble grandement nécessaire mais reste visiblement absente de la *Philosophy in Review* (le centième volume de *The Philosophical Review* dans lequel « Toward Fin de Siècle Ethics » apparaît). Les collaborateurs de ce numéro sont persuadés que la sophistication croissante d'une sous-discipline philosophique est suffisante pour prouver son utilité sociale et ils ne sont pas du tout impressionnés par les murmures de « scholasticisme décadent ».

culture sur la nature et l'obligation morale sur la connaissance des universaux transculturels, nous semble-t-elle beaucoup moins importante qu'elle ne le paraissait au siècle des Lumières ? Pourquoi y a-t-il si peu de pertinence et d'attrait dans la question : les êtres humains *possèdent*-ils réellement les droits énoncés dans la Déclaration d'Helsinki ? Bref, pourquoi la philosophie morale devient-elle cette partie discrète de notre culture ?

Une réponse simple à ces questions est : parce qu'entre l'époque de Kant et la nôtre, Darwin a mis à mal, chez la plupart des intellectuels, la vue selon laquelle les êtres humains possédaient un ingrédient additionnel spécial. Il a convaincu la plupart d'entre nous que nous étions des animaux exceptionnellement habiles, des animaux assez intelligents pour prendre en main notre propre évolution future. Je pense que cette réponse est juste jusqu'à un certain point. Mais elle mène à une interrogation supplémentaire : pourquoi Darwin a-t-il réussi, pour ainsi dire, si facilement ? Pourquoi n'a-t-il pas produit le ferment philosophique créatif qu'avaient produit Galilée et Newton ?

La réapparition dans la Nouvelle Science du dix-septième siècle d'une image corpusculaire démocritéenne-lucrétienne de la nature incita Kant à inventer la philosophie transcendantale, à inventer une espèce toute neuve de connaissance, qui puisse réduire l'image corpusculaire du monde au statut d'« apparence ». L'exemple de Kant favorisa l'idée que le philosophe, en tant qu'expert de la nature et des limites de la connaissance, peut servir d'arbitre culturel suprême [1]. Mais à l'époque de Darwin cette idée commençait déjà à sembler surannée. L'historicisme qui dominait le monde intellectuel du début du XIXe siècle avait généré une disposition anti-essentialiste. Ainsi quand Darwin arriva, il prit place dans la niche évolutionnaire qu'Herder et Hegel avaient commencé à coloniser. Les intellectuels qui peuplent cette niche se tournent vers le futur plutôt que vers l'éternité. Ils préfèrent aux critères stables déterminant le caractère désirable d'un changement, les nouvelles idées sur la manière de faire bouger les

1. *Die Bestimmung des Menschen* de Fichte est un utile rappel de la nécessité ressentie vers 1800 d'une discipline cognitive appelée philosophie qui sauverait l'espérance utopique de la science naturelle. Il est difficile d'imaginer un livre analogue écrit en réaction à l'égard de Darwin. Ceux qui ne pouvaient accepter ce que Darwin disait, tendaient nettement à revenir avant les Lumières, vers la foi religieuse traditionnelle. L'opposition non philosophique et peu subtile, durant le XIXe siècle en Grande-Bretagne et en France, entre la science et la foi, montre qu'il était impossible pour la plupart des intellectuels de croire que la philosophie puisse produire quelque super-connaissance que ce soit, connaissance qui aurait pu supplanter les résultats de la recherche physique et biologique.

choses. Ce sont eux qui pensent qu'à la fois Platon et Nietzsche sont démodés.

La meilleure explication à la fois du triomphe relativement aisé de Darwin et de notre volonté croissante de substituer l'espoir à la connaissance, est que le XIXe et le XXe siècles ont vu, chez les Européens et les Américains, un extraordinaire développement de la richesse, du degré d'instruction et des loisirs. Ce développement a permis une accélération sans précédent du rythme du progrès moral. Des événements tels que la Révolution Française et la fin de la traite trans-atlantique des esclaves ont incité les intellectuels des riches démocraties au XIXe siècle à dire : il nous suffit de savoir que nous vivons à une époque où les êtres humains peuvent grandement améliorer les choses pour nous-mêmes [1]. Nous n'avons pas besoin de creuser derrière ce fait historique pour y découvrir des faits non-historiques au sujet de ce que nous sommes réellement.

Durant les deux siècles depuis la Révolution Française, nous avons appris que les êtres humains sont beaucoup plus malléables que Platon ou Kant ne l'avaient imaginé. Plus nous sommes impressionnés par cette malléabilité, moins nous nous intéressons aux questions portant sur notre nature anhistorique. Plus nous voyons une chance de nous recréer nous-mêmes, plus nous lisons Darwin non comme nous présentant une théorie supplémentaire sur ce que nous sommes réellement, mais comme offrant des raisons de n'avoir pas besoin de demander ce que nous sommes réellement. Dire aujourd'hui que nous sommes des animaux intelligents, ce n'est pas dire quelque chose de philosophique et de pessimiste, mais quelque chose de politique et plein d'espoir, à savoir : si nous pouvons travailler ensemble, nous pourrons nous transformer en cela que nous aurons été suffisamment intelligents et courageux pour imaginer devenir. C'est mettre de côté la question kantienne « Qu'est-ce que l'homme ? » et la remplacer par la question « Quel type de monde pouvons-nous préparer pour nos arrière-petits-enfants ? ».

1. Aujourd'hui certains intellectuels, particulièrement en France et en Allemagne, considèrent comme évident que l'Holocauste a dévoilé le caractère obsolète des espérances d'une liberté humaine qui fleurissaient au XIXe siècle – qu'à la fin du XXe siècle nous, postmodernes, savons que le projet des Lumières est voué à l'échec. Mais même ces intellectuels, dans leurs moments les moins prêcheurs et sententieux, font de leur mieux pour poursuivre ce projet. Ils y sont obligés puisque personne n'est venu proposer un meilleur projet. Ce n'est pas diminuer la mémoire de l'Holocauste de dire que notre réponse ne devrait pas être la prétention d'avoir acquis une nouvelle compréhension de la nature humaine, ou de l'histoire humaine mais plutôt une volonté de nous relever et d'essayer encore.

La question « Qu'est-ce que l'homme ? », dans le sens de « Quelle est la nature anhistorique profonde des êtres humains ? » doit son succès à la réponse courante à cette question : nous sommes un animal *rationnel*, le seul qui puisse *connaître* aussi bien que simplement sentir. Le succès résiduel de cette réponse explique le succès résiduel de l'affirmation étonnante de Kant selon laquelle la sentimentalité n'a rien à voir avec la moralité, qu'il y a quelque chose de distinctivement et trans-culturellement humain appelé « le sens de l'obligation morale » qui n'a rien à voir avec l'amour, l'amitié, la responsabilité ou la solidarité sociale. Aussi longtemps que nous croyons *cela*, des gens comme Rabossi vont encore connaître des temps difficiles pour nous persuader que le fondationalisme des droits de l'homme est un projet démodé.

Pour vaincre cette idée d'un sens *sui generis* de l'obligation morale, il pourrait être utile de ne plus répondre à la question « Qu'est-ce qui nous rend différents des autres animaux ?» en disant : « Nous pouvons connaître et ils ne peuvent que sentir ». Nous devrions substituer à cela : « Nous pouvons sentir bien plus les uns pour les autres qu'ils ne le peuvent ». Cette substitution nous permettrait de débarrasser l'affirmation du Christ selon laquelle l'amour importe davantage que la connaissance, de l'affirmation néo-platonicienne selon laquelle la connaissance de la vérité nous rendra libre. Car, aussi longtemps que nous pensons qu'il y a un pouvoir anhistorique qui contribue à la droiture – un pouvoir appelé vérité ou rationalité – nous ne serons pas capables de laisser le fondationalisme derrière nous.

Le meilleur argument, et probablement le seul, pour rejeter le fondationalisme est celui que j'ai déjà avancé : il serait beaucoup plus efficace d'agir ainsi parce que cela permettrait de concentrer nos énergies sur la manipulation des sentiments, sur l'éducation sentimentale. Ce type d'éducation rend les gens, quels qu'ils soient, suffisamment familiers les uns des autres, de telle sorte qu'ils sont moins tentés d'envisager ceux qui sont différents d'eux-mêmes comme des quasi-humains seulement. Le but de cette sorte de manipulation du sentiment est d'élargir la référence des expressions « notre sorte de gens » et « des gens comme nous ».

Tout ce que je puis faire pour donner à cet argument une efficience accrue, est de présenter une suggestion sur la manière dont Platon est parvenu à nous convaincre que la connaissance des vérités universelles importait autant qu'il le pensait. Platon pensait que la tâche du philosophe était de répondre aux questions du type « Pourquoi devrais-je être moral ? Pourquoi est-il rationnel d'être moral ? Pourquoi en va-t-il de mon intérêt d'être moral ? Pourquoi en va-t-il de l'intérêt des êtres humains en tant que tels d'être moraux ? » Il le pensait parce qu'il croyait que la meilleure manière de traiter avec des gens comme Thrasymaque et Calliclès était de leur prouver qu'ils avaient un intérêt dont ils n'étaient pas conscients, un intérêt à être rationnel, à acquérir une connaissance réflexive de soi. Platon nous a donc encombrés d'une distinction entre le vrai et le faux soi. Cette distinction fut, à l'époque de Kant, transformée en la distinction entre obligation morale rigide, catégorique et intérêt pour soi-même empiriquement déterminable, flexible. La philosophie morale contemporaine est encore embarrassée par cette opposition entre l'intérêt pour soi-même et la moralité, une opposition qui rend difficile de concevoir que mon orgueil de faire partie de la culture des droits de l'homme ne m'est pas plus extérieur que mon désir de succès financier ou sexuel.

Cela aurait été mieux si Platon avait décidé, comme Aristote, qu'il n'y a plus grand chose à faire avec des gens comme Thrasymaque et Calliclès, et que le problème était de trouver le moyen de ne pas avoir d'enfants semblables à Thrasymaque et Calliclès. En insistant sur le fait qu'il pourrait ré-éduquer des gens qui avaient grandi sans acquérir des sentiments moraux appropriés en invoquant un pouvoir supérieur au sentiment, le pouvoir de la raison, Platon conduisit la philosophie morale dans la mauvaise direction. Il amena les philosophes moralistes à se concentrer sur la figure assez rare du psychopathe, la personne qui ne s'intéresse à aucun autre être humain qu'elle-même. La philosophie morale a systématiquement négligé le cas bien plus commun : la personne qui traite de manière moralement irréprochable un cercle assez restreint de bipèdes sans plumes, mais qui reste indifférente à la souffrance de ceux qui sont en dehors de ce cercle, ceux qu'il ou elle voit comme des pseudo-humains [1]. Platon fit en sorte que les philosophes moralistes pensent avoir échoué s'ils ne persuadent pas l'égoïste rationnel de ne pas être un égoïste – s'ils ne le persuadent pas en lui parlant de son véritable moi, malheureusement négligé. Mais l'égoïste rationnel n'est pas le problème. Le problème est le valeureux et

1. Nietzsche avait raison de nous rappeler que « ces mêmes hommes qui, *inter pares*, sont si sévèrement tenus dans les bornes par les coutumes, la vénération, l'usage, la gratitude et plus encore par la surveillance mutuelle et la jalousie – et qui d'autre part, dans leurs relations entre eux se montrent si ingénieux pour tout ce qui concerne les égards, l'empire sur soi-même, la délicatesse, la fidélité, l'orgueil et l'amitié, ces mêmes hommes, lorsqu'ils sont hors de leur cercle, là où commencent les étrangers (« *l'étranger* ») ne valent pas beaucoup mieux que des fauves déchaînés » (NIETZSCHE, *La généalogie de la morale*, trad. H. Albert, Gallimard (Idées), 1964, p. 51).

honorable Serbe qui voit les Musulmans comme des chiens circoncis. C'est le brave soldat et le bon camarade qui aime et est aimé par ses compagnons, mais qui voit dans les femmes des prostituées méchantes, dangereuses, et des garces.

Platon pensait que le moyen de rendre les gens plus aimables les uns avec les autres, était de mettre en évidence ce qu'ils avaient en commun – la rationalité. Mais cela apporte peu de faire remarquer aux gens, que je viens de décrire, que beaucoup de Musulmans et de femmes sont bons en mathématiques, en ingénierie ou en jurisprudence. Les nazis, jeunes, durs, et habités par le ressentiment, n'ignoraient pas que beaucoup de Juifs étaient intelligents et instruits, mais cela ajoutait seulement au plaisir qu'ils prenaient à les battre. Cela n'aurait guère fait plus de bien d'inciter ces gens à lire Kant et à admettre qu'on ne peut pas traiter des agents rationnels comme de simples moyens. Car tout tourne autour de la question : qui compte comme congénère humain, agent rationnel dans le seul sens pertinent – le sens selon lequel l'action rationnelle est synonyme d'être membre de *notre* communauté morale.

Pour la plupart des Blancs, jusqu'il y a peu de temps, la plupart des Noirs ne comptaient pas de cette manière-là. Pour la plupart des Chrétiens, jusqu'au XVIIe siècle environ, la plupart des païens ne comptaient pas ainsi. Pour les nazis, les Juifs ne comptaient pas ainsi. Pour les mâles dans les pays où le revenu moyen annuel est en-dessous de quatre mille dollars, la plupart des femmes ne comptent pas encore ainsi. Chaque fois que des rivalités tribales et nationales deviennent importantes, les membres des tribus et des nations rivales ne comptent pas de cette manière. La présentation kantienne du respect dû aux agents rationnels dit que vous devriez étendre le respect que vous éprouvez pour des gens comme vous-mêmes à tous les bipèdes sans plumes. C'est une excellente suggestion, une bonne formule pour séculariser la doctrine chrétienne de la fraternité humaine. Mais elle n'a jamais été soutenue par un argument fondé sur des prémisses neutres et ne le sera jamais. En dehors du cercle de la culture européenne postérieure aux Lumières, le cercle relativement protégé et sûr des gens qui ont manipulé leurs sentiments mutuellement depuis deux cents ans, la plupart des gens sont simplement incapables de comprendre pourquoi l'appartenance à une espèce biologique est considérée comme suffisante pour appartenir à une communauté morale. La raison de ceci n'est pas qu'ils seraient insuffisamment rationnels. C'est, typiquement, parce qu'ils vivent dans un monde où il serait simplement trop hasardeux – en fait, souvent démentiellement dangereux – de laisser le sens de la communauté morale s'étendre au-delà de sa propre famille, de son clan ou de sa tribu.

Pour rendre les Blancs plus aimables à l'égard des Noirs, les mâles à l'égard des femmes, les Serbes à l'égard des Musulmans ou les hétérosexuels à l'égard des homosexuels, pour aider notre espèce à s'unir dans ce que Rabossi appelle une « communauté planétaire » dominée par une culture des droits de l'homme, il ne sert à rien de dire avec Kant : remarquez que ce que vous avez en commun, votre humanité, est plus important que ces différences insignifiantes. Car les gens que nous essayons de convaincre répliqueront qu'ils n'ont rien remarqué de semblable. De telles personnes sont *moralement* offensées par la suggestion qu'elles devraient traiter quelqu'un qui n'est pas parent comme s'il était un frère, ou un nègre comme s'il était un blanc, un homosexuel comme s'il était hétérosexuel, une infidèle comme si elle était une croyante. Ils sont offensés par la proposition qui leur enjoint de traiter les gens qu'ils ne considèrent pas comme des humains comme s'ils étaient humains. Quand des utilitaristes leur disent que tous les plaisirs et les peines ressentis par les membres de notre espèce biologique sont également pertinents pour la délibération morale ou quand les kantiens leur disent que la capacité d'entrer dans une telle délibération est suffisante pour être membre d'une comunauté morale, ils sont incrédules. Ils rétorquent que ces philosophes semblent oublieux de distinctions morales essentielles tout à fait flagrantes, des distinctions que toute personne honnête établira.

Cette réponse n'est pas qu'un jeu rhétorique et n'est d'aucune manière irrationnelle. Elle est sincère. L'*identité* de ces gens, de ces personnes que nous aimerions persuader de venir rejoindre notre culture eurocentrique des droits de l'homme, est liée à leur sens de ce qu'ils *ne* sont *pas*. La plupart des gens, particulièrement les gens relativement peu touchés par l'esprit européen des Lumières – ne pensent simplement pas à eux-mêmes, comme étant, surtout et avant tout, des êtres humains. Ils se pensent au contraire comme étant une certaine *bonne* sorte d'êtres humains – une sorte définie par une opposition explicite à une sorte particulièrement mauvaise. Il est crucial pour leur sens de ce qu'ils sont, qu'ils *ne* soient *pas* un infidèle, *pas* un homosexuel, *pas* une femme, *pas* un intouchable. Dans la mesure même où ils sont pauvres et que leurs vies sont continuellement mises en péril, ils n'ont guère autre chose que la fierté de n'être pas ce qu'ils ne sont pas, pour entretenir leur respect d'eux-mêmes. Depuis le jour où le terme « être humain » fut synonyme de « membre de notre tribu », nous avons toujours pensé les êtres humains en termes de membres *paradigmatiques* de l'espèce. Nous nous sommes démarqués *nous*, les *véritables* humains, des exemplaires rudimentaires, pervertis ou déformés de l'humanité.

Nous, les intellectuels eurocentriques, aimons laisser entendre que nous, les humains modèles, avons surmonté cet esprit de clocher primitif en utilisant cette faculté humaine paradigmatique, la raison. Ainsi disons-nous que l'échec à s'accorder avec nous est dû à un « préjugé ». Notre emploi particulier de ces termes nous fait opiner de la tête quand Colin McGinn nous dit, dans l'introduction de son dernier livre, qu'apprendre à discerner le bien du mal n'est pas aussi difficile qu'apprendre le français. Les seuls obstacles à l'approbation de ces opinions morales sont, selon McGinn, le préjugé et la superstition [1].

On peut bien sûr comprendre ce que McGinn veut dire : si, comme c'est le cas pour beaucoup d'entre nous, vous donnez cours à des étudiants qui ont été élevés dans l'ombre de l'Holocauste, élevés dans la croyance que le préjugé à l'égard de groupes religieux ou raciaux est une chose terrible, il n'est pas très difficile de les convertir aux opinions libérales courantes sur l'avortement, les droits des homosexuels, et ainsi de suite. Vous pouvez même les amener à ne plus manger des animaux. Tout ce que vous avez à faire est de les persuader que tous les arguments venus de l'autre côté en appellent à des considérations « moralement non pertinentes ». Vous faites ceci en manipulant leurs sentiments de telle sorte qu'ils s'imaginent eux-mêmes dans l'habit des méprisés et des oppressés. De tels étudiants sont déjà si gentils qu'ils brûlent de définir leur identité en des termes non-exclusifs. Les seules personnes envers lesquelles ces étudiants éprouvent des difficultés à être gentils sont celles qu'ils considèrent comme irrationnelles – le fondamentaliste religieux, le violeur suffisant ou le skinhead crâneur.

Produire partout dans le monde des générations de ces étudiants gentils, tolérants, riches, en sécurité et respectueux des autres, est précisément ce qui est nécessaire – en fait *tout* ce qui est nécessaire – pour parvenir à l'utopie des Lumières. Plus de jeunes de cette sorte nous pourrons élever, plus notre culture des droits de l'homme deviendra forte et englobante. Mais ce n'est pas une bonne idée d'encourager ces étudiants à étiqueter d'« irrationnels » les gens intolérants qu'ils ont du mal à tolérer. Car cette épithète platonico-kantienne suggère qu'avec un tout petit effort, la partie rationnelle et bonne des âmes de ces autres personnes pourrait l'emporter sur la partie irrationnelle et

1. *Moral Literacy : or, How to do the Right Thing*, London, Duckworth, 1992.

mauvaise. Cela laisse supposer que nous, bonnes personnes, connaissons quelque chose que ces mauvaises personnes ne connaissent pas et que c'est sans doute de leur stupide faute si elles ne savent pas. Tout ce qu'ils ont à faire, après tout, est de réfléchir un peu plus profondément, d'être un peu plus conscients, un peu plus rationnels.

Mais les croyances des mauvaises personnes ne sont pas plus ou moins « irrationnelles » que celle selon laquelle la race, la religion, le sexe et la préférence sexuelle sont tous moralement non pertinents – qu'ils sont tous surpassés par l'appartenance à l'espèce biologique. Telle qu'elle est utilisée par les philosophes moralistes comme McGinn, l'expression « comportement irrationnel » ne signifie rien de plus que « comportement que nous désapprouvons si fort que nous restons sans réponse quand on nous demande *pourquoi* nous le désapprouvons ». Ce serait donc une meilleure chose d'apprendre à nos étudiants que ces personnes mauvaises ne sont pas moins rationnelles, pas moins perspicaces, ni plus sujettes au préjugé, que nous, bonnes personnes, qui respectons l'altérité. Le problème des personnes mauvaises est, plutôt, que les circonstances entourant leur éducation ont été moins heureuses que les nôtres. Au lieu de traiter d'irrationnels tous ces gens-là qui sont en train d'essayer de trouver et d'assassiner Salman Rushdie, nous devrions les traiter comme des personnes défavorisées.

Les fondationalistes voient en eux des personnes manquant de vérité, de savoir moral. Mais il serait mieux – plus approprié, plus suggestif de remèdes possibles – de les voir comme manquant de deux choses plus concrètes : la sécurité et la compassion. Par « sécurité », j'entends des conditions de vie suffisamment dépourvues de risques pour rendre sa différence par rapport aux autres, inessentielle au respect de soi-même, à son propre sens de la valeur. Ces conditions sont celles dont bénéficient les Américains et les Européens – les gens qui inventèrent la culture des droits de l'homme – comme personne n'en a jamais bénéficié jusqu'ici. Par « compassion », j'entends l'espèce de réaction que les Athéniens avaient davantage après avoir vu *Les Perses* d'Eschyle qu'avant, celle qu'avaient davantage les Américains blancs après avoir lu *La case de l'oncle Tom* qu'avant, celle que nous avons davantage après avoir suivi des émissions sur le génocide en Bosnie. La sécurité et la compassion vont de pair pour les mêmes raisons qui font que la paix et la productivité économique vont ensemble. Plus les choses sont dures, plus vous devez avoir peur, plus votre situation est dangereuse, moins vous pouvez consacrer de temps ou d'efforts à imaginer ce que pourraient être les choses pour des gens avec lesquels vous ne vous identifiez pas immédiatement. L'éducation sentimentale agit uniquement sur des gens qui peuvent se détendre suffisamment longtemps pour écouter.

Si Rabossi et moi avons raison en considérant le fondationalisme des droits de l'homme comme démodé, alors Hume est un meilleur conseiller que Kant sur la manière dont nous, intellectuels, pouvons hâter la venue de l'utopie des Lumières qu'ils désirent tous deux. Parmi les philosophes contemporains, le meilleur conseiller me semble être Annette Baier. Baier décrit Hume comme le « philosophe moraliste de la femme », parce qu'il estimait que « la compassion corrigée (parfois corrigée suivant la règle) et non la raison discernant la loi, est la capacité morale fondamentale » [1]. Baier voudrait nous débarrasser à la fois de l'idée platonicienne que nous possédons un moi véritable et de l'idée kantienne qu'il est rationnel d'être moral. Pour ce faire, elle suggère que nous pensions à la « confiance » (*trust*) plutôt qu'à l'« obligation » comme notion morale fondamentale. Cette substitution reviendrait à penser l'expansion de la culture des droits de l'homme non dans les termes d'une prise de conscience accrue des exigences de la loi morale, mais plutôt dans ceux de ce que Baier appelle « un progrès des sentiments » [2]. Ce progrès consiste en une capacité croissante à accorder plus d'importance aux similarités entre nous et des personnes très dissemblables de nous qu'aux différences qui nous en séparent. C'est le résultat de ce que j'ai appelé l'« éducation sentimentale ». Les similarités pertinentes ne reviennent pas à partager un soi profond véritable qui concrétiserait la véritable humanité, mais sont de petites similarités superficielles qui ne nous distinguent pas de manière intéressante de beaucoup d'animaux non-humains.

Pour admettre les propositions de Baier, nous devrions cependant surmonter notre impression que le sentiment est une force trop faible et que quelque chose de plus fort est requis. Cette idée que la raison est

1. A. BAIER, « Hume, the Women's Theorist ? » dans Eva KITAY et Diana MEYERS (eds), *Women and Moral Theory*, Totowa, N.J., Rowman and Littlefield, 1987, p. 40.

2. Le livre de Baier sur Hume est intitulé *A Progress of Sentiments : Reflections on Hume's Treatise* (Cambridge, Mass., Harvard University Press, 1991). L'opinion de Baier sur l'insuffisance de la plupart des tentatives menées par les philosophes moralistes contemporains pour rompre avec Kant, apparaît le plus clairement quand elle caractérise Allan Gibbard (dans son livre, *Wise Choices, Apt Feelings*) comme se concentrant « sur des sentiments qu'une religion patriarcale nous a légués » et qu'elle dit que « Hume jugerait Gibbard en tant que philosophe moraliste, fondamentalement comme un théologien déguisé en un expressiviste » (p. 312).

« plus forte » que le sentiment, que seule une insistance sur le caractère inconditionnel de l'obligation morale a le pouvoir de modifier en mieux les êtres humains, est très tenace. Je pense que cette persistence est due principalement à la conception semi-consciente que, si nous livrons nos espoirs de progrès moral au sentiment, nous les livrons en fait à la *condescendance*. Car nous nous en remettrons à ceux qui ont le pouvoir de changer les choses – à des gens comme les riches abolitionnistes de la Nouvelle Angleterre ou les âmes sensibles et généreuses comme Robert Owen et Friedrich Engels – plutôt que de compter sur quelque chose qui a le pouvoir sur *eux*. Nous devrons accepter le fait que le destin des femmes de Bosnie repose sur la capacité des journalistes de la télévision à faire pour elles quelque chose de semblable à ce qu'Harriet Beecher Stowe a réalisé pour les esclaves noirs – repose sur la manière dont ces journalistes arriveront à nous faire sentir à nous, spectateurs des pays sûrs, que ces femmes sont comme nous, plus proches des êtres humains que nous l'avions imaginé.

S'en remettre aux suggestions du sentiment plutôt qu'aux commandements de la raison, c'est penser que les gens puissants cesseront progressivement d'opprimer les autres ou d'encourager leur oppression, par simple gentillesse plutôt que par obéissance à une loi morale. Mais il est révoltant de penser que notre seul espoir d'une société décente revient à assouplir les cœurs auto-satisfaits d'une classe oisive. Nous voulons un progrès moral survenant du bas au lieu d'attendre patiemment la condescendance à partir du sommet. La popularité résiduelle des idées kantiennes d'une « obligation morale inconditionnelle » – une obligation imposée par des forces profondes non-contingentes et anhistoriques – me semble presque entièrement due à l'horreur que suscite en nous l'idée que les gens au sommet tiennent le futur entre leurs mains, que tout dépend d'eux, qu'il n'y a rien de plus puissant que nous puissions invoquer contre eux.

Comme n'importe qui, je préférerais aussi atteindre l'utopie par une voie ascendante, de bas en haut, par un rapide renversement de fortune qui ferait du dernier le premier. Mais je ne pense pas que ce soit ainsi que l'utopie se réalisera en fait. Je ne pense pas non plus que notre préférence pour cette voie fournisse quelque soutien que ce soit à l'idée que le projet des Lumières repose dans les profondeurs de chaque âme humaine. Pourquoi donc cette préférence nous fait-elle résister à la pensée que la sentimentalité puisse être la meilleure arme que nous possédions ? Je pense que Nietzsche a donné la bonne réponse à cette question : nous résistons par ressentiment. Nous sommes *pleins de ressentiment* à l'idée que nous devions attendre que les forts tournent leur petits yeux porcins vers la souffrance du faible, ouvrent lentement leurs petits cœurs desséchés. Nous espérons éperdument qu'il existe quelque chose de plus fort et de plus puissant qui *blessera* les forts s'ils ne font *pas* ces choses – si ce n'est un Dieu vindicatif, alors ce sera un prolétariat soulevé par la vengeance ou, au moins, un super ego vindicatif ou, à tout le moins, la majesté offusquée du tribunal de la pure raison pratique de Kant. L'espoir éperdu d'un allié non-contingent et puissant, est, selon Nietzsche, le cœur commun du platonisme, de l'insistance religieuse sur l'omnipotence divine et de la philosophie morale kantienne [1].

Je pense que Nietzsche a fait mouche en proposant ce diagnostic. Ce que Santayana appelait le « supernaturalisme », la confusion des idéaux et du pouvoir, est *tout* ce qui repose derrière l'affirmation kantienne qu'il n'est pas seulement plus gentil mais aussi plus *rationnel* d'inclure des étrangers dans notre communauté morale que de les en exclure. Si nous sommes d'accord avec Nietzsche et Santayana sur ce point, cela ne nous fournit cependant aucune raison de tourner le dos au projet des Lumières, comme Nietzsche le fit. Ni aucune raison d'être sardoniquement pessimiste quant aux chances de ce projet, comme le sont les admirateurs de Nietzsche tels que Santayana, Ortega, Heidegger, Strauss et Foucault.

Car bien que Nietzsche ait eu absolument raison de voir en l'insistance kantienne sur l'inconditionnalité l'expression du ressentiment, il avait absolument tort de traiter le christianisme, et l'époque des révolutions démocratiques, comme des signes de dégénérescence humaine. Lui et Kant, hélas, partageaient entre eux quelque chose que ni l'un ni l'autre n'ont partagé avec Harriet Beecher Stowe – quelque chose qu'Iris Murdoch a appelé « sécheresse » et que Jacques Derrida a nommé « phallogocentrisme ». L'élément commun dans la pensée de ces deux hommes était un désir de pureté. Ce type de pureté consiste à n'être pas seulement autonome, maître de soi-même, mais aussi de posséder une sorte d'auto-suffisance auto-consciente que Sartre décrit comme la parfaite synthèse de l'en-soi et du pour-soi. Cette synthèse pourrait seulement être atteinte, remarquait Sartre, si on pouvait arriver à se débarrasser de tout ce qui est collant, visqueux, humide, sentimental et efféminé.

Bien que ce désir de pureté virile réunisse Platon à Kant, le désir d'associer la plus grande variété possible de gens dans une cosmopolis,

1. Le diagnostic de Nietzsche est renforcé par le célèbre argument d'Elizabeth Anscombe selon lequel les athées ne sont pas habilités à l'expression « obligation morale ».

unit Kant à Stowe. Dans l'histoire de la pensée morale, Kant est une étape intermédiaire entre la tentative désespérée de déclarer Thrasymaque coupable d'irrationalité et la tentative pleine d'espoir de voir chaque bipède sans plumes quel qu'il soit comme un des nôtres. L'erreur de Kant était de croire que la seule manière d'obtenir une version non fanatique, étouffée, modeste de la fraternité chrétienne après le relâchement de la foi chrétienne, était de raviver les thèmes de la pensée philosophique pré-chrétienne. Il voulait que la connaissance d'un soi profond accomplisse ce qui ne peut être fait par le continuel rafraîchissement et la re-création continue du soi, grâce à l'interaction avec des soi aussi dissemblables que possibles.

Kant réalisa l'espèce de tour d'équilibre maladroit qui est requis dans les périodes de transition. Son projet prit place entre une tradition rationaliste mourante et une vision d'un monde nouveau et démocratique, le monde de ce que Rabossi appelle « le phénomène des droits de l'homme ». Avec l'avènement de ce phénomène, le tour d'équilibre de Kant est devenu démodé et non pertinent. Nous occupons aujourd'hui une position favorable pour écarter les derniers vestiges de l'idée selon laquelle les êtres humains se distinguent par la capacité de connaître davantage que par celles liées à la fraternité et à l'intermariage, qu'ils se distinguent par une rationalité rigoureuse davantage que par une souple sentimentalité. Si nous faisons ainsi, nous devrons renoncer tout autant à l'idée que la connaissance assurée d'une vérité au sujet de ce que nous avons en commun est une condition préalable à l'éducation morale, tout autant qu'à l'idée d'une motivation spécifiquement morale. Si nous accomplissons toutes ces choses, alors nous ne verrons dans les *Fondations de la métaphysique des mœurs* de Kant qu'une préparation à *La case de l'Oncle Tom*, une concession faite aux attentes d'une époque intellectuelle dans laquelle la recherche d'une connaissance quasi scientifique semblait la seule réponse possible à l'exclusivisme religieux [1].

1. Voyez de Jane TOMPKINS, *Sensational Designs : The Cultural Work of American Fiction, 1790-1860* (New York, Oxford University Press, 1985), pour un traitement du roman sentimental qui est en accord avec ce que je tente de dire ici. Dans son chapitre consacré à Stowe, Tompkins dit qu'elle demande au lecteur « de mettre en veilleuse les catégories habituelles pour évaluer la fiction – complication de style, finesse psychologique, complexité épistémologique – et de voir le roman sentimental non comme un artifice éternel relevant de certains critères formels et de certains sujets philosophiques et psychologiques, mais comme une entreprise politique, à mi-chemin entre le sermon et la théorie sociale, qui, à la fois, codifie et tend à façonner les valeurs de son temps » (p. 126).

Malheureusement, beaucoup de philosophes, particulièrement dans le monde anglo-saxon, essayent toujours de s'en tenir à l'affirmation platonicienne que le devoir principal des être humains est de *connaître*. Cette insistance était le fil d'Ariane auquel Kant et Hegel pensaient que nous devons nous accrocher fermement [1]. De la même manière que les philosophes allemands, entre l'époque de Kant et celle de Hegel, se voyaient en défenseurs de la « raison » contre Hume, beaucoup de philosophes anglophones se voient aujourd'hui eux-mêmes en défenseurs de la raison contre Derrida. Mais avec la sagesse liée au temps qui passe et avec l'aide de Baier, nous avons appris à lire Hume non comme un iconoclaste dangereusement futile mais comme le plus humble, le plus flexible, le moins phallogocentrique, des penseurs des Lumières. Un jour, je suppose, nos descendants pourraient souhaiter que les contemporains de Derrida eussent été capables de le lire non comme un iconoclaste futile, mais comme un éducateur sentimental, comme un des « philosophes moralistes des femmes » [2].

L'opposition que Tompkins relève entre des auteurs comme Stowe et des « auteurs mâles comme Thoreau, Whitman et Melville, qui sont célébrés comme des modèles de la témérité et de l'honnêteté intellectuelles » (p. 124), est parallèle à celle que j'essayais de mettre en évidence entre l'utilité publique et la perfection privée dans mon *Contingency, Irony and Solidarity*. Je vois *La case de l'oncle Tom* et *Moby Dick* comme des œuvres également éclatantes, des œuvres que nous ne devrions pas essayer de classer hiérarchiquement parce qu'elles servent des desseins différents. Argumenter en faveur de ce qui serait le meilleur roman revient à argumenter sur ce qui serait le meilleur traité philosophique : *On Liberty* de Mill ou les *Fragments philosophiques* de Kierkegaard.

1. Techniquement, bien sûr, Kant a limité la connaissance pour faire de la place à la foi morale. Mais qu'est-ce que la philosophie morale transcendantale si ce n'est l'assurance que l'impératif non-cognitif délivré par l'entremise de la conscience morale commune montre l'existence d'un « fait de la raison » – un fait au sujet de ce que c'est qu'être un être humain, un agent rationnel, un être qui est quelque chose de plus qu'un faisceau de déterminations spatio-temporelles ? Kant n'a jamais été capable d'expliquer comment la connaissance transcendantale pouvait être une connaissance, mais il n'a jamais été capable non plus de renoncer à la tentation de prétendre à une telle connaissance.

Sur le projet allemand de défendre la raison contre Hume, voyez Fred BEISER, *The Fate of Reason : German Philosophy from Kant to Fichte*, Cambridge, Mass. Harvard University Press, 1987.

2. J'ai discuté la relation entre Derrida et le féminisme dans « Deconstruction, Ideology and Feminism : A Pragmatist View » en préparation dans *Hypatia*, et aussi dans ma réponse à Alexandre Nehamas dans *Lire Rorty* (Paris, L'Eclat, 1992). Richard Bernstein a, je pense, fondamentalement raison de lire Derrida comme un moraliste, même si Thomas McCarty a aussi raison de dire que la « déconstruction » n'est d'aucune utilité politique.

Si l'on suit le conseil de Baier, on ne verra pas comme la tâche de l'éducateur moral de répondre à la question de l'égoïste rationnel « Pourquoi devrais-je être moral ? », mais plutôt de répondre à une question qui est beaucoup plus fréquemment posée : « Pourquoi devrais-je prendre soin d'un étranger, d'une personne qui ne m'est pas apparentée, une personne dont les habitudes m'écœurent ? ». La réponse traditionnelle à cette dernière question est : « Parce que la parenté et la coutume sont moralement non pertinentes, non pertinentes eu égard aux obligations imposées par la reconnaissance d'un membre de la même espèce ». Ceci n'a jamais été très convaincant puisqu'en fin de compte, il y a une pétition de principe : la simple appartenance à l'espèce *est*, en fait, un succédané suffisant à une parenté plus proche. En outre, cette réponse laisse largement la porte ouverte à la réplique embarrassante de Nietzsche : *cette* notion universaliste, dirait Nietzsche en ricanant, ne pourrait traverser que l'esprit d'un esclave – ou, peut-être, l'esprit d'un intellectuel, d'un prêtre dont l'amour-propre et le gagne-pain reposent tous deux sur notre acceptation d'un paradoxe sacré, indiscutable et irrécusable.

Une meilleure espèce de réponse est la sorte de longue histoire sentimentale et triste qui commence par : « Parce que c'est ainsi dans sa situation – être loin de chez soi, parmi les étrangers », ou « parce qu'elle pourrait être un jour ta belle-fille » ou « parce que sa mère s'affligerait pour elle ». De telles histoires, répétées et modifiées à travers les siècles, nous ont conduits, nous, gens riches, en sécurité et puissants, à tolérer, même à chérir, les gens impuissants – les gens dont l'apparence ou les coutumes ou les croyances semblaient à première vue une insulte à notre propre identité morale, à notre sens des limites permises de la variation humaine.

Pour les gens qui, comme Platon et Kant, croient en une vérité philosophiquement constatable sur ce que c'est qu'être un être humain, le travail accompli reste incomplet tant que nous n'avons pas répondu à la question : « Oui, mais ai-je une *obligation morale* à son égard ? ». Pour ces gens comme Hume et Baier, c'est une marque d'immaturité intellectuelle que de poser cette question. Mais nous continuerons à poser cette question aussi longtemps qu'avec Platon nous affirmerons que c'est notre capacité de *connaître* qui nous fait homme. Platon écrivait il y a longtemps, à une époque où nous, intellectuels, avions à prétendre prendre la relève du clergé, avions à prétendre connaître quelque chose d'assez ésotérique. Hume fit de son mieux pour nous libérer par le ridicule de cette prétention. Baier, qui me semble à la fois la plus originale et la plus utile des philosophes moralistes contemporains, est toujours en train de nous en libérer par le ridicule. Je pense que Baier peut éventuellement réussir parce qu'elle a l'histoire des deux cents dernières années de progrès moral derrière elle. Ces deux siècles sont plus aisément compréhensibles non comme une période d'approfondissement de la compréhension de la nature de la rationalité ou de la moralité, mais plutôt comme celle au cours de laquelle survient un progrès étonnamment rapide des sentiments, au cours de laquelle il est devenu beaucoup plus simple pour nous d'être conduits à agir par des histoires tristes et sentimentales.

Richard RORTY *

* University of Virginia.

Section I

Du site ambigu de la postmodernité

Après avoir contribué à la fortune de l'expression de « postmodernité » ou de « postmodernisme », Rorty semble estimer aujourd'hui que cette qualification est utilisée de telle manière qu'elle apporte plus de confusion que de précision. Les analyses de L. Dupré et d'E. Delruelle en manifestent toutes les ambiguïtés et introduisent des nuances historiques et contemporaines qui éclairent la complexité des philosophes que l'on cherche à situer suivant l'axe modernité-postmodernité. Dans une étude très fine et très documentée tant sur le plan diachronique que sur celui de la synchronie, L. Dupré (*Postmodernité ou modernité tardive*) pose la question : la « postmodernité » est-elle une simple phase tardive de la modernité ou rompt-elle avec celle-ci ? Sa réponse prend en considération l'importance d'une perspective historique incluant aussi la pré-modernité (la pensée ancienne et médiévale jusqu'au XIIe siècle). Car, suivant que l'on pense ou non la postmodernité dans la continuité de la modernité, on est conduit aussi à s'interroger sur la continuité ou la discontinuité entre la pensée pré-moderne et la pensée moderne. L. Dupré montre qu'il y a des raisons historiques pour marquer une césure entre la pensée pré-moderne et la modernité et pour concevoir la postmodernité dans la continuité tardive de la modernité. Son argumentation principale repose sur la prise en considération du nominalisme médiéval avec lequel s'enclenche la rupture de la synthèse onto-logique caractéristique de la pensée pré-moderne.

La fin du logocentrisme commence au XIIe siècle qui désontologise et instrumentalise le langage, rend possible le développement de la science dite moderne avec sa dynamique de puissance et de volonté de puissance associée à l'idée de la contingence du réel devenu perméable à la liberté humaine. Selon des postures différentes, Rorty, Habermas, Derrida, Lyotard (etc.) s'inscrivent dans ce mouvement dont ils interprètent mal l'histoire et les scansions. Rorty, ainsi, tend à ignorer la discontinuité entre la pensée prémoderne et la modernité en les plaçant l'une et l'autre au sein du paradigme spéculaire qu'il critique et qu'il croit retrouver encore, par exemple, dans l'attachement habermassien à l'universalité. Mais ce faisant, Rorty s'inscrit inconsciemment lui-même dans le sillage de l'instrumentalisation du logos caractéristique de la modernité et qui s'exprime dans certains aspects de sa position néo-pragmatiste. Ce premier chapitre trouve des prolongements dans le chapitre 7 consacré à la critique de la science postmoderne (*Jeux de langage et pratiques technoscientifiques*).

E. Delruelle (*L'autre dans la conversation et la communication*) articule la position respective de Rorty, Lyotard et Habermas en prenant comme révélateur leur sensibilité à l'Autre : l'autre inconscient en nous, et l'autre comme autrui étranger. Rorty occuperait dans cette trinité une position médiane, mais pas pour les raisons ordinairement alléguées (avec Lyotard, il se méfie de l'universel habermassien ; avec Habermas, il a le goût du consensus). En fait, bien qu'Habermas estime que la dimension de l'altérité serait donnée avec la structure même du langage et donc respectée par une philosophie de la communication, l'autre ainsi conçu ne serait rien de plus que le pôle formel de l'interlocuteur que nous occupons en effet tous, tour à tour, dans la discussion. Cet autre est singulièrement « indifférent » et critiqué comme tel par Lyotard qui dénonce la surdité communicationnelle à l'altérité substantielle. Celle-ci ne serait pas ignorée par Rorty (ni en lui-même comme inconscient, ni en les autres) qui, cependant, éviterait systématiquement de creuser le « différend » induisant ainsi des effets de solidarité universaliste qui font songer à Habermas. Cette analyse aide à situer Rorty sur la scène postmoderne en montrant la complexité de cette scène et de la position occupée. La question de l'Autre rebondit diversement à travers plusieurs chapitres, tout particulièrement dans le chapitre 13 *« Garder l'être ». Entre ironie et finitude* d'une manière critique.

CHAPITRE I

POSTMODERNITÉ OU MODERNITÉ TARDIVE ?*

La composante déterminante de la pensée postmoderne est de manière évidente la critique de la modernité. Il est surprenant dès lors de trouver un désaccord si profond sur la manière dont cette critique se rapporte à son objet. Le postmodernisme est-il une nouvelle étape, peut-être décisive, qui complète le projet inachevé de la modernité, comme Habermas et, dans une certaine mesure, Lyotard le prétendent ? Ou entend-il rompre avec ce projet, comme Derrida et Rorty le maintiennent ? Cette dernière thèse, plus radicale, tend à aller de pair avec l'hypothèse d'une continuité essentielle entre la pensée moderne et prémoderne. Parmi ceux qui la défendent nous trouvons Nietzsche, Heidegger, Derrida et Rorty. La position de Rorty est cependant devenue quelque peu contestable depuis qu'il a pris ses distances dans son ouvrage récent *Essays on Heidegger and Others* par rapport au terme « postmoderne » même. « Le terme a été trop utilisé de telle sorte qu'il cause plus de troubles qu'il n'en vaut la peine... Le mieux est, semble-t-il, de voir simplement en Heidegger et Derrida des philosophes post-nietzschéens – de leur assigner une place dans la conversation suivie qui va de Descartes, en passant par Kant et Hegel, à Nietzsche et au-delà, plutôt que de les considérer comme ouvrant une voie et manifestant une nouveauté radicales » [1]. Cette manière de mettre les soi-disant postmodernes en contexte avec les modernes diffère de la discontinuité radicale que propose Derrida et dont Rorty s'était fait précédemment l'avocat. Pourtant il ne faut pas s'y tromper : la théorie de Rorty implique une rupture plus radicale avec la philosophie – toute la philosophie – que celles de ses prédécesseurs,

* Traduit de l'anglais par M. WEYEMBERGH.

1. *Essays on Heidegger and Others*, vol. 2 des *Philosophical Papers*, Cambridge University Press, 1991, p. 1-2.

quelque soit leur rapport à la modernité. Pour lui, la continuité entre philosophie moderne et classique est plus profonde que leur discontinuité. A ses yeux, les principes ontothéologiques qui ont guidé la pensée grecque et médiévale continuent à opérer dans les philosophies rationalistes et, indirectement, dans les philosophies empiristes de l'époque moderne. Notre propre position accorde la préférence à la discontinuité entre le moderne et le prémoderne, et à la continuité entre le moderne et le postmoderne.

De plus en plus d'interprètes s'accordent sur le fait que la critique fondamentale de la culture moderne commence avec Hegel, le premier philosophe à réfléchir systématiquement sur la modernité et à proclamer que la philosophie n'est rien d'autre que la pensée de son époque [1]. Il a aussi été le premier critique radical de la modernité. Pourtant Hegel limite sa critique : il continue d'accepter le principe de la subjectivité, à la fois dans ses formulations propres à l'épistémologie cartésienne et dans celles propres à la religion luthérienne, comme la grande découverte de la pensée moderne. « Que la substance est essentiellement sujet est exprimé dans l'idée qui représente l'Absolu comme l'Esprit... la plus grande conception qui soit, et qui est due aux temps modernes et à sa religion » [2]. Il ressort de ce jugement et de toute la *Phénoménologie de l'Esprit* qu'il préface, que la philosophie moderne tient la clef de tous les problèmes qu'elle a pu créer. Les Lumières avaient, au jugement de Hegel, indûment rétréci et par là perverti le principe de la subjectivité. Seule cette perversion est responsable de l'aliénation de l'esprit moderne. Les disciples rebelles de Hegel, Marx et Kierkegaard, nous donnent un mélange similaire d'éloge et de blâme sur la modernité. La critique de Marx de l'économie capitaliste s'étend aux tout premiers commencements de la période moderne. Pourtant elle dérive entièrement d'un principe des Lumières : la liberté qui se fonde elle-même. Marx a tellement mis l'accent sur ce principe que celui-ci a éclipsé l'idée du sujet individuel qui lui a donné naissance. La philosophie du sujet est une illusion romantique : le sujet est lui-même le produit de la *praxis* socio-économique. Marx a ainsi porté l'idée moderne de la liberté à son extrême conclusion tout en réduisant ce qui avait été son fondement à une de ses conséquences. Même le très spéculatif Kierkegaard, qui est politiquement conservateur, achève ses polémiques stridentes avec la philosophie hégélienne et la démocratie moderne dans une anthro-

1. Arnold RUGE, in *Deutsche Jahrbücher 1841*, p. 594, cité par Habermas dans *The Philosophical Discourse of Modernity*, p. 51.
2. *Phänomenologie des Geistes*, éd. J. Hoffmeister, Hamburg, 1952, p. 24.

pologie de l'autodétermination qui est incompatible avec la doctrine éthique traditionnelle. Il est clair que Hegel et ses successeurs sont autant les fils des Lumières qu'ils en sont les ennemis.

1. Le postmoderne et le prémoderne

Avec Nietzsche la scène change tout à fait. Il a mis en question les fondements de la pensée moderne et est remonté jusqu'à ses sources grecques et chrétiennes. La primauté du *logos*, affirmée depuis Socrate et déifiée dans la doctrine de l'Incarnation, impliquait selon lui le refus des pulsions de vie plus profondes, refus qui a explosé dans le nihilisme de la culture de la modernité tardive. Heidegger et ses interprètes postmodernes ont suivi le réquisitoire de Nietzsche contre les thèses platoniciennes de toute la philosophie occidentale ainsi que du besoin d'un fondement rationnel de la pensée. Le souci d'un fondement absolu détermine à ses débuts toute la critique de la modernité, comme Rorty le souligne :

> « L'histoire allemande typique de la conscience de soi de l'époque moderne (celle qui va de Hegel en passant par Marx, Weber et Nietzsche) est centrée sur des figures qui étaient préoccupées par le monde que nous avons perdu lorsque nous avons perdu la religion de nos ancêtres » [1].

Le problème s'est entre-temps étendu de la critique originelle de la modernité aux principes de base qui sous-tendent la pensée occidentale. L'étendue de la critique de Nietzsche et de Heidegger est bien connue. Mais Derrida et Rorty acceptent eux aussi une continuité essentielle entre les principes de la modernité et ceux qui ont mis la pensée occidentale sur orbite. D'autres détectent une *césure* entre la pensée moderne et prémoderne. Non moins critiques de l'opposition sujet-objet et de la primauté du sujet comme principes interprétatifs du réel, ils nient cependant que les racines de ces positions doivent être trouvées dans la *théorie* grecque ou dans la théologie chrétienne, quoique toutes deux aient indéniablement créé les conditions de leur possibilité. Des conservateurs comme Leo Strauss, Eric Voegelin et Alasdair MacIntyre s'accordent sur cette position avec des avocats libéraux de la culture moderne comme Hans Blumenberg et Jürgen Habermas.

Les attaques de Rorty contre l'épistémologie le placent dans le camp de la « continuité ». Pour les questions essentielles, la modernité demeure en pleine continuité avec la tradition prémoderne : Descartes

1. « Habermas and Lyotard on Postmodernity », in *Essays on Heidegger and Others*, p. 171.

n'a fait que transformer en un principe méthodologique ce que Platon et tous ses successeurs avaient fait de manière conséquente, à savoir fonder la pensée sur les règles prétendument évidentes de la rationalité. Déjà dans *Philosophy and the Mirror of Nature*, Rorty considère que le mérite particulier du renversement par Sellars et Quine du schéma dualiste du *donné* et de son *cadre conceptuel* se trouve non dans leurs résultats épistémologiques, mais dans leur refus total de présenter encore une autre épistémologie. La rationalité alors ne consiste plus à rendre conforme à des critères à l'intérieur ou à l'extérieur de l'idée, mais dans une attitude comportementale de constante autocorrection. Ce qui compte comme connaissance fiable est décidé par les règles de la communauté, non par quelques règles divines de vérité [1]. La justification cognitive devient un domaine consistant à poser « des questions behavioristes ». Ni les principes empiristes des analystes anglo-américains ni les principes idéalistes des philosophes appelés continentaux ne légitiment le discours rationnel. Seule la *praxis* de la communication le fait. Une telle position va clairement, en s'opposant à toute espèce d'épistémologie, bien au-delà d'une critique du dualisme cartésien. Attaquer la théorie représentationaliste des philosophies modernes est une chose ; attaquer la justification rationnelle de la connaissance en est une autre. Le point fondamental de la critique du projet cartésien s'applique à toutes les théories antérieures de la connaissance. Au-delà de la cible à courte distance de la représentation moderne, il vise les théories de la connaissance classiques et médiévales qui sont plus éloignées.

Je pense que cette position prédétermine au moins en partie la réponse à la question originale : est-ce que la postmodernité constitue la part pleinement consciente et terminale de la pensée moderne ou est-elle en rupture avec elle ? Jean-François Lyotard caractérise la pensée moderne par la croyance que nos réalisations épistémiques et émancipatrices, les deux grands triomphes de la science et du progrès social, demeurent séparées l'une de l'autre. Pour les légitimer et pour surmonter la séparation, la philosophie a essayé de les unir dans un métarécit. Mais les métarécits sont à la fois superflus et inefficaces. « Ils (les récits) définissent ainsi ce qui a le droit de se dire et de se faire dans la culture, et, comme ils sont aussi une partie de celle-ci, ils se trouvent par là même légitimés » [2]. C'est pourquoi le postmodernisme

1. *Philosophy and the Mirror of Nature*, Princeton University Press, 1980, p. 187.

2. *La condition postmoderne. Rapport sur le savoir*, Paris, Editions de Minuit, 1979, p. 43.

abandonne la recherche futile d'une légitimation au-delà des récits. De manière surprenante Lyotard ne considère pas que cet abandon résulte d'une rupture entre le moderne et le postmoderne. Dans *Le postmoderne expliqué aux enfants. Correspondance 1982-1983* [1], il affirme qu'« il (le postmoderne) fait assurément partie du moderne... Le postmodernisme ainsi entendu n'est pas le modernisme à sa fin, mais à l'état naissant, et cet état est constant ». Dans le même recueil, il suggère qu'avec le postmodernisme la modernité arrive à résoudre ses propres problèmes.

C'est un fait, indéniablement, que la philosophie n'a pas toujours eu de justifications au second niveau. La philosophie de Platon a commencé par des conversations ouvertes, non fondationnelles. Les dialogues des débuts, appelés socratiques, ne supposent pas de règles métanarratives. La discussion demeure largement ouverte à tous les points de vue aussi longtemps que le locuteur ne se contredit pas. Certes la dialectique suit une espèce de *méthode* inductive – le terme même a son origine dans les dialogues. Mais aucune conversation n'a de sens sans demeurer cohérente et sans obéir à quelque téléologie interne. Une telle cohérence ne peut être considérée comme un « fondement » dans le sens ultérieur. « Les dialogues platoniciens n'étaient nullement auto-fondationnels. Ils avaient certes un fondement, mais un fondement avec un faux fond, car le fondement recelait des thèses décisives sur la réalité, et qu'est-ce qui fondait un tel fondement (qui garde les gardiens ?) ? » [2]. Dans ses dialogues tardifs, Platon a considéré certains principes comme absolus. Le bien, le vrai, le beau officient comme constantes non négociables dans une discussion sinon encore souple – mais ces idées dominantes devaient être rapidement déconstruites par Aristote.

L'identité de la vérité et du langage ne sépare-t-elle pas alors de manière décisive toute la tradition (la tradition humaniste incluse) du postmodernisme ? Le terme même de *logos*, signifiant à la fois « raison » et « mot », a déterminé le cours de toute la tradition. C'est précisément ce « logocentrisme », selon Derrida, que la pensée postmoderne essaye d'exorciser. Mais y a-t-elle réussi ? Dans son essai « Two Meanings of Logocentrism » [3], Rorty a justement attaqué le projet de Derrida comme utopique. Pour être signifiante la conver-

1. Paris, Galilée, 1986, p. 29-30.
2. Gary PERCESEPE, « The Unbearable Lightness of Being Postmodern », article non publié, p. 7.
3. *Essays on Heidegger and Others. Philosophical Papers*, vol. 2, p. 107-118.

sation n'a pas d'autre choix sinon d'être « logocentrique ». Nous pouvons nous passer de l'espèce de métaphysique logocentrique qui est à la poursuite de vues intuitives, d'évidence totale et de vérité incontestable, mais non pas de la rationalité de base du langage.

Il est intéressant de constater que ce rejet qualifié du « logocentrisme » par Rorty n'est pas sans précédent. En fait il marque le commencement même de la pensée moderne. Je me réfère bien entendu à la théorie nominaliste du langage. Sa venue avait été préparée par une désontologisation antérieure du langage. Alors que la tradition chrétienne avait originellement considéré tous les mots humains comme participant d'une certaine manière de la Parole divine et comme manifestant par là directement la nature du réel, à un moment du douzième siècle la relation avec le langage subit une profonde transformation. La connaissance cessa d'être pensée comme intériorisant la réalité connue dans un « mot interne », le *verbum internum*, qui était extériorisé par la suite dans le langage parlé et écrit. La nouvelle théorie sépare le *verbum* (à la fois interne et externe) de la *res*. La différence apparaît clairement chez Abélard qui écrit :

> « Les mots établissent d'abord la compréhension des choses, non d'eux-mêmes ; par les signes intermédiaires que nous utilisons, les mots dirigent l'esprit de l'auditeur vers la figure ou l'image d'une chose de sorte que dans cette image il puisse contempler non l'image elle-même mais la chose dont elle tient lieu » [1].

Le dialecticien médiéval déclare ici que les mots sont *à propos* des choses, plutôt qu'ils n'expriment directement leur réalité intériorisée. Ils renvoient *au-delà* d'eux-mêmes à une réalité qui demeure pour toujours distante d'eux. Cette distinction a trouvé sa voie dans la scolastique ultérieure commençant avec Thomas d'Aquin.

Néanmoins, le lien entre le mot et la réalité restait solide. Les humains actualisent dans le langage l'intelligibilité complète que les formes de toutes choses possédaient avant leur origine dans le temps. Le mot et le réel coïncident dans une Parole divine éternelle qui est à la fois expressive et créatrice. Derrida a fait remarquer combien il existe un lien systématique et historique entre la théologie du Logos et le caractère significatif intrinsèque du langage. Ce n'est que parce les mots humains participent à cette Parole divine dans laquelle repose l'intelligibilité essentielle de la création que nous pouvons présumer

1. « Logica ingredientibus », in *Philosophische Schriften*, ed. Bernhard Geyer, Münster, Aschendorff, 1919-1933, vol. 1, p. 313. Je dois cette référence à une étude non publiée du professeur Edward Cranz.

sans risque de nous tromper qu'ils correspondent intrinsèquement à la nature même du réel. « La face intelligible du signe reste tournée du côté du verbe et de la face de Dieu. (...) Le signe et la divinité ont le même lieu et le même temps de naissance »[1]. Cette interprétation théologique touche au cœur du réalisme médiéval. Mais la séparation du *signe* de son *signifié* n'est pas le résultat du sécularisme des Lumières, comme Derrida le prétend : la crise nominaliste avait déjà coupé le lien entre les mots humains et le Logos divin. Si nous ne pouvons plus être certains que les décrets divins suivent un plan intelligible, nous devons aussi cesser alors de nous fier à ce que le Logos éternel assure la vérité du langage humain. Par conséquent l'homme n'utilise les mots qu'à ses propres risques et comme il l'entend : la garantie traditionnelle, selon laquelle les mots utilisés adéquatement touchent le réel comme il est en lui-même, fait défaut.

Cette dissolution du lien médiéval avec la réalité a changé de manière essentielle la nature du langage dans son rapport à la réalité. En détachant les mots des choses, elle a fourni une condition indispensable, bien que négative, à ce que le langage se développe librement au-delà de sa fonction de nommer le réel. Le langage n'avait bien sûr jamais été *purement* référentiel, sans quoi la poésie n'aurait pu exister, pourtant la pleine conscience de l'indépendance du *verbum* dans son rapport à la *res* existait à peine avant la philosophie nominaliste. Sans le vouloir, elle créa un espace plus large pour la créativité métaphorique. Le nominalisme a gardé de manière conséquente sa méfiance à l'égard de l'écran verbal se trouvant entre l'esprit et l'observation directe, qui nous donne seule accès à la réalité. Les nominalistes à l'esprit empiriste tendaient à attaquer ceux qui accordaient l'autorité dernière à l'un ou l'autre mot autre que les Ecritures. Leur mépris pour la « connaissance verbale » survit dans la critique de Bacon des quatre « idoles », qui sont toutes créées par l'illusion linguistique et bloquent la route de la connaissance scientifique.

Ce nominalisme de la modernité commençante réapparaît avec une clarté surprenante chez Derrida. « Il n'y a donc que des signes dès lors qu'il y a du sens. *We think only in signs*... On pourrait appeler *jeu* l'absence du signifié transcendantal comme illimitation du jeu, c'est-à-dire comme ébranlement de l'onto-théologie et de la métaphysique de la présence »[2]. Le signe verbal suspend la présence qu'il signifie. « Le langage est entièrement intertextuel – les mots renvoient les uns aux autres de manière totalement contingente sans toucher aucune réalité

1. *De la grammatologie*, Paris, Editions de Minuit, 1967, p. 25.
2. *De la grammatologie*, p. 73.

translinguistique ». Rorty cite ce texte, mais le considère comme une expression inadéquate de la distance postmoderne entre le mot et la réalité :

> « L'idée juste est, pour nous nominalistes, que 'la reconnaissance du sens' est simplement la capacité de substituer des signes sensibles (c'est-à-dire des marques et des bruits) à d'autres signes, et d'autres signes encore aux derniers, et ainsi de suite à l'infini » [1].

La régression de l'interprétation linguistique ne peut être arrêtée par aucune intuition qui se fonde elle-même. Telle est en effet la seule conclusion cohérente qui puisse être tirée des prémisses nominalistes. Le langage est cette absence permanente qui signifie de manière persistante une présence. La référence à une théologie négative qui cherche éternellement le Dieu qui ne montre jamais son visage est particulièrement appropriée, parce que c'est une théologie analogue qui est à l'origine de cette manière de penser. Le postmodernisme se trouve ici à l'entrée même de la pensée moderne : il tire des conclusions qui n'ont jamais été tirées précédemment. Habermas a peut-être raison de considérer le postmodernisme comme un achèvement du projet moderne.

Mais la désontologisation du langage n'épuise pas à elle seule un programme qui inclut bien plus que le démantèlement du rationalisme. La postmodernité met à jour les *structures* du pouvoir qui se cachent derrière des règles prétendument rationnelles. Pour Foucault, alors que ces structures se présentent comme des déterminations de la raison, elles n'expriment en fait que la volonté de pouvoir. Nietzsche, Wittgenstein et Heidegger avaient déjà montré que la pulsion derrière le processus de connaissance est celle d'un choix de la volonté. La connaissance scientifique traditionnelle était constituée « par une volonté » dont le pouvoir s'établissait inexorablement lui-même dans l'« ordonnancement » dur et rapide de la forme de vie, la « légitimation » des types de discours et spécialement dans l'insistance sur la « vérité » [2]. Ici aussi il ne faut pas chercher loin pour trouver des précédents dans les débuts de la modernité. Rorty lui-même se réfère positivement au pragmatisme agréablement ouvert de Francis Bacon. L'ex-Chancelier a percé à jour les prétentions axiologiquement neutres de la science lorsqu'il les a identifiées au pouvoir. Nous devons

1. « Two Meanings of Logocentrism », in *Essays on Heidegger and Others*, p. 115.

2. Klaus HEDWIG, « The Philosophical Presuppositions of Modernity », *Communio* XVII, 2 (été 1990), p. 174-175.

suspendre notre jugement sur cette évaluation favorable jusqu'au moment où nous aurons tenté de comprendre la signification du pragmatisme de Rorty lui-même.

Mais il n'y a pas de doute qu'un volontarisme extrême est entré dans la pensée occidentale à l'aube de l'époque moderne. Une fois encore cela s'est passé dans le sillage de la théologie nominaliste. Lorsque Guillaume d'Ockham, dans son effort pour dépasser l'idée grecque d'un monde intrinsèquement nécessaire, définit la création comme totalement contingente et dépendante d'un Créateur dont l'attribut principal est le pouvoir inconditionné, il élabora un modèle différent et pan-englobant de la liberté humaine. Au lieu d'être détermination rationnelle elle devint choix de soi. L'innovation transforma la signification même de l'autorité politique et de la loi. Elle affecta même le concept de l'activité intellectuelle. La vérité ne coïncida plus simplement avec la saisie de l'identité de l'idée et de la réalité. Le mouvement déterminant devint le consentement de la volonté. Connaître signifia assumer la pleine responsabilité de son affirmation. Certes aucune voie directe ne mène de ce volontarisme de la modernité commençante aux généalogies des structures de pouvoir de Foucault. Mais la tendance avait été bien établie et ne fut jamais interrompue. Ce fut la force motrice du scepticisme de Montaigne et de l'épistémologie de Descartes.

2. Le postmoderne et le moderne tardif

Lorsque nous en venons aux sources modernes tardives des idées postmodernes, la continuité est même plus évidente, bien que plus difficile à évaluer. Combien le pragmatisme de Rorty doit-il à celui de Dewey ? Seule une interprétation attentive de l'œuvre de Dewey nous permettra de décider si elle est une source essentielle ou si elle ne sert que comme un modèle projectif à l'œuvre de Rorty lui-même. Le lien le plus évident est celui avec la philosophie herméneutique. Mise en route au début du XIXe siècle par Friedrich Schleiermacher et développée en un type séparé de science par Wilhelm Dilthey, l'herméneutique a exercé par son essor une influence déterminante sur la pensée postmoderne. En explicitant des thèmes non développés dans la pensée de Heidegger, Gadamer a insisté sur le fait que les soi-disant principes fondateurs doivent être replacés et compris dans leur contexte culturel total. Tous les arguments théoriques, esthétiques et moraux du passé nous atteignent à partir d'une tradition intégrale. Le critique doit définir la signification d'une œuvre particulière à l'intérieur du contexte global de cette tradition. Nous ne pouvons décider de la signification des jugements esthétiques ou moraux du passé à la lumière de nos idées dominantes actuelles. Cela est particulièrement important en éthique où la domination de la théorie kantienne nous a rendus presque aveugles à certains éléments déterminants du passé comme la coutume, l'habitude, l'affection et le sentiment moral. L'éthique postmoderne oppose ces anciens facteurs, discutés par Aristote, Shaftesbury, Hutcheson et Hume, aux éléments déterminants de la tradition de la modernité tardive [1].

Dans leurs polémiques avec des tendances et anti-tendances de la modernité tardive, les auteurs postmodernes sont divisés sur le point de savoir où la modernité est devenue problématique et s'il convient de réincorporer quelque élément dans leur propre pensée. Pour Jürgen Habermas, qui considère que le projet moderne est valable mais qu'il s'est écarté de son cours originel, ceci constitue, bien entendu, une question critique. Il localise cet écart dans la réponse de Hegel aux Lumières. Pour réunir les trois sphères de la vie de l'esprit que Kant avait séparées sans être capable d'en faire la synthèse dans son sujet transcendantal, Hegel a élaboré une synthèse au-delà du sujet. L'esprit absolu devait faire une fois de plus ce que la religion avait fait dans le passé : réunir les *disjecta membra*. Mais, selon Habermas, la philosophie de Hegel a complètement déraillé précisément dans la théorie de l'Esprit Absolu. Au lieu d'une synthèse véritable, elle devint une superstructure pseudo-religieuse. En elle, les appels fondamentaux à l'émancipation humaine, clairement énoncés par les Lumières, furent entièrement perdus. Au lieu de libérer la rationalité propre aux Lumières des limites étroites de la raison fondée sur la subjectivité, Hegel gonfla la subjectivité elle-même pour en faire un absolu. Il fit ainsi apparaître un problème qui était resté latent dans les Lumières, à savoir que cette raison démasque toutes les formes non cachées d'oppression « uniquement pour mettre à leur place la domination inattaquable de la rationalité », « se construisant ce faisant une immunité étrange sous la forme d'une domination absolument cachée » [2].

Les hégéliens de gauche, spécialement Hess et le jeune Marx, libérèrent la philosophie de la fausse assurance de sa raison centrée sur le sujet en la remplaçant par la *praxis*. Mais, comme Habermas le reconnaît, le lien qui lie le concept de la *praxis* à un paradigme étroit de la production et l'absence ou la justification inadéquate du fondement

1. Voir F. D WACHTER, « Ethiek : modern en postmodern », in *Tijdschrift voor Filosofie*, 52/2, 1990, p. 207-229.
2. *The Philosophical Discourse of Modernity*, trad. Frederick Lawrence, Boston, MIT Press, 1987, p. 56.

normatif de la *praxis* comme principe critique ont fait de ce concept lui-même un instrument de la raison instrumentale. Une fois dépouillée de tout contenu métaphysique et religieux, la raison a tendu à régresser « en une rationalité mise au service de l'auto-préservation devenue sauvage » (p. 112) – elle devint un instrument du pouvoir tout court. Néanmoins Habermas reste optimiste : le concept de *praxis* rationnelle, sous la forme d'une communication totale libérée de la domination, peut encore offrir une alternative viable au détournement du projet de la modernité. Au cours de la démonstration de cette thèse, il parvient à incorporer dans la liste des efforts avortés pour trouver une telle alternative tous les auteurs postmodernes de Heidegger à Derrida. Tous ont essayé de surmonter les problèmes de la modernité tardive par la négation simpliste et totalement abstraite du sujet auto-référentiel. Foucault déclare simplement que l'invention tardive de l'« homme » est arrivée à son terme et pour de bon.

Une telle critique de la modernité contient un rejet non dialectique du principe de la subjectivité. Elle exige un prix élevé pour son opposition à la pensée moderne en ce qu'elle ne condamne pas seulement la relation objectivante au soi mais aussi bien toutes les promesses du principe de la subjectivité. Ce qui est nécessaire est la socialisation de ce principe. Ceci peut être atteint, prétend Habermas, à l'aide d'un nouveau paradigme d'accord mutuel centré sur « l'attitude performative des participants à l'action qui coordonnent leurs plans d'action en arrivant à un accord sur un élément du monde » (p. 296). Plus de « redoublement transcendantal » dès lors, plus de moi transcendantal, en fait plus de philosophie, mais seulement les sciences sociales pour rendre explicite « la saisie préthéorique des règles de la part des sujets qui parlent avec compétence, agissent et connaissent ». Ces sciences ne visent plus une intelligibilité métaempirique mais plutôt « la règle actuellement en vigueur de la connaissance » (p. 298).

Comme je la comprends, l'idée de Habermas d'une communication rationnelle sans domination est une version élargie de la *praxis* du jeune Marx. Il la présente comme une alternative au détournement par la modernité tardive du projet des Lumières, alternative qui remettra le projet dans son cours originel. Contre l'équivalence axiologiquement neutre des structures multiples de pouvoir selon Foucault, Habermas maintient la norme des Lumières de l'émancipation de toutes les formes d'oppression. Mais contrairement au concept étroit de la rationalité qui a inspiré l'idée originelle de l'émancipation, la rationalité pour Habermas n'est pas une superstructure idéale : elle émerge de la *praxis* et est atteinte dans et au travers de l'action communicationnelle. La rationalité demeure normative, mais la raison doit être « désublimée » et ramenée au niveau d'une *praxis* ouverte. Mais rejeter la norme de la rationalité, ainsi que les auteurs postmodernes le font, mine la possibilité même de la critique sociale. La position de Habermas, alors, ne peut être considérée comme postmoderne que par rapport à la modernité *tardive* (la période des Lumières détournée de son projet), non par rapport à la pensée moderne dans son ensemble ou même par rapport aux Lumières.

Même la désublimation de la raison demeure un concept essentiellement moderne, un concept appartenant à la gauche hégélienne. En effet, le concept marxiste de *praxis* porte à sa conclusion un développement qui a commencé lorsque la rationalité intrinsèque de l'ordre du monde a été remplacée par la rationalité subjective de facture humaine. Dans la réponse moderne à la séparation nominaliste de l'intelligibilité et de la réalité, le rôle de la raison fut transformé de normatif en fonctionnel. A la fin, la raison fut considérée comme émergeant de l'acte producteur uniquement pour favoriser cet acte en tant que son instrument [1]. Mais une rationalité fonctionnelle est réduite à une règle pratique d'action efficace méthodique. Là où n'existent pas de normes au-delà du processus en cours lui-même, la distinction entre un « bon » cours d'action et un « mauvais » cours d'action devient finalement insoutenable. Une fois que la raison théorique devient un moment subordonné de la *praxis*, elle doit perdre l'autorité lui permettant de poser des questions sur la légitimité ultime. Pour remédier à ce problème, il ne suffit pas d'élargir l'idée de la *praxis* au-delà de sa signification originelle de production sociale. Toute communication exige des structures d'autorité, si elle ne veut pas dégénérer en pure anarchie. Mais de telles structures ne peuvent opérer que lorsqu'elles répriment certains types de comportement. Quelles structures favorisent ultimement la communication ouverte et à quel point deviennent-elles répressives ? L'acte lui-même ne fournit pas de réponse à ces questions. Le pouvoir ne contient pas de base lui permettant de critiquer son exercice. Pourtant une telle critique est essentielle à la théorie de l'action communicationnelle de Habermas. En dernière instance il la justifie sur la base de ce que Lyotard appelle un métarécit, à savoir l'idéal de l'émancipation qui fonctionne comme norme universelle. Rorty lui a reproché de s'accrocher de manière

1. Max HORKHEIMER, *The Eclipse of Reason*, New York, Seabury Press, 1974, p. 3.

inconséquente à une philosophie universaliste avec tous ses problèmes afin de soutenir une politique libérale [1].

3. Rorty et le passé

Comparé à d'autres auteurs postmodernes, Rorty apparaît remarquablement cohérent dans sa tentative d'abandonner les thèses de base de la philosophie moderne. Nous ne devons pas oublier, en effet, ce que Rorty lui-même a écrit récemment sur la conversation suivie d'auteurs « postnietzschéens » avec Hegel, Kant et Descartes. La discontinuité se produit à l'intérieur d'un contexte continu. Il n'empêche que Rorty énonce les implications du nouveau tournant dans la philosophie de manière plus tranchée que d'autres. Il se passe du métarécit de l'émancipation de Habermas aussi bien que de l'idéal utopique de l'anarchisme de Lyotard. Contre Derrida, il relativise la signification de l'argumentation philosophique elle-même. La philosophie ne « pénètre pas tous les domaines », comme Derrida et ses disciples le prétendent. Elle n'apparaît telle qu'à ceux qui en ont fait une profession. Pour l'homme normal, les écrits philosophiques, spécialement les écrits postmodernes, paraissent seulement « absurdes et valent peu la peine d'être lus » [2]. Etant de ceux qui au sein de cette profession se sentent de plus en plus attirés par la poésie, la prose narrative et les écrits spirituels pour acquérir ce que la philosophie promettait le plus à l'origine et qu'elle fournit le moins aujourd'hui – donner du sens à ces aspects de la vie qui importent véritablement –, il m'est difficile d'être en désaccord avec ce jugement. La philosophie moderne tardive, qu'elle appartienne à l'espèce analytique ou déconstructionniste, souffre certainement de cette « sécheresse » formaliste dont Rorty (après Iris Murdoch) l'a accusée. Contrairement à la prose philosophique indigeste, l'écriture de Rorty est vivante, spirituelle et ouverte au sens commun. Elle fait revivre certaines qualités stylistiques des Lumières : composer un traité philosophique était alors l'occupation occasionnelle de gentlemen disposant de loisirs, de gens de goût, élégants dans l'expression et modestes dans l'opinion. Pourtant les Lumières pourraient bien être le dernier fantôme que Rorty désire réveiller. L'intention radicalement anti-philosophique, sous l'expression civilisé, s'étend, bien au-delà des modernes, pour remonter jusqu'à Platon et Aristote. Non que Rorty n'*aime* pas la bonne

1. « Habermas and Lyotard on Postmodernity », in *Essays on Heidegger and Others*, p. 164-176.
2. *Ibid.*, p. 108.

philosophie, la moderne non moins que l'ancienne. De fait, la profondeur de la connaissance qu'il en a peut nous faire douter de ce qu'il lui reste le temps d'aimer quoi que ce soit d'autre. Mais il pressent que la philosophie, spécialement sa variété moderne, échoue à répondre aux questions et aux intérêts pratiques de nos contemporains.

Rorty a-t-il dit adieu pour autant à la philosophie, particulièrement à la philosophie moderne, aussi complètement que ses multiples volumes des *Philosophical Papers* le prétendent ? Ou sélectionne-t-il certains philosophes modernes pour les approuver, alors qu'il rejette les autres ? Interprète-t-il avant tout les élus dans leur propre contexte ou les utilise-t-il comme précurseurs de son projet, quelque éloigné que celui-ci puisse être de leurs intentions originelles ? Dans l'essai sur Habermas et Lyotard dont j'ai cité un extrait, apparaît un jugement qui intrigue : « Supposez, comme je l'ai suggéré plus haut, que l'on considère que le mauvais tournant a été pris avec Kant, ou mieux avec Descartes.... On peut alors considérer la série canonique des philosophes de Descartes à Kant comme une diversion par rapport à l'histoire de l'ingénierie sociale concrète qui a fait de la culture contemporaine de l'Atlantique Nord ce qu'elle est maintenant, avec toute sa gloire et tous ses dangers »[1]. Pour soutenir la possibilité d'une telle théorie de l'ingénierie, même dans le cours de l'histoire réelle de la philosophie moderne, il place le nom de Bacon en tête et celui de Dewey en queue de la série alternative. Mais, comme je les comprends, ces deux hommes étaient bien des philosophes appartenant à la tradition moderne. Il est vrai que leur attitude pragmatique les met à part de la norme commune. Mais toute la question tourne précisément autour de la nature de ce pragmatisme. Que signifiait le pragmatisme pour Bacon et même pour Dewey, avant que Rorty ne les enrôle dans son propre programme ? Etaient-ils aussi anti-philosophiques qu'il nous les présente ?

Le cas de Bacon semble plutôt simple. Il désirait conduire la philosophie loin de son cours purement théorique vers des buts plus féconds que la simple satisfaction de la curiosité intellectuelle. Mais il a continué d'attribuer le pouvoir pratique de la philosophie à la lumière théorique qu'elle génère, indépendamment de ces bénéfices matériels. Dans le *Nouvel Organum*, Bacon décrit son intention comme visant à instituer une investigation des « formes qui sont... éternelles et immuables » (II, 9). Ces formes ne sont certes pas les idées platoniciennes. Il les définit comme des lois fixes, établies par décret divin, ou comme

1. *Ibid.*, p. 174.

des « axiomes » devant être « dégagés » de l'expérience (II, 17 et II, 10). Les formes de Bacon, suivant ses propres explications, échappent, « pour la plus grande part », aux sens (II, 6), puisqu'elles apparaissent habituellement en groupes. Mais il *postule* leur existence sur base d'observations qu'il interprète comme étant leurs *effets*. Sa métaphysique vise à approcher le plus possible ce qui est indivisiblement simple – ce qu'il identifie quelque part (II, 8) à la simplicité mathématique. Il est vrai qu'il considère comme le but ultime de la philosophie la conquête de la nature. Mais n'était-ce pas là aussi le but de Descartes, que l'on a tellement blâmé et qui considérait que les branches de l'arbre de la connaissance abondaient en fruits pratiques sur le plan de la moralité et de la médecine ? Plus important encore, la préoccupation de Bacon avec le pouvoir n'est-elle pas l'expression la plus directe de ce volontarisme dans lequel consiste, plus que dans la rationalité, le trait caractéristique qui distingue la période moderne de la prémoderne ? C'est au travers de la volonté et dans l'exercice du pouvoir que la culture de la modernité centrée sur le sujet définit son identité – pour Descartes aussi bien que pour Bacon.

Le pragmatisme de John Dewey constitue un cas plus compliqué, non seulement parce qu'il appartient à la modernité tardive (fort influencée par Hegel), mais aussi parce qu'il vise une espèce d'intégration culturelle apparentée à celle que Rorty lui-même semble poursuivre. Aucun doute ne peut se faire jour quant à l'orientation pratique de Dewey. Mais la question fondamentale subsiste néanmoins : a-t-il été un précurseur du postmodernisme ou a-t-il, malgré le caractère unique de sa philosophie, continué d'adhérer aux thèses modernes ?

Dans son essai central sur « Pragmatism, Relativism and Irrationalism »[1], Rorty introduit James et Dewey comme rompant entièrement avec la tradition épistémologique kantienne. « Aussi longtemps que nous considérons James ou Dewey comme ayant des 'théories de la vérité', des 'théories de la connaissance' ou des 'théories de la moralité', nous les comprendrons mal ». D'un côté, cela est indéniable. Les pragmatistes ont démasqué l'idéal d'une théorie axiologiquement neutre pour la raison mentionnée par Rorty, à savoir qu'elle échoue à nous expliquer pourquoi il est bon de croire une certaine vérité. Pourtant, la question de savoir pourquoi il est bon de croire requiert elle-même que l'on se tourne de manière décidée vers la théorie – ce que ni James ni Dewey ne répugnaient de faire. Qu'ils aient mis l'accent sur la *phronesis* n'implique aucunement qu'ils aient rejeté la

1. *Consequences of Pragmatism*, Minneapolis, University of Minnesota Press, 1982, p. 166-175.

theoria. L'une ne peut survivre sans l'autre. James n'aurait pu se satisfaire non plus d'une position éthique qui n'exige rien de plus que la conformité aux normes sociales. Il parle bien en effet du succès comme du test d'une théorie. Mais *ce qu*'il considère comme réussi dépend de normes théoriques.

> « Comment le succès peut-il être mesuré absolument lorsqu'il y a autant d'environnements et autant de manières de regarder l'adaptation (sociale) ? Il ne peut être mesuré absolument ; le verdict variera suivant le point de vue adopté. Du point de vue biologique, Saint Paul était un échec, parce qu'il fut décapité. Pourtant il était magnifiquement adapté à l'environnement plus large de l'histoire » [1].

Comment allons-nous évaluer les diverses mesures du succès et de l'échec les unes à l'égard des autres, sinon dans un cadre théorique ? Combien peu James considérait l'investigation théorique de la vérité comme une entreprise triviale, devint de plus en plus clair, lorsque, au cours de ses dernières années, il la jugea indispensable pour fonder son « empirisme radical » et qu'il écrivit *The Meaning of Truth*. James sentait en effet qu'il fallait ajouter à l'identité traditionnelle de l'idée et de l'objet l'intérêt personnel que nous avons pour cette idée. La vérité doit « faire la différence ». Pourtant cet ajout n'invalidait pas l'ancienne définition ni ne diminuait l'intérêt théorique qu'il lui portait. En effet, en faisant ressortir la signification de l'intérêt personnel, James ne perdait pas le contact avec des discussions plus anciennes des problèmes métaphysiques. John Smith a comparé le facteur intérêt de James avec celui des partis opposés dans la discussion kantienne des antinomies de la raison pure. Même pour le grand rationaliste, les problèmes métaphysiques ne sont pas exclusivement l'affaire de la connaissance théorique ou de l'ignorance [2].

La préoccupation de Dewey avec la théorie philosophique semble même plus forte. Il écarte en effet toutes les questions sur l'Etre ou les causes ultimes comme vides de sens. Il accorde néanmoins à la métaphysique une place légitime dans sa pensée. Il la définit comme l'étude des « traits génériques » que tous les sujets de la connaissance partagent [3]. Plutôt que de faire l'objet d'une science spéciale, ils doivent être considérés après que les autres sciences ont épuisé leur nature

1. William JAMES, *Varieties of Religious Experience*, New York, Collier Books, 1961, p. 296.
2. John E. SMITH, *Purpose and Thought. The Meaning of Pragmatism*, New Haven, Yale University Press, 1978, p. 122-123.
3. John DEWEY, *Experience and Nature*, 2e éd., La Salle, III, Open Court, 1929, p. 46.

spécifique. Ne pas le faire aurait pour résultat une interprétation réductionniste du réel [1]. Dewey n'a pas non plus évité les problèmes purement théoriques de l'épistémologie. Rorty a évidemment raison en niant que *Experience and Nature* de Dewey contienne « une métaphysique de l'expérience » dans aucun sens traditionnel de ce terme. Sa thèse que les « traits génériques » de l'expérience peuvent servir de substituts aux « causes ultimes » d'Aristote repose sur la conception antimétaphysique que la physiologie et l'histoire coïncident en un point. « On ne gagne rien en partant d'une compréhension de la connaissance humaine qui mélange les vocabulaires dans lesquels nous décrivons les antécédents causaux de la connaissance avec ceux dans lesquels nous présentons des justifications de nos prétentions à la connaissance » [2]. Les « interactions » de Dewey, auxquelles l'esprit et la matière participent, constituent un pauvre substitut à la synthèse kantienne des intuitions et des concepts. Toute cette critique est amplement méritée.

Néanmoins, la maladresse même de l'essai de Dewey à justifier son étrange mélange d'hégélianisme et de naturalisme, révèle d'autant plus son intention de ne pas abandonner la recherche moderne de fondements. Nous ne pouvons pas davantage considérer son insistance pragmatiste sur l'*intérêt* comme la négation de l'objectivité de la connaissance. Le contexte de la connaissance théorique n'a rien à faire avec la préférence personnelle, pas plus qu'il n'implique la subordination de toute connaissance à des fins non théoriques. Ce qui distingue en fait l'approche de James et de Dewey de l'approche moderne est qu'ils considéraient la méthode *concrète* par laquelle nous acquérons la connaissance comme une part essentielle de la recherche épistémologique elle-même. La manière de tester la connaissance entrait avec eux dans la définition de celle-ci [3]. A la lumière de ce souci explicite de la philosophie, il est difficile de comprendre le jugement de Rorty suivant lequel Dewey ne voyait pas de futur intéressant pour une discipline distincte appelée philosophie. Que cet intérêt ne suivait pas

1. John SMITH, *Ibid.*, p. 143-144.
2. « Dewey's Metaphysics », in *Consequences of Pragmatism*, p. 81.
3. John SMITH, *America's Philosophical Vision*, University of Chicago Press, 1992, Introduction et chapitre II.

les lignes de la métaphysique classique est bien vrai. Mais il se conformait d'autant plus à une préoccupation typiquement moderne pour l'épistémologie. Pour ces raisons et d'autres encore, je doute que le pragmatisme de James et de Dewey puisse être comparé au projet radicalement antiphilosophique de Nietzsche – comme Rorty le prétend dans l'introduction à *Essays on Heidegger and Others*. Il y a certainement plus ici qu'un schéma destiné à l'ingénierie sociale.

Mais l'ingénierie sociale elle-même, comme nous l'avons connue historiquement, n'a jamais été très éloignée de la théorie philosophique. Le marxisme serait-il jamais devenu l'idéologie sociale puissante qu'il est en fait devenu, s'il était resté une théorie économique ou un plan de réforme sociale ? Marx voyait plus loin. La force réelle du marxisme, même dans les écrits ultérieurs, vient de ce qu'il a repensé, à un haut niveau de conceptualisation, la dialectique hégélienne. Même le national-socialisme, malgré son anti-intellectualisme grossier, devait beaucoup de sa force à des bribes et des morceaux non digérés de la philosophie hégélienne et nietzschéenne. Peu d'« ingénieurs sociaux » ont été capables d'éviter toute théorie philosophique. Machiavel était l'un d'eux. Pour éviter que l'on ne pense que ces liens de la philosophie avec les épouvantails de l'histoire ne prouvent que l'impact désastreux de la philosophie sur la bonne vie en société, nous pouvons rappeler que les expériences sociales et politiques les plus réussies qui ont débouché dans des événements qui font époque, comme la Déclaration de l'Indépendance, la Constitution Américaine et la Déclaration Française des Droits de l'Homme, sont imbues des philosophies des Lumières – jusque dans leur expression.

Rorty argumente contre la « sécheresse » dans le discours philosophique. Mais le langage le plus sec de la théorie sociale américaine n'est pas celui des Puritains ou des enthousiastes de la philosophie des Lumières – Jonathan Edwards, Thomas Jefferson et John Adams demeurent éminemment lisibles – mais celui des darwinistes sociaux qui, depuis Andrew Jackson, ont combiné la sécheresse sociologique avec la vulgarité idéologique dans la conversation politique. Il serait difficile de leur trouver le moindre support dans Dewey, lequel essaie, plutôt que d'abolir les idéaux philosophiques, de les restaurer en une unité plus puissante.

Conclusion : continuité et discontinuité

Quelle est la largeur du fossé qui sépare le moderne du postmoderne ? On ne peut le combler, si l'on définit la pensée moderne par les critères qui sont au centre de la controverse, à savoir comme un système qui a son origine dans le sujet et qui subordonne directement l'expérience à un second ordre de fondements épistémologiques. Mais en ce qui concerne les présuppositions plus fondamentales de la postmodernité, il faut remonter à des sources modernes plus anciennes. Dans ce qui précède, j'ai attiré l'attention sur deux d'entre elles : la signification nominaliste, auto-référentielle du langage (l'« absence » persistante du réel chez Derrida) avec l'ouverture qui en résulte à l'interprétation illimitée, et le volontarisme profondément ancré qui soutient les structures logocentriques. Toutes deux sont inscrites dans la modernité. Comme Nietzsche, le véritable père du postmodernisme, l'a compris, elles ont donné lieu à la conscience de la contingence radicale, laquelle rejette la condition humaine sur elle-même sans lui accorder aucun autre fondement [1].

L'origine de ce sens de la contingence radicale se trouve dans la dissolution de cette synthèse ontothéologique qui avait donné à la culture classique, médiévale et humaniste sa remarquable cohérence aussi bien que sa confiance à se savoir intégrée dans toute la réalité. Lorsque cette synthèse commença à se dissoudre au XVe siècle, le langage et la réalité, le pouvoir et la dépendance, l'immanence et la transcendance se séparèrent en des pôles opposés. La métaphysique, la réflexion traditionnelle sur cette unité, fut remplacée par une recherche épistémologique des fondements de chacun de ces fragments. Lorsque les penseurs de notre siècle prirent enfin conscience de l'étendue complète de la transformation révolutionnaire, ils le firent davantage dans le sillage de l'auto-destruction de la culture européenne au cours des deux guerres que comme le résultat de nouvelles percées intellectuelles. L'impulsion à scruter notre situation a conduit d'un mouvement philosophique à un autre. Positivisme logique, existentialisme, structuralisme, deconstructionnisme sont moins des tendances antimétaphysiques que des essais pour articuler une position postmétaphysique cohérente. Le caractère polémique du discours révèle le malaise continuel dont l'esprit occidental fait l'expérience en acceptant sa fragmentation culturelle. Le postmodernisme, si nous pouvons encore utiliser cette expression imprécise, étape tardive, mais probablement pas la dernière, dans ce processus d'auto-clarification, a clairement montré combien les principes traditionnels de la métaphysique sont entrés en conflit avec l'esprit moderne. Pourtant sa

1. Cf. Kenneth SCHMITZ, « Postmodern or Modern-plus ? », in *Communio* XVII, 2, (été 1990), p. 152-166.

préoccupation persistante avec ces principes nous rappelle le premier penseur à avoir clairement annoncé ce conflit et son jugement mémorable sur ce qui nous pousse indéfectiblement à la métaphysique : « Dieser Dämon läßt sich ja niemals beschwören » (« Ce démon ne se laisse jamais exorciser »).

Louis DUPRÉ *

* Yale University.

CHAPITRE II

L'AUTRE DANS LA CONVERSATION ET LA COMMUNICATION

Dans le champ de la philosophie contemporaine, les noms de Rorty, Habermas et Lyotard sont associés à trois paradigmes philosophiques et politiques concurrents et presque complices : le nom de Habermas, à un rationalisme universaliste intransigeant, tenant ferme au projet de la *modernité* ; celui de Lyotard, à une filiation « nietzschéenne » réactualisée par le diagnostic de la *postmodernité* ; et celui de Rorty, enfin, à un pragmatisme qui se donne pour ainsi dire le « beau rôle », puisqu'il prétend retenir les avantages de l'un et de l'autre. De Lyotard, le pragmatiste hérite l'incrédulité à l'égard des discours universalistes, et même le penchant « avant-gardiste » à « penser l'impensable », à saisir l'ineffable et le sublime (pour autant qu'il s'abstienne de toute prétention politique ou sociale) ; et de Habermas, il conserve en revanche le sens du consensus et de l'harmonie sociale (mais sans l'assurance de quelque fondement trans-historique) [1].

Comme on le sait, ce subtil partage des pouvoirs, que l'article de 1984 ne faisait encore que suggérer, deviendra le thème central de *Contingence, ironie et solidarité*. Entre Habermas et Lyotard, il existe le même rapport qu'entre ces deux groupes d'« écrivains historicistes » à propos desquels Rorty déclare : « j'invite à ne pas essayer de les départager, mais à leur donner plutôt un poids égal puis à les employer

1. R. RORTY, « Habermas, Lyotard on postmodernity », in *Essays on Heidegger and others. Philosophical papers,* vol. 2, Cambridge, Cambridge University Press, 1991 (trad. franç. F. LATRAVERSE, « Habermas, Lyotard et la postmodernité », *Critique*, n° 442).

à des fins différentes »[1]. Le vocabulaire de la création de soi (où se trouve, selon Rorty, le meilleur de Lyotard) « ne se partage pas plus qu'il ne se prête à la discussion », tandis que le vocabulaire de la justice (où excelle Habermas) est « nécessairement public et partagé : il est l'instrument d'un échange argumenté » [2].

Je voudrais ici réélaborer et compliquer ce débat en pointant la question de l'autre et de l'altérité. Selon l'axe *privé/public* tel qu'il vient d'être posé, le thème de l'autre semble nettement privilégier ce qui rapproche Rorty de Habermas, et l'éloigne par conséquent de Lyotard. Le « tournant linguistique », où Rorty et Habermas situent leurs démarches, signifie, pour l'un comme pour l'autre, l'abandon du privilège accordé à la conscience (c'est-à-dire au sujet isolé, monologique, « miroir de la nature ») au profit de l'intersubjectivité. La structure langagière est d'emblée structure d'altérité. Elle nous invite à « remplacer le paradigme de la connaissance des objets par celui de l'entente entre sujets capables de parler et d'agir » [3], le désir d'*objectivité* (la volonté d'entrer dans une relation immédiate avec une réalité extra-humaine) par le désir de *solidarité* (la volonté de poursuivre avec autrui une conversation fructueuse)[4]. A ce stade, non seulement il n'y a aucun désaccord entre Habermas et Rorty, mais il y a même convergence pour tenir à distance un auteur comme Lyotard qui, obsédé par le modèle d'une « subjectivité décentrée »[5], irréductiblement « privée », « non partagée », ignorerait l'ouverture à l'autre impliquée par les actes de langage les plus élémentaires, et accorderait même une exclusive coupable « aux façons sublimes de se détacher des autres »[6].

1. R. RORTY, *Contingency, irony and solidarity*, Cambridge, Cambridge University Press, 1989, p. xiv (*Contingence, ironie et solidarité*, trad. P.-E. DAUZAT, Paris, Armand Colin, 1993, p. 14).

2. *Ibid.*

3. J. HABERMAS, *Le discours philosophique de la modernité*, trad. C. BOUCHINDHOMME et R. ROCHLITZ, Paris, Gallimard, 1988, p. 350.

4. R. RORTY, « Solidarity or objectivity ? », in *Objectivity, Relativism and Truth. Philosophical Papers 1*, Cambridge, Cambridge University Press, 1991, p. 21 sq. (trad. franç. F. LATRAVERSE, « Solidarité ou objectivité ? », *Critique*, n° 439, déc. 1983).

5. Selon Habermas, les « jeunes conservateurs » (Bataille, Derrida, Foucault, auxquels on ajoutera Lyotard, même s'il n'est pas cité) « font leur expérience fondamentale de la modernité esthétique – la manifestation d'une subjectivité décentrée, libérée de toutes les limitations de la cognition et de l'activité finalisée, dégagée de tous les impératifs du travail et de l'utilité – et c'est au nom de cette subjectivité qu'ils rejettent le monde moderne » (J. HABERMAS, « La modernité : un projet inachevé », *Critique*, n° 413, oct. 1981, p. 966).

6. R. RORTY, « Habermas, Lyotard et la postmodernité », *art. cit.*, p. 196.

Evidemment, les choses ne sont pas aussi simples. Car c'est précisément sur la question de l'autre que Lyotard a entrepris de critiquer les philosophies de la communication et de la conversation.

> « Ce à quoi nous assistons en ce moment, que ce soit sous la forme fondationaliste d'Apel, soit sous la forme plus communicationnaliste de Habermas, soit sous la forme non-fondationaliste et strictement interlocutrice (pragmatique) de Rorty, c'est finalement l'acceptation sans examen – je dirais plutôt *sans anamnèse* – de l'idée d'autrui comme constitutive de l'enjeu principal de la pensée aujourd'hui » [1].

C'est, on le voit, sur leur propre terrain, celui de l'intersubjectivité et de la relation à l'autre, que Habermas et Rorty sont attaqués par Lyotard. Il leur fait deux griefs majeurs :

1) Il fait remarquer que, dans toute communication (au sens de Habermas) ou conversation (au sens de Rorty), « les porteurs de noms s'admettent *a priori* comme permutables dans l'échange des pronoms ». Autrement dit, poursuit-il,

> « un *nous* est en somme préconstitué dans la règle même de l'argumentation. C'est le propre de la discussion (communication, conversation) que le *nous* y soit prédonné de façon structurale » [2].

Or, il objecte évidemment que cette commutabilité pragmatique n'est pas propre à tout usage du langage – qu'elle n'est propre, en définitive, qu'à un seul, l'usage cognitif et dialogique.

2) Habermas et Rorty, en se réclamant d'une pragmatique ou d'un pragmatisme, resteraient rivés à une métaphysique (ou même à une « idéologie ») de l'activité, de la maîtrise. « *Pragma*, remarque Lyotard, c'est la même chose que *Handeln* » : entreprendre, contrôler, saisir par la main (*Hand*) etc. [3]. Or, selon lui, il existe, dans tout rapport à l'autre, « avant » tout traitement pragmatique, une part de passivité ou, mieux, de *passibilité* originaire. En vertu de leurs présupposés, Habermas et Rorty manqueraient cette communicabilité sentimentale, « patiente », irréductible à toute activité communicationnelle

1. « Les Lumières, le sublime. Un échange de paroles entre J.-F. Lyotard, W. van Reijen et D. Veerman », *Les Cahiers de Philosophie*, n° 5, print. 1988, p. 98.

2. J.-F. LYOTARD, « Aller et retour. Présentation de l'édition française » de J. RAJCHMAN et C. WEST (éd.), *La pensée américaine contemporaine*, trad. A. LYOTARD-MAY, Paris, PUF, 1991, p. 23.

3. J.-F. LYOTARD, *L'inhumain. Causeries sur le temps*, Paris, Galilée, 1988, p. 120.

(« qui elle, précise-t-il, n'est pas une réceptivité mais quelque chose qui se manie, qui se fait » [1]).

A mon sens, c'est ici que se situe le véritable débat entre Habermas, Rorty et Lyotard : sur cette question de la passibilité ou de la réceptivité à l'autre (et non sur celle de la postmodernité – terme qui, selon une juste expression de Rorty, a été « *over-used* » [2]). Selon Lyotard, ce débat est intérieur au « *linguistic turn* », aux théories contemporaines du langage qui sont séparées, diagnostique-t-il, en deux options opposées. Selon la première option, le langage est conçu comme « un instrument destiné par excellence à doter l'esprit de la connaissance la plus exacte de la réalité et d'en contrôler autant que possible la transformation » ; selon la seconde, au contraire, le langage est pensé à la manière d'un « champ de perception, capable de 'faire sens' par lui-même, indépendamment de toute intention de signifier » [3]. La première option, rationaliste, cognitiviste, pragmatiste, est évidemment celle de Habermas, et aussi, dans l'esprit de Lyotard, celle de Rorty. Le langage y est pensé comme un instrument qu'utilise, que manipule le sujet connaissant ou agissant. La seconde option, qu'illustreraient exemplairement la *Sage* heideggerienne ou la « parole parlante » de Merleau-Ponty, et qui a évidemment la faveur de Lyotard, est tournée vers ces modes de langage (jugement réflexif, poésie, musique, etc.) qui ont en commun, écrit-il,

> « la liberté et l'impréparation avec lesquels le langage s'y montre capable d'accueillir ce qui peut arriver dans le 'milieu parlant', et d'être accessible à l'événement » [4].

Comment situer Rorty dans ce débat ? Aux yeux de Lyotard, je l'ai dit, il n'existerait aucune différence majeure entre ce dernier et Habermas, ou même Apel. Tous ces auteurs sont, dit-il, « à un titre ou à un autre, pragmatistes » [5] : tous assimilent communication et commutabilité, et ignorent la passibilité originaire qui affecte notre rapport à autrui. Cependant, je me dois à nouveau de compliquer le débat, à l'encontre de Lyotard cette fois. Je vois au moins une raison décisive pour excepter la pensée de Rorty des griefs adressés par ce dernier aux « communicationnalistes » : c'est que la contingence et la finitude sur lesquelles Rorty met abondamment l'accent ne sont sûrement pas sans lien avec le thème de la « réceptivité à l'événement » que Lyotard lui

1. *Ibid.*
2. R. RORTY, *Essays on Heidegger and Others*, p. 1.
3. J.-F. LYOTARD, *L'inhumain*, p. 83.
4. *Ibid.*, p. 84.
5. J.-F. LYOTARD, *Pérégrinations*, Paris, 1990, p. 77.

oppose sans ménagement. En toute approximation, il semble donc que Rorty garde bien cette position intermédiaire qu'il revendique entre Habermas et Lyotard. Mais les pôles qui fournissent le *continuum* sur lequel ils se situent tous les trois ne sont peut-être pas ceux que Rorty isolait pour sa part (autonomie/solidarité, privé/ public, etc.), mais ceux de l'activité et de la passibilité.

La question que je voudrais poser à Rorty est donc la suivante : est-il possible de trouver, dans le « vocabulaire final » de « l'ironiste libéral », des termes tels que « passibilité », « réceptivité », etc. ? Et dans quelle mesure ces termes affectent-ils son pragmatisme ? Autrement dit, peut-on imaginer un ironiste libéral qui ne soit pas pragmatiste, mais (comment dire ?), « passibiliste », « sentimentaliste » ? Je voudrais examiner ces questions en ordonnant les arguments critiques de Lyotard successivement aux deux sphères, privée et publique, que Rorty maintient séparées.

La critique de Lyotard, nous l'avons vu, porte d'abord sur la commutabilité présupposée du *je* et du *tu* sur les postes de la destination. Or, je cite Lyotard,

> « je me demande quelle est la disposition de l'axe pragmatique quand il s'agit de ces 'genres' qui s'appellent écrire, réfléchir. Dans ces 'genres'-là [...], dans ces 'usages' du langage, qui sont plutôt des batailles avec, contre, et dans les mots des langues, je doute que l'interlocution et sa règle de commutabilité soient ce qui organise la relation pragmatique » [1].

Que cherche le destinataire (le lecteur) d'une œuvre littéraire ? A se rapprocher autant que possible du destinateur (de l'écrivain) ? Lyotard en doute. Il emprunte à H. Bloom l'idée de *misreading*, qui suggère au contraire qu'être destinataire d'une œuvre, c'est essayer de dire d'elle quelque chose qui n'en avait pas été dit, c'est l'écouter autrement. Lyotard cite d'ailleurs avec faveur une réflexion de Rorty dans *Consequences of Pragmatism* :

> « Nous ne voulons pas de ces œuvres littéraires qui se laissent critiquer en des termes qu'on connaît déjà ; nous voulons des œuvres et une critique des œuvres qui nous donnent des terminologies *nouvelles* » [2].

1. J.-F. LYOTARD, « Aller et retour », p. 23.
2. Cité par Lyotard p. 24.

Si le *misreading*, la lecture divergente, est possible, c'est évidemment qu'il existe, dans toute œuvre, une indétermination pragmatique ou de destination :

> « Le destinateur, écrivain, penseur, ne sait pas et n'a pas su à qui ou à quoi ce qu'il écrit ou pense s'adresse. Il n'a su qu'une chose, formulée pragmatiquement, c'est qu'il *devait* écrire et penser comme il l'a fait. Il sait aussi que l'œuvre réalisée n'est pas à la hauteur de ce devoir. Il reste en dette » [1].

Que l'écrivain soit en dette signifie donc qu'il est lui-même, d'abord, destinataire de, passible à, affecté par un « autre » qui ne se laisse pas déterminer. Cet état est celui d'une « passivité » irréductible à quelque activité contrôlée de l'esprit. Une réception méticuleuse, une obédience. Lyotard interpelle à nouveau Rorty :

> « Je pense que si Rorty lui-même écrit et pense, même pour signifier que la seule chose importante est la discussion, c'est qu'il est également saisi par un devoir qui n'a jamais fait l'objet d'une discussion ni d'un contrat, ou, pour le dire autrement, qu'il est l'otage d'un autre qui n'est pas son interlocuteur » [2].

Dans un deuxième temps de son analyse, Lyotard soutient que cette situation pragmatique de non-commutabilité est « interne » autant qu'externe. C'est-à-dire

> « que chaque individu est divisible et vraisemblablement divisé en plusieurs partenaires – ce que, somme toute, Freud au moins nous a enseigné depuis bientôt un siècle et qu'il n'est pas raisonnable d'ignorer » [3].

Or ici, le débat rebondit, car précisément, Rorty est loin d'ignorer, comme Lyotard le lui reproche, cette division interne de l'individu en une pluralité de partenaires. Dans « Freud and moral reflection », Rorty s'interroge sur l'insistance freudienne « *on partitioning the self* » (à la partition, division du soi)[4]. Il convient, selon lui, de concevoir l'inconscient, non comme un « réservoir de libido » sans consistance interne, mais au contraire comme une « *quasi-personne* », comme « un système articulé de croyances et de désirs [...] aussi complexe, sophistiqué et consistant que les croyances et les désirs

1. *Ibid.*, p. 25.
2. *Ibid.*
3 *Ibid.*, p. 26.
4. R. RORTY, « Freud and moral reflection », in *Essays on Heidegger and others*, p. 146.

conscients d'un adulte normal »[1]. L'inconscient est, dit Rorty, « un partenaire conversationnel », et la morale de Freud, une invitation à « lier connaissance (*become acquainted*) avec cette personne non-familière »[2].

Mais qu'est-ce que cette *acquaintance* avec cet autre non familier ? Lyotard s'écarte à nouveau de Rorty sur ce point : il est constitutivement impossible, juge-t-il, d'entamer une libre discussion ou « conversation » avec cet autre. Celui-ci joue un jeu (au sens des « jeux de langage » de Wittgenstein) que nous ignorons, suggère Lyotard, et il *ne répond pas* lorsque nous l'interrogeons[3]. Il est, au sens propre, *infans*, qui ne parle pas, est inapte à la profération. C'est un partenaire bizarre, un « interlocuteur muet ». Avec lui, l'« *acquaintance* » n'est possible qu'au terme d'une violence faite à soi-même pour donner témoignage de cette voix muette, inflexible. Une violence faite à soi-même, c'est-à-dire une endurance, une patience, celle qui est requise par Freud de toute analyse au titre de « l'attention également flottante » : appliquer sa propre passibilité à tout ce qui advient à son esprit, « se donner soi-même en passage aux événements qui viennent d'un 'quelque chose' qu'on ne connaît pas »[4].

Pour Lyotard, le modèle conversationnel de Rorty est incapable de rendre compte de cette dépropriation du sujet, de sa sujétion constitutive à une hétéronomie[5]. Condamnation peut-être précipitée, car elle néglige que la passibilité, l'affectualité (« *affectedness* » ?) du sujet à l'égard de cet autre intérieur qui l'habite, est d'une certaine manière impliquée dans la morale de « l'élargissement de soi » (*self-enlargement*) que Rorty dit hériter de Freud[6]. Elle y est impliquée, me

1. *Ibid.*, p. 149.
2. *Ibid.*, p. 148.
3. J.-F. LYOTARD, « Aller et retour », p. 29.
4. J.-F. LYOTARD, *L'inhumain*, p. 39. En conséquence, Rorty et Lyotard s'opposent également quant à l'interprétation qu'il convient de donner du rôle de l'analyste. Pour Rorty, en dépit de quelques réserves, celui-ci est bien un partenaire conversationnel, un interlocuteur (*Essays on Heidegger and others*, p. 150-151). Pour Lyotard, au contraire, « l'analyste se dérobe ou essaie de se dérober à la place du 'toi qui connais' que le patient lui assigne. Le tu cherche à rester innommé, sa place n'est pas pré-occupée, un simple pronom, vacant, offert à une multiplicité d'adresses. Freud affaiblit ainsi la fonction d'interlocuteur, et d'interlocuteur doté d'un savoir, que lui impose la relation dialogique. Cette neutralisation a pour effet de donner à la voix affectuelle, peu ou pas adressée, plus de champ dans la voix fortement articulée du discours » (J.-F. LYOTARD, *Lectures d'enfance*, Paris, Galilée, 1991, p. 143).
5. J.-F. LYOTARD, *L'inhumain*, p. 42.
6. R. RORTY, « Freud and Moral Reflection », *Essays on Heidegger and others*, p. 154.

semble-t-il, au titre de la finitude temporelle et « mondaine » qui est la marque de tout sujet. Freud, écrit Rorty, a fait la démonstration que

> « du son d'un mot au toucher d'un morceau de peau en passant par la couleur d'une feuille, tout peut servir à dramatiser et à cristalliser le sentiment qu'a de son identité un être humain » [1].

Avec Freud, l'identité du soi est suspendue à la contingence la plus extrême – en même temps que la plus indéterminée, la plus « aveugle » [2] :

> « il nous aide à nous voir comme dépourvus de centre (*centerless*), comme des assemblages aléatoires de besoins contingents et idiosyncratiques, plutôt que comme des exemplaires plus ou moins adéquats d'une essence humaine commune » [3] ?

Cette reconnaissance de la contingence comme « marque aveugle » (« *blind impress* ») et « décentrement » (*decentering*) du soi, consonne, il me semble, avec l'insistance lyotardienne sur l'événement, la singularité, l'occurrence comme modes de dépropriation et d'indétermination du sujet.

On trouve d'ailleurs confirmation de cette affinité dans la lecture que Rorty propose de la pensée de Heidegger. Celui-ci est « pragmatiste », dit-il, dans la mesure où il « retrouve un sens de la contingence, de la fragilité et de la nature hasardeuse (*riskiness*) de tout projet humain » [4]. Entre le *Sein* et le *Dasein*, suggère-t-il, la relation est celle de deux amoureux hésitants [5]. Image lourde de toute une pragmatique, et qui trouve un écho chez Lyotard dans l'idée (d'inspiration merleau-pontienne) de la *touche*, d'amour et de guerre, entre la chair du monde et celle du sujet [6]. Image significative, qui complique en tout cas le pragmatisme de Rorty d'une attention, récurrente dans les textes sur Heidegger, à la thématique plus générale de l'écoute. L'écoute (*hearing*), chez ce dernier, sert à qualifier la compréhension (*understanding*). Le *Dasein*, commente Rorty, se définit authentiquement par cette qualité d'écoute, cette capacité à éprouver sa propre contingence comme « *gratitude* » à l'égard de ce qui est donné, de ce qui arrive, se dévoile ici et maintenant [7]. Or, à

1. R. RORTY, *Contingence, ironie et solidarité*, p. 65.
2. *Ibid.*, p. 53.
3. R. RORTY, *Essays on Heidegger and Others*, p. 155.
4. R. RORTY, « Heidegger, Contingency and Pragmatism », in *Essays on Heidegger and others*, p. 34.
5. *Ibid.*
6. J.-F. LYOTARD, *Pérégrinations*, p. 43.
7. R. RORTY, *Essays on Heidegger and others*, p. 48.

nouveau, le *Dasein*, en tant qu'il se définit comme réceptivité, écoute, n'est-il pas irréductible à quelque commutabilité pragmatique ? Notre contingence, notre finitude, sur lesquelles insiste l'ironiste libéral, ne nous livrent-elles pas à une passibilité primordiale, originaire ?

Rorty trouvera peut-être violent le « *misreading* » que j'applique à son pragmatisme. Il pourrait me faire au moins deux objections, auxquelles je voudrais répondre d'emblée :

1) En privilégiant l'étrangeté de l'autre (« interlocuteur muet », « partenaire bizarre »), et l'asymétrie constitutive de son rapport au soi (*Self*), ne risque-t-on pas de l'hypostasier, de retomber dans les travers d'une métaphysique du « Tout Autre » (*Wholly Other*) [1] ? Ce soupçon motive certaines critiques adressées par Rorty à Heidegger et Derrida. Mais ces critiques portaient sur la tendance, observée chez ces auteurs, à traiter le langage lui-même comme un « quasi-agent », voire une « quasi-divinité », une « présence qui plane (*brooding*) au-dessus des hommes » [2]. Rien de tel, me semble-t-il, dans ce qui est visé ici. Car s'il y a de l'altérité dans tout langage, et « avant » même toute communication ou conversation, c'est bien une altérité, j'y insiste, qui est inscrite dans la structure même de « notre » contingence, de notre finitude.

2) Les occasions (écriture, analyse, etc.) où j'ai pu avérer que la relation à l'autre s'originait dans une passibilité irréductible à quelque communication, ces occasions ne relèvent-elles pas du seul domaine de la vie *privée* ? Rorty concéderait peut-être que ce qu'il appelle « *création de soi* » ou « *autonomie* » est en réalité travaillé par quelque « dépropriation de soi » ou « hétéronomie » (étrangeté de l'autre intérieur, etc.). Mais dans le domaine public, politique, les présupposés de la théorie habermassienne de l'activité communicationnelle resteraient pertinents. Il me semble pourtant que tel n'est pas le cas, et que l'*affectedness* est impliquée aussi, tout à fait originairement, dans l'exigence libérale de solidarité. C'est ce que je voudrais maintenant démontrer, en soulignant les différences notables qui existent, selon moi, entre les politiques de Habermas et de Rorty.

On sait que pour Habermas, ce sont les interactions médiatisées par le langage elles-mêmes qui portent le potentiel d'universalité auquel tout sujet moral doit satisfaire. Ce qui est important pour notre propos, c'est que ce potentiel (le « point de vue moral », comme il l'appelle) consiste dans la capacité du sujet à permuter idéalement avec autrui

1. *Ibid.*, p. 77.
2. *Ibid.*, p. 3.

dans l'échange des pronoms. Toute interaction, même conflictuelle, aurait comme horizon ce que Habermas, suivant G.H. Mead, appelle l'« échange idéal de rôle » :

> « Le point de vue moral recherché, qui est préalable et sous-jacent à toutes les controverses, résulte d'une réciprocité fondamentale, incluse dans l'activité orientée vers l'intercompréhension » [1].

La théorie habermassienne assume donc sans ambiguïtés, et explicitement, le présupposé de la commutabilité pragmatique que Lyotard lui reproche de véhiculer naïvement. Il est donc exact que, comme celui-ci le soupçonne, « un *nous* soit en somme préconstitué dans la règle même de l'argumentation » [2] :

> « La validité controversée de normes ne se laisse thématiser que dans la perspective de la première personne du pluriel, *par nous* ; car c'est à chaque fois à *notre* reconnaissance que sont renvoyées les prétentions à la validité normative [...]. Chacun de nous doit pouvoir se mettre à la place de tous ceux qui seraient concernés par la mise en œuvre d'une action problématique, ou par l'entrée en vigueur d'une norme litigieuse » [3].

Pour Th. Mac Carthy, ce potentiel d'inconditionnalité contenu dans « l'échange idéal de rôle » serait même de nature à rencontrer l'exigence d'altérité d'un Lyotard ou d'un Derrida :

> « C'est précisément ce surplus de signification transcendant le contexte, 'régulateur' dans notre notion de vérité, qui nous préserve d'être enfermés dans ce qu'il nous arrive d'admettre en un lieu et en un temps particuliers, qui nous ouvre à des possibilités alternatives que recèlent l'altérité et la différence, et qui ont été décisivement invoquées par les penseurs post-structuralistes » [4].

Il est cependant essentiel de noter que l'éthique de la discussion prétend faire droit à l'altérité et à la différence en englobant *a priori* cette altérité dans un *nous* discursivement homogène (puisqu'il suppose l'argumentation, et sa règle pragmatique de réciprocité, comme incontournables). La question qui se pose ici, c'est de savoir si l'éthique vient effectivement au langage par l'exigence argumentative, et si le

1. J. HABERMAS, *Morale et communication*, trad. C. BOUCHINDHOMME, Paris, Cerf, 1986, p. 179.
2. J.-F. LYOTARD, « Aller et retour », p. 23.
3. J. HABERMAS, *De l'éthique de la discussion*, trad. M. HUNYADI, Paris, Cerf, 1992, p. 139.
4. Th. MAC CARTHY, « Ironie privée et décence publique », in *Lire Rorty. Le pragmatisme et ses conséquences*, Paris, L'Eclat, 1992, p. 99.

nous de la communauté (et notamment de la communauté politique) se réduit effectivement au *nous* de la commutabilité.

Lyotard, je l'ai déjà dit, pense que le *nous* de Rorty répond, comme chez Habermas, à une pragmatique de l'argumentation où est présupposée la commutabilité des noms sur les postes de la destination :

> « C'est cette situation qui autorise Rorty à miser sur la discussion pour étendre le *nous* à tous les noms propres possibles, cashinahua ou martiens. Je peux décrire cette situation, sans m'écarter de Rorty, en disant qu'elle implique, au titre de la règle de commutabilité, une sorte de préconsensus interlocutoire » [1].

Lyotard ne semble en effet pas s'écarter de Rorty, si l'on se rapporte à tel passage où celui-ci, par exemple, exhorte les Chinois, les Cashinahua et les martiens à « s'ajuster à nos aspirations socio-démocratiques typiquement occidentales, à partir de justes concessions mutuelles » [2]. Cependant, il s'écarte certainement de sa pensée quand il néglige que cet ajustement mutuel ne résulte nullement d'un « échange idéal des rôles », d'une commutabilité inscrite dans le potentiel cognitif de tout acte illocutoire, comme chez Habermas, mais plutôt d'une reconnaissance « sentimentale » de la singularité (linguistique, historique, culturelle) des « autres » :

> « Pour en venir à voir d'autres êtres humains comme 'des nôtres' (*one of us*) plutôt que des 'eux' (*them*), il faut une description minutieuse de ce à quoi ressemblent ces êtres qui nous sont peu familiers (*unfamiliar people*) et une redescription de ce à quoi nous-mêmes nous ressemblons » [3].

On reconnaît ici « l'ethnocentrisme » de Rorty. Le « nous » n'est qu'un *ethnos*, c'est-à-dire un « sujet situé et temporaire » [4], mais qui « est voué (*is dedicated*) à s'élargir, à créer un *ethnos* toujours plus vaste et plus diversifié » [5]. Or, Lyotard néglige que la solidarité rortienne, l'élargissement « ethnocentriste » du nous, tient en fait du registre de « l'affectuel », et non du cognitif :

> « La solidarité ne se découvre pas par la réflexion, elle se crée. Elle se crée en devenant plus sensible (*sensitive*) aux détails particuliers de

1. J.-F. LYOTARD, « Aller et retour », p. 23.
2. R. RORTY, « Cosmopolitanism without emancipation », in *Objectivity, Relativism and Truth*, p. 212.
3. R. RORTY, *Contingence, ironie et solidarité*, p. 17.
4. R. RORTY, *Objectivity, Relativism and Truth*, p. 30.
5. R. RORTY, *Contingence, ironie et solidarité*, p. 271.

la douleur et de l'humiliation d'autres types de personnes (*other*), qui nous sont peu familiers » [1].

Entre Habermas et Rorty, entre le « métaphysicien libéral » et « l'ironiste libéral », la différence est donc essentielle : le premier entend « que notre désir d'être bon (*wish to be kind*) soit étayé par une argumentation », tandis que le second souhaite seulement « que nos chances d'être bon, d'éviter l'humiliation des autres, se trouvent augmentées par une redescription » [2]. L'argumentation vise une validité universelle, une essence humaine commune, tandis que la redescription s'attache à la singularité, à la différence, à ce que Lyotard appelle « la multiplicité des mondes de noms » [3]. Dans un cas, le *je* et le *tu* ont en partage une « puissance plus large » (*a larger shared power*) (ainsi, la « communauté de communication illimitée » de Habermas) ; dans l'autre cas, le *tu*, l'autre, est simplement « quelque chose qui peut être humilié » (*something that can be humiliated*) [4]. Or, la souffrance possible de l'autre n'en fait nullement un interlocuteur permutable *a priori* sur les postes pragmatiques. Le *nous* qui résulte d'une sensibilité commune à la douleur et à l'humiliation n'implique encore aucun « préconsensus interlocutoire ».

Il faut insister sur les limites que Rorty lui-même impose au modèle conversationnel. L'autre, « avant » d'être constitué comme partenaire conversationnel, est « quelque chose qui peut être humilié » – être souffrant, vulnérable, Lévinas dirait : *visage*, surgissant dans mon champ sous les espèces de l'absolue pauvreté, sans attributs. Comment transcrire, dans les termes d'une pragmatique, ce dénuement originaire de l'autre, et la *sensitivity* qui affecte le soi ? Lyotard, commentant précisément Lévinas, propose ceci :

> « Tel est l'univers de la phrase éthique : un je dessaisi de l'illusion d'être destinateur des phrases, saisi sur l'instance destinataire, incompréhensiblement. L'obligation est immédiate, antérieure à toute intelligence, elle réside dans 'l'accueil de l'étranger', dans l'adresse à moi » [5].

Si l'on reconnaît que l'autre en tant qu'autre (étranger, *other*, *unfamiliar*) vient à moi affectuellement, « sentimentalement », alors,

1. *Ibid.*, p. 17.
2. *Ibid.*, p. 134.
3. J.-F. LYOTARD, *Le postmoderne expliqué aux enfants*, Paris, Galilée, 1986, p. 55.
4. R. RORTY, *Contingence, ironie et solidarité*, p. 134.
5. J.-F. LYOTARD, *Le différend*, Paris, Ed. de Minuit, 1981, p. 164.

suggère Lyotard, on doit reconnaître que la relation *je/tu* est irréductiblement asymétrique. L'autre, parce qu'il se présente originairement à moi comme être souffrant, m'oblige, me prend en otage. Situation, note Lyotard, « qui n'est pas précisément conversationnelle, ni interlocutrice. C'est une violence » [1]. Violence affectuelle, pré-conversationnelle, que Rorty, en fait, ne méconnaît pas :

> « La douleur est non-linguistique [...]. Elle est ce qui nous rattache, nous les êtres humains, aux bêtes qui n'emploient aucun langage (*nonlanguage-using beasts*). Ainsi les victimes de cruauté, les gens qui souffrent, n'ont pas grand chose en guise de langage (*do not have much in the way of the language*) » [2].

Les conséquences ne sont pas minces, à nouveau, sur la nature des relations entre sujets sur l'axe de la destination :

> « C'est pourquoi il n'existe rien qui ressemble de près ou de loin à la 'voix des opprimés' ou au 'langage des victimes'. Le langage qu'employaient jadis les victimes ne marche plus et elles souffrent trop pour assembler des mots nouveaux. Ainsi quelqu'un d'autre va-t-il se charger pour eux de mettre leur situation en langage. Le romancier, le poète ou le journaliste libéral y excellent. Ce qui n'est généralement pas le cas du théoricien libéral » [3].

Celui qui souffre n'est donc pas, à proprement parler, un interlocuteur. Or, cette situation où le langage se trouve comme suspendu, interrompu, est précisément ce que Lyotard appelle un différend :

> « Le différend est l'état instable et l'instant du langage où quelque chose qui doit pouvoir être mis en phrases ne peut pas l'être encore [...]. Quelque chose 'demande' à être mis en phrases, et souffre du tort de ne pouvoir l'être à l'instant » [4].

L'affect est inarticulé, inflexible, muet. Il n'a ni *adressedness* ni référentialité. C'est un « blanc » dans l'argumentation ou la conversation. « On ne trouve pas ses mots ». Pourtant, l'affect manifeste. Il « signale » la présence de l'autre, sa souffrance, son humiliation. Et Lyotard poursuit :

> « Il faut beaucoup chercher pour trouver les nouvelles règles de formation et d'enchaînement de phrases capables d'exprimer le différend que trahit le sentiment [...]. C'est l'enjeu d'une littérature,

1. J.-F. LYOTARD, W. VAN REIJEN, D. VEERMAN, « Les Lumières, le sublime », p. 96.
2. R. RORTY, *Contingence, ironie et solidarité*, p. 137.
3. *Ibid.*
4. J.-F.LYOTARD, *Le différend*, p. 29-30.

d'une philosophie, peut-être d'une politique, de témoigner des différends en leur trouvant des idiomes » [1].

L'enjeu (politique, au premier titre) est donc le même que chez Rorty : éviter la cruauté, l'humiliation, témoigner du tort (« non-linguistique », affectif) fait à l'autre [2]. Lyotard estime cependant que la conversation libérale, pour indispensable qu'elle soit, ne suffit pas à cette tâche. Il y faut autre chose. Une fidélité, une patience, une passibilité, à nouveau : l'écoute de « ce qui ne va pas » ; l'oreille prêtée à ce qui souffre d'être représenté, communiqué, discuté. Certes, Lyotard le répète à chaque occasion, il n'y a pas (ou plus) d'alternative politique à la démocratie libérale [3]. Il n'est donc pas juste de dire que Lyotard abandonne « tout sens, même non théorique, de la solidarité sociale », ou qu'il n'y a « aucun *nous* dans ses écrits » [4]. En vérité, ce que voudrait Lyotard, c'est rendre le *nous* plus fidèle « à ce qui l'habite à son insu » [5] ; c'est montrer qu'« il règne par principe dans la république, une incertitude sur les fins, qui est une incertitude sur l'identité du *nous* » [6].

Je voudrais à présent conclure mon propos.

J'ai essayé de montrer, à la suite de Lyotard, que le rapport à l'autre, à l'altérité, que ce soit sous sa forme *privée* (rapport à l'écriture, à l'inconscient) ou sous sa forme *publique* (rapport au Cashinahua, au Juif, à la victime), que ce rapport à l'autre impliquait

1. *Ibid.*

2. Une allusion à la Belgique dans l'œuvre de Rorty touche précisément ce point : « Si vous étiez juif à l'époque où les trains roulaient vers Auschwitz, vous aviez plus de chance que vos voisins gentils ne vous cachent si vous habitiez au Danemark ou en Italie que si vous viviez en Belgique ». Rorty veut dire que l'attitude respective des Danois et des Belges à l'égard des Juifs à cette époque est une affaire de sentiment, « d'identification imaginative aux détails de la vie d'autrui, plutôt que de reconnaissance de quelque chose de préalablement partagé ». Et il poursuit : « il existe, vraisemblablement, des descriptions historico-sociologiques de la relative rareté parmi les Belges de descriptions inspiratrices de camaraderie auxquelles les Juifs auraient pu satisfaire » (pour tout ceci, voir *Contingence, ironie et solidarité*, p. 259 sq.).

3. J.-F. LYOTARD, « Aller et retour », p. 21.

4. R. RORTY, « Habermas, Lyotard et la postmodernité », p. 193.

5. J.-F. LYOTARD, « A l'insu », in *Moralités postmodernes*, Paris, Galilée, 1993, p. 65.

6. J.-F. LYOTARD, *Le postmoderne expliqué aux enfants*, Paris, Galilée, 1986, p. 81.

chaque fois une passibilité, une « *affectedness* » antérieure à toute interlocution. Lyotard regrette, à juste titre selon moi, que « cette passibilité [...] soit refoulée dans la problématique générale de la communication aujourd'hui, et passe même pour honteuse » [1].

Mais en même temps, j'ai indiqué qu'il fallait, sur cette question, distinguer le pragmatisme de Rorty de la pragmatique de Habermas – ce que Lyotard ne fait pas. La différence entre eux, qui est essentielle, tient à ceci : c'est qu'une théorie de la contingence, de la finitude temporelle, comme celle de Rorty, entraîne elle-même, pour une large part, la thématique de la passibilité – et de l'asymétrie pragmatique qu'elle implique. Car le temps, l'événement, brisent la commutabilité présupposée, idéalisée, de la relation intersubjective telle qu'elle est conçue par Habermas. Cette permutation correspond en fait à la consécution de deux phrases, c'est-à-dire à une temporalisation. Ce n'est que *plus tard*, dans un instant ou dans très longtemps, que le *tu* viendra occuper la place du *je* [2]. Or, ce retard, ce délai (cette « différance » ?), qui est temporalité concrète, nulle « activité communicationnelle » ne peut, me semble-t-il, en contrôler les effets. Ce qui « nous » arrive n'est d'aucune façon quelque chose que nous avons d'abord contrôlé, saisi cognitivement. Une contingence irréductible, comme Rorty l'a montré, hante le langage, le soi, la communauté. Si on prétend l'exclure, si on ne lui donne pas d'issue, on l'aggrave. J'interprète la « sensibilité » (*sensitivity*), la sentimentalité (*sentimentality*) rortiennes comme des modes d'accueil de ce temps incontrôlé. La toute première présupposition pragmatique de nos actes de langage, n'est-ce pas cette passibilité, antérieure précisément à tout acte ou activité ? Pour le dire dans les termes de Lyotard, la condition de tout *logos* n'est-elle pas la *phonè*, la condition de tout discours articulé et humain, la voix affectuelle, « animale » ?

Pourtant, dans le même temps, Rorty ne se départit pas du vocabulaire « volontariste » du pragmatisme. Il tient ferme à une conception du langage comme instrument. Et il refuse énergiquement de sacrifier « la compétence à manipuler et à inventer », au sens de « la fragilité des espoirs humains », ni la capacité de résolution de problème (*solving-problem*) à celle de « dévoilement du monde » (*world-disclosing*) [3].

1. J.-F. LYOTARD, *L'inhumain*, p. 128.
2. Pour tout ceci, voir J.-F. LYOTARD, *Lectures d'enfance*, p. 135.
3. R. RORTY, *Essays on Heidegger and others*, p. 123.

Tout l'intérêt – et toute la difficulté – du pragmatisme de Rorty réside, à mon sens, dans cet art de transiger entre activité et passibilité, rationalité et sentimentalité.

Edouard DELRUELLE *

*. F.N.R.S. et Université de Liège.

Section II

Limites de l'évacuation de l'idée de vérité

Le pragmatisme est caractérisé par l'abandon de l'idée d'un point de vue neutre – objectif, universel, transcendant… – à partir duquel il serait possible et nécessaire de juger en vérité et de la vérité (du bien fondé) de ce qui s'énonce en fonction, au sein et à propos de différents contextes historiques pratiques toujours associés à des intérêts et donc à des points de vue particuliers. A des degrés divers, mais sans renouer ni avec la métaphysique du surplomb ni avec le positivisme de l'objectivité, les trois chapitres de cette Section montrent qu'il n'est pas possible ni souhaitable de faire l'économie d'une perspective irréductible à la particularité du contexte pragmatique où l'on s'exprime.

Après avoir rappelé que R. Rorty refuse aussi une telle neutralité objective aux contextes scientifiques – ce dont aucune des contributions à cet ouvrage ne semble d'ailleurs s'émouvoir – A. Burms (*Le désir d'un point de vue extérieur*) invite à distinguer entre le besoin platoniste métaphysique d'un fondement externe autonome et la dépendance de toute description-évaluation (morale, affective) à l'égard de présupposés factuels empiriques éventuellement susceptibles d'être falsifiés, ce qui ne va pas sans conséquences pour la description-évaluation concernée. C'est ce que Burms appelle le point de vue externe enraciné ou situé. Certes, celui-ci ne peut en aucun cas se substituer aux prises de positions pragmatiquement engagées, mais il les conditionne cependant diversement. Ainsi, mon attachement à tel objet de valeur sera modifié par la révélation factuelle qu'il s'agit d'un faux. Cette dépendance par rapport à des présuppositions empiriques n'implique cependant aucune réduction des jeux de langage affectifs ou moraux aux jeux de langage empiriques avec lesquels ils interagissent.

Avec J.-M. Ferry (*Les limites du contextualisme*), la question rebondit dans un sens transcendantal et pas simplement empiriste, sans sortir de la problématique du langage et de ses conditions de possibilité. Réfléchissant dans la voie ouverte par Apel-Habermas, il estime qu'il faut remplacer la visée d'objectivité (qui veut fonder la vérité) par une autre visée qui sauve cependant nos prétentions de vérité lisibles dans la phénoménologie même de nos jeux de langage pratiques et qui constituent pour ceux-ci leur condition de possibilité et de validité. Ferry s'élève contre le réductionisme rortien qui rabat l'exigence de vérité sur des consensus factuels sans légitimation autre qu'empirique ou technique, c'est-à-dire non défendable par des raisons soutenant une prétention à l'universalité. Rorty renvoie ces prétentions aux contextes, aux procédures et aux critères qui sont factuellement (conventionnellement et aléatoirement) institués, c'est-à-dire sur lesquels il y a eu, *de facto*, accord ou consensus, de sorte que sera déclaré vrai, valable ou rationnel, l'énoncé qui respecte ces contextes normatifs factuels. La rétorsion de cette position est toujours possible : quelle est la valeur de vérité de la réduction pragmatiste-contextualiste de la notion de vérité ? Dire que cette réduction est efficace, d'une efficacité elle-même contextualisée (efficace pour nous) est insuffisant, car la prétention à la vérité est différente de la prétention à l'efficacité. Rorty aimerait faire la différence entre la notion métaphysique de vérité et la vérité à laquelle il continue de prétendre sous d'autres noms. En réalité, il ne peut échapper à la présupposition pragmatique (et non pragmatiste) de la visée véridictive qui seule donne sens et valeur à ce que nous disons. Cette prétention à la vérité se réalise toujours dans des contextes particuliers, mais elle s'alimente à la présupposition pragmatique et il est possible et nécessaire de réfléchir celle-ci théoriquement pour elle-même en philosophie. Car cette présupposition est en même temps une idéalisation régulatrice qui résiste à toutes les réductions contextualistes en termes de procédures et d'accords purement factuels. Le chapitre 10 opère une critique de la philosophie rortienne du droit qui s'inspire d'une position très proche.

La contribution de J. Poulain (*L'esthétisation pragmatique de l'éthique*) entend également défendre ce qu'il appelle la « loi de vérité » et le jugement philosophique dont la subordination rortienne aux consensus consomme l'abandon. Rorty nous confronterait en fait à l'échec du pragmatisme, aux limites internes de cette « dernière philosophie » invitée, pour cela, à se résorber dans la littérature. Ce qui s'exprime à travers ce devenir littéraire de la philosophie est un « autisme collectif » ou « de civilisation », réfugié dans le narcissisme esthétisant et privatisant cherchant à se racheter par sa tolérance et sa non-cruauté alléguée (l'ironiste *libéral*) à l'égard d'autrui, mais ne faisant qu'avouer, ainsi, son incertitude pratique indépassable dans la conscience, qu'au fond, tout se vaut. J. Poulain rappelle avec force, et au terme d'une redescription particulièrement radicale du post-modernisme, la loi de vérité qui nous contraint à juger si ce qui est pensé est vrai ou faux.

CHAPITRE III

LE DÉSIR D'UN POINT DE VUE EXTÉRIEUR *

1. Pragmatisme versus « platonisme »

Dans son ouvrage autobiographique *Love and Exile* [1], Isaac Bashevis Singer raconte comment, jeune garçon, il entendit une discussion entre sa mère et son frère aîné au sujet de la religion et du sens de la souffrance causée par la guerre. Le frère de Singer, qui défendait la position suivant laquelle les témoignages religieux ont une origine entièrement contingente, disait à sa mère qu'elle n'eût pas été juive mais bien chrétienne si, enfant, elle avait été enlevée à son père et élevée dans un milieu chrétien. La mère trouva ces remarques blasphématoires et dit : « Puisse le Tout-Puissant te pardonner ces paroles ». Son fils répondit : « Il n'y a pas de Tout-Puissant ». Mère et fils divergent d'opinion, mais ils semblent d'accord sur un point important : ils croient tous deux que celui qui est religieux ne peut sérieusement admettre que ses convictions religieuses sont seulement le produit de circonstances tout à fait contingentes. La question générale que nous pouvons nous poser à ce propos s'énonce : Pouvons-nous être profondément attaché à cela dont nous concevons le caractère contingent ?

Il semble en tout cas clair qu'en répondant à cette question, nous devons faire une distinction entre les cas où le lien entre la loyauté et la conscience de la contingence ne pose pas problème et les cas où cette liaison semble effectivement en poser. Beaucoup de personnes n'auront pas de peine à accepter que leur attachement particulier à leur famille, région natale ou langue maternelle a une base entièrement contingente. Mais peu de personnes admettront qu'il est possible d'être attaché à

* Traduit du néerlandais par G. HOTTOIS.

1. *Love and Exile. A Memoir*, Penguin Books, 1986, p. 23.

l'une ou l'autre religion spécifique de la même manière. Celui qui s'engage à vivre suivant les exigences ou préceptes d'une religion concrète, pense ordinairement aussi que cette religion est *vraie*. Et de quelqu'un qui prétendrait qu'il est attaché à une religion à peu près de la manière dont on peut être attaché à sa langue maternelle ou à sa région natale, nous dirions qu'il ne peut authentiquement être nommé « religieux » [1].

Mais qu'en est-il des convictions politiques et morales ? Quelqu'un peut-il être profondément loyal à l'égard d'idéaux politiques ou moraux qu'il considère comme contingents ? Selon R. Rorty, on doit répondre à la question affirmativement. Il pense qu'il n'y a aucune justification métaphysique ultime à la valeur que nous attachons à la dignité humaine, la démocratie ou la connaissance scientifique. Le sens de ces idéaux peut uniquement être compris à partir d'un point de vue de participation interne, et il ne peut être fondé dans quelque chose qui se ferait connaître d'un point de vue plus distant, objectivant. C'est pourquoi ce sens peut aussi être appelé « contingent ». Selon Rorty cependant, la conscience que ce que nous avons à cœur présente un caractère radicalement contingent ne doit absolument pas être tragique ou douloureux.

Le propre de la conception de Rorty, qu'il considère lui-même comme une sorte de « pragmatisme », peut être le mieux clarifié à partir du contraste avec la conception qu'il combat et qu'il nomme parfois « platonisme » [2]. Ce platonisme peut être décrit comme une vue théorétique dans laquelle, au moins implicitement, il est fait appel à la notion d'Observateur Idéal. Le platoniste croit qu'en formant des jugements moraux, nous visons une vérité qui ne coïncide pas tout à fait avec ce qui est donné dans l'expérience morale même et que nous connaîtrions si nous pouvions adopter la position d'un Observateur Idéal. C'est pourquoi il y a un sens pour lui à estimer que ce qui est en définitive moralement juste diffère peut-être foncièrement de ce que nous avons jusqu'ici expérimenté comme moralement juste.

1. Peut-être ceci n'est-il tout de même pas entièrement exact. Un contre-exemple intéressant pourrait être la figure de George Santayana.

2. J'accorde ici au terme « platonisme » la signification qui ordinairement est donnée aussi au terme « fondationalisme ». Le terme « platonisme » lui-même est fourvoyant (aussi le mettrai-je toujours entre guillemets), parce que ce qu'il vise n'a guère affaire avec Platon. Je présume d'ailleurs que les convictions métaphysiques auxquelles « fondationalisme » réfère ont une origine relativement récente et diffèrent fortement de ce qu'était la métaphysique dans l'Antiquité ou au Moyen Age.

Qu'il puisse y avoir en principe un tel fossé entre l'expérience morale et la vérité morale n'est pas accepté par Rorty. Il rejette la pensée selon laquelle nos intuitions morales seraient seulement l'expression de quelque chose de plus objectif, plus universel ou plus fondamental que ces intuitions mêmes. Selon lui, les conceptions morales ne peuvent jamais être critiquées ou corrigées à partir d'un point de vue moralement neutre ; la critique des principes moraux établis doit toujours provenir de quelque chose qui, d'une manière ou d'une autre, est donné dans l'expérience morale (la critique morale est sous cet angle apparentée à la critique artistique).

Un des arguments que le « platoniste » avancera contre le pragmatisme sera à peu près le suivant : « Référer à ce qui est donné dans l'expérience morale peut être utile sans doute lorsque des personnes partageant les mêmes croyances échangent des idées au sujet d'un problème moral. Mais invoquer l'expérience morale ou l'intuition ne sera absolument pas efficace quand on est confronté avec quelqu'un qui pense et sent d'une manière radicalement autre. Que rétorquerez-vous à quelqu'un qui a des conceptions répugnantes et qui pense, par exemple, qu'il vaudrait mieux que les handicapés mentaux sérieux et les déments âgés soient systématiquement occis ? Celui qui se tient à de telles conceptions ne sera pas impressionné par les intuitions morales que vous essayerez d'évoquer. Pour montrer qu'une telle personne a tort, vous devrez présenter quelque chose qui aura un caractère plus contraignant et objectif ».

Pour le « platoniste », l'expérience morale est au mieux un accès vers une vérité qui peut aussi être pensée indépendamment de cette expérience et qui pourrait être vue par un Observateur Idéal directement (c'est-à-dire sans le détour de l'expérience subjective). Le « platoniste » pense qu'il ne serait pas question de *savoir* moral ou de *vérité* morale, si la signification qui est exprimée par des jugements moraux, coïncidait sans reste avec ce qui est donné dans l'expérience morale.

La différence que le « platoniste » fait entre ce qui *est* moralement juste et ce qui est *expérimenté* comme moralement juste, semble tout à fait conçue suivant le modèle d'une différence que nous utilisons habituellement à propos d'hypothèses empiriques. Une hypothèse empirique, qui nous a paru intuitivement très plausible pour diverses bonnes raisons peut, en principe, toujours se révéler fausse ; que nous nous sommes trompés, s'éclaire alors à la lumière de l'application de l'un ou l'autre test. Des différences d'opinions sur des questions empiriques se rapportent ainsi toujours à une situation dans laquelle un parti serait forcé de reconnaître qu'il a eu tort. Si mon voisin, qui ne peut simplement pas croire que je sais skier avec virtuosité (il trouve que je n'ai pas l'air de quelqu'un capable de cette espèce de performance), me voyait à l'œuvre dans un championnat de ski, il serait contraint d'admettre qu'il s'est trompé.

Le platoniste voudrait que quelque chose de cette espèce soit aussi possible pour les différences d'opinion morale et qu'une situation doit toujours être concevable dans laquelle même le cynique le plus immoral serait conduit à la constatation que toute sa manière de vivre et de penser a toujours été erronée : le cynique immoral serait mené à cette constatation en adoptant le point de vue de l'Observateur Idéal. Pour le « platoniste », les problèmes moraux sont donc en principe aussi décidables que les problèmes empiriques : dans les deux cas nous connaîtrions la solution dès lors que nous en saurions assez.

La position appelée « platonisme » par Rorty peut donc être vue comme une manière de penser qui décrit la connaissance morale selon le modèle de la connaissance empirique, scientifique. Exactement comme l'acceptation de nos hypothèses empiriques repose dans leur accord avec les faits auxquels elles peuvent être confrontées, l'acceptabilité de nos convictions morales et politiques reposerait selon le « platoniste », sur leur accord avec un idéal universel, absolu. La critique rortyenne du « platonisme » va de pair avec sa conception suivant laquelle notre réflexion sur la culture est excessivement régie par le paradigme de la science et qu'une pensée dans laquelle l'art et la littérature recevraient un rôle paradigmatique serait préférable. Il exprime ceci en disant que nous devons davantage penser suivant le modèle de la « conversation » que suivant celui de la « confrontation ».

La présentation que j'ai faite de la distinction opérée par Rorty entre le « platonisme » et le pragmatisme est incomplète parce qu'elle ne tient aucun compte d'une complication importante. Rorty en effet critique le « platonisme » non seulement en tant que cette conception qui considère que des éléments concrets de la culture (normes morales, institutions publiques, modèles d'éducation, comportements sociaux...) devraient être confrontés à des idéaux universels abstraits, un peu à la façon dont les hypothèses scientifiques concrètes doivent être confrontées aux faits ; il dit aussi que le « platonisme » est erroné en tant que conception de la science elle-même. Le pragmatisme de Rorty implique le refus de l'idée que la valeur d'intuitions morales concrètes, d'institutions politiques ou de formes de vie culturelles doit être mesurée à des idéaux universels ; le même pragmatisme comporte aussi le refus de l'idée que la connaissance scientifique doive trouver sa justification dans son accord avec la vérité.

Rorty rejette-t-il l'idée de la vérité comme correspondance ? Sur ce point il y a dans son œuvre quelque imprécision. Cependant, je crois que sa position peut être résumée à peu près comme suit : il n'y a nulle objection à l'idée que la science corresponde à la réalité, à condition que l'idée de correspondance ait ici sa signification ordinaire, triviale, et ne reçoive nul rôle de justification. Ce que Rorty rejette est la supposition selon laquelle il faudrait chercher une explication pour le succès de la science et que cette explication résiderait dans une relation spéciale (« correspondance ») entre la réalité objective et la pensée scientifique. Exactement comme Quine, Rorty appartient aussi aux philosophes qui ne croient pas qu'un fondement est nécessaire pour la science qui offrirait plus de certitude que la méthode scientifique même [1].

La critique rortyenne de l'interprétation « platoniste » de la science a la même structure que sa critique de l'interprétation « platoniste » de la morale. Il n'y a, selon lui, aucun sens à penser que ce qui est *finalement* (du point de vue d'un Observateur Idéal) moralement juste, pourrait différer en principe fondamentalement de ce que nous pouvons expérimenter *intuitivement* comme moralement juste. De la même manière, il n'est pas non plus pensable selon Rorty, que ce que nous pouvons arriver à savoir par la science ne s'accorde pas finalement avec la réalité.

2. Le caractère raisonnable du pragmatisme

La position de Rorty est quelquefois présentée comme une forme d'irrationalisme. Le refus de chercher une justification ultime de valeurs établies ne serait, suivant cette présentation, rien d'autre qu'une fuite inspirée par la paresse ou la lâcheté devant les justes exigences de la raison. Le pragmatisme serait un plaidoyer en faveur de l'attachement non critique, aveugle aux valeurs morales ou politiques auxquelles on est habitué.

Cette présentation du pragmatisme de Rorty est tout à fait incorrecte. Rorty dit lui-même expressément qu'il est un libéral et que dans le système de valeurs qu'il veut défendre l'idéal de la discussion

1. Quine dit à ce sujet : « I am of that large minority or small minority of philosophers who repudiate the Cartesian dream of a foundation for scientific certainty firmer than scientific method itself » (*The Pursuit of Truth*, Harvard Univ. Press, 1990, p. 19).

libre et critique occupe une place centrale. Il veut cependant détacher cet idéal de deux conceptions auxquelles il est souvent associé. Il s'oppose, d'abord, aux philosophes qui pensent que la disposition à rattacher les valeurs à la discussion rationnelle est basée sur la croyance dans une vérité objective, absolue. Selon lui, cet idéal n'a pas besoin d'une pareille fondation ou justification. Le sens du dialogue ou de la discussion critique se manifeste dans ces activités elles-mêmes et ne peut dépendre du succès d'une argumentation épistémologique à propos de la question de savoir s'il existe déjà une vérité objective, absolue.

Rorty rejette, en second lieu, la conception qui voit toute forme de critique rationnelle suivant le modèle de la distanciation neutre qui est caractéristique de l'approche scientifique. Lors du jugement de valeurs morales, d'institutions politiques ou de formes de vie liées à des cultures, nous ne devons pas partir d'une sorte d'« exil cosmique », mais plutôt d'une certaine implication ou familiarité. Le type de critique rationnelle qui intéresse Rorty peut être décrit comme réflexion. Dans sa perspective, la critique culturelle est apparentée à la critique littéraire : dans les deux cas, le pouvoir de juger n'est assuré que si elle s'alimente à une attention, ancrée dans la familiarité, pour des constellations de sens concrètes et historiquement développées.

La position de Rorty manifeste une ressemblance frappante avec une ligne de pensée développée par Strawson concernant la relation entre déterminisme et responsabilité morale. Dans son fameux article « Freedom and Resentment » [1], Strawson a défendu la position suivant laquelle il ne peut sortir des discussions sur la question de la vérité du déterminisme, absolument rien de pertinent pour le sens de l'attribution d'une responsabilité morale. Les pratiques auxquelles nous référons lorsque nous parlons de la responsabilité morale (sanction, blâme, récompense, éloge) ont leur origine dans des attitudes telles que l'indignation, la gratitude, la culpabilité, la contrition… Ces « attitudes réactives » sont profondément ancrées dans notre existence et ne peuvent absolument pas être vues comme le résultat d'un choix conscient que nous aurions fait.

C'est pourquoi il est insensé aussi selon Strawson de penser que sur la base de l'une ou l'autre thèse métaphysique nous devrions ou pourrions en venir à éliminer ces attitudes. Que certains méfaits

1. in P.F. STRAWSON, *Freedom and Resentment and other Essays*, London, Methuen, 1974, p. 1-25. Strawson a accordé au modèle de pensée élaboré dans cet article un domaine d'application plus vaste dans *Scepticism and Naturalism. Some Varieties*, London, Methuen, 1985.

puissent éveiller en nous un sentiment d'indignation est donné avec notre existence même ; ce n'est pas quelque chose qui serait formé en nous par la force d'une conviction théorique ; ce n'est pas davantage quelque chose qui puisse être banni de nos vies par une conviction théorique opposée.

La conception de Strawson selon laquelle l'attribution d'une responsabilité morale ne peut être justifiée ni suivie par aucune théorie métaphysique est clairement parente du pragmatisme de Rorty. Strawson donne dans son article en outre une réplique intéressante à l'accusation selon laquelle sa conception serait une expression de l'irrationalisme. Rorty pourrait répliquer de la même façon à la même accusation.

Selon Strawson il est très raisonnable de refuser de faire dépendre le sens de l'attribution de responsabilité des conclusions de physiciens ou métaphysiciens concernant le déterminisme ou l'indéterminisme. Ce caractère raisonnable repose dans le principe selon lequel des intuitions ou des attitudes morales ne peuvent être jugées ou critiquées qu'à partir de quelque chose qui est moralement pertinent et qui est aussi donné d'une manière ou de l'autre dans l'expérience morale.

Ainsi est-il dans la perspective de Strawson tout à fait possible de critiquer une attitude de vie dans laquelle des sentiments moraux d'indignation ou de culpabilité jouent un rôle trop dominant. Cette critique aura cependant elle-même un caractère moral et s'appuiera sur des éléments qui peuvent être donnés dans l'expérience morale. (On montrera par exemple comment derrière certaines formes de l'indignation morale peuvent s'abriter de la cruauté et de la prétention. A ce sujet, on s'inquiétera aussi de la valeur du pardon ou de la conciliation). Quand, cependant, on rejette la reconnaissance de la responsabilité morale parce que l'on croit à la vérité du déterminisme, alors on fait dépendre le sens d'une pratique morale et d'une quantité d'attitudes morales de quelque chose qui est fort éloigné de ce qui pourrait être donné dans l'expérience morale ; ceci est, selon Strawson, déraisonnable. La présupposition que quelque chose concernant l'admissibilité du déterminisme pourrait être tiré des discussions sur le déterminisme menées par les philosophes et les scientifiques est, dans la perspective de Strawson, aussi déraisonnable que la présupposition selon laquelle on pourrait tirer de théories métaphysiques ou épistémologiques que la musique est sans valeur ou que l'art figuratif ne vaut rien.

Le principe général auquel Strawson fait implicitement appel paraît tout à fait sensé. Il peut être explicité comme suit : en jugeant de la valeur de quelque chose, nous devons seulement tenir compte des propriétés qui peuvent se manifester à l'intérieur d'un contexte délimité par l'intérêt valorisateur. Concrètement, ceci signifie par exemple : lorsque je cherche un marteau approprié, je suis seulement intéressé par les propriétés qui peuvent se manifester en principe dans l'usage que je fais de ce marteau ; lorsque je me demande quelle est la qualité d'un vin déterminé, alors je ne suis en principe intéressé que par des propriétés que je puisse goûter ; lorsque je me demande si la personne avec laquelle je dois partager pendant deux jours un wagon-lit est sympathique, alors je suis intéressé en principe uniquement par quelque chose que je dois pouvoir décider par les rapports que j'aurai avec cette personne ; lorsque je me demande quelle est la valeur artistique d'une peinture, alors je suis seulement intéressé par les propriétés sensibles dans l'expérience esthétique.

L'application de ce principe dans le domaine qui nous intéresse ici conduit à la conclusion que le pragmatiste est raisonnable et le « platoniste » non. Le pragmatiste fait dépendre son jugement sur les valeurs morales de ce qui, en principe, est donné dans l'expérience morale. Le « platoniste » par contre fait dépendre son jugement sur des valeurs morales également de quelque chose qui ne peut être vu que d'un point de vue externe, non moral. Rorty place cet argument à l'avant-plan lorsqu'il refuse de faire dépendre l'attachement à l'idée de la dignité humaine de théories philosophiques ou scientifiques sur les rapports entre l'esprit et le corps. Le « platoniste » semble supposer que la croyance à la dignité humaine dépend de l'un ou l'autre anti-matérialisme ; il doit donc supposer que les découvertes de philosophes et de neurophysiologues concernant les relations entre l'esprit humain et le cerveau humain pourraient en principe conduire à la conclusion que la croyance à la dignité humaine est basée sur des illusions. Pour le pragmatiste, cette présupposition est inacceptable : pour lui, il est évident que la signification de ce que nous voulons dire lorsque nous parlons de la « dignité humaine » est entièrement donnée dans l'expérience que les personnes ont par leur commerce avec d'autres personnes ; ce qui n'est *pas* donné dans cette expérience et qui pourrait seulement être éclairé, par exemple, par la recherche scientifique, ne peut, selon le pragmatiste, avoir aucune pertinence pour l'attachement à l'idée de dignité humaine.

3. Un argument contre le pragmatisme

Le raisonnement que j'ai développé dans la section précédente devait montrer que la distribution des rôles ordinairement dévolus au « platoniste » et au pragmatiste, n'est absolument pas évidente. Par l'attribution des rôles courants, le pragmatiste est placé dans une position où il doit se défendre contre l'accusation de représenter une forme d'irrationalisme. Il semble maintenant que les rôles peuvent aussi facilement être échangés. Ainsi avons-nous vu que le sens de la validation externe cherchée par le « platoniste » n'est pas du tout clair. Et si longtemps que le « platoniste » n'est pas capable d'expliciter ce sens, sa position paraît particulièrement déraisonnable.

Pour répondre à ce défi, le « platoniste » pourrait faire usage de l'une ou l'autre stratégie disponible. Il peut en effet essayer de faire valoir que sa recherche d'un fondement ultime n'est absolument pas si étranger ou incompréhensible, mais qu'il est précisément dans le sillage d'une préoccupation qui peut déjà nous accaparer dans la vie ordinaire et qui ne nous paraît alors pas du tout incompréhensible ou irrationnelle.

En vue du développement d'une telle prise de position, le « platoniste » pourrait trouver un point d'articulation dans le passage où Rorty souligne que le pragmatiste est également prêt à soumettre ses opinions à un examen critique : « (The anti-essentialist) is no more free from pressure from the outside, no more to be 'arbitrary' than anyone else… (She is) not free from questions like : 'Can you fit in the belief that the litmus paper turned red' (or that there are nonstellar sources of radiation, or that your lover has deceived you) with the rest of your beliefs » [1]. Dans l'énumération donnée ci-dessus, il y a un exemple qui semble fournir une arme au « platoniste » en vue de sa défense. L'exemple de la femme qui se demande si son amant ne l'a pas trahie peut en effet être élaboré de sorte qu'un parallèle semble apparaître avec l'intérêt du « platoniste » pour une validation externe. Supposez ce qui suit : la femme dont il s'agit se fait des soucis au sujet d'une possible infidélité d'un homme avec qui elle eût longtemps une relation heureuse, mais qui est maintenant déjà mort depuis quelques années. A l'époque où elle vivait avec cet homme il ne lui est jamais venu à l'esprit qu'il la trompait peut-être. Mais il y a peu elle a appris par hasard quelque chose qui a éveillé sa méfiance. Une amie essaye de la consoler en faisant appel à un raisonnement qui ressemble bien à l'argument par lequel le pragmatiste tente de montrer que la recherche « platoniste » d'une justification externe est irrationnelle. Elle dit : « Tu te tourmentes avec quelque chose qui n'est pas un vrai problème. La relation avec l'homme que tu commences maintenant à soupçonner

1. « Inquiry as Reconstruction : An anti-dualist Account of Interpretation », in *Objectivity, Relativism and Truth, Philosophical Papers*, vol. 1, Cambridge Univ. Press, 1991, p. 101.

d'infidélité est irrévocablement passée. Tu ne peux donc rien découvrir concernant cette relation qui soit pertinent surtout pour ton avenir ; tu ne peux rien découvrir qui soit de quelque importance pour la valeur que tu dois accorder maintenant à cette relation amoureuse passée. Cette valeur coïncide entièrement avec cela que tu as pu expérimenter dans les rapports avec l'homme que tu aimais, et ne peut d'aucune manière dépendre de quelque chose que tu pourrais découvrir seulement à partir d'un point de vue extérieur ».

La femme qui exprime ces paroles veut montrer que l'intérêt de son amie pour une justification externe spécifique est déraisonnable ou insensé. Mais presque tout le monde aura naturellement le sentiment que son raisonnement témoigne d'une mécompréhension totale et que le désir qu'elle veut taxer d'irrationnel est, en fait, tout à fait normal. Et là gît un problème pour le pragmatiste. Car si nous devons admettre que, dans ce cas concret il n'y a, suivant le bon sens, rien d'erroné dans le désir d'une sorte de validation externe, pourquoi ce désir ne serait-il pas acceptable en général ? Et si le principe pragmatiste que j'ai formulé dans la section précédente n'est pas valable dans ce contexte-ci, pourquoi le serait-il dans d'autres cas ?

Il n'est pas difficile de donner d'autres exemples qui paraissent miner d'une manière analogue la plausibilité du pragmatisme. Il semble, en effet, que la valeur que nous sommes portés à assigner à une personne ou à un objet est, dans une quantité de cas, dépendante de quelque chose qui peut seulement être découvert d'un point de vue extérieur. Ainsi la plupart des gens se sentiraient-ils angoissés si quelque chose leur faisait supposer que l'enfant qu'ils ont toujours considéré comme leur propre fils ou fille a, en fait, d'autres parents. (Ils ont par exemple appris quelque chose qui les fait craindre que leur propre bébé aurait pu être échangé avec un autre durant le séjour à la maternité). Le sens de leur relation avec l'enfant qu'ils ont élevé, dépend à un haut degré ici de quelque chose qui ne se révèle *pas* dans leurs relations avec l'enfant et qui peut être découvert seulement d'un point de vue externe (cela signifie : en menant une espèce déterminée de recherche empirique). L'affection qu'ils ont éprouvée pour un enfant qu'ils auraient à tort considéré comme leur propre enfant ne doit pas différer en authenticité ou intensité de celle qu'ils auraient eue pour leur propre enfant. Ce qui les préoccupe concernant la signification de leur relation avec un enfant ne se révèle donc pas dans les rapports avec cet enfant.

A quel point la perspective interne peut être insuffisante pour le jugement sur la valeur d'une relation se révèle aussi quand un homme et une femme qui sont amoureux depuis des années découvrent à leur consternation qu'ils ont les mêmes parents. L'énorme impact qu'une telle découverte aurait montrerait que la signification de leur relation ne coïncide pas tout à fait avec ce qu'ils pouvaient vivre d'un point de vue interne. Car bien qu'ils ne pouvaient dans leurs relations, entre eux, pas du tout percevoir qu'ils étaient frère et sœur, la découverte de cette donnée sera cependant très déterminante pour le sens qu'ils accorderont dorénavant à leur relation.

La valeur d'un objet peut aussi dépendre d'un facteur empirique qui ne se manifeste pas d'un point de vue interne. Si les amis chez qui je suis en visite me racontent que la maison dans laquelle ils demeurent fut habitée jadis par un écrivain que j'admire beaucoup, je me sentirai agréablement surpris à cette annonce. Mais que cette maison jouisse aussi réellement de cette qualité, je ne puis le découvrir en me concentrant sur la sensation agréable suscitée en moi par la pensée : « Je me trouve dans la maison de l'auteur X ». Pour savoir si cette idée est vraie, je dois adopter un point de vue externe et entreprendre une espèce déterminée de recherche empirique. L'intensité et la profondeur de mon émotion ne peuvent absolument pas elles-mêmes garantir que je ne me suis pas trompé.

Tous ces exemples concrets forment un donné que le « platoniste » pourrait utiliser dans une argumentation contre l'espèce de pragmatisme que Rorty défend. Ce pragmatisme se réclame d'un principe qui au premier abord semble parfaitement plausible, mais qui, à y regarder de plus près, peut cependant être attaqué. Le principe s'énonce comme suit : « Afin de savoir si une entité X a la valeur que nous sommes tentés de lui assigner, nous devons *seulement* tenir compte de cela qui est donné dans un commerce déterminé avec X ». (Un appareil photographique m'intéresse seulement comme instrument pour faire des photos. Voilà pourquoi la valeur qu'un appareil photographique concret présente pour moi se révélera entièrement dans cet usage). Avec l'aide des exemples que j'ai décrits ici, on pourra contester la justesse du principe. Il semble en effet exister un désir de validation externe qui à première vue est apparenté à l'intérêt « platoniste » pour une fondation ultime, mais qui nous paraît tout de même aussi tout à fait légitime.

4. Réponse à l'objection

Ce dont j'ai traité dans la section précédente, semble à première vue approprié pour être utilisé comme un argument contre le pragmatisme. Nous verrons toutefois que cette impression est trompeuse.

Lorsque le « platoniste » cherche le fondement ou la justification ultime d'une pratique ou forme de vie déterminée, il cherche quelque chose qui doit présenter plus de solidité et de certitude que cette pratique ou forme de vie elle-même. Il ne peut pas se satisfaire de la pensée que la signification de ce à quoi nous attachons la plus haute valeur puisse seulement être donné dans une expérience de sens. Ce qui est *expérimenté* comme sensé, doit aussi *être* sensé lorsque cela est considéré d'un point de vue plus objectivant.

Ce désir « platoniste » d'une fondation ou d'une justification est totalement différent de l'intérêt que j'ai décrit dans la section précédente et qui, entre autres, trouve son expression dans une question telle que « Est-ce que l'enfant que nous avons jusqu'ici considéré comme notre propre enfant est effectivement tel ? ». Les personnes qui se préoccupent de telles questions ne se laissent certainement pas guider par le désir de donner un fondement rationnel à cela qu'ils expérimentent spontanément comme sensé. Il leur serait à eux-mêmes particulièrement difficile d'expliquer *pourquoi* le lien du sang revêt pour eux une signification affective si énorme. A partir du point de vue soucieux de donner une justification rationnelle, cet intérêt pour le lien du sang est très problématique.

La même analyse peut s'appliquer aux autres exemples de la section 3. Dans tous ces exemples, une expérience déterminée de sens est associée à une présupposition empirique. Pour savoir si cette présupposition est correcte, on doit donc quitter le point de vue de l'implication interne pour adopter une position neutre, externe. Mais *pourquoi* on doit faire cela et *pourquoi* l'expérience du sens est ici dépendante d'un donné empirique, ne peut être découvert à partir de cette position neutre, objectivante. Que je sois le père d'un enfant bien déterminé est une question empirique ; pour comprendre cette question et y répondre, aucune implication personnelle n'est exigée : elle doit être traitée avec la distance objectivante qui est aussi caractéristique de toute approche scientifique. Mais *pourquoi* je suis à partir de mon implication affective intéressé ainsi par cette question empirique n'est pas à comprendre à partir d'un point de vue objectivant. Dans cet exemple et d'autres semblables, l'intérêt pour le donné empirique ne procède pas du désir de fonder à partir d'une position externe, neutre la force d'attrait de quelque chose, mais est, lui-même, un aspect de la sensibilité à cet attrait. Ce *point de vue externe enraciné* doit être opposé au *point de vue externe autonome* que le « platoniste » veut adopter.

Il ne serait pas facile d'expliquer pourquoi une position externe enracinée existe et pourquoi dans certains cas une expérience de sens est rendue dépendante d'un donné empirique (et donc de quelque chose qui n'est même pas donné dans cette expérience de sens). Nous pouvons voir que ce point de vue externe enraciné présente un certain parallèle dans la compréhension de significations artistiques. La question de savoir si un poème déterminé n'aurait pas la forme d'un sonnet est une question empirique qui peut être tranchée à partir d'une position externe : elle peut aussi être tranchée par quelqu'un qui ne s'intéresse pas à la poésie et qui ne peut se représenter qu'il puisse être ému par un poème. Qu'un poème ait la structure formelle d'un sonnet peut être établi d'une position objectivante. Mais *comment* cette structure formelle augmente la force expressive du poème ne peut être compris à partir de cette position objectivante. L'attention de celui qui aime lire de la poésie pour les éléments formels d'un poème procède donc d'un *point de vue externe enraciné.*

Cette analogie indique aussi ce qu'est le cadre théorique par lequel l'attachement à des parents, des concitoyens ou des congénères peut être éclairé. La parenté biologique est une donnée empirique, mais son rôle dans l'affectivité humaine est de nature symbolique ou poétique et doit donc être plutôt interprété en termes d'effets déterminés de signification qu'en termes de présuppositions ontologiques. Lorsqu'une femme adulte rencontre pour la première fois l'homme qui est son père, alors son émotion sera liée avec la charge émotive que des coïncidences singulières peuvent présenter (ainsi me sentirai-je touché si j'apprends, à mon étonnement, que l'hôtel où je passe mes vacances est aussi l'endroit où, voici quatre-vingts ans, mes grands-parents furent en voyage de noce).

Il faut cependant signaler ici une difficulté importante. Bien que la force interpellante de la parenté ne repose pas sur des présupposés ontologiques déterminés, il arrive souvent que certains tentent de donner un fondement ontologique à cette force d'attraction : ils penseront, par exemple, que la parenté garantit une profonde affinité, qu'ils ont avec leurs parents, enfants, frères et sœurs une quantité de qualités essentielles en commun et que dans toutes circonstances, ils reconnaîtraient sans faute ceux auxquels ils sont étroitement apparentés. De la même manière, une interprétation ontologique est aussi souvent donnée du lien avec des concitoyens et des congénères.

Cette tendance à remplacer un lien symbolique par un lien ontologique est probablement motivée par une confusion. La position externe enracinée se laisse aisément confondre avec le point de vue externe autonome. La réponse à la question : « Est-ce que X est mon enfant ? » a d'importantes conséquences pour mon attitude affective à l'égard de X. C'est pourquoi il semble que la question « Pourquoi aimerai-je X » elle-même puisse être traitée avec l'objectivité neutre que je réserve au traitement de la question empirique.

Cette confusion est un phénomène qui est peut-être important pour la compréhension de certaines formes de superstitions. Parce que, dans certains cas, la force d'interpellation de quelqu'un ou de quelque chose dépend dans une large mesure d'une supposition empirique, il semble que cette force d'interpellation puisse être justifiée à partir de ce point de vue neutre, impersonnel d'où la supposition empirique peut aussi être examinée. Cela me touche de découvrir que Francis Bacon à qui je m'intéresse depuis des années, est né le même jour du même mois que moi-même. Je n'ai pas besoin d'être superstitieux pour me sentir touché par cette coïncidence. Je deviens cependant superstitieux dès lors que je pense que le donné objectif, empirique que constitue cette coïncidence est aussi une sorte de fondement objectif pour mon intérêt pour F. Bacon. Je me sentirai touché si je rencontre sur le train à Bombay par hasard un passager qui habite dans le village où j'ai passé mon enfance. La découverte crée une liaison qui a un caractère symbolique et qui n'est pas du tout basé sur la pensée qu'il y a entre cette autre personne et moi-même l'une ou l'autre affinité réelle.

C'est aussi à partir de là que doivent être interprétés les liens avec les compatriotes, concitoyens et congénères. Mais ici aussi il existe une tendance profonde à méconnaître le caractère symbolique de la solidarité et à y substituer une justification ontologique. On sera tenté de croire que les Flamands ont en commun une série de qualités importantes et se distinguent par là des autres peuples ; ou l'on croira que le lien spécifique entre tous les êtres qui appartiennent au genre humain est justifié par une *essence* – ceci signifie : par un ensemble de qualités par lesquelles les humains se distinguent en un sens essentiel des autres créatures vivantes.

Ces exemples illustrent la tendance à remplacer un point de vue externe enraciné par un point de vue externe autonome et donc à interpréter un lien symbolique comme un lien ontologique. L'hypothèse que j'ai voulu rendre plausible estime qu'en comprenant ce qui se passe ici, nous pouvons aussi mieux comprendre de quelles motivations plus profondes le « platonisme » critiqué par Rorty procède.

Arnold BURMS*

* Katholieke Universiteit Leuven.

CHAPITRE IV

LES LIMITES DU CONTEXTUALISME

Je suis ici dans la situation de quelqu'un qui découvre à peine la pensée de Richard Rorty. Avec la difficulté, mais aussi le plaisir de cette découverte, j'en suis à tenter de défricher le paysage philosophique dans lequel Rorty se meut, un style de pensée qui, sans m'être familier, ne m'est pas tout à fait étranger. Car la question de la vérité est au centre de la réflexion de Rorty, et, bien que celui-ci se félicite d'avoir, en tant que pragmatiste, « mis opportunément au panier[1] » le débat de la vieille antithétique entre idéalisme et réalisme, il n'en doit pas moins s'expliquer, face à Putnam ou Apel, avec des objections qui profilent une situation marquée par ce que Wellmer nomme « antinomie de la vérité[2] » : absolutisme *vs.* relativisme, universalisme *vs.* contextualisme, ou encore, transcendance *vs.* immanence par rapport aux contextes.

Mais allons à ce qui me semble être le geste fondamental, l'intuition qu'en référence au pragmatisme, et singulièrement à Dewey, Rorty aimerait mener à bien.

Il y a tout d'abord un moment de la critique, affecté du signe « - », un moment plutôt « déconstructif », qui consiste déjà à récuser ces « détestables oppositions que le XVIIe siècle a établies[3] » : entre le sujet et l'objet, l'intérieur et l'extérieur, nos croyances et ce qu'elles tentent de saisir, ainsi que les distinctions plus sophistiquées, entre schème et contenu, forme et matière, bref, tout ce qui tend à indexer la vérité sur l'objectivité, tout en pensant cette objectivité comme une

1. R. RORTY, *Science et solidarité. La vérité sans le pouvoir*, trad. par Jean-Pierre COMETTI, Paris, L'Eclat, 1990, p. 17, note 9.

2. A. WELLMER, « Vérité, contingence et modernité », in *Rue Descartes*, 1992, n° 5-6, p. 177-194.

3. R. RORTY, *Science et solidarité, op. cit.*, p. 57.

transcendance, même tout à fait « laïque » ou apparemment « séculière », tels que « le monde », la « loi morale » ou, bien sûr, la « chose en soi ». Le thème négatif de cette critique s'exprime à travers les exhortations à rompre avec les problématiques métaphysiques ou épistémologiques : abandonnons l'idée que ce sont des objets extérieurs qui *rendent* nos conceptions vraies [1] ; qu'entre le langage et le monde, il y aurait des *tertia* faisant que les deux ordres puissent se « correspondre » [2] ; que la recherche doive « converger vers un point unique, vers une vérité qui, située 'hors de nous', attendrait que les êtres humains la rejoignent [3] »... Et si, confie Rorty, l'on pouvait « rendre progressivement inintelligible le modèle du sujet et de l'objet dans la recherche, celui des parents et de l'enfant pour l'obligation morale, ainsi que la théorie de la vérité comme correspondance », eh bien « [...] Un monde dans lequel ces modèles et cette théorie auraient cessé de se révéler intuitivement attrayants serait, pour le pragmatiste, un authentique paradis » [4].

On pourrait penser que ce paradis pragmatiste a déjà largement été préparé, depuis bientôt deux siècles, par la critique kantienne de Descartes, puis par la critique hégélienne de Kant. En effet, les lances que R. Rorty peut rompre contre la théorie de la vérité comme copie, comme reflet, comme correspondance entre la représentation et la réalité, la raison humaine et la nature des choses, soit : entre quelque chose d'humain et quelque chose de non-humain, ne sont pas véritablement de première main. La critique du réalisme transcendantal appartient, comme on sait, à une longue tradition du criticisme. Et lorsque de façon un peu semblable, Nietzsche, en voulant montrer comment le « monde vérité » est devenu une fable, insistait sur l'idée que « [...] Connaître [ce n'est pas] scruter des êtres, des choses, des 'en soi' [5] », il enfonçait une porte depuis longtemps ouverte par Kant, même s'il avait de bonnes raisons pour cela, et peut-être assez de santé ou d'énergie vitale pour se passer des consolations d'une transcendance même sécularisée.

Kant s'est toutefois cru obligé de maintenir la chose en soi. C'est vrai. Même si elle avait cessé d'être une hypostase, pour devenir disciplinaire, et même si elle ressemblait plutôt à un corrélat noématique

1. R. RORTY, *ibid.*, p. 59.
2. *Ibid.*, p. 37.
3. *Ibid.*, p. 53.
4. *Ibid.*, p. 58.
5. F. NIETZSCHE, *La Volonté de puissance*, trad. par G. BIANQUIS, Paris, Gallimard, 1947, t. I, l. I, p. 92.

des performances cognitives. Quoi qu'il en soit, les post-kantiens se sont attaché à dissoudre ce résidu métaphysique, ou jugé tel, jusqu'à ce que Hegel mette fin aux « détestables oppositions » du sujet et de l'objet, de la représentation et de la réalité, du langage et du monde, auxquelles s'en prend aujourd'hui Rorty.

Précisément, le fait que Rorty se réclame de la « nouvelle vague » ne l'empêche pas de se référer à Hegel, mais à un Hegel « désabsolutisé » à l'aide d'un certain darwinisme, synthèse que l'on pourrait entrevoir chez Dewey, et grâce à laquelle la thèse hégélienne de l'identité du réel et du rationnel devient « un simple principe heuristique et régulateur » [1]. « Dewey entre Hegel et Darwin », telle est la référence philosophique sur laquelle Rorty appuie son antidualisme, afin de libérer la question de la vérité des présupposés conventionnels de la métaphysique et de l'épistémologie.

Au demeurant, et c'est une différence importante avec Hegel, Rorty prétend moins *dépasser* les vieilles et détestables oppositions que *s'en passer* tout simplement. Mettre au panier l'indexation de la vérité sur l'objectivité est peut-être libérateur. Cependant, il faut à tout le moins remplacer la visée d'objectivité par une autre visée, plus conforme à l'idée d'une vérité humaine et pourtant tout aussi apte que l'idée d'objectivité à satisfaire l'intention ou le sens véritable de nos prétentions à la vérité.

C'est là que nous abordons la phase positive, constructive, de la critique. Il est vrai que Kant n'a pas séparé la question de la vérité de celle de l'objectivité. Même si cette objectivité n'était plus conçue comme une *adéquation métaphysique* de la représentation à la chose, mais bien plutôt comme une *conformation méthodique* de nos représentations sensibles aux « lois de l'expérience », Kant considérait ces lois comme « éternelles et immuables ». D'une part, pense Rorty après Dewey, Kant, à la différence de Hegel, ramenait la pensée à des « formes propres et fixes » et non pas « à la réflexion de la signification du fait ». Par « signification du fait », on peut entendre « la signification de ce qui se produit pour réaliser les buts d'une communauté de chercheurs faisant acte de penser » [2]. Ainsi Rorty comprend-il la façon dont Dewey comprenait la façon dont Hegel aurait opéré un tournant « protopragmatique », préfigurant Peirce. D'autre part, outre le tournant pragmatique de Peirce, il y a l'importante distinction introduite avec le tournant linguistique, chez G. Frege, entre *Gedan-*

1. R. RORTY, « Dewey entre Hegel et Darwin », in *Rue Descartes*, *op. cit.*, p. 67.
2. R. RORTY, *ibid.*, p. 64.

ken et *Vorstellungen*, pensées et représentations. Cela fait écho à la distinction moins connue du tournant herméneutique, chez W. Dilthey, entre *Vertretung* et *Vorstellung*, entre représentant et représentation. Il en résulte une constellation philosophique nouvelle, contemporaine ou postmétaphysique, marquée par ce que Apel nomme « *hermeneutic/pragmatic/linguistic turn* ». Elle préconditionne le débat sur la vérité selon un paradigme nouveau, qui n'est plus celui des philosophies dites de la conscience ou du sujet, mais celui des philosophies du langage et de la communication. C'est pourquoi, lorsque, par exemple, Rorty propose des révisions qui, dit-il, visent à « remplacer l'idée d''objectivité' par celle d''accord sans contrainte' » [1], il peut s'entendre ou du moins faire un bout de chemin avec ceux qui, de l'autre côté de l'Atlantique, se réclament également du fameux « changement de paradigme ».

C'est le thème prégnant de la « science comme solidarité ». L'expression est de R. Rorty, mais elle fait aussi bien écho à l'intuition peircienne d'un « socialisme logique » renvoyant à l'idée d'une vérité pragmatiquement établie dans les termes d'un accord argumentatif réalisé au sein d'une communauté de communication. Cela résulte de ce changement de paradigme, qui ferait, selon R. Rorty, que « [...] l'existence d'un accord sans contrainte [...] situe toute chose dans la ligne de la seule 'vérité objective' que nous pouvons raisonnablement souhaiter, à savoir l'accord intersubjectif » [2].

Voilà un langage qui transcende le contexte strictement américain. Karl-Otto Apel, Jürgen Habermas, Albrecht Wellmer, Axel Honneth et beaucoup d'autres en Allemagne, se réclament tout à la fois du « tournant pragmatique », du « changement de paradigme » et d'une « pensée postmétaphysique ». Richard Rorty présente, quant à lui, la « nouvelle vague » comme cette génération de philosophes qui ont pris au sérieux, non seulement les tournants herméneutique, linguistique et pragmatique, mais aussi les déconstructions menées d'abord dans la ligne des « philosophes du soupçon », dont parle Paul Ricœur à propos de Marx, Nietzsche et Freud, puis à la suite de la *Destruktion* heideggerienne de la « métaphysique », même s'il n'en partage pas les conséquences tirées notamment par ce que l'on nomme de loin « philosophie française ».

Reste qu'à la différence, cette fois, des philosophes allemands que j'évoquais, Rorty a visiblement grande sympathie pour Nietzsche, même s'il pense que Dewey contribue autant à libérer la pensée de la

1. R. RORTY, *Science et solidarité, op. cit.*, p. 50.
2. R. RORTY, *ibid.*, p. 51.

métaphysique, mais pour de moindres coûts et avec des résultats plus sûrs. Les Allemands, de ce point de vue, sont peut-être moins conviviaux. C'est surtout Apel qui rejette le geste, à ses yeux, faussement critique que trahit une principale implicite ou explicite : « ce n'est que ». Par exemple, dans un style qui n'est pas celui de Rorty : « le droit *n'est que* la belle apparence qui masque des rapports de force ». Ou bien : « la rationalité communicationnelle *n'est que* la rationalisation d'activités stratégiques orientées vers des succès perlocutoires, des 'coups' ». Ou même, et l'on se rapproche de propositions auxquelles Rorty pourrait déjà souscrire : « la vérité *n'est que* le jeu qui consiste pour nous à suivre des règles d'usage de langage dans un contexte socio-culturel déterminé ». L'insinuation réductionniste prend là un style différent, moins désinvolte et, oserais-je dire, plus civilisé : « la vérité *n'est que* ce sur quoi nous nous accordons dans une communauté d'appartenance, en fonction de ce que nous trouvons avantageux de croire et du moment que cet accord est réalisé sans contrainte ». Enfin, citation textuelle : « Le désir de l'objectivité *n'est que* le désir d'accéder à des croyances qui feront éventuellement l'objet d'un accord sans contrainte lors d'un débat libre et ouvert avec ceux dont les croyances sont différentes [1] ».

Tandis qu'il recourt à la provocation du style réductionniste et déflationniste, pour à la fois dédramatiser la question de la vérité et déstabiliser les visées d'objectivité, Rorty radicalise sa conception conflictuelle/consensuelle, c'est-à-dire communicationnelle de la science comme solidarité, en allant refuser de fonder la valeur de la recherche sur une théorie de la connaissance au profit d'une « base exclusivement éthique » [2]. Il *oppose* alors les « partisans de la solidarité » aux « partisans de l'objectivité » [3]. La science est comprise comme solidarité, l'objectivité revient à l'intersubjectivité, la rationalité, à la civilité [4], et la vérité renvoie, quant à elle, à l'« accord sans contrainte », pouvant résulter d'un « débat libre et ouvert » [5]. Il est aisé de voir comment cela tient ensemble, dès lors que l'on admet que la vérité est au fond « ce qu'il est rationnel pour nous de croire » [6], tandis que la « rationalité » consiste à accorder nos croyances selon des procédures de justification en usage dans nos contextes ; que l'on ne

1. R. Rorty, *ibid.*, p. 58-59 (souligné par moi).
2. R. Rorty, *ibid.*, p. 51.
3. R. Rorty, *ibid.*, p. 60.
4. R. Rorty, *ibid.*, p. 53.
5. R. Rorty, *ibid.*, p. 58-59.
6. R. Rorty, *ibid.*, p. 52.

peut rien dire de plus sur la vérité, sinon qu'elle se joue dans cette rationalité procédurale supposant des normes en usage, dont le respect est une question de civilité ; que cette civilité est un ciment de solidarité au sein d'une communauté, tandis que la communauté solidaire n'est pas elle-même « subordonnée à des fins plus élevées que sa propre préservation et sa propre amélioration, la préservation et l'amélioration de la civilisation » [1].

Un « humanisme postmétaphysique », dont nous pouvons, certes, nous réjouir à plus d'un titre, mais dont les conséquences pour la question de la vérité ne sont peut-être pas aussi « libératrices » que Rorty aimerait le croire. Je ne reviendrai guère sur les attaques bien connues, menées en particulier par H. Putnam [2] sur le front du débat : absolutisme *vs.* relativisme. Bien entendu, Putnam se défend tout autant d'être absolutiste que Rorty rejette l'accusation de relativisme. Rappelons simplement que Putnam reproche notamment à Rorty de soutenir que, si telle proposition est jugée vraie, elle est vraie seulement dans et pour tel contexte historique contingent ; mais qu'il n'y aurait pas, pour Rorty, de jeux de langage plus vrais ou meilleurs que d'autres. A cela, Rorty répond en substance que le fait de renoncer à l'illusion que nous puissions « sortir des communautés pour atteindre un point de vue neutre » n'entraîne nullement qu'« il n'existe pas de façon rationnelle de justifier les communautés de type libéral plutôt que les communautés totalitaires », à moins justement de présupposer « la notion de 'rationalité' interprétée comme un ensemble de principes anhistoriques que répudient les pragmatistes » [3]. Pas de relativisme indifférentiste, donc, ce « relativisme doux » que stigmatisait Allan Bloom chez ses étudiants. Mais reste le contextualisme. Putnam soupçonne Rorty de faire un mauvais usage de Wittgenstein, en insinuant que les jeux de langage où les actes de parole prennent sens et vérité seraient incommensurables entre eux, de sorte que les prétentions à la vérité qui y sont émises ne pourraient valoir que localement, et seulement relativement au contexte de nos intérêts et de nos croyances du moment. Alors, qu'est-ce que la vérité, dans ce cas ?

En fait, Rorty me semble avoir deux réponses qui, peut-être, ne sont pas inconciliables : l'une, plutôt procédurale, qui insiste sur les règles de justification dont nous disposons pour fonder rationnellement un accord sur nos croyances, par quoi le mot « vrai » est synonyme de

1. R. RORTY, *ibid.*, p. 62.

2. Cf. notamment, H. PUTNAM, « Wittgenstein, la vérité et le passé de la philosophie », in *Rue Descartes*, *op. cit.*, p. 73-93.

3. R. RORTY, *Science et solidarité*, *op. cit.*, p. 58.

« justifié »[1] ; l'autre, plutôt substantielle, se réfère étroitement à Dewey et James, pour nous présenter la vérité comme une « efficacité » propre à résoudre nos problèmes de vie communautaire, par exemple, aider à « l'effacement de *nos* difficultés, et à l'enlèvement de *nos* obscurités »[2]. En soulignant à chaque fois le mot « nos », Rorty superpose l'impression contextualiste aux connotations à la fois utilitaristes et instrumentalistes affectant la conception pragmatiste de la vérité, chez Dewey. Or, une telle surcharge ne va pas de soi. Car, si la vérité est cette efficacité, même entendue en un sens aussi large et humaniste qu'on voudra, alors, quelle est la valeur de vérité de cette conception de la vérité ? Voici, à ce sujet, la réponse de R. Rorty :

> Si l'on prétend qu'une théorie qui présente la vérité comme ce qui est efficace est plus efficace que n'importe laquelle des théories concurrentes, on dira qu'elle est plus efficace par rapport à *nos* buts et à *notre* situation particulière dans l'histoire intellectuelle. On ne prétendra pas qu'elle est ce que la vérité est partout et toujours, mais que c'est la conception de la vérité qu'il nous est le plus profitable d'avoir, ou, selon l'expression de James, ce qu'il vaut mieux, pour *nous*, de croire à son sujet. Considérée comme partie d'une perspective philosophique globale, une telle théorie ferait partie intégrante d'une tentative de saisir *notre* époque dans la pensée[3].

Rorty avait ici en tête cette idée de Hegel, que « la philosophie est son temps saisi dans la pensée ». Comme je l'avais évoqué plus haut, il entend conserver de Hegel l'historicisme sans l'absolutisme, ce qui impliquerait une correction « naturaliste » en un sens darwinien affaibli permettant de faire converger le concept de « nature » avec le concept d'« expérience » au sens de Dewey, et non de Peirce, notion continuiste qui admet l'insertion des intérêts sensibles dans le processus cognitif.

Ces intérêts sont toujours situés historiquement et déterminés socialement. Ils forment un contexte que Rorty ne veut pas transcender, non pas tant parce qu'il tient cela pour impossible, mais parce que le contexte pratique est normatif pour la théorie. « Normatif » au sens où il définit la tâche, toujours située, du philosophe. « *Hier ist die Rose, hier tanze !* », disait Hegel. C'est aussi l'idée de Dewey pour qui la fonction des théories philosophiques n'est pas, disait-il, de « venir à

1. R. RORTY, *Science et solidarité, op. cit.*, p. 54 : « [...] nous devons penser le 'vrai' comme un mot qui s'applique aux croyances au sujet desquelles nous sommes capables de manifester notre accord, un mot que nous tiendrions pour rigoureusement synonyme de 'justifié' ».

2. R. RORTY, « Dewey entre Hegel et Darwin », *op. cit.*, p. 65.

3. R. RORTY, *ibid.*

bout de la réalité ultime », mais de « clarifier les idées des hommes en relation avec les conflits sociaux et moraux de leur époque ». Aux yeux de Rorty dont l'antiplatonisme retrouve là une prémisse de la première Théorie critique de l'Ecole de Francfort, notamment chez Max Horkheimer, *cet intérêt pratique animant ou devant animer la théorie* justifie par conséquent que l'on renonce aux tentatives métaphysiques, d'ailleurs toutes malheureuses, de penser les termes tels que « vrai », « bon », « juste », selon des relations d'« adéquation » ou de « correspondance » entre « quelque chose d'humain et quelque chose de non-humain ». Renoncer à cette transcendance métaphysique et, avec elle, à l'idée emphatique de vérité comme *autre* que l'efficacité (par rapport à *nos* buts), serait même libérateur pour l'intelligence philosophique, car cela permettrait de comprendre pourquoi, comme on l'a éprouvé tout au long de ce siècle, on « peut décrire la même chose de différentes manières en fonction de différentes fins ». Et cela justifie que l'on rompe avec ces questions kantiennes : « Que puis-je savoir ? », « Que dois-je faire ? », au profit de questions pragmatiques qui sont typiquement celles de Dewey : « Quels buts communautaires devrais-je partager ? », « Quelle sorte de personne préfèrerais-je être ? » [1].

Je parlais d'un « humanisme postmétaphysique ». Cependant, peut-on réduire la question de la vérité à celle de l'efficacité sans porter atteinte à l'humanisme, même si l'efficacité invoquée par Rorty en référence à Dewey et à l'héritage pragmatiste s'entend en un sens probablement large, non étroitement instrumentaliste, et résolument ouvert à l'éthique ?

Ainsi, Rorty se réclame de l'héritage de Dewey comme l'intuition à promouvoir moyennant amélioration, pour dire en substance : « on peut regarder la vérité comme ce qui est efficace *pour nous*, et c'est l'efficacité pour notre contexte qui confère sa valeur supérieure à cette théorie de la vérité ». Ce faisant, il risque de passer sous silence une dimension importante de la signification des actes de discours. En effet, ou bien Rorty présente comme *simplement vraie* l'affirmation que l'efficacité pour débrouiller nos propres difficultés est ce qui confère une valeur supérieure à sa théorie de la vérité comme efficacité, et il n'est alors pas conséquent avec lui-même : pragmatiquement parlant, ce n'est pas, dans ce cas, le fait d'être simplement vraie, qui suffira à fonder, selon ses propres prémisses, la valeur de cette affirmation. Ou bien, de façon plus conséquente, Rorty nous présente cette affirmation non comme vraie simplement mais comme

1. R. RORTY, *ibid.*

efficace pour nous, et il détruit par là même l'efficacité à laquelle il prétend. En effet, et c'est une thèse que je voudrais ici défendre, ce que nous dit R. Rorty sur la vérité de la vérité n'est efficace pour nous que si nous le tenons pour vrai. Et si, afin que sa conception soit efficace, Rorty devait d'aventure nous dissimuler cette vérité de la vérité, que serait l'efficacité pour nous (même en vue des fins éthiquement les plus souhaitables), alors il ne pourrait envisager que des succès perlocutoires, c'est-à-dire des succès qui arrachent le locuteur aux liens illocutoires définissant le contexte d'intercompréhension dans lequel, pourtant, il prétend s'inclure.

Je vois ici le point faible d'une réduction instrumentaliste de la vérité. Parmi les usages auxquels la vérité se rattache, celui qui exprime l'approbation n'est pas le moindre. Que signifie alors approuver une expression propositionnelle du type : « Je pense que *P* », si cette approbation revient à dire de *P* : « Mais oui, c'est efficace ! » ? Même si l'efficacité au nom de laquelle j'approuve *P* concerne des aspects intellectuels de clarification, je confère à *P* une force bien différente, et à vrai dire, bien inférieure, d'un point de vue illocutoire, que si je me contentais d'en dire : « Mais oui, c'est vrai ! ». Dans le milieu de la communication langagière, je ne suis pas lié par la reconnaissance de l'efficacité d'une proposition de la même façon que je le suis par la reconnaissance de sa simple vérité. Si l'on y réfléchit concrètement, en imaginant pratiquement la différence entre *la façon dont je suis engagé*, lorsque j'approuve une expression au nom de sa vérité simple et lorsque je l'approuve au nom de son efficacité, on s'aperçoit que, dans le premier cas, je m'implique dans l'attitude de la deuxième personne, celle d'un participant, tandis que, dans le second cas, je glisse subrepticement vers l'attitude extérieure, objectivante, d'une troisième personne, celle d'un observateur, caractéristique de la position « ironiste » que Rorty se plaît aujourd'hui à incarner [1] : « Oui, cette affirmation est efficace... ». Or, c'est justement dans la mesure où je l'approuve ainsi, que je m'en *délie*.

Pragmatiquement parlant, la vérité de ce qui est vrai pour nous ne peut, me semble-t-il, être *ramenée* à ce qui est efficace pour nous que par celui qui se situerait, de ce fait, à l'extérieur de « nous ». Mais, dans ce cas, rien ne peut censément se dire de valable *sur* nous qui soit valable *pour* nous. Rorty s'arracherait ainsi lui-même au contexte d'où il prétend tenir la validité de ses propos. Ce faisant, il sous-estimerait aussi les conséquences normatives concrètes des idéalisations engagées

1. R. RORTY, *Contingence, ironie et solidarité*, trad. par Pierre-Emmanuel DAUZAT, Paris, Armand Colin, 1993.

par les locuteurs dans des procès d'argumentation, à commencer par celle qui consiste spécifiquement, pour lui, à viser la reconnaissance rationnelle de sa prétention à la vérité *comme telle*. Il s'agit, à mes yeux, d'une contrainte pragmatique.

Maintenant, Rorty, ainsi que je l'avais indiqué, tient en réserve une conception procédurale de la vérité, qui me paraît plus prometteuse. Je crois que les notions telles que « avantageux pour nous de croire », ou « efficace par rapport à nos buts », ou « utile à l'effacement de nos difficultés », etc. n'équivalent pas à la définition, que, par ailleurs, Rorty propose, où la vérité n'est plus, par exemple, ce qu'il est « avantageux pour nous de croire », mais ce qu'il est « rationnel pour nous de croire ». Bien sûr, le pragmatisme excelle dans l'art d'établir des « ponts éthiques » entre les mots comme « avantageux » ou « efficace », d'une part, et d'autre part, les mots comme « rationnel » et « justifié ». Mais, parlant de la vérité, les deux premiers sont réducteurs, tandis que les deux seconds ne le sont pas, ou le sont moins, outre qu'une mise en équivalence de ces deux groupes sémantiques brouillerait la distinction heuristique entre succès perlocutoires et succès illocutoires.

C'est pourquoi je suggérerais volontiers, *salva reverentia*, que R. Rorty n'a pas intérêt à « jeter trop loin le bouchon », pour nous convaincre, en bon philosophe laïque, que la vérité est humaine et simplement humaine. Nous parlons, en effet, ici, de cette vérité très simple et ordinaire, dont l'idée est sans cesse présupposée à nos affirmations, y compris lorsque l'on affirme qu'il « n'y a pas de vérité », ou encore, différemment, lorsque l'on déclare, comme J. Derrida [1], que la vérité est une notion désespérément métaphysique, bien que nous ne puissions nous en passer. On aimerait pourtant bien faire la différence, justement, entre la vérité dont Derrida juge la notion désespérément métaphysique, et celle à laquelle il doit prétendre pour porter ce jugement. Sous ce dernier aspect, la vérité apparaît comme une présupposition nécessaire pour le sens de ce que nous faisons quand nous affirmons quelque chose – ce que l'on appelle précisément une « présupposition pragmatique ».

C'est un aspect à mes yeux décisif, mais que Rorty ne me paraît pas prendre au sérieux, y compris dans sa conception, non plus instrumentale, mais procédurale, cette fois, de la vérité. J'appelle « procédurale » la conception de la vérité qui, chez Rorty, me semble ressortir de ses réflexions « décitationnelles », métalinguistiques, consistant à

1. J. DERRIDA, « La structure, le signe et le jeu dans le discours des sciences humaines », in *L'Ecriture et la différence*, Paris, Seuil, 1967, p. 427, note 2.

dire que, par exemple, « nous devons penser le 'vrai' comme un mot qui s'applique aux croyances au sujet desquelles nous sommes capables de manifester notre accord, un mot que nous tiendrions pour rigoureusement synonyme de 'justifié' ». En disant cela, Rorty ne se contente pas, en effet, de donner à la science une leçon de modestie, en la renvoyant à la croyance : il développe plutôt le concept d'une procédure rationnelle permettant de fonder des prétentions humaines à la vérité, quel que soit le domaine envisagé : vie quotidienne, critique littéraire ou microbiologie. Or, la procédure en question n'est pas une méthode spécialement élaborée et artificiellement formalisée en vue d'atteindre une objectivité plus grande de nos énoncés. Elle consiste plutôt dans cette « civilité » équivalant à la « rationalité » dont nous faisons preuve, en puisant dans les réserves d'arguments et de raisons disponibles dans nos contextes culturels, pour motiver un accord fondé entre les participants d'une discussion. Le modèle d'un « accord sans contrainte » prend ensuite de la chair ou de l'étoffe, au regard d'un contexte institutionnel [1] plus ou moins favorable au « débat libre et ouvert », c'est-à-dire plus ou moins susceptible de favoriser l'attention des parties prenantes de ce débat « au plus grand nombre de propositions et d'arguments possible ». Là, à nouveau, la question de la vérité se trouve renvoyée aux conditions pragmatiques d'élaboration d'un consensus qui serait tissé par la reconnaissance des arguments jugés meilleurs. C'est ce contexte institutionnel et cette pratique discursive qui comptent pour la rationalité, beaucoup plus que la logique ou la méthode scientifique. Car c'est dans un tel contexte, favorisant un débat libre et ouvert, que « la vérité ne peut manquer de l'emporter », ainsi que Rorty ne craint pas de l'affirmer.

Soit dit en passant, si Habermas manifestait lui-même autant d'optimisme, ce serait une aubaine pour ceux qui aiment à voir dans le modèle d'une communication sans contrainte et dans l'idée de vérité comme consensus procédural une marque d'« idéalisme » ou d'« angé-

1. R. RORTY, *Science et solidarité, op. cit.*, p. 55 : « [...] il existe un grand nombre de raisons d'apprécier les institutions [que les scientifiques] ont développées et au sein desquelles s'effectue leur travail, et d'en faire des modèles pour le reste de la culture. Car ces institutions permettent de donner à l'idée d'un 'accord sans contrainte' une illustration précise et détaillée. La référence à de telles institutions étoffe l'idée d'un 'débat libre et ouvert' où la vérité ne peut manquer de l'emporter. Mais en disant que dans un débat de ce genre la vérité doit l'emporter, on ne fait appel à aucune prétention métaphysique qui concernerait les rapports de la raison humaine avec la nature des choses. Il s'agit seulement de dire que la meilleure façon de savoir ce qu'il y a lieu de croire est de se montrer attentif au plus grand nombre de propositions et d'arguments possible ».

lisme » incorrigible. Rorty jouit d'une autre aura, plus nietzschéenne ou moins kantienne, qui le met sans doute mieux à l'abri des objections sceptiques. Qu'il en profite, alors, tel serait mon souhait, pour faire un pas de plus dans sa conception de la vérité, en montrant que cette dernière n'est pas fondée seulement au regard des contextes institutionnels et culturels autorisant la civilité indispensable à la rationalité véritable des procédures d'accord. Au-delà de contextes historiques contingents, la vérité qui, certes, ne se *joue* que dans ces contextes, se *réfléchit* toutefois au regard d'un élément qui, lui, ne se laisse pas objectiver à la manière d'institutions ou de règles d'usage : il s'agit des présuppositions que nous sommes conceptuellement obligés d'admettre, et pratiquement tenus d'assumer, dès lors que nous parlons avec la conviction que les phrases prononcées ne sont pas que des bruits. Il suffit de tenir que nous ne pensons pas dire n'importe quoi, lorsque nous discutons, pour comprendre que la vérité est, comme on dit, « toujours déjà » présupposée à nos énonciations, mais en tant que prétention. D'un côté, Rorty a raison de s'inquiéter des conditions contextuelles concrètes sous lesquelles ces prétentions à la vérité, qui accompagnent le discours ordinaire, pourront être honorées et, éventuellement, reconnues. Il n'est d'ailleurs pas le seul à se soucier de cet aspect à la fois pragmatique et empirique. Mais il y a un aspect pragmatique non-empirique que, d'un autre côté, il serait dommage de sous-estimer ou de négliger : celui des idéalisations auxquelles R. Rorty consent, cependant, lui-même, bien qu'il ne les prenne pas dans le champ de ses propres objectivations.

Par exemple, il parle d'« accord sans contrainte », ou encore, de « débat libre et ouvert » où « la vérité ne peut manquer de l'emporter ». Or, ces idéalisations n'ont-elles pas en même temps valeur de présuppositions nécessaires pour comprendre le sens de ce que nous faisons, lorsque nous nous engageons dans une recherche coopérative de la vérité ? Je dis que ces idéalisations ne sont pas contingentes à la manière de procédures de justification historiquement variables, mais qu'elles sont plutôt requises, quels que soient les contextes, afin que, bien clairement, il y ait à voir dans nos pratiques plus que des comportements, et à entendre dans nos paroles autre chose que des bruits.

Après tout, débarrasser la question de la vérité de toute référence à une objectivité transcendante est un programme qui pourrait inciter le contextualisme à réfléchir sur sa propre compulsion objectivante. R. Rorty accepterait-il de voir là une limite du contextualisme ? Je parle bien d'une limite à laquelle se heurte l'objectivation, lorsqu'on expérimente le fait que les idéalisations formées au long des procès d'entente ne conservent une force pratique que si elles résistent à la réduction. Même rendue à son concept pragmatique, le plus résolument laïque dont nous disposions aujourd'hui, la vérité sans cesse mise en jeu dans des procédures de justification dépendantes des contextes ne se laisse pas elle-même saisir dans l'inventaire de ces procédures. Elle transcende plutôt ces contextes au sens où, par exemple, c'est en son nom que l'on révise les vérités consacrées, anciennement établies. De fait, nous prenons le droit de dire que la physique de Newton est plus vraie que celle d'Aristote ou de Descartes, et que celle d'Einstein est plus vraie que celle de Newton. De fait, nous prenons le droit de penser et de dire que ce « plus vrai pour nous » est plus vrai *tout simplement*, même si nous sommes seuls à le penser. Nous le pensons vraiment, en dépit des leçons de contextualisme. Cette prétention, en tant que prétention, transcende donc les contextes. Elle est aussi bien une proposition discutable pour d'autres contextes historiques à venir. En effet, nous ne désirons pas seulement communiquer socialement au sein de notre communauté d'appartenance. Nous voulons aussi communiquer avec des communautés culturellement différentes. Et nous désirons encore communiquer avec des mondes historiques passés et à venir.

Pour cela, nous devons penser que ce qui vaut pour nous ne vaut pas nécessairement *que pour nous*. Nous pensons, plus généralement, que ce que nous croyons vrai *peut* être vrai ou reconnu tel pour des contextes bien différents du nôtre, sans impliquer par là un quelconque impérialisme culturel. Dans l'idée qui accompagne le mot « vrai », lorsque nous le prononçons sérieusement, nous mettons plus que ce que voudraient dire les mots tels que « avantageux pour nous », « efficace par rapport à nos buts », ou même « justifié selon nos procédures en usage ». Dédaigner de faire droit à cela est l'incivilité propre au « ce n'est que » réductionniste.

Or, ce « plus », quel est-il ? Nous savons du moins qu'il réfère à des idéalisations où se réfléchit le sens de nos pratiques coopératives. Faut-il les traiter comme les illusions qu'un bon destructeur professionnel de la métaphysique a mission de dissiper ? Ou faut-il plutôt assumer que la philosophie se maintient dans un savoir de réflexion qui ne se réduit pas au savoir d'objectivation mis à l'honneur non seulement dans les sciences, mais aussi dans une forme de critique sans ménagement, dont Adorno, sensible comme il était aux paradoxes du progrès, avait dénoncé les ambiguïtés, dans ses *Minima Moralia* ?

Je laisse la question ouverte. La critique de la métaphysique peut se réclamer de traditions diverses : l'une maintenait des contenus métaphysiques au niveau des idées de la raison, mais à titre strictement régulateur ; une autre réclamait la destruction des résidus de transcendance, en se prononçant pour une rupture sans états d'âme. Conserver quelque chose du premier geste, c'est fonder la vérité au regard de présuppositions qui excèdent en permanence nos possibilités d'objectivation. Accomplir le second geste, c'est pousser le désenchantement du monde au point où même la « transcendance immanente » de nos visées de vérité serait liquidée.

Jean-Marc FERRY *

* Université Libre de Bruxelles.

CHAPITRE V

L'ESTHÉTISATION PRAGMATIQUE DE L'ÉTHIQUE

1. L'esthétisation pragmatique de l'existence

Richard Rorty est bien connu pour avoir annoncé et opéré le tournant linguistique en philosophie et en avoir tiré toutes les conséquences en coupant toutes les amarres fondationalistes dans la philosophie analytique des sciences, de la logique et de l'action [1]. Il semble prendre un malin plaisir dans son dernier ouvrage : *Contingency, Irony and Solidarity* [2] à déconcerter ses lecteurs. Il y sape en effet tous les absolus pragmatiques de façon aussi radicale qu'il avait refoulé tout fondationalisme épistémologique et y intronise l'au-delà littéraire de la philosophie en lieu et place du consensus. L'adulation du consensus cède la place à la proclamation du droit à la différence. Le retour du sujet s'effectue sous le signe de la dédivinisation du monde, de l'homme et de la société : l'adieu au savoir et à l'autorité du vrai qui accompagnait la réfutation des idéaux analytiques dans *L'homme spéculaire* s'y transforme en forme de vie. Le doute suscité par les idéaux épistémologiques, méthodiques et scientistes s'y métamorphose en respect absolu du hasard, de la chance et de la contingence qui entourent l'invention du monde et de soi-même.

Et le roman, non l'argument philosophique, s'avère être la voie royale d'initiation aux seuls bonheurs privés et publics auxquels fasse accéder cet éloge du hasard. Ce respect doit guérir de l'arrogance qui nous affecte lorsque nous nous faisons les porte-parole infaillibles de

1. Cf. R. RORTY, *L'homme spéculaire*, Paris, Seuil, 1990. Cette réfutation avait bouleversé le monde philosophique américain et anglo-saxon ainsi que je l'indiquais dans mon compte-rendu : « Richard Rorty ou la boîte blanche de la communication » in *Critique*, 1982, n° 417, p. 130-151.

2. R. RORTY, *Contingency, irony and solidarity*, Cambridge, Cambridge Univ. Press, 1989.

Dieu, de la sagesse philosophique ou du consensus, il doit nous permettre également d'éviter de commettre les cruautés dont cette arrogance est porteuse.

L'initiation romanesque à l'ironie : à la mise à distance du dernier langage et du dernier vocabulaire dans l'usage desquels on se reconnaisse, doit doter chaque lecteur de toute la tolérance nécessaire pour entendre la leçon des romans de formation sociale. L'ironie proustienne, par exemple, est en effet censée nous rendre attentifs aux cruautés les plus raffinées et les moins conscientes, celles vers lesquelles pointent également Orwell et Nabokov, désireux d'intensifier notre aversion à leur égard. Par là Rorty admet l'insuffisance du consensus à servir, à lui seul, de « forme de vie » et prône sa soumission au jugement littéraire, chargé à ses yeux de former ce qui juge, en dernière instance, des bons et des malheureux hasards affectant l'invention de soi et du monde : le goût. C'est ainsi que la raison pragmatique réhabilite dans l'au-delà littéraire de la philosophie la fonction qu'avait reconnue Aristote à la rhétorique lorsqu'il lui confiait le soin de nous guérir de nos passions.

Cet abandon de la raison pragmatique à l'art du roman de formation n'est pas l'effet d'un caprice de R. Rorty, une réminiscence arbitraire de Goethe, Novalis et Schlegel. Il consomme l'abandon du jugement philosophique qui caractérisait déjà la remise de toute pensée entre les mains du consensus, mais il le fait en portant la pensée pragmatique à l'extrémité d'elle-même : il la met à l'écoute de son propre échec, de son propre dépassement nécessaire de pensée qui prétend se transformer directement elle-même en se sensibilisant et en trouvant sa réalité dans cette sensibilisation, en se sensibilisant dans l'expérience littéraire. Il n'est donc significatif que parce qu'il dégage l'horizon des présuppositions et des limites internes au projet pragmatique. Celui-ci était d'édifier l'homme, de le transformer de façon à ce qu'il ne pense, ne perçoive et ne réalise que ce qui le met en accord avec lui-même, avec autrui et avec le monde. Pouvoir ne jouir que de cela, que de cet accord qu'il instaurait ainsi librement, une fois pour toutes, avec lui-même : cette visée déterminait l'horizon final de conscience de soi nécessaire pour forger ce projet et pour déterminer ses conditions de réalisation au fur et à mesure qu'on approchait de ce but. La raison pragmatique s'était dispensée de recourir au jugement philosophique : Rorty avait fait savoir qu'il était dépourvu de sens de chercher à y reconnaître la réalisation progressive d'une raison intemporelle, platonicienne, qui caractériserait la nature d'un homme enfin parvenu à transparence par rapport à lui-même. L'accord de bonheur ressenti comme harmonie du bonheur effectivement atteint par rapport au bonheur qu'on s'était mérité en soumettant sa vie au consensus, suffisait à clore le jeu de langage pragmatique comme forme de vie : à l'amener à sa destination en mettant en accord la sagesse pragmatique avec les actes qu'elle inspire.

En s'attaquant à la cruauté commise envers les partenaires sociaux par excès de confiance dans le consensus, la pragmatique reconnaît l'existence de ce qui la met en échec. Elle ne reconnaît pas seulement que l'expérimentation mutuelle des partenaires sociaux par la communication n'en fait pas les agents absolus qu'ils rêvent d'être, mais les transforme au contraire en patients absolus de leurs propres désirs. Elle va plus loin. Elle identifie les affects qui neutralisent radicalement la quête de solidarité à laquelle elle convie chacun, en déclenchant les conduites d'agressivité et en incitant aux plaisirs raffinés de la cruauté. Elle porte donc, à sa façon, un jugement vrai sur l'échec pragmatique : elle nous guérit de ce rêve pragmatique en nous ramenant à ce que nous faisons effectivement de nous-mêmes lorsque nous nous y adonnons.

Ce bonheur et ce malheur sociaux sont pensés à travers les catégories utilisées après Kant pour caractériser le bonheur esthétique. Ces catégories sont mobilisées par la pragmatique pour la bonne raison qu'elle rapporte les conditions de réalisation de l'accord de consensus à la seule instance qui puisse à ses yeux la juger, même si elle n'est pas la faculté de juger : au bonheur privé ou public que ce consensus est censé produire à titre d'instance transsubjective de connaissance et d'action, d'instance indépendante du désir qu'ont les individus de le produire. Depuis la modernité, le jugement esthétique offre le modèle de réalisation et de sensibilisation de la raison comme faculté de désirer supérieure. L'art y est présumé présenter la figuration du désir et du bonheur qui appelle irrésistiblement l'identification à elle des individus qui la produisent et en reconnaissent la beauté du seul fait que cette figuration leur permette d'anticiper la satisfaction qu'ils ne peuvent pas ne pas désirer obtenir. La réception de cette figure, par l'artiste ainsi que par ses partenaires, doit s'imposer d'elle-même, sans le détour d'un concept. Dans le contexte pragmatique, l'ironie surgit comme figure esthétique de la conscience des sujets : ils y jouissent de l'anéantissement d'eux-mêmes comme sujets quasi divins, comme sujets conscients de se produire de façon autonome en se déterminant comme la réalité qui détermine toutes les autres par le savoir qu'elle en a et les normes qu'elle leur dicte. L'anamnèse ironique consisterait à s'approprier ce qui a toujours déjà contraint chacun à se soumettre aux contingences de la vie et de l'appropriation du monde et de soi-même et à jouir, en cette soumission, de la vanité des rêves d'omniscience et de toute puissance. La jouissance ironique de soi préparerait ainsi à jouir de notre « finitude morale » et à reconnaître ce qui falsifie nos certitudes de perfection : à prendre acte de toutes les cruautés inaperçues qu'entraîne en son sillage notre désir de perfection.

L'anticipation romanesque des effets de cruauté du principe pragmatique et le refuge de la conscience pragmatique dans l'ironie à l'égard des limites de sa propre « autonomie » permettrait de sauvegarder l'idéal pragmatique : n'y jouirait-on pas par avance du savoir de nos propres limites sans avoir à en faire l'expérience autrement que par narrateur et héros romanesques interposés ? Elle permettrait de désinvestir autrui de toutes les attentes qu'on s'autorise à investir en lui lorsqu'on se prend soi-même pour le Tiers de consensus incarné, pour celui qui a donc tous les droits et peut exiger d'autrui qu'il les satisfasse sans avoir pour cela à réaliser quelque devoir que ce soit à son égard. Grâce à l'ironie, cette conscience « hypermorale » se rendrait invulnérable en anticipant le mouvement que chacun doit faire pour continuer à croire à l'idéal pragmatique et à expérimenter autrui par la communication : occuper le poste du consensus lui-même, tout en déniant à chacun, du même mouvement, la possibilité de le faire et en le faisant jouir des effets d'ironie grevant l'impuissance pragmatique à changer quoi que ce soit. C'est ainsi que la conscience pragmatique se prémunirait elle-même des conséquences néfastes qu'elle provoque chez autrui.

L'au-delà littéraire de la philosophie se révélerait obéir à la même logique épistémologique que celle qu'on prétend refouler : comme expression d'une hypermorale qui s'étend aux mécanismes de pensée qu'on ne peut pas ne pas être (ceux de la communication), il limiterait l'identification au Tiers de parole en incitant à repousser tout ce qui provoque des effets cruels à la façon dont la connaissance des critères et des méthodes épistémologiques nous permet de refouler l'erreur. Mais cette connaissance des *a priori* régulateurs du savoir est impuissante, dans un cas donné, à inventer la seule hypothèse permettant d'intégrer le savoir antérieur et de lever le doute qu'avait jeté sur elle ce cas critique. Il en irait de même ici : l'anticipation littéraire de l'échec pragmatique ne saurait substituer magiquement à cet échec la seule conduite qui fasse oublier toutes les cruautés qui font de cet échec, un échec. Elle ne permettrait donc d'oublier qu'une chose : que cet échec soit bien la seule chose qu'on puisse encore être lorsqu'on ne dispose comme forme de vie que de cet idéal pragmatique. Elle autoriserait l'homme pragmatique à oublier son impossibilité d'être tout court. L'homme contemporain, « post-philosophique » et « post-moderne » n'affronterait de façon authentique le « sérieux du négatif » qu'en étant bien certain qu'il ne peut être rien d'autre, qu'en résistant à cette tentation du dernier refuge, qu'en fuyant l'ironie.

Car s'il est bien évident que la reconnaissance ironique de la contingence de ses propres vérités cognitives, éthiques ou affectives peut mettre à distance de l'arrogance, il ne l'est pas du tout par contre qu'elle suffise à changer les affects qui dictent les conduites adoptées à l'égard d'autrui et à nous empêcher d'être cruels à son égard, consciemment et librement cette fois. Rorty ne continue-t-il pas à partager avec les philosophes qu'il critique le préjugé principal qu'il leur impute : la croyance socratique de pouvoir guérir du mal éthique du seul fait qu'on en rende chacun conscient ? La foi dans le salut romanesque s'avèrerait aussi inauthentique que la foi philosophique qu'elle dénonce : elle ne ferait comme elle qu'anesthésier la conscience réaliste qu'elle a des malheurs présents. En tentant de faire oublier la misère par l'ironie, elle la ferait persister sous la forme précisément de cette « fausse conscience » littéraire. Elle refléterait alors purement et simplement le mouvement par lequel la conscience morale contemporaine s'assure d'elle-même en se faisant connaître quotidiennement, par les médias, tous les malheurs du monde pour pouvoir s'endormir tranquille, justifiée une fois pour toutes par le savoir qu'elle en a, de n'avoir rien à entreprendre pour les faire cesser, consciente qu'elle est de leur multitude, de leur intensité ou de leur éloignement qui rendent d'avance vaine toute action.

2. L'authenticité de l'ironie pragmatique et les limites de son opérance

En invitant à examiner ses propres difficultés et celles de la conscience pragmatique qu'elle exprime, la théorie pragmatique offre cette fois l'opportunité d'interroger les limites de civilisation, héritées du judéo-christianisme et de sa dédivinisation du monde et des sujets, qu'elle ne fait que reconduire. En confiant à l'affect d'amour le soin de régler la vie privée et collective, l'identification judéo-chrétienne au Tiers de parole s'associait à une expérience affective dont elle décrétait *a priori* la validité inconditionnelle à la façon dont la pragmatique décrète aujourd'hui celle du consensus ou de la conscience ironique qu'il nourrit. La pragmatique de l'amour avait pouvoir de clore la pragmatique de la communication et de la révélation puisqu'elle était présumée conformer la vie par avance à leur enseignement en excluant d'avance toute cruauté à l'égard d'autrui. C'est la nature autistique du refoulement du jugement qui accompagne tant la privatisation de la révélation judéo-chrétienne que celle du consensus, que les difficultés rencontrées par Rorty nous contraignent à stigmatiser. Cet autisme collectif, cet autisme de civilisation n'a exercé son emprise qu'en se rendant insensible et impensable : en affectant le lieu même par lequel toute réflexion se réfléchit elle-même, car il ne se contentait pas de la réduire à néant en la mettant hors jeu, il affectait toutes les expériences que cette réflexion avait à nous présenter, en nous dispensant une fois pour toutes de juger la façon dont elle nous affectait puisqu'elle était valide dès lors qu'elle se présentait au nom de l'amour.

L'ironie pragmatique ne se gagne qu'en réactivant l'horizon de reconnaissance de l'homme comme créature finie du Dieu de parole. Ce qui distingue en effet Rorty 2 de Peirce, Mead, Quine et Rorty 1, c'est que les mondes, les sujets et les sociétés n'y existent pas hors du langage par lesquels on les fait exister en reconnaissant ce qu'ils sont et qu'en outre, ils ne soient reconnus pour ce qu'ils sont qu'en pleine conscience de la contingence de ce qu'ils soient ce qu'ils soient ainsi que du mouvement de reconnaissance cognitive par lequel ils le sont. Mondes, sujets et sociétés perdent ainsi toute possibilité d'être ou de devenir des instances transcendantes à l'usage du langage et aux interlocuteurs, les dernières instances révélées dans cet usage du langage : ils se trouvent dédivinisés.

Rorty dédivinise mondes, sujets et sociétés et gagne son ironie en corrigeant l'animisme de Peirce et de Mead par la théorie davidsonienne de la métaphore. Le monde visible n'est plus interrogé comme l'instance transcendante aux désirs de vérité des scientifiques, comme l'instance infaillible qui répond par oui ou par non lorsqu'on l'interroge en expérimentant la vérité de l'hypothèse scientifique. Il n'est pas déjà ce qui est ce qu'il est avant toute expérimentation et tel qu'il sera au dernier jour de l'évolution scientifique de l'humanité. Il n'est plus la mesure intemporelle, existant en elle-même, de toute vérité. On n'a plus besoin de le fantasmer comme Tiers qui répond, par la confirmation ou l'infirmation visible de l'hypothèse, de façon nécessairement favorable parce que toujours vraie, au désir de vérité des scientifiques. Il suffit pour s'en apercevoir et s'en convaincre de concevoir la production de l'hypothèse comme une sorte d'expérimentation mentale de sens qui conditionne cette « réponse » de confirmation ou d'infirmation de l'hypothèse par le monde visible. Pour pouvoir penser une hypothèse, il faut pouvoir transférer un sens prédicatif d'un domaine d'objets dans un autre domaine d'objets, quitte s'il le faut à créer un nouveau domaine d'objets. On s'aperçoit alors que la confirmation ne fait que « littéraliser » la métaphore de sens qu'on a dû produire. C'est ainsi que la composition propositionnelle de sens s'avère à la fois devoir transgresser les règles de signification présumées stables et qu'elle contraint à prendre conscience du pouvoir transcendantal du langage : de son aptitude à rendre le réel, réel, sans qu'on puisse présupposer que le monde soit déjà, avant tout discours la somme des réalités dicibles que le discours nous fait reconnaître qu'il est.

On dédivinise mondes et langages en faisant admettre la contingence du bonheur de vérité, sa non-nécessité et l'impossibilité de le fonder dans une essence intemporelle du monde. On poursuit donc au-delà de lui-même, dans la théorie même du langage, le mouvement de refoulement de l'animisme auquel on soumet, depuis les temps modernes, l'identification des sujets à leur langage. Alors que l'enfant ou l'homme archaïque ne peuvent se faire percevoir le monde qu'en le faisant parler, le scientifique lui aussi n'aurait pris conscience de l'altérité du monde par rapport au langage, de son indépendance par rapport à ce qu'il en pense, qu'en se faisant respecter le visible comme une réalité autonome qui lui parle : en confirmant ou en infirmant son hypothèse. Il serait demeuré animiste quoi qu'il en ait. La dédivinisation du monde scientiste consiste à ôter ce qui restait d'animisme dans cette soumission du dicible à un monde visible présumé aussi stable, autonome et intemporel que le langage final des chercheurs qui était présumé le décrire un jour totalement.

Il n'en va pas autrement du rapport des sujets à eux-mêmes. C'est cela qui contraint ces derniers à l'ironie, et ce, tant à l'égard d'eux-mêmes que par rapport à la forme qu'ils donnent à leurs sociétés. Le langage par lequel ils se déterminent eux-mêmes en exprimant leurs croyances, leurs désirs et leurs intentions ne reproduit pas davantage des constantes anthropologiques que le discours scientifique n'expose les constantes du monde. Même si l'on est contraint pour se décrire soi-même de recourir à une sorte de dernier vocabulaire, de dernière instance lexicale, celui-ci est toujours susceptible d'être redécrit par un autre car il est toujours le produit d'heureux hasards du passé et peut toujours être remplacé par un langage qui nous satisfera davantage, si du moins nous parvenons à l'inventer. La conscience de la contingence des règles du langage, « de leur inexistence d'être en soi » refoule l'animisme éthique et l'animisme des règles de langage comme la conscience de l'inexistence d'un monde qui existerait en soi a refoulé l'animisme du monde visible. Le sujet éthique peut et doit renoncer à l'animisme kantien et cesser d'être le porteur d'une conscience morale intemporelle, apte à savoir toujours et partout ce qu'il doit faire et qu'il doit le faire : il peut refouler en lui cette prosopopée éthique ou linguistique où il se faisait parler lui-même comme règle absolue. En reconnaissant que ces règles, ses croyances, ses désirs ou ses intentions n'existent pas plus en eux-mêmes que les faits n'existent comme tels avant qu'on ne les décrive, il s'ouvre l'accès à sa propre contingence. Et le pragmaticien qui en a conscience s'ouvre l'accès à sa propre ironie en prenant acte des heureux hasards par lesquels les sujets s'harmonisent les uns aux autres.

Car le monde social, lui non plus, n'a plus à être considéré comme un monde intemporel de besoins et de lois objectives que l'évolution historique de l'homme aurait à découvrir ainsi que J. Habermas semble encore le croire. Un sujet conscient de sa contingence n'a plus besoin de croire en cette utopie : il sait qu'il n'existe pas plus de vérité platonicienne dans la vie sociale qu'en science. Les règles sociales n'enregistrent qu'un heureux hasard supplémentaire : elles inscrivent le fait qu'un désir imaginé par un individu soit reconnu dans la société comme un désir propre à tous ses membres, ce qui transforme ce désir en besoin, sans qu'on puisse recourir à autre chose qu'à cette reconnaissance pour le justifier. La dédivinisation des sujets et des sociétés peut ainsi se consommer comme ironie éthique et comme tolérance mutuelle. Le savoir de la multiplicité des systèmes éthiques vient tempérer le fait qu'on obéisse à l'un plutôt qu'à l'autre. Elle fait admettre, sans « relativisme », sans « irrationalisme » aucun, les différences éthico-politiques que les partenaires sociaux peuvent se justifier les uns aux autres.

Les limites que rencontre la quête pragmatique rendent pourtant fragile la certitude ironique si chèrement acquise. L'expérience de la tolérance généralisée à l'égard des systèmes de règles a un revers : aucune règle ne s'imposant plus à quiconque, chacun reste indécis dès que la situation exige qu'il agisse sans savoir comment : telle est la forme d'incertitude pratique qui se substitue à la conscience du devoir lorsqu'on est convaincu que tous les devoirs se valent. L'homme ironique doit payer la dédivinisation du monde, de soi et de la société par l'incertitude pratique, comme l'avait décrit A. Gehlen dans *Urmensch und Spätkultur* [1] dès la fin des années 50. En substituant aux Tiers sacrés ou au Tiers de langage, le Tiers d'expérimentation, scientifiques, épistémologues et pragmaticiens ôtent au langage ce qui lui avait permis de se substituer aux instincts manquants pour instaurer un organe de mise en corrélation de la perception et de l'action. En liant la

1. Voir A. GEHLEN, *Urmensch und Spätkultur,* Athenäum Verlag, 1956 et l'analyse que j'en proposais dans « Le filtre de vérité » in *Critique*, 1983, n° 430, p. 130-151.

perception du visible à la perception des Tiers, le langage mythique permettait de percevoir le monde et de dériver de cette perception la conscience du devoir : la conscience de devoir lever l'inhibition posée sur un programme moteur en maintenant l'inhibition posée sur tous les autres. C'est cette coordination du moteur et du visuel qui disparaît à l'âge de l'expérimentation : de l'image anticipatrice de soi comme expérimentateur à laquelle épistémologues et pragmaticiens identifient l'homme, il n'est plus possible de dériver quelque impératif ou quelque interdit que ce soit. Le langage y perd sa force d'orientation et se dépotentialise en canal de décharge affective. L'image ironique de soi qu'on offre au scientifique parvient tout juste à cacher sa misère : de sa conscience d'expérimentation mentale du monde dans l'hypothèse, n'est dérivable aucune préférence à l'égard d'un fait ou d'un ensemble de faits plutôt que d'un autre. Tous les faits se valent même s'ils soutiennent les théories les plus contradictoires. D'une théorie scientifique et ironique du monde, n'est plus dérivable une vision quelconque de ce monde. Aucune perception n'est plus susceptible de donner à ce dernier quelque réalité que ce soit.

Avec les figures des Tiers que refoule la pragmatique en dédivinisant mondes, sujets et sociétés, est refoulée l'hybris de la volonté de puissance telle qu'elle s'anticipait déjà satisfaite dans les Tiers sacrés et leurs réponses nécessairement favorables, mais se trouve refoulé également ce qui permettait de discerner l'hybris de la raison et le désir de langage et de vérité. Le mouvement de production du langage étant réduit au mouvement de production de sens et le mouvement de reconnaissance de soi et de la réalité se trouvant restreint à la conscience d'ironie, on cherche dans la conscience de réception ironique de soi une gratification qui permette de justifier par sa seule occurrence le processus d'action, de connaissance ou d'affect qu'elle parasite, on y cherche un bonheur inédit qui justifie tout du seul fait qu'il déborde toute attente, tout processus de reconnaissance prévisible. C'est ainsi que l'expérience qu'on y fait de la communication continue à attendre sa confirmation, comme forme de vie, de ce bonheur de vie, irréductible au langage, qu'est la jouissance ironique de soi. Comme la conscience archaïque cherchait dans la transcendance de la réalité sacrée, la certitude externe qui pouvait seule certifier sa certitude et son bonheur « internes », individuels, l'homme pragmatique cherche dans la conscience ironique de son savoir et de ses désirs, la conscience l'autorisant à accepter ceux-ci et à en jouir.

Cette illusion tient à la façon dont est vécu et réfléchi le processus de communication que parasite cette conscience d'ironie. La pensée y est vécue comme processus de communication qui attend nécessairement sa confirmation de sa propre réception, à la façon dont l'anticipation de la position de la voix dans le déclenchement du processus phonique attend sa propre confirmation dans l'écoute de la conformité du son émis et entendu par rapport au son anticipé. Il suffit de reconnaître que l'on ne peut affronter la contingence du monde, de soi-même et de la société sans penser vrai ce qu'on pense alors, pour s'apercevoir qu'en refoulant en soi toute prosopopée, on jette le bébé avec l'eau du bain. Avec l'animisme du monde et la volonté de puissance des sujets qui s'y instituait elle-même, on rejette le jugement de vérité qui permet à chacun de poser la réalité du monde, sa propre réalité et la réalité sociale de l'accord d'autrui, sous tel ou tel aspect, pour pouvoir les reconnaître comme telles. On rejette l'instance qui permet, par exemple, de condamner inconditionnellement toute cruauté en y reconnaissant ce qui nie toute condition sociale de vie et d'introniser l'amour comme l'affect qui rend possible toute solidarité. Ce jugement de vérité est pourtant la seule instance qui permette d'accepter que cette reconnaissance des sujets dans ces réalités fasse reconnaître dans le langage le seul bonheur qui s'y anticipe nécessairement : le bonheur de vérité comme voie d'accès à tout autre bonheur. « On ne peut penser une proposition sans la penser vraie » : cette proposition permet de comprendre qu'on ne s'expose à la contingence du faux qu'en virtualisant le vrai.

Le mouvement du jugement est nécessaire à toute communication et à toute pensée et ne peut être réduit à la reproduction d'un bonheur antérieur, qui n'aurait qu'à s'y reconnaître et à jouir de lui-même une seconde fois. La reconnaissance de la réalité des faits ou de sa propre réalité de sujet dépend en effet de la possibilité de reconnaître si exister, pour ce à quoi on pense ou pour ce dont on parle, pour ce en quoi on s'est soi-même projeté pour avoir pu y penser, c'est effectivement être ce à quoi on l'identifie par le prédicat ou non. Le rapport à soi-même et à sa propre expérience n'y fait pas exception : il n'existe que s'il est jugé et reconnu être identique à ce qu'on pense qu'il est. En tout acte de parole ou de pensée, il nous faut reconnaître si nous sommes effectivement ou non ce mouvement de jugement qu'on a du penser réussi, c'est-à-dire vrai, pour avoir pu y penser et se reconnaître jusqu'au bout dans ce mouvement de pensée. Parce que Rorty continue à refouler ce mouvement de jugement et le réduit à ce moment d'écoute anticipatrice de l'accord gratifiant avec soi, avec le monde et avec autrui, il est contraint de voir dans la gratification inhérente à cet accord sous la forme de l'ironie, le moment magique qui a permis à cet accord de se produire. Il prête ainsi au moment d'identification à l'allocutaire et au récepteur de la communication un pouvoir magique qu'il ne peut avoir : celui de nous réconcilier avec toute expérience du seul fait qu'on puisse avoir conscience de l'avoir produite et reçue de façon contingente. Il déplace l'animisme de parole dans l'animisme de l'écoute de soi et érige l'allocutaire qu'on est pour soi en principe et en fin du monde. Mais l'animisme de l'écoute de soi ne peut malheureusement pas plus se substituer au jugement de vérité que l'animisme phonique dans lequel s'enlisent l'enfant et l'homme archaïque. Il suffit pour s'en rendre compte de dégager la misère autistique demeurant inhérente à l'expérience littéraire qu'il nous propose comme au-delà de la philosophie.

3. L'en-deçà de l'au-delà littéraire de la philosophie : l'horizon autistique de la civilisation judéo-chrétienne

En renvoyant la neutralisation contemporaine de la conscience pragmatique à la cruauté qu'elle secrète et en s'évertuant à refouler cette cruauté et l'arrogance qui la nourrit, Rorty se montre conscient et nous rend conscients de la gravité de la situation contemporaine : de l'accident mortel qu'elle représente. Il reste pourtant trop confiant dans le pouvoir qui avait toujours déjà permis à l'homme de surmonter son hiatus avec le monde, avec autrui et avec lui-même : l'identification au récepteur absolu. Par méfiance de la vérité et du jugement philosophique, il ne parvient pas à refouler ce qui, dans le refoulement de la folie originaire qui le constituait comme prosopopée verbale et que l'homme a appris à nommer sa « raison » (par contraste avec sa folie animiste de départ), constitue une folie pire que l'animisme qui est ainsi refoulé : l'assimilation qu'elle implique du jugement de vérité à la volonté de puissance. On ne mesure la radicalité de l'accident mortel auquel se voue l'homme contemporain qu'en rapportant l'impasse de civilisation qu'il explore à sa figure paradigmatique : à l'autisme.

On sait que l'enfant autistique ne peut survivre au traumatisme qu'il a ressenti comme mortel et qu'il se remémore constamment, qu'en s'empêchant de parler, convaincu que l'inhibition posée sur le déclenchement du programme moteur phonique suffira à empêcher l'événement traumatisant de se reproduire effectivement. Cette croyance en la magie négative du silence repose sur une croyance positive : sur une expérience du monde vécue comme prosopopée verbale où l'enfant ne perçoit encore le monde qu'en le faisant parler, parce qu'il n'est pas encore capable de se différencier de ce qu'il ne perçoit qu'en étant identifié à ce qu'il en dit. En arrêtant de prêter la parole au monde, il pense du même mouvement empêcher l'événement perçu comme mortel de se reproduire. On sait également que ce rejet de la parole entraîne non seulement la déconnexion des appareils moteurs d'action par rapport aux appareils de réception sensorielle, mais également l'agnosie : la réduction de la perception visuelle à une perception indifférenciée de l'espace, ainsi que l'apraxie : l'usage stéréotypé des appareils moteurs ne produit qu'une décharge d'énergie, n'étant plus subordonnée à la force d'orientation du langage, par laquelle celui-ci fixe à la connaissance, à la perception ou à l'action qu'il objective. Cette apraxie et cette agnosie induisent l'anorexie : l'incapacité à ressentir la force de motivation de quelque désir que ce soit, et mènent à l'ataraxie : à l'inconscience complète à l'égard de la douleur, à l'indifférence radicale à la souffrance où l'enfant parvient ici à maîtriser inconsciemment son système neuro-végétatif involontaire de façon beaucoup plus radicale que les ascètes hindous n'ont jamais pu y parvenir puisqu'il peut ainsi se faire mourir sans même s'en apercevoir.

L'ironie à laquelle on accède en refoulant le langage comme animisme et comme prosopopée verbale ne fait que reproduire et refléter un autisme de civilisation qui s'attaque cette fois aux mécanismes de pensée et de conscience eux-mêmes. L'agnosie de la raison scientifique fait l'expérience d'elle-même comme incapacité à discerner parmi les faits vérifiant les hypothèses ceux qui sont déterminants et ceux qui ne le sont pas. L'apraxie éthique affecte la conscience inconditionnée de devoir agir lorsque celle-ci s'aperçoit ne pas pouvoir se lier à l'exécution de quelque acte que ce soit. Elle se propage comme crise de rationalité et de légitimation [1]. L'anorexie et l'ataraxie se manifestent comme crise généralisée de motivation : symptôme de la conscience qu'on a du caractère mortel de l'expérience d'expérimentation communicationnelle et qui n'appelle que la volonté de la surmonter, mais ne saurait indiquer comment cela est possible. Elles affectent également la relation à autrui : en nous rendant précisément aussi indifférents et indécis à l'égard des affects que l'aperception de la contingence du vrai nous rend indécis à propos de la vérité de nos connaissances et de la validité des actions ressenties comme aussi obligatoires qu'interdites. Cruauté, amour, pitié semblent d'égale valeur : d'une valeur également négative, c'est-à-dire nulle puisqu'ils arrivent

1. Cf. J. HABERMAS, *Raison et légitimité*, Paris, Payot, 1978, qui avait révélé aux sociologues américains médusés le sens des événements de dissolution institutionnelle et psychique qui les frappait, en traduisant le diagnostic gelhénien des années 50 dans les catégories parsoniennes de la théorie de l'action.

en nous, mais ne suscitent de notre part qu'indifférence, qu'une indifférence qui ne peut plus faire la différence entre eux en se laissant ou non affecter par eux.

L'anamnèse de l'évolution phylogénétique de l'homme peut aider à voir comment l'homme surmonte toujours déjà l'autisme qu'il a inscrit au cœur de la civilisation en refoulant de façon indistincte volonté de puissance et jugement de vérité, réduisant l'un à l'autre sans discernement, quitte à payer par l'autisme auquel il se voue ainsi, le refoulement de son jugement. Il est bien connu que l'homme n'a supporté la puissance de lucidité de son propre jugement qu'en la rapportant aux dieux ou au Dieu qui présidai(en)t au cours du monde et à celui de la vie, dérivant leur infaillibilité de leur pouvoir créateur et de leur pouvoir de sanctionner l'homme par la souffrance et la mort. Seules la différenciation des fidèles par rapport aux divinités, l'acceptation de cette différence et la soumission à leurs injonctions les autorisaient à croire en leur clémence : à croire qu'aucun événement mortel n'interviendrait comme sanction de leurs infractions. Le refoulement de la prosopopée divine hors du monde était basé sur le refoulement de leur propre parole, prêtée aux divinités. Etait ainsi refoulé indissociablement le pouvoir qu'a le langage de faire apparaître le monde comme monde et ce qui était ressenti comme infaillibilité du jugement. Dépositaires d'une force d'attrait irrésistible et détenteurs d'un pouvoir de châtier et de terroriser maximal, les dieux permettaient, par leur seule existence, d'affronter la mort, la maladie, tous les cataclysmes et les traumatismes que la parole humaine s'avérait impuissante à régler d'elle-même. Le refoulement en eux des pouvoirs de la parole humaine garantissait d'avance que les événements traumatisants ne se répètent. Comme l'enfant autistique voit sa croyance confirmée ou renforcée tant qu'il ne perçoit pas la répétition de l'événement traumatisant (convaincu de plus en plus que son silence l'empêche de se reproduire), l'homme archaïque attribuait l'absence de répétition des événements terrifiants à sa reconnaissance des divinités et à sa soumission à leurs interdits et à leurs impératifs. La reconnaissance de la fondation de tout Tiers dans le Tiers de parole, instaurée par le monothéisme judaïque, n'a pas levé ce refoulement mais l'a au contraire renforcé en rapportant l'infaillibilité du jugement de Dieu et sa justice à sa force créatrice. Le christianisme n'a neutralisé toute crainte à l'égard de ce Dieu qu'en entourant le pouvoir créateur et judiciaire de Dieu d'un horizon d'amour, pré-harmonisation en Dieu de l'accord de communication entre les créatures, le monde et Lui-même. Sensibilisée et sublimée comme action consommatoire et comme bonheur divin, la conscience d'amour accompagne et clôt tout le cycle d'interactions du Dieu chrétien et de ses créatures (création, révélation du salut, jugement dernier et béatitude) comme l'esthétisation de la vie humaine accompagne les échanges communicationnels de transformations mutuelles des individus et du monde par expérimentation de leur contingence à l'âge pragmatique [1].

La mort du Dieu leibnizien, survenue au XVIIIe siècle dans la conscience des temps modernes, en 1755, lors du tremblement de terre de Lisbonne (ainsi que l'a établi O. Marquard [2]), la disparition de la croyance en la préharmonisation divine du monde et de l'homme qui l'accompagne lèvent le rideau sacré de protection de l'homme à l'égard de lui-même. Du même coup chacun devient directement pour tous les autres celui qui doit répondre à tous leurs besoins en répondant à leur besoin de vérité : en leur faisant connaître, faire et désirer ce qu'ils ont à connaître, à faire et à désirer du seul fait qu'il leur parle. Perçu comme Tiers apte à répondre favorablement et infailliblement aux besoins des autres, ses actes de parole sont toujours nécessairement en défaut par rapport à ce qu'on attend de lui. Aussi se sent-il continuellement coupable de ne pouvoir être le Tiers de vérité, l'acte de parole infaillible qu'on désire qu'il soit. Il fait figure d'usurpateur et est dénoncé à juste titre, semble-t-il, comme tel. Le traumatisme lié au sentiment individuel d'être surchargé de devoirs et d'être impuissant à répondre à ces attentes mène au sentiment d'inexistence : de ne pouvoir être la seule chose qu'on ait à être. Chacun fait sien le verdict de culpabilité prononcé par tous ses partenaires sociaux à son égard et replonge dans l'angoisse originaire : celle par laquelle le nourrisson ressentait le hiatus produit par l'accumulation d'énergie sensorielle et l'incapacité à s'en décharger en passant à un acte quelconque. Elle est ici liée à la conscience de ne pouvoir répondre par la connaissance, par l'action ou par la perception à la pression de l'environnement externe, perceptif et social, et à celle de sa propre conscience. La volonté scientiste et technique de faire parler le monde lui-même par l'expérimentation pour s'approprier tout le savoir possible permet de faire face aux exigences d'autrui et aux pressions du monde, elle détermine même une intensification patente des progrès scientifiques et techniques, mais ne parvient pas à déplacer la position de la pensée par

1. Voir la description de cette esthétisation dans « Peut-on guérir de la politique ? » in *Critique*, n° 493-4, p. 487-530 et *L'âge pragmatique ou l'expérimentation totale*, L'Harmattan, 1991, ch. 4, p. 127-178.

2. Voir O. MARQUARD, « L'homme accusé et l'homme disculpé dans la philosophie du dix-huitième siècle » in *Critique*, 1982, n° 413, p. 1015-1037.

rapport à elle-même et par rapport aux processus de communication qu'elle projette en toute expérience pour la rendre intelligible. Car le processus d'appropriation de la figure du Tiers comme pensée de la pensée s'est effectué jusqu'au XXe siècle dans l'ignorance de la structure communicationnelle de la pensée, de son double mouvement simultané d'émission et de réception dans un horizon où le désir d'appropriation cognitive du monde et celui d'adaptation éthico-politique de l'homme à lui-même sont apparus comme des désirs qui avaient à se maîtriser eux-mêmes par un pré-savoir des méthodes, des critères et des règles garantissant d'avance l'accès à tout savoir possible. La loi de vérité [1], qui contraint à juger si ce qu'on a pensé est aussi vrai ou aussi faux qu'il a dû être pensé vrai pour avoir pu être pensé, a beau accompagner et conditionner l'usage du langage comme instrument d'orientation mutuelle, le respect de cette loi n'est plus différenciable de la volonté de s'approprier la place du Tiers de vérité : ce respect apparaît indiscernable de la volonté de puissance. L'obligation du vrai n'y est plus différenciable d'une compulsion à s'approprier par le jugement tout ce qui peut être connu et réalisé par le biais de la parole. Et la philosophie qui affirme l'existence et la validité de cette loi ne se différencie plus de l'appétit épistémologique qui désire savoir tout ce qui doit être su pour accéder à l'omniscience.

Il a donc pu sembler qu'il suffisait de renoncer à ce désir épistémologique, déclenché, relancé et renforcé par la conscience de devoir être le Tiers de vérité d'autrui, pour parvenir à éviter tous les malheurs, pour lever toute accusation. Tous les malheurs peuvent être en effet rapportés à l'incapacité ressentie par chacun de répondre à cette attente. Il semble qu'il suffise d'éliminer cette attente pour empêcher toute cruauté. L'ironie, quant à elle, semble être un moyen de protection privée disponible dans cet horizon de vie dominé par le désir de savoir : grâce à elle, la conscience peut se protéger contre elle-même, contre ce désir qui l'envahit et la meut. La conscience ironique de la contingence du savoir ôte en effet à chacun la responsabilité de l'obtention de ce savoir. Aussi le refuge dans l'au-delà littéraire de l'ironie peut bien exprimer une des consciences les plus aiguës du « malheur » qui advient aujourd'hui à l'homme, on n'y poursuit pas moins le refoulement autistique par lequel on neutralise l'événement de pensée ou de parole en en ôtant ce qui y est communication : le jugement de vérité, rendant ainsi ce jugement indiscernable de la volonté de puissance. Parce qu'il n'existe pas de réalité qui

1. Cf. J. POULAIN, *La loi de vérité ou la logique philosophique du jugement*, Paris, Albin Michel, 1993.

puisse faire reconnaître comme telle la loi du jugement de vérité et qui soit différenciable de l'exercice même de ce jugement, cette loi ne peut être reconnue comme loi, le fantasme de son assimilation à la volonté de puissance ne peut être dénoncé comme fantasme. Ce refoulement n'en consiste pas moins à juger ce malheur comme malheur et le transforme ainsi effectivement en malheur destinal, ce qu'il ne serait pas sans lui.

L'au-delà littéraire de la philosophie ne peut que raconter ce malheur en le dérivant, d'une façon ou d'une autre, de la dénégation du jugement. L'ironie « méta-épistémologique » des pragmaticiens ne fait donc que renforcer ce refoulement en l'accompagnant de la conscience métapsychologique des déficiences des individus, des groupes et du monde qui justifient comme « malheurs » contingents ce refoulement même. Elle est mue par les meilleures intentions : par le désir d'éliminer toute cruauté imputable à l'arrogance à laquelle on s'adonne lorsqu'on ignore qu'on est soi-même aussi déficient, aussi soumis à la contingence que le pragmaticien de la littérature nous le fait savoir et voir. Autisme à carapace, blindé contre lui-même et contre la possibilité de se reconnaître comme tel, cet autisme de civilisation ne peut être surmonté qu'en décelant dans le respect de la loi de vérité la seule voie d'accès à la seule réalité que puisse être l'homme. Car ce mouvement de jugement de vérité est aussi absolu que l'esprit absolu hégélien et les Tiers sacrés étaient présumés l'être et aussi indépendant à l'égard de la volonté de puissance que ceux qui en dénoncent la présence en tout désir désireraient en être indépendants. Mais il est également aussi dépendant de l'objectivité réelle de la connaissance, de l'action ou du désir qui s'y révèle, que cette réalité est affirmée l'être et l'est effectivement. C'est à ce titre qu'il conditionne la production de toute solidarité, qu'elle soit cognitive, éthique ou affective et sa reconnaissance en telle ou telle connaissance, en telle ou telle action, en tel ou tel désir ou en tel ou tel affect. C'est ainsi également qu'il arrache à l'image du Tiers qu'il engendre lui-même : qu'il fait cesser l'identification au Tiers de vérité. Il désensibilise de l'attachement compulsionnel à l'égard du Tiers de vérité en ne sensibilisant qu'à la vérité objective elle-même, que ce soit celle du monde, d'autrui ou celle des sujets qui s'y jugent en jugeant de la vérité de ce qu'ils pensent.

Jacques POULAIN *

* Université de Paris VIII.

Section III

Critique de la description de la science et question de la technique

Dans *Il y a plus que des étants*, M. Van den Bossche entreprend à la fois une critique de la lecture pragmatiste de Heidegger et une critique de la position pragmatiste à partir d'une pensée de l'être. Cette double critique confronte tout particulièrement Rorty et Heidegger sur la question de la technique. L'auteur reconnaît qu'un certain rapprochement est possible entre le pragmatisme et la phénoménologie-herméneutique (de *Sein und Zeit* spécialement) dans la mesure où tous deux prétendent ôter sa place privilégiée à la pensée objectivante métaphysique ou positiviste relativisée comme *une* perspective, une manière d'être au monde et d'affronter le monde à partir d'intérêts déterminés (de connaissance, de contrôle, etc.). Mais Heidegger et M. Van den Bossche ne peuvent souscrire au privilège que Rorty accorde au pragmatisme conçu non plus comme ouverture à la variété herméneutique de l'expérience, mais comme *une* modalité définie de gestion des choses, de la société et de nous-mêmes. Ce pragmatisme-là rompt avec toute pensée de l'être, ne reconnaît plus que des étants, interprète la science et la technique dans un sens instrumentaliste et gère la société d'une manière technocratique. R. Rorty sous-estimerait la puissance de la technique et la nature technologique de la pensée pragmatiste de telle sorte qu'il faut craindre qu'à le suivre, la démocratie ne se trouve au service de la technique et non l'inverse. Le pragmatisme a besoin d'une pensée de l'être s'il veut éviter de sombrer dans la rationalité technologique. Or c'est de l'être que Rorty voudrait détourner Heidegger qui le considérerait, en revanche, comme un symptôme supplémentaire de l'achèvement de la métaphysique et non de son dépassement.

Dans *Jeux de langage et pratiques technoscientifiques*, G. Hottois part du même constat d'une sous-évaluation de la portée de la technique par R. Rorty. Il estime que la description – typiquement post-moderne – de la science proposée par R. Rorty trahit les technosciences contemporaines et mécomprend la science moderne. Cette description ne convient que pour la science pré-moderne ou ancienne qui coïnciderait avec un projet spéculatif ou logothéorique, c'est-à-dire langagier et théorétique. L'analyse proposée dans le premier chapitre (*Post-modernité ou modernité tardive*) constitue un développement particulièrement bien étayé pour la dimension historique de cette critique. L'image de la science que nous renvoie Rorty serait, en réalité, pré-moderne. Elle s'enracine dans une conception de l'être humain très traditionnelle, dans le droit fil de la religion et de la philosophie : l'être humain, comme le vivant parlant, l'animal symbolique. C'est avec ces déterminations spéculatives que rompent progressivement les pratiques technoscientifiques qui ne sont pas réductibles à des jeux de langage ni à une réflexion métalinguistique de la compétence langagière. Ces pratiques constituent une manière d'affronter la condition humaine – et le « hors-langage » – différente de la sublimation symbolique dont la religion, la philosophie, la littérature et R. Rorty veulent se contenter sous prétexte qu'elle seule est possible et humaine. Ce n'est pas en fonction d'un désir de retour au réalisme métaphysique ou épistémologique que G. Hottois critique la description rortienne de la science contemporaine, mais sur base de la prise au sérieux de sa nature technicienne et opératoire. C'est en fonction de celle-ci qu'une fraction de l'humanité articule aujourd'hui le désir de transcendance que Rorty repère comme une espèce de « mal absolu » sous ses formes onto-théologiques, symboliques. Cette pulsion de transcendance serait en voie de transfert, non simplement symbolique, sur les pratiques technoscientifiques.

CHAPITRE VI

IL Y A PLUS QUE DES ÉTANTS

UNE LECTURE PRAGMATISTE DE MARTIN HEIDEGGER

Interrogé sur l'évolution de ses conceptions depuis *Philosophy and the Mirror of Nature* [1], Richard Rorty a répondu qu'il a acquis beaucoup plus de respect pour le Heidegger d'après la *Kehre*. Il dit avoir toujours considéré la philosophie de Heidegger comme une brillante vision du développement historique qui a conduit à ce qu'il considère comme la quintessence de la dernière pensée de Nietzsche, que Rorty appelle un pragmatisme [2]. Rorty n'est pas le seul à donner une interprétation pragmatiste de Heidegger. Dans les réflexions qui suivent, je me propose d'examiner ce que Rorty a repris de la pensée heideggerienne, qu'il qualifie de *Werkzeugkasten* [3] (une caisse d'outils). J'envisage ensuite la possibilité d'une lecture pragmatiste de *Sein und Zeit* [4] et me demande dans quelle mesure une telle lecture peut être réconciliée avec l'œuvre ultérieure de Heidegger, particulièrement avec sa pensée de la technique. J'entends montrer que le pragmatisme a besoin de la conception heideggerienne de l'être s'il ne veut sombrer dans une rationalité purement technologique.

Rorty rejette la pensée de l'être dans le sens heideggerien, mais aussi l'ontologie dans le sens traditionnel, ce que Roy Bhaskar a appelé

1. R. RORTY, *Philosophy and the Mirror of Nature*, Oxford, Basil Blackwell, 1980, désormais *PMN*.

2. « Het pragmatisme in topvorm. Een interview met Richard Rorty », in W. VAN REYEN, *De onvoltooide rede. Modern en postmodern*, Kampen, Kok Agora, 1987, p. 48.

3. R. RORTY, « Eine andere mögliche Welt », in C. JAMME, K. HARRIES (Hrsg.), *Martin Heidegger. Kunst-Politik-Technik*, München, Wilhelm Fink Verlag, 1992, p. 136.

4. M. HEIDEGGER, *Sein und Zeit*, Tübingen, Max Niemeyer Verlag, 1986 ; désormais *SZ*.

une *epistemic fallacy* [1]. Je montrerai que ce rejet conduit à une contradiction interne. Nancy Fraser a qualifié les deux faces de cette opposition de romantisme et de technocratie [2]. Cette contradiction renvoie à la séparation du privé et du public chez Rorty. La conception technocratique du domaine public a selon moi des conséquences problématiques pour la pensée qui se réclame de l'ironie libérale.

Dans *Philosophy and the Mirror of Nature*, Rorty affirme que si nous partons de la conception heideggerienne de la philosophie, nous verrons dans la tentative de faire du sujet connaissant une source de vérités nécessaires une aspiration qui nous décevra : elle remplace par une interrogation technique l'ouverture à l'inconnu, qui nous incitait, à l'origine, à penser. Ce qui veut dire que la rationalité technique refoule l'ouverture et mène la pensée à ce que Heidegger appellerait l'*Eingleisigkeit* (la voie unique, l'unidimensionalité). La discussion avec le cartésianisme que Rorty engage ne semble pas très éloignée de la critique heideggerienne de Descartes, ce qui paraît par exemple dans la citation suivante de *Philosophy and the Mirror of Nature* :

> « Le déplacement cartésien de l'esprit-raison à l'esprit-arène-intérieure marque moins la consécration du sujet ou de l'individu, fier d'avoir brisé les fers de la scolastique, que la consécration d'un choix : la quête de la certitude supplantant définitivement la quête de la sagesse. Désormais, la voie des philosophes était toute tracée, il leur fallait soit atteindre la rigueur dont les mathématiciens ou les physiciens faisaient preuve dans leur domaine, soit expliquer l'apparente rigueur déployée dans ces champs théoriques. Ils n'avaient plus à se soucier d'aider les autres à atteindre la paix de l'esprit. La science, et non plus la vie, devenait l'objet de la philosophie, avec, comme enjeu majeur, l'élaboration de la théorie de la connaissance » (*PMN*, p. 61).

De ce fragment nous retenons que Rorty ne veut plus accorder à la pensée la rigueur de la physique mathématique et qu'il souhaite abandonner la recherche de la certitude. Dans le *Mirror*, Rorty voit fort bien l'importance de Heidegger quant à l'abandon de la notion épistémologique de l'objectivité. Le philosophe allemand retrouvait

1. R. BHASKAR, *Philosophy and the Idea of Freedom*, Oxford-Cambridge, Basil Blackwell, 1991, p. 13.

2. N. FRASER, « Solidarity or Singularity ? Richard Rorty between Romanticism and Technocracy », in N. FRASER, *Unruly Practices. Power, Discourse and Gender in Contemporary Social Theory*, Minneapolis, University of Minnesota, 1989, p. 93-110.

déjà les racines de cette pensée de l'objectivité dans l'identification platonicienne de la *phusis* avec l'idée ou dans l'identification de la réalité d'une chose avec sa présence pour nous.

> « Heidegger s'est attaché à explorer la façon dont l'Occident est devenu obsédé par l'idée que notre relation originelle aux objets est analogue à une perception visuelle et, à partir de là, il a voulu montrer qu'il pourrait bien y avoir d'autres conceptions de nos relations aux choses » (*PMN*, p. 162-163).

La philosophie comme épistémologie était dans ce sens une pensée de la maîtrise, laquelle aurait permis de saisir les structures de base de la connaissance, de la vie et de la culture. Dans ce contexte, Heidegger pose dans l'*Einführung in die Metaphysik* [1] que la philosophie a toujours visé les fondements premiers et derniers des étants. L'homme lui-même, dans son être-homme, s'y voyait conférer une interprétation et un but (*EM*, p. 8). Vue sous cet angle, la philosophie devait veiller aux fondements sur lesquels la culture pouvait être édifiée. Cette prétention est abandonnée aussi bien par Rorty que par Heidegger. Dans le cas de Rorty, l'abandon est évident, puisque cette conception de la philosophie part de la métaphore de l'homme spéculaire.

Rorty souhaite abandonner la poursuite de l'épistémologie comme question menant à la maîtrise et comme recherche des fondements, et remplir la lacune qui en résulte par une conception herméneutique de la philosophie. Dans l'herméneutique, le rôle du philosophe devient celui du dilettante informé, du médiateur socratique et polypragmatique entre les différents discours. Les relations entre les discours sont vues par l'herméneutique comme des moments d'une conversation possible, dans laquelle il n'existe pas de point de vue qui puisse réunir tous les interlocuteurs, mais où l'on n'abandonne jamais l'espoir d'arriver à un consensus. Rorty prolonge la différence entre l'épistémologie et l'herméneutique par sa distinction entre *systematic* et *edifying philosophers*. Ceux-là veulent développer leur recherche selon la méthode sûre de la science, ceux-ci préfèrent laisser libre cours à l'étonnement du poète, étonnement portant sur le fait qu'il y a du nouveau sous le soleil, nouveauté qui ne peut être réduite à la représentation précise de ce qu'il y avait déjà (*PMN*, p. 369-370).

Aussi, dans un essai sur Heidegger et Dewey [2], Rorty insiste-t-il sur

1. M. HEIDEGGER, *Einführung in die Metaphysik*, Tübingen, Max Niemeyer Verlag, 1987, désormais *EM*.

2. R. RORTY, « Overcoming the tradition : Heidegger and Dewey », in R. RORTY, *Consequences of Pragmatism*, New York-London, Harvester Wheatsheaf, 1991 ; désormais *CP*.

le fait que Heidegger a voulu nous libérer de l'interprétation technique de la pensée. Il renvoie ici à un fragment du *Brief über den «Humanismus»* [1] qui n'est pas sans importance pour notre problématique. C'est que Heidegger y considère que, depuis Platon et Aristote, la pensée a été interprétée comme théorie et qu'elle a reçu par là une explication technique. Heidegger y voit une réaction qui tend à accorder l'autonomie à la pensée et à la distinguer de l'action. En d'autres mots : parler d'un abîme entre la pensée et l'action consiste à réduire la pensée à la technique. Il importe de faire observer ici que Heidegger a remarqué que, dans cette interprétation technique de la pensée, l'être est abandonné comme élément de la pensée (*WM*, p. 312). Si l'on veut ne plus partir d'une pensée essentiellement technique, il faut alors l'accorder à l'action : les deux doivent être pensées ensemble et, plus précisément, la pensée doit partir de l'être. Ici, déjà, je veux attirer l'attention sur un problème de la réception de Heidegger par Rorty : tous deux considèrent que la pensée et l'action ne peuvent être séparées, mais Rorty regrette que Heidegger mette l'accent sur l'être. On peut le regretter, en effet, mais je crois qu'on ne peut dire que, pour Heidegger, l'être n'est pas essentiel, comme le fait Rorty. « Je suis d'accord avec Hook et Carnap, contre Heidegger et Tillich : le mot "être" cause plus de trouble qu'il n'en vaut la peine. J'aurais été comblé si Heidegger ne l'avait jamais utilisé et si Tillich ne le lui avait pas repris. *Mais je ne pense pas que le mot "être" soit essentiel à leur pensée respective* » [2]. Rorty veut montrer que si Hook a déconstruit l'être au nom de la méthode, Heidegger a fait l'inverse. De cette manière, ils auraient fait appel à des éléments de la tradition de la métaphysique. Ils utilisent, selon Rorty, des armes qu'on doit mettre au rebut. Je veux cependant mettre l'accent sur le fait que Heidegger conçoit l'oubli de l'être comme caractéristique de la tradition de la métaphysique. Rorty toutefois entend bannir l'ontologie de la philosophie, et donc la pensée heideggerienne de l'être. Il plaide en faveur d'un pragmatisme sans méthode et pour une philosophie heideggerienne sans ontologie. Ce dernier plaidoyer est bien remarquable, parce que Heidegger lui-même avait en vue la destruction de l'ontologie : dans *Sein und Zeit*, il veut élaborer une ontologie fondamentale (*Fundamentalontologie*), qui est à la source de toutes les autres onto-

1. M. HEIDEGGER, *Brief über den "Humanismus"*, in M. HEIDEGGER, *Wegmarken*, Frankfurt, Vittorio Klostermann, 1978 ; désormais *WM*.

2. R. RORTY, *Objectivity, Relativism and Truth*, Cambridge, Cambridge University Press, 1991, p. 71, désormais *ORT*, mes italiques.

logies (*SZ*, p. 13). Dans ses œuvres postérieures [1], il n'utilise même plus cette terminologie. Puisque le fondement de l'ontologie fondamentale n'est pas un fondement qui nous permet de construire quelque chose et puisque le mot fondement est en désaccord avec le caractère provisoire de la *Daseinsanalytik*, il laisse tomber le terme *Fundamentalontologie*. Il n'entend partir que de l'être même. Rorty néanmoins croit que si nous laissons tomber la pensée de l'être, la philosophie n'aurait plus de place particulière vis-à-vis de la religion, de la science ou de l'art. Le philosophe ne serait plus l'expert de l'être, du langage, de la connaissance ou de l'esprit. Notre culture deviendrait alors sans « couture » et révélerait sa continuité de la poésie jusqu'à la science.

Rorty entend dès lors traiter la poésie et la science de la même manière. Il pense faire disparaître ainsi le dernier vestige de réalisme encore inhérent à notre pensée. Nous nous sommes déjà libérés de l'idée qu'il existe une concordance de la science et de la rationalité et que la science est en contact avec un contexte privilégié ; mais, pour autant, et bien que post-Kuhniens, nous ne nous sommes pas encore dégagés d'un réalisme qui dit que la recherche consiste à trouver l'essentiel, lequel se trouve hors du réseau de nos croyances et de nos désirs. « Il y a du sens à dire, selon les réalistes, que l'objet de l'enquête – ce qui se trouve à l'extérieur de l'organisme – a un contexte propre, un contexte qui est privilégié du fait qu'il est celui de l'objet plutôt que celui de l'investigateur » (*ORT*, p. 96). Rorty veut développer, par contre, une conception pragmatiste de la recherche qui consiste en une redescription de nos croyances. La croyance se réfère ici à la faculté de répondre différemment à des stimuli différents. Considérer la recherche comme la transformation du réseau de nos croyances résulte pour lui d'un anti-essentialisme généralisé. Cet anti-essentialisme réunit, selon lui, les soucis de la philosophie analytique et ceux de la philosophie continentale : d'une part, il a poussé Whitehead et Quine à critiquer la distinction d'Aristote entre substance et propriété, de l'autre, Heidegger à poser que l'Occident se met à oublier l'être au moment même où les Grecs ont commencé à faire la distinction entre l'apparence et la réalité.

Ce dernier point n'est qu'une des analogies entre le pragmatisme et la pensée heideggerienne vus par Rorty. Celui-ci remarque encore qu'ils regardent tous deux la recherche du fondement comme symptomatique d'un rationalisme qui a déraillé. Dans ce contexte, le pragmatisme et Heidegger partent de l'idée que la connaissance

1. M. HEIDEGGER, *Zur Sache des Denkens*, Tübingen, Max Niemeyer Verlag, 1988, p. 34 ; désormais *ZSD*.

scientifique et objective n'est qu'une façon d'être-dans-le-monde qui est seconde et doit être déduite de l'utilisation d'instruments. En d'autres mots : la pratique précède la théorie. Ce point revient dans une troisième analogie, notée par Rorty : la méfiance à l'égard de la métaphore visuelle de l'œil divin qui peut considérer le tout d'un point de vue immuable ; pour Heidegger, elle correspond à la recherche mathématique ou à la recherche d'un schéma formel et anhistorique, qui caractérisent la tradition objectiviste et que rejette tout aussi bien John Dewey. Heidegger et les pragmatistes n'acceptent en aucun cas ce schéma anhistorique, parce qu'il nous prive de notre faculté de découvrir des possibilités, ou, en termes heideggeriens, de l'ouverture de l'être. Découvrir ces possibilités signifie que nous pouvons transformer le réseau de nos croyances. Pour Rorty cela se produit de trois manières : par la perception, par l'inférence et par la métaphore. La perception change nos convictions en en introduisant des nouvelles. Par exemple, je vois quelqu'un agir d'une manière que je ne lui connaissais pas. L'inférence change nos convictions en nous faisant comprendre que nos conceptions antérieures induisent une opinion nouvelle. Aussi bien, la perception et l'inférence ne vont pas assez loin. Il est vrai qu'elles changent la valeur de vérité de nos propositions, mais non pas leur répertoire [1]. Penser que la perception et l'inférence sont les seuls moyens de changer nos convictions, correspond à ce que Heidegger appellerait l'attitude scientifique. Dans ce cas, la philosophie ne ferait que rendre explicite ce qui était déjà implicite. Mais avec Heidegger et des pragmatistes comme Donald Davidson, nous pouvons aussi recourir à la métaphore. La réflexion sur le langage – l'espace logique ou le règne des possibilités – est alors considérée comme *open-ended*. Nous y abandonnons l'idée que le but de notre pensée consisterait à découvrir le point de vue divin. La pensée métaphorique ne croit pas atteindre la vérité en surplombant la réalité. La vérité n'y est plus considérée comme un élément qui est déjà en nous et qui doit encore être découvert. C'est plutôt quelque chose qu'un génie idiosyncratique nous rend disponible. Heidegger et les pragmatistes ont néanmoins des convictions toutes différentes sur l'importance de la redescription de métaphores, pour autant que cette terminologie puisse être utilisée dans le cas de Heidegger. Dans *Der Satz vom Grund* [2], en effet, il pose que la métaphore relève de la métaphysique, parce qu'on y part de la

1. R. RORTY, *Essays on Heidegger and Others*, Cambridge, Cambridge University Press, 1991, p. 12 ; désormais *EHO*.

2. M. HEIDEGGER, *Der Satz vom Grund*, Pfullingen, Neske, 1957 ; désormais *SvG*.

distinction du sensible et du non-sensible. Le fait de laisser tomber cette distinction signifierait, selon Heidegger, que la métaphysique perdrait son rôle primordial. Il faut dire que Heidegger vise ici le sens étymologique de la métaphore et qu'il n'utilise jamais cette terminologie dans le sens de Rorty. Je crois cependant qu'on peut parler de telles redescriptions chez lui, mais, dans ce cas, on ne retrouve jamais l'idée que ces transformations auront des conséquences pour la société ou qu'elles serviraient au progrès social. Peut-être Heidegger et Rorty peuvent-ils s'accorder sur le fait que le poète et le penseur sont les législateurs non-reconnus du monde social. Mais là où Heidegger pense que le monde social existe en faveur du poète et du penseur, les pragmatistes partiront de l'idée inverse. Il est donc évident que les implications politiques de cette pensée transformante et métaphorique sont d'un tout autre ordre. Pour Rorty et le pragmatisme, l'abandon du fondement philosophique adéquat est caractéristique de la société démocratique. Le fondement unique de la démocratie libérale est la conviction que chaque nouvelle métaphore a le droit de se faire entendre. Les démocrates ne prétendent pas savoir à l'avance ce qu'ils veulent et ils abandonnent l'idée que l'on puisse saisir avec certitude la nature de la société ou du bien. Rorty avoue utiliser, en décrivant ainsi le pragmatisme, des concepts heideggeriens pour des buts non-heideggeriens.

Cela ne me pose pas de problèmes. Il en va cependant tout autrement de son rejet de la critique heideggerienne de la technique : il va fort en disant que la pensée de Heidegger sur la technique est rancunière, vide de sens et insignifiante [1]. Du pragmatiste, Rorty dit : « Il s'accorde avec Husserl et Heidegger (et avec Hook et Adorno) pour dire que l'âge de la technologie scientifique peut s'avérer être un âge au cours duquel l'ouverture et la liberté seraient exclues de l'existence par la rationalité. Mais sa réponse est qu'il *pourrait* se faire que ce soit l'âge au cours duquel la communauté démocratique deviendrait la maîtresse plutôt que la servante de la rationalité technique » (*EHO*, p. 20). J'espère que Rorty n'utilise pas ici le mot *mistress*, maîtresse, dans un autre sens. En tout cas, on y note un fossé béant avec les conclusions de Heidegger sur la tradition de la métaphysique occidentale. Alors que Heidegger pourrait être d'accord avec l'abandon pragmatiste de la recherche de la certitude et de la vérité, il dédaignerait sans doute l'idée que le pragmatisme revient à affirmer que la fonction de la recherche consiste, dans un sens baconien, en l'amélio-

1. R. RORTY, *Contingency, Irony, and Solidarity*, Cambridge, Cambridge University Press, 1989, p. 120.

ration de la condition humaine, ce qui implique une utilisation plus performante du milieu physique. Rorty présuppose ainsi la possibilité d'une domination et d'un contrôle techniques des choses. C'est à cette forme de pragmatisme que Heidegger s'oppose. Pour lui on peut reconstituer la ligne qui va de Platon à ce type de pensée qu'il caractérise ainsi : « L'action et l'organisation – le pragmatisme. La volonté de volonté. L'artefact (le dispositif, *Gestell*) » [1]. Par conséquent, selon Heidegger, la pensée de Rorty pourrait être située dans l'achèvement, mais non pas dans l'au-delà de la métaphysique. En d'autres mots, il s'agit d'une pensée de l'oubli de l'être. « L'achèvement de la métaphysique organise l'étant au sein du délaissement de l'être. Le délaissement de l'être est le dernier reflet de l'être comme cèlement du décèlement, dans lequel l'étant de toute espèce peut apparaître en tant que tel » (*N II*, p. 471). La possibilité de commencer dans l'être y est refusée à l'étant. L'initial (*das Anfängliche*) y est étouffé dans l'organisation et l'ordonnancement.

J'ai montré plus haut à plusieurs reprises que Rorty approuve l'abandon par Heidegger de l'interprétation technique de la pensée. Il semble être d'accord avec ce dernier sur le fait qu'il nous faut prendre congé de la pensée objectiviste de la domination et du fondement. En critiquant la conception heideggerienne de la technique et en présupposant la domination et le contrôle baconiens de la nature, Rorty, selon moi, se contredit. Sa conception technocratique de la démocratie reste complètement à l'intérieur de la métaphysique et repose sur une interprétation instrumentale de la technique, qui est inadéquate. La raison de cette contradiction interne doit être cherchée dans son refus de partir d'une pensée de l'être. Car, chez Heidegger, c'est précisément la pensée de l'être qui permet de découvrir l'ouverture, de voir qu'il y a, au-dessus de la réalité, la possibilité. Rorty n'accomplit pas cette démarche, il demeure uniquement auprès des étants. Je crois que la conception pragmatiste qu'il veut imputer à Heidegger n'est plausible que si elle va de pair avec une pensée de l'être. Et l'utilisation du concept d'être ne doit pas être en contradiction avec le pragmatisme, comme Rorty semble le supposer. Mark Okrent montre d'une manière convaincante dans son livre sur le pragmatisme de Heidegger [2] que l'être même peut être considéré pragmatiquement. Il pose que le point de vue heideggerien « ... implique que les types ontologiques varient en

1. M. HEIDEGGER, *Nietzsche II*, Pfullingen, Neske, 1961, p. 471 ; désormais *N II*.

2. M. OKRENT, *Heidegger's Pragmatism. Understanding, Being, and the Critique of Metaphysics*, Ithaca-London, Cornell University Press, 1988.

fonction de la manière dont l'être est révélé. La position est pragmatique en ce que l'être des étants est conçu comme variant avec les manières dont le monde peut être traité et affronté » (M. Okrent, 1988, p. 261). Je pense donc qu'une réconciliation de Heidegger avec le pragmatisme est possible. Carl Friedrich Gethmann montre par exemple, à l'aide du concept de l'action chez Heidegger, que « la philosophie de *Sein und Zeit* est dans le domaine de langue allemande la première conception d'un *pragmatisme* conséquent » [1]. La définition du pragmatisme que Gethmann propose rend la lecture pragmatiste de Heidegger très plausible : sa définition est vaste et il ne se limite pas à quelques analogies, comme Rorty le fait. Gethmann décrit le pragmatisme comme une conception philosophique pour laquelle le domaine de l'action n'est pas un phénomène second. Il ne s'agit pas de réduire l'action à l'exécution d'un scénario qui a été écrit auparavant, mais, au contraire, son domaine est le fondement méthodique pour la fondation d'autres domaines. L'idée de Gethmann selon laquelle Heidegger développerait le problème ontologique sur base pragmatique, ne me semble pas formulée de manière correcte. On a l'impression que le pragmatisme précède la pensée de l'être, alors que l'on peut constater chez Heidegger une interaction constante entre l'être et le *Dasein* agissant. Dans la description que Heidegger nous donne de l'*Umgang* (l'occupation circonvoisine) et de l'*Umsicht* (la vue circonvoisine) dans *Sein und Zeit*, les choses s'éclairent. Gethmann a tout à fait raison, là où il montre que l'*Umgang* est la notion centrale du pragmatisme de Heidegger. Et il a encore raison là où il dit que l'*Umsicht* précède l'*Umgang* et que cette notion n'est pas orientée à partir de la vérité mais à partir de la finalité. Il est clair que chez Heidegger il ne s'agit pas plus d'une pratique qui suit la théorie que d'une action aveugle. « Le comportement "pratique" n'est pas athéorique dans le sens d'une absence de vision, et sa différence avec le comportement théorique ne consiste pas dans le fait qu'ici l'on contemple et que là on *agit* ou que l'action, pour ne pas demeurer aveugle, utilise la connaissance théorique ; la contemplation est tout aussi originellement une préoccupation (*Besorgen*) que l'action a sa propre vue » (*SZ*, p. 69).

Dans cette perspective, on peut plaider en faveur d'une interprétation pragmatiste de Heidegger qui ne déforme pas sa pensée de l'être. Il faut bien ajouter ici que Heidegger s'est parfois prononcé très négativement sur le pragmatisme. Il le situe à l'intérieur du

1. Cf. GETHMANN, « Heideggers Konzeption des Handelns in *Sein und Zeit* », in A. GETHMANN-SIEFERT, O. PÖGGELER, *Heidegger und die praktische Philosophie*, Frankfurt, Suhrkamp, 1988, p. 140-176.

processus de l'achèvement de la philosophie, c'est-à-dire de la métaphysique. « La fin est comme achèvement le rassemblement des possibilités extrêmes », laisse-t-il entendre dans *Das Ende der Philosophie und die Aufgabe des Denkens* (*ZSD*, p. 63). Déjà dans la philosophie grecque il découvre une de ses caractéristiques décisives : l'élaboration des sciences dans le champ ouvert par la philosophie. La naissance des sciences est à la fois une séparation de la philosophie et leur organisation autonome. Le déploiement des sciences est, selon lui, en cours dans tous les domaines de l'étant ; il se présente comme la dissolution (*Auflösung*) de ce dont il est en même temps l'achèvement. « La philosophie devient la science empirique de l'homme, surtout de ce qui peut devenir pour l'homme l'objet d'expérience de sa technique, avec laquelle il s'installe dans le monde en le transformant suivant les diverses voies du faire et du donner forme. Ceci se produit partout sur la base et d'après les critères de l'ouverture scientifique des différents domaines de l'étant » (*ZSD*, p. 63-64). Heidegger nous dit ensuite que cet achèvement est légitime, ce qui ne veut pas dire que la philosophie, en passant par les possibilités ultimes de la science, aurait épuisé toutes ses possibilités. Plus précisement, la *première* possibilité, dont la philosophie est partie, n'a jamais été développée ou assumée par elle. Du début de la philosophie à son achèvement, une tâche de la pensée est demeurée cachée. Ni la philosophie comme métaphysique, ni les sciences n'ont considéré cette tâche comme la leur. Pour Heidegger donc il reste encore une tâche à la pensée qui ne participe pas de la techno-science. Cette tâche consiste à se tenir prêt pour une possibilité dont la réalisation reste douteuse. Il pense à une possibilité où la civilisation mondiale ne considérerait plus le techno-scientifique industriel comme la seule mesure de l'être-dans-le-monde. La pensée témoignerait alors de l'ouverture, ouverture que Heidegger nomme aussi *Lichtung*. La *Lichtung* se réfère à un endroit ouvert dans la forêt, une clairière. Le verbe *lichten* signifie encore rendre libre et ouvert. « La *Lichtung* est l'ouvert pour tout ce qui est présent et absent » (*ZSD*, p. 72). La pensée se doit de veiller à cette *Lichtung*, il nous faut la laisser s'adresser à nous. Heidegger rattache cette notion à l'*alétheia*.

> « Nous devons penser l'alétheia, le décèlement, comme la *Lichtung* qui nous accorde l'être et le penser et leur présence qui les accorde l'un à l'autre. Le cœur tranquille de la *Lichtung* est le lieu du calme, à partir duquel la possibilité de l'appartenance de l'être et de la pensée, c'est-à-dire la présence et son appréhension (*Vernehmen*) sont données » (*ZSD*, p. 75).

Il est frappant que Heidegger ne considère plus ici l'*alétheia* comme vérité. La vérité, selon lui, a toujours été considérée comme l'adéquation de la connaissance et de l'étant ou comme la certitude. Autrement donc que dans son œuvre antérieure, la vérité n'est plus désormais que seconde : l'*alétheia*, comme *Lichtung*, rend la vérité possible. Ce n'est que si nous pensons l'*Unverborgenheit* que nous pouvons dire quelque chose de sensé sur la rationalité et l'irrationalité. Il en va de même de la rationalisation techno-scientifique : elle n'est pas primaire. La justifier par ses effets ne prouve que la justesse de la rationalisation techno-scientifique. L'accent mis sur cette justification empêche, d'après Heidegger, de trouver le chemin qui mène à *ce qui est*.

Ce n'est pas par hasard que j'insiste ainsi sur le fait que Heidegger met l'accent sur la tâche de la pensée à la fin de la philosophie. Ma critique de Rorty, à partir du point de vue heideggerien, repose précisément sur la priorité qu'il confère à son pragmatisme. Or, à mes yeux, il faut en tout cas partir d'une conception de l'être : celle-ci peut précéder l'ouverture pragmatiste de possibilités ou être en interaction avec elle. Pour soutenir ma critique, je m'appuye – de manière inattendue – sur l'épistémologie. Je suis en effet d'accord avec Roy Bhaskar pour dire que la critique de Rorty de l'*ontic fallacy* dans *Philosophy and the Mirror of Nature* ne va pas assez loin et qu'il reste prisonnier d'une *epistemic fallacy*. Je reprends le raisonnement de Bhaskar dans *Philosophy and the Idea of Freedom.* Il considère que Rorty sous-estime la science car il ne nous dit pas en quoi elle a été couronnée de succès, sinon en ce qui concerne la prédiction et le contrôle de la nature. J'y ai déjà fait allusion à propos de l'inspiration baconienne du pragmatisme de Rorty. Bhaskar nous fait observer que Rorty et Sellars sont d'accord pour déclarer que la science est la mesure de toute chose, de ce qui est et de ce qui n'est pas. Cette idée peut sans doute être considérée comme la différence la plus fondamentale entre Rorty et Heidegger : elle implique, chez Rorty, une totale négligence de la pensée de l'être. Ma critique diffère quelque peu de celle de Bhaskar : il parle en effet de l'absence d'une ontologie chez Rorty, ce qui ne peut être le cas, comme nous l'avons vu, chez Heidegger. Ce que j'entends souligner ici, c'est que l'on peut critiquer le caractère premier du pragmatisme de Rorty en partant de deux points de vue différents, celui de Bhaskar et le mien. Bhaskar déclare que la science ne peut être la mesure de toute chose, puisqu'il est impossible d'éviter une ontologie philosophique. Parler des sciences ne va pas sans présupposer, explicitement ou implicitement, une vision de ce monde connu.

Bhaskar cite Rorty dans *Philosophy and the Mirror of Nature*, là où celui-ci affirme que la physique constitue un bon décor pour nous décrire les changements historiques (*PMN*, p. 345). Cette affirmation est correcte, selon Bhaskar, si l'on ne considère la physique que dans son rapport au monde physique, mais non si on la considère comme un ensemble de descriptions au sein de la science de la physique. Dans ce cas, en effet, nous parlons d'un produit social. Bhaskar note que l'abandon de l'ontologie a empêché Rorty de voir que la vie sociale est interprétée et conceptualisée antérieurement à toute recherche. D'après lui, Rorty est un réaliste empirique qui décrit la science de manière erronée en commettant une *epistemic fallacy*, c'est-à-dire en définissant l'être en termes de connaissance. Il est surprenant de constater combien la critique de Bhaskar ressemble à une possible critique heideggerienne de Rorty. Bhaskar dit ainsi que l'abandon de l'ontologie par le philosophe américain correspond à ce qui s'est passé dans la tradition philosophique. Il oppose cet abandon à un réalisme transcendantal ou critique, qui commence son analyse avec l'être humain et montre que celui-ci a comme condition de possibilité un être de nature non-humaine. Ce réalisme critique s'oppose à l'anthropomorphisme ou à l'anthropocentrisme, ou à ce que Bhaskar qualifie de *anthropomorphic fallacy* – la définition ou l'analyse de l'être en termes propres à l'homme. Cet anthropomorphisme de Rorty a déjà fait l'objet de discussions à propos de son interprétation de Heidegger. John D. Caputo [1] a montré qu'on peut constater ici un point de litige capital entre Heidegger et Rorty. Alors que ce dernier nous parle d'un langage sans surface d'appui ontologique, Heidegger considère que nous sommes toujours portés par l'être. Pour le philosophe allemand, l'être est *die Sache*, l'affaire de la pensée. C'est sur ce point que Rorty ne le suit plus. Caputo remarque que *die Sache* peut renvoyer à l'être mais aussi au langage.

> « Le langage (*Sprache*) et l'*Ereignis* (l'événement qui donne l'ouverture où les étants accèdent à ce qui leur est propre) nomment une seule et même chose (*Sache*). On peut même aller jusqu'à dire que pour Heidegger l'être est le langage. Mais cela ne veut pas dire que Heidegger transforme tout en mots ou en langage, langage dans lequel les mots et les propositions n'ont que des relations internes avec d'autres mots, ce qui est la vision de Rorty » (J.D. Caputo, 1982/83, p. 672).

1. John D. CAPUTO, « The Thought of Being and the Conversation of Mankind : The Case of Heidegger and Rorty », *The Review of Metaphysics*, vol. 36, 1982/83.

Aussi bien Heidegger que Rorty abandonnent la dichotomie entre le sujet et l'objet, entre le langage et le monde. Mais le philosophe américain veut rompre radicalement le lien entre le langage et l'être, alors que Heidegger nous parle de l'être qui vient à la parole par l'homme : l'être et le *Dasein* ont besoin l'un de l'autre.

Cet anthropocentrisme de Rorty n'est pas sans importance à mes yeux, parce qu'on y trouve des implications pour toute sa pensée. Ainsi, d'après Bhaskar, Rorty aurait mieux fait de prolonger l'abandon divin par la désanthropomorphisation de la nature (et de l'être). Ce qui n'est pas sans conséquences sociales.

> « La précondition sociologique de l'ontologie atomistique et uniforme du réalisme empirique est l'individualisme composé d'unités autonomisées, conjointes (si c'est le cas) par contrat, récepteurs passifs d'un monde donné et évident, plutôt que d'agents actifs dans un monde structuré et en développement » (R. Bhaskar, 1991, p. 33).

Cette critique me semble justifiée et elle va de pair avec celle de la conception technocratique de la société de Rorty. C'est précisément cette conception technique qui mène à des tendances uniformisantes. Ce n'est pas le démocrate qui dominera la technique, comme Rorty l'espère, mais la technique qui imposera ses propres lois. Ce problème révèle une tension qui parcourt toute l'œuvre de Rorty. On la remarque déjà dans *Philosophy and the Mirror of Nature*, sous la forme décrite par Bhaskar :

> « Une tension traverse de part en part *PMN* entre a) un naturalisme scientiste dur d'un type physicaliste et déterministe qui est dominant au départ du livre, et b) l'acceptation de l'autonomie des *Geisteswissenschaften* et l'adhésion à l'herméneutique accentuées vers la fin de l'ouvrage » (R. Bhaskar, 1991, p. 47).

Nous retrouvons cette tension dans la distinction du public et du privé. Dans le domaine public, Rorty est un technocrate, dans le domaine privé, un romantique ironique. Le problème ne réside pas, selon moi, dans cette séparation elle-même, mais dans la manière dont Rorty les décrit. Parce qu'une conception technocratique de la société mène à l'uniformisation, la pensée du *liberal ironist* et de la contingence me semble très problématique. Je pense que Nancy Fraser a raison, là où elle considère que, chez Rorty, l'intellectuel ironiste devient un esthète, qui ne peut plus remplir de rôle social ou politique. Et j'ajoute d'ailleurs qu'il ne me semble pas devoir jouer ce rôle. Cette distinction entre le public et le privé est intenable aux yeux de Fraser. « Est-ce vraiment possible ? », se demande-t-elle. « Est-il vraiment possible de distinguer des redescriptions qui affectent des actions sans conséquences pour les autres de celles qui n'affectent pas du tout les actions ou n'affectent que les actions sans conséquences pour les autres ? » (N. Fraser, 1989, p. 101). La séparation des deux domaines a pour résultat d'estomper les antagonismes sociaux ; la politique se réduit à trouver des solutions aux problèmes communs : le *social engineering* remplace alors la lutte politique. Fraser conclut : « Comme la théorie devient pure *poièsis*, la politique se rapproche de la pure *technè* » (N. Fraser, 1989, p. 104). Le polylogue devient un monologue, ce qui mène à ce que j'ai appelé l'uniformisation technique ; l'ironiste est désarmé à son égard puisqu'il doit se cantonner dans son propre domaine, le privé.

Dans ce qui précède, j'ai suivi la critique que Roy Bhaskar adresse à la conception de la science de Rorty et à son rejet de l'ontologie. D'après Bhaskar donc, Rorty sous-estime les sciences ; à mon avis on peut aller plus loin et dire qu'il sous-estime la technique et sa puissance. C'est l'absence d'une pensée de l'être qui conduit Rorty à ces difficultés. Sa critique de Heidegger est pour cette raison même trop rapide et sa lecture pragmatiste incomplète.

Comme je l'ai dit en commençant, Rorty considère la pensée de Heidegger comme une caisse d'outils : il en a pris ce qu'il pouvait utiliser pour ses propres buts. On peut bien évidemment mettre cette méthode en question, mais ce n'est pas le lieu pour en débattre. Toutefois, la remarque de Rorty selon laquelle la pensée de l'être n'est pas essentielle pour Heidegger met beaucoup plus en jeu qu'une méthode de lecture. En rejetant la pensée de l'être, Rorty enlève à la réflexion heideggerienne sa spécificité, ce qui le confronte aux problèmes dont j'ai parlé plus haut et provoque une tension dans sa propre pensée, tension qu'il ne peut résoudre à partir de ses prémisses. « Rorty en reste alors avec ses poètes d'un côté et ses techniciens de l'autre. Il n'y a pas de liens médiateurs entre eux, pas de philosophes à orientation sociale ou de théoriciens sociaux à orientation philosophique » [1].

Marc VAN DEN BOSSCHE *

1. TH. MCCARTHY, « Ironie privée et décence publique », in J.P. COMETTI (éd.), *Lire Rorty. Le pragmatisme et ses conséquences*, Paris, L'Eclat, 1992, p. 93.

* Vrije Universiteit Brussel.

CHAPITRE VII

JEUX DE LANGAGE ET PRATIQUES TECHNOSCIENTIFIQUES

LA SCIENCE POST-MODERNE

Voici l'énumération des principales thèses développées dans cette étude :

1. La description et la critique rortyennes de la science postulent que la *science* – ancienne, moderne et contemporaine – soit foncièrement discursive ou symbolique, *affaire de langage*.

2. Cette description est *inadéquate*, elle vaut pour le savoir *logothéorique* pré-moderne avec lequel la science moderne rompt. Cette *rupture* est profonde dans les *technosciences* contemporaines qui ne sont pas prioritairement des pratiques symboliques.

3. Le discours de R. Rorty, au sujet de la science, mais aussi en général, présuppose une certaine conception de l'être humain, très traditionnelle d'un point de vue philosophique, comme le vivant essentiellement parlant ou l'animal symbolique : *homo loquax*.

4. Ce que dit R. Rorty exprime une certaine réaction à la condition humaine dans le droit fil de la religion et de la philosophie : cette réponse est la réaction ou la réponse *symbolique*.

5. R. Rorty vise à exclure, à dissoudre ou à confiner la tendance de l'humanité à nier ou à dépasser sa condition – son essence – symbolique. Cette *pulsion transanthropologique* est critiquée par lui, de la philosophie à la science, comme *l'illusion hétérologique*, l'ambition de sortir du langage.

6. Cette tendance ou ce désir que R. Rorty ne repère que sous ses formes symboliques ou assimilées au symbolique (spécialement théologique et philosophique) est largement en voie de transfert non simplement symbolique sur les *pratiques technoscientifiques*.

7. La science contemporaine décrite comme technoscience, dans la reconnaissance de la différence du symbolique-anthropologique et du technique-physique, soulève des questions éthiques, politiques et philosophiques pour lesquelles *il n'y a guère de place* dans le discours rortyen.

8. Je pense enfin que tout ce que dit et souhaite Rorty est, en son style et sa possibilité, conditionné par cela même qu'il ne veut pas reconnaître en leur spécificité non langagière : les pratiques techno-scientifiques.

9. Il me semble que le gain apparent principal de la description de la science comme langagière est de maintenir ou de ramener le *pouvoir* dans le camp des *intellectuels* (en particulier des philosophes) grâce à l'entretien de l'illusion que tout (tout ce qui est important et par rapport à quoi l'humanité *peut* quelque chose) est symbolique. D'une certaine manière, la description rortyenne de la science est donc intégralement *politique*, en un sens trivial.

1. Le postulat de la nature langagière de la science

1.1. *L'absence de la technique*

Ce qui me frappe le plus dans les évocations et les descriptions rortyennes de la science moderne et surtout contemporaine, c'est l'absence quasi totale de référence à la technique (« technology »). Seuls les écrits les plus récents (spécialement dans *Essays on Heidegger and others*) mentionnent, sporadiquement, et d'une façon positive (notamment contre Heidegger), la technique. Peut-être y a-t-il là le signe d'une évolution qu'il est évidemment impossible d'anticiper. Mais rien n'est moins sûr, car la reconnaissance de la place occupée par la technique dans la recherche et le développement scientifiques contemporains et dans les démocraties occidentales, à condition de ne pas réduire la technique à de la « science appliquée » ou à une « pratique sociale » quelconque, entraînerait une remise en question radicale de la description rortyenne, non seulement de la science mais aussi de la civilisation contemporaines.

1.2. *La description critique de la science comme théorétique*

La représentation de la science que R. Rorty critique est la science comme représentation, la conception théorétique ou spéculaire de la connaissance, comme image vraie (adéquate) du réel. Cette image correspond parfaitement à la nature de la science ancienne, pré-moderne, au savoir philosophique et à tous les rêves philosophiques d'une super-science philosophique. Elle correspond à la conception de la science que l'on rencontre dans les théories de la connaissance et les épistémologies modernes, donc à la façon dont la plupart des philosophes et beaucoup de savants ont continué de phantasmer jusqu'au XXe siècle le projet occidental de science.

Comme, pour moi, ce projet n'est pas – ou plus – un projet théorétique ou spéculaire et que les privilèges dont il s'entourait sont illusoires, je suis pour l'essentiel d'accord avec les critiques dirigées contre la représentation spéculaire de la connaissance développées dans *Philosophy and the Mirror of Nature*. Autrement dit, je ne prêche d'aucune manière pour le retour au « réalisme » (au sens de l'épistémologie philosophique).

Je compléterais cependant l'image de la science que R. Rorty critique de la manière suivante : traditionnellement, le projet occidental de savoir a été un projet *logothéorique*.

1.3. *La science traditionnelle comme logothéorie*

L'idéal de la logothéorie, c'est de produire un tableau discursif ou langagier, une représentation symbolique vraie qui donne à voir la réalité vraie. Cette « qualité de vérité » rend le tableau langagier du réel comme transparent, c'est-à-dire spirituel, de telle sorte qu'en effet, la nature langagière du tableau peut ne pas paraître s'effacer derrière la pensée, l'évidence, l'intuition. Mais le *langage a bien toujours été là* : c'est dans une proposition, dans un traité, dans le livre que devait s'achever l'entreprise de savoir. Sous cette forme, l'entreprise de connaissance exprimait d'abord un certain rapport au langage, une certaine symbolisation du symbolique (permise, notamment, par des métaphores, telles que celles du « miroir de la nature »). Le grand œuvre de la philosophie est onto-logie. R. Rorty a donc parfaitement raison de critiquer le statut privilégié (d'autorité) que le fait d'être reconnus comme scientifiques, vrais, évidents, etc. accordait à un ensemble d'énoncés, au langage dits « scientifiques ». Le projet logothéorique se développe dans le cadre d'une conception générale du langage appropriée à ce projet : la fonction essentielle du langage est de représenter : les propositions décrivent des faits, les noms désignent des objets. Foncièrement, le langage est déjà conçu comme onto-logique, c'est-à-dire accordé au réel, ou en tout cas accordable, donc éventuellement gauchi, pas tout à fait en ordre, dénaturé, mal compris. Le philosophe, le savant logothéoricien a pour tâche de mettre le discours en ordre, c'est-à-dire de le rendre vrai, adéquat au réel, d'actualiser sa nature onto-logique. Pour cette tâche, il n'a qu'un seul instrument : la spéculation qui est réflexion ou auto-référence de la compétence linguistique sur elle-même.

Comme le langage est supposé ontologique, c'est-à-dire comme une connivence de fond (bien que pas toujours parfaite) entre les mots et les choses est présupposée, la spéculation active sur les mots est assimilée à la connaissance progressive des choses. Ce n'est pas à tort que la philosophie analytique a pu dénoncer la nature métalinguistique (relative aux mots) de la prétendue science métaphysique (qui se croyait et se voulait relative aux choses). Jusqu'ici, à des accents et des nuances près, je suis d'accord avec les descriptions de R. Rorty. Mais « jusqu'ici » signifie : jusqu'au seuil de la modernité. A partir de là, nous allons diverger, diverger quant à la manière de décrire la science moderne et ses prolongements technoscientifiques contemporains.

Pour R. Rorty, il n'y a pas vraiment de discontinuité de la science ancienne à la science moderne et à la science contemporaine. Seul le langage a changé. Et ce qu'il importe surtout de comprendre selon lui, c'est que les logothéories ne sont que des logométaphores, des déplacements de vocabulaires. L'idéal logothéorique lui-même – l'idéal de la science théorétique – ne serait que le produit d'une très ancienne métaphorique du miroir à laquelle Platon a identifié un certain être-au-monde : l'être-au-monde « spéculatif » ou philosophique et le rêve contemplatif discursif qui s'y associe.

La science n'aurait jamais été que le rêve du langage – une métaphore – de sortir du langage, pour donner à voir le réel même, l'éternité. Un rêve hétérologique : le rêve de s'éveiller. Ayant compris cela, et ayant compris aussi que *ce* rêve – le rêve d'une hétérologie, d'un discours sortant du discours – est un mauvais rêve, un rêve dangereux qui se mue en cauchemar, il ne nous resterait plus qu'à rêver autrement, ou plutôt peut-être : à rêvasser, à tisser des rêveries, car ayant compris tout cela, nous sommes aussi éveillés – lucides – que nous pouvons l'être. Mais j'ai été trop loin, trop vite. Revenons à la divergence.

Pour R. Rorty, le projet de savoir a été et *est* un projet symbolique, langagier, non théorétique mais métaphorique (puisque le projet théorique lui-même est le produit de la métaphore du miroir) et, en ce sens, pas distinct de la littérature et des autres aspects de la culture.

Selon moi, le projet de savoir a effectivement été, plus ou moins cela, c'est-à-dire langagier, symbolique, composé de métaphores lexicalisées en concepts, et animé d'une pulsion hétérologique s'exprimant par le phantasme théorétique (de l'intuition, de la contemplation de la réalité, de la vérité transcendante), mais cette description diminue en pertinence à partir du début de la science dite moderne. Elle ne convient plus pour les technosciences contemporaines.

1.4. *La naissance de la science moderne comme rupture de l'illusion logothéorique*

Selon moi, le développement de la science moderne est une progressive rupture de l'illusion logothéorique et de toute la constellation métaphorique et conceptuelle qu'elle a cristallisée. Rupture hésitante qui opère dans les confusions et les ambiguïtés de ce qui se cherche, d'une très lente mutation toujours en cours et dont l'enjeu est le rapport de l'humanité à sa propre condition, passant de l'assomption ou du dépassement symboliques à l'assomption et au dépassement techniques.

Mutation lente, embrouillée, souvent contradictoire, de telle sorte qu'il n'est pas difficile de l'ignorer ou de la banaliser, c'est-à-dire, notamment, de continuer à décrire l'histoire de la science comme se rêvant logothéorie en marche vers la vérité et se révélant à l'analyse succession erratique de logométaphores.

La rupture moderne concerne la totalité du projet logothéorique, c'est-à-dire à la fois la nature théorétique (contemplative, représentationnelle, passive) et discursive (langagière, symbolique, métalinguistique) de la science. Celle-ci se fait technomathématique, opératoire, expérimentale, c'est-à-dire physiquement active et interactive. Ce qui caractérise la science moderne, c'est la rupture avec le discours symbolique et le savoir spéculatif métalinguistique. Ce qui est contesté, c'est la synthèse onto-logique, l'être-au-monde-par-le-langage et la réflexion de cette relation symbolique au monde comme source fiable de connaissance. Ni la technique ni les mathématiques ne sont de l'ordre du langage, et lorsque Galilée écrit que le « Livre de la Nature » est rédigé dans la langue mathématique, il énonce une attitude nouvelle dans un vocabulaire qui est celui de la science ancienne logothéorique : si le rapport à la nature se fait mathématique, alors la nature n'est plus un livre, un ensemble de symboles, un champ herméneutique, mais un champ d'opérations dont la forme théorique est la loi causale qui permet la prédiction et dont la forme pratique effective est l'action technique qui permet la manipulation. Dire que la science se fait causale revient à dire qu'elle se fait technicienne, car la structure de la loi causale est aussi technique, opératoire : « si x se produit alors y se produira » autrement dit : « si vous faites x, vous obtiendrez y» ou «si vous ne voulez pas y, ne faites pas x ».

Avec la « science moderne», une nouvelle métaphorique apparaît qui rompt avec les images spéculaires et qui connote un désir hétérologique (de sortir du langage, de sa passivité, de l'impuissance du symbole) très différent de celui des anciennes logothéories. Les nouvelles métaphores de la recherche scientifique évoquent la violence, le viol : F. Bacon raille les philosophes aristotéliciens « demeurés impuissants devant la Nature » et ne pouvant « jamais mettre la main sur elle ni la saisir », la « laissant intouchée et inviolée ». Il leur oppose la nouvelle façon (le « Novum Organum » : le nouvel instrument) qui permet de « pénétrer la Nature plus avant », « la conquérir et la soumettre, l'ébranler jusque dans ses fondements », « la prendre d'assaut et occuper ses châteaux et ses places fortes », afin de réaliser – de faire – « tout ce qui est possible » (cf. B. Easlea, *Science et philosophie. Une révolution 1450-1750*, Paris, Ramsay, 1986). On pourrait multiplier les exemples. Il s'agit bien sûr de métaphores, mais attention : ce ne sont pas elles qui *font science* ; elles ne sont pas non plus les instruments du savoir, comme dans le cas de la science spéculaire. Ces métaphores ne prétendent désigner ni représenter des choses, elles ne reflètent pas la structure du réel : derrière elles, il y a seulement un ensemble de désirs, d'actions, d'interactions, d'instruments, de techniques... et il y en aura de plus en plus.

Pour rester encore un instant dans le jeu des métaphores, je dirais que la « science baconienne », qui célèbre « la naissance vraiment masculine du temps », se retrouve dans la description de la mutation qui conduit de la science ancienne à la science moderne en termes de simples changements de paradigmes ou de métaphores (comme s'il ne s'agissait que d'un événement symbolique ou linguistique), plus qu'édulcorée, proprement émasculée. La naissance de la science moderne et son développement ne sont pas un simple changement de paradigme ou de logothéorie. Il s'agit d'une mutation bien plus profonde et toujours en cours dans laquelle le langage lui-même n'est qu'un élément, où il est *en jeu* et cesse de mener le jeu. C'est le rôle, la fonction, le poids, l'image du langage pour l'humanité, qui change. Avec le développement de la science moderne, des jeux se mettent en place qui ne sont pas de nouveaux jeux de langage, même si le langage n'en est pas tout à fait exclu et interfère souvent. Du sein de ces nouveaux jeux, qui constituent un nouvel être-au-monde et au temps, les choses ne sont pas tranchées par la conversation, mais par le calcul (opéré de plus en plus par des machines) et par les interactions technophysiques efficaces ou non. Certes, on peut se placer en dehors de ces jeux non symboliques et s'interroger conversationnellement sur leur intérêt, leur sens. On peut se demander quels arguments, quels désirs, quelles métaphores, quels plaisirs confortent ou repoussent les jeux de l'exploitation technomathématique de ce qui est et devient, on peut la décrire comme pure volonté machiste de domination, paranoïa de contrôle, *ou* comme poïétique matérielle, accouchant l'être et le temps d'un nombre infini de possibles dont ils sont gros. Mais ces descriptions et redescriptions en tous sens ne sont pas ces pratiques technomathématiques elles-mêmes. Elles peuvent seulement orienter, encourager ou anéantir ces pratiques, en agissant sur les phantasmes et le désir des humains qui demeurent la source motrice de ces pratiques. En ce sens, il est vrai que l'avenir des technosciences est encore suspendu au jeu des métaphores, que l'avenir des pratiques technophysiques non symboliques est dépendant des pratiques symboliques.

Je suis d'accord avec R. Rorty pour dire qu'il n'y a pas de point de vue de survol, de métadiscours à partir duquel trancher en raison la controverse entre Bellarmine et Galilée, mais je ne suis pas d'accord pour dire qu'elle est de la même nature que n'importe quel autre débat symbolique (idéologique, par exemple) (cf. *PMN*, p. 366) [1], car c'est aussi la valeur, l'importance du symbolique comme tel qui y est, implicitement, en question : sa portée pour l'existence humaine, sa place par rapport à des pratiques non symboliques. En préférant le système copernicien au cosmos ptolémaïque de la scolastique thomiste, contre les témoignages de leur sens, de l'opinion (doxa) et des livres, une fraction porteuse d'avenir de l'humanité a parié en faveur de pratiques technomathématiques opératoirement plus efficaces.

De Roger Bacon au XIIIe siècle à Francis Bacon au XVIIe, en passant par les nominalistes tel G. d'Occam, toute la proto-histoire de la science moderne travaille à contester la synthèse onto-logique, la confusion des mots et des choses, le primat du Symbolique et du Livre dans l'existence et l'être-au-monde humains considérés comme devant culminer, philosophiquement, dans la logothéorie finale.

1.5. *Origine et vertu de la conception langagière de la science*

« Voici une autre façon de considérer la physique : les physiciens sont des hommes cherchant de nouvelles interprétations du Livre de la Nature (...) Ce qui les fait physiciens est que leurs écrits sont des commentaires sur les écrits contenant des interprétations antérieures de la Nature (...) » (*CP*, p. 90) [2].

1. *PMN* : *Philosophy and the Mirror of Nature*, Princeton Univ. Press, 1979. Je me réfère directement à la pagination de la traduction française : *L'Homme spéculaire*, Paris, Seuil, 1990.

2. *CP* : *Consequences of Pragmatism*, The Harvester Press, 1982.

« Je ne vois aucune différence intéressante entre ce qu'ils (Galilée ou Darwin par ex., GH) ont fait et ce que les exégètes bibliques, les critiques littéraires, ou les historiens de la culture font » (*CP*, p. 199). Voilà pour le regard herméneutique sur la science et sur le rapport de la science à ce dont elle parle et qui ne serait jamais que texte ou discours, puisque ce qui constitue le scientifique comme tel, c'est de commenter des textes dits scientifiques, antérieurs.

De l'herméneutique à la rhétorique, à la manipulation textualiste comme assimilation radicalement littéraire de la science, le pas est aujourd'hui facile à franchir : « il n'y a pas de différence intéressante entre des tables et des textes, entre des protons et des poèmes. Pour un pragmatiste, tous ne sont que des possibilités permanentes d'utilisation et donc de redescription, de réinterprétation, de manipulation » (*CP*, p. 153). Non pas que Rorty nie la réalité physique du fossile qu'il assimile rapidement à un texte, à un nœud langagier. Ses coups de chapeau à la réalité extralinguistique surviennent régulièrement, mais cette reconnaissance – sur laquelle nous reviendrons – est dite *triviale*. C'est-à-dire qu'il n'y a rien à en *dire* (ce qui est exact) et comme telle elle *n'intéresse* pas R. Rorty, car il n'a rien à en *faire*.

Des textes tels que *Idéalisme et textualisme* dans *CP* ou « *Texts and Lumps* » dans *ORT* [1], où les « lumps » (« morceaux de réel non linguistique ») ne sont évidemment jamais que, encore et toujours, des textes, des descriptions, regorgent d'exemples de l'assimilation herméneutique-textualiste-rhétorique de la science et de ses corrélats soi-disant extralinguistiques. Certes, on perçoit bien quelquefois la tentation de retourner le jeu, c'est-à-dire d'appréhender les textes – et leurs auteurs – comme des « lumps », mais cette tentation tourne court, car elle laisserait R. Rorty sans voix et le conduirait de la bibliothèque ou du salon où l'on cause au laboratoire et aux pratiques technoscientifiques travaillant sur des « lumps ».

La description post-moderne de la science comme herméneutique et livresque, textualiste, convient parfaitement à la science prémoderne.

D'où vient que R. Rorty décrive la science moderne et contemporaine dans la continuité logothéorique ? Du fait, à mon sens, qu'il s'inspire exclusivement de ce que les philosophes (la théorie de la connaissance, l'épistémologie) ont dit de la science. Et ceci vaut également pour l'Histoire des Sciences de Kuhn à Feyerabend qui n'accordent pas plus d'attention à la technique et continuent de traiter

1. *ORT* : *Objectivism, Relativism and Truth*, Cambridge, Cambridge Univ. Press, 1991.

le projet de savoir comme une entreprise discursive, symbolique, une logothéorie se révélant logométaphore. Le fait même que la philosophie de la science, l'épistémologie et la théorie de la connaissance aient été pris en charge par les philosophes du langage tend à conforter cette linguisticisation des pratiques scientifiques, du moins si l'on oublie ou nie que le développement de la philosophie linguistique (considérée à partir de son origine positiviste logique) a été un mouvement de repli – ambigu – de la philosophie sur l'analyse du langage (en particulier le langage scientifique) abandonnant aux sciences l'exercice du rapport à la réalité extralinguistique.

L'image de la science que nous offre R. Rorty sort des livres de philosophie et des bibliothèques ; elle est destinée à des *lecteurs*, de préférence philosophes ; elle feint d'ignorer que la science se *fait* dans des laboratoires, technophysiquement et technomathématiquement, avec une instrumentation lourde et complexe, et non principalement en parlant et avec des livres.

Relativement à certains contextes, les critiques formulées par Rorty contre le réalisme, contre l'usage de la qualification de « scientifique » pour *autoriser* certains *discours* en prétendant les placer hors débat parce qu'ils seraient « objectifs », sont parfaitement fondées. La bonne cible est multiforme et considérable : toutes les idéologies scientistes en font partie et il n'est pas douteux que beaucoup de scientifiques et plus encore de non-scientifiques, dès lors qu'ils se mettent à parler et à écrire, c'est-à-dire à faire de la philosophie, de l'éthique ou de la politique, se comportent en « scientistes », et se servent de la référence à la science, à la vérité et à l'objectivité scientifiques, pour accorder un privilège spécial à leurs affirmations. *La cible de Rorty sont les divers scientismes* qui réclament abusivement un statut privilégié au sein de la culture pour leurs propositions et leur langage, mais la science ne se réduit pas au scientisme, même s'il est vrai que dès qu'elle parle et prétend dire ce qui est, la science a inexorablement tendance à devenir scientiste, c'est-à-dire à faire bénéficier abusivement des images symboliques, qui peuvent lier et orienter le désir et l'existence des hommes et des femmes, de la force qui vient des succès techniques non symboliques des pratiques scientifiques, force qui, dans le discours, prend la forme de la vérité.

Dirigée contre la science qui parle, qui parle haut et fort, qui parle de tout et dont la voix prétend éclipser les autres voix non scientifiques, la description critique rortyenne est légitime et salutaire. Elle devient abusive dès lors qu'elle tente de nous persuader que la science ne fait que parler et se fait en parlant. Et à cet égard, il me semble que Rorty est devenu de plus en plus péremptoire avec le temps, alors que dans *PMN*, il distingue encore prudemment les choses, du moins en *certaines* pages : « la conversation ordinaire et la recherche scientifique » (p. 125) ; « la méthode scientifique et la société » (p. 144).

Nous en venons ainsi au différend science-philosophie et à la question du *pouvoir philosophique*.

Je dirais que le présupposé ou le potulat suivant lequel la science est une entreprise langagière (exclusivement ou, en tout cas, dans ce qu'elle offre d'intéressant ou de digne de considération philosophique), étaye la stratégie de base de toute maîtrise philosophique de la science au XXe siècle. Elle revient largement à continuer de présenter la science comme une entreprise logothéorique, c'est-à-dire dans la continuité de l'ancien projet occidental philosophique de savoir, à une époque où la pensée – le *theorein* – s'est faite discursive. Le postulat de la nature discursive de la science conditionne toutes les maîtrises philosophiques de la science : de la phénoménologie à l'herméneutique, du logicisme à la rhétorique et à la théorie de l'argumentation, au textualisme, à l'éthique discursive et communicationnelle, etc. On la retrouve, sous des formes multiples, chez Heidegger, Gadamer, Apel, Habermas, Derrida… Rorty. Pourquoi ? Parce que si la science est fondamentalement affaire de discours et de textes, alors le philosophe – qui est le grand maître, le grand technicien du discours – est assuré de garder le premier et le dernier mot. Dès que le scientifique *parle*, le philosophe trouve à sa disposition un arsenal extraordinaire de techniques dialectiques de maîtrise : question des fondements, des conditions de possibilité et de validité transcendantales, question des présupposés, question des finalités, du sens, des intérêts, de la généalogie…

Il ne s'agit pas, avec cette stratégie philosophique multiple, des questions légitimes concernant les orientations et les applications de la recherche et du développement scientifiques, il ne s'agit pas de l'insertion des sciences dans la société à propos de laquelle des débats économiques, éthiques, politiques etc. sont en effet indispensables et devraient se tenir sans privilège scientiste ni techniciste. Il s'agit d'annexer, d'assimiler les pratiques technoscientifiques en niant leur spécificité irréductible à l'exercice du langage, de les nier comme pratiques technophysiques, causales, opératoires, ou de suggérer qu'il s'agit là d'un mode d'être-au-monde – celui, disons, du *bricoleur* – inintéressant, infrahumain, insignifiant, sans autonomie et certainement pas satisfaisant en lui-même. Si, pour l'essentiel, c'est-à-dire pour ce qui est intéressant et en vaut la peine, la science est discursive, si l'on peut se convaincre et convaincre les autres (y compris les scientifiques rêvant encore de logothéories) de cela, alors les intellectuels en général, et les philosophes en particulier gardent le pouvoir. Un pouvoir symbolique certes, mais qui est tout, puisque l'essentiel, l'enjeu même est symbolique et que le pouvoir, à la différence de la force, a partie essentiellement liée avec le symbolique.

Je pense que très nombreux sont les intellectuels et les philosophes qui entretiennent – entretiennent entre eux, et d'autant mieux qu'ils en discutent, chacun y allant de sa stratégie – ce phantasme. C'est le phantasme *idéaliste* par excellence – et l'un des mérites de R. Rorty est d'avoir montré la continuité de l'idéalisme au textualisme –, phantasme peut-être constitutif de la philosophie, en tout cas de la moitié dominante – consciente, explicite – de la philosophie. Il s'enracine dans l'auto-détermination théologico-philosophique de l'homme comme animal symbolique, « zoon logon echon », associée à la divinisation du Verbe. Du Theologos absolu à l'Anthropologos absolu, où R. Rorty et l'essentiel de la philosophie contemporaine nous plongent, nous continuons de circuler au sein du logos, du langage, de l'être-au-monde-symbolique. Nous, les intellectuels, les philosophes surtout.

Pourtant, tandis que, de cette façon, la conversation se prolonge au sein d'une petite fraction des humains particulièrement doués pour le discours, pour l'écriture et la lecture et trouvant dans ceux-ci leur plaisir, le sens de la vie et l'investissement principal de leur énergie, d'autres fractions de l'humanité se plaisent à d'autres pratiques, dans lesquelles le langage joue un rôle très subalterne, ustensilaire, et qui concrétisent le phantasme idéaliste de la constitution, par le sujet, de la forme et du contenu du savoir. Ces pratiques sont les pratiques techno-scientifiques qui ne découvrent plus leur objet, mais le produisent de plus en plus intégralement, de la physique des particules, à la chimie des nouveaux matériaux, à la génétique des nouvelles formes de vie, en attendant le développement des neurotechnosciences et des techno-sciences dites cognitives.

2. La science contemporaine comme « technosciences »

J'aimerais ci-dessous esquisser quelques-unes des lacunes, selon moi, de la description rortyenne de la science contemporaine. Elles concernent la caractérisation de celle-ci, l'évaluation de son importance pour la civilisation occidentale et la manière dont elle conditionne le contenu et la forme de ce que dit Rorty.

2.1. *Description déficiente de la science contemporaine*

Beaucoup a déjà été dit à propos de la naissance de la science moderne comme rupture progressive du projet logothéorique de savoir traditionnel. Tout cela demeure valable *a fortiori* pour les technosciences contemporaines. Moins que jamais peut-on encore prétendre que « science et philosophie sont en continuité » et n'ont pas « des méthodes, ou des objets, différents » (*PMN*, p. 257). Plus que jamais me paraît simplement fausse l'assimilation des technosciences à des logothéories oublieuses ou négatrices de leur nature métaphorique. Je voudrais seulement souligner davantage la nature *poïétique* des technosciences, dont la grande affaire n'est ni la vérité ni l'universalité, mais la *puissance*. La puissance au sens de domination, contrôle, maîtrise sans doute, mais aussi, et de plus en plus, au sens d'actualisation illimitée du possible par des pratiques manipulatrices et opératrices appliquées à une matière extraordinairement plastique qui inclut le vivant (et donc, l'être humain). Il y a un ludisme, un polymorphisme ouvert des technosciences : elles font dans l'artifice, dans les réalités virtuelles, dans les fictions technophysiques réelles. Elles ne sont pas des jeux de langage ni des fictions littéraires. La technoscience fabrique l'être et la vérité. Elle métaphorise réellement – métamorphose – la matière, l'énergie, le vivant. Il ne s'agit évidemment pas de « réalisme » au sens philosophique du terme. La « technoscience » serait, en ce sens, plutôt irréaliste ou surréaliste. On est loin des prétentions du langage physicaliste et les débats autour du réalisme paraissent, de l'intérieur des technosciences, anachroniques : peu importe le langage, pourvu qu'on ait la technique. Ce n'est sûrement pas avec des prétentions à un langage réaliste que les physiciens parlent de « quark », dont les espèces sont « beauté », « étrangeté » et « vérité » et que des « couleurs » distinguent. Et la « pomate », le « tournicot », le « mouchèvre », produits par l'ingéniérie génétique, ne prétendent pas être des universaux reflétant des essences réelles et naturelles. Par la technoscience, le nominalisme est devenu opératoire, « réalisant ». Les technosciences jouent avec les « essences » – les « espèces » naturelles – et, le polymorphisme génétique aidant, l'unité d'une espèce naturelle – y compris l'espèce humaine – devient ce qu'est devenue l'unité du concept après sa redescription par Wittgenstein comme un tissu de « ressemblances familiales » à travers une multitude de jeux de langage lâchement apparentés. Même les juristes – et chacun sait que le droit est conservateur – sont contraints de reconnaître que la différence entre « découverte » et « invention » devient intenable dans le cadre de la recherche technoscientifique contemporaine et que se pose le problème d'une brevetabilité des « connaissances », celles-ci coïncidant avec des techniques et des pouvoir-faire.

La science contemporaine n'est pas un ensemble de propositions, ni une bibliothèque (même si des livres et des textes continuent de faire partie de cet ensemble, à ses limites de plus en plus) ; elle est un ensemble de machines sophistiquées plus ou moins polyvalentes et interconnectables, permettant avec assurance de faire et de produire un très grand nombre de choses et avec prudence ou audace de poursuivre l'exploration active de ce qui est possible, faisable, opérable, indéfiniment.

2.2. *Sous-estimation de la technique pour la civilisation occidentale*

Les passages sont nombreux dans lesquels R. Rorty souligne les avantages des démocraties occidentales et le caractère préférable du mode de vie qu'elles offrent. Cette amélioration de la condition humaine et de la société est décrite comme due aux institutions politiques ; aucune attention ou presque, du moins suivant ma lecture, n'est accordée aux progrès techniques, qu'il s'agisse de la lutte contre les maladies et les souffrances grâce aux technosciences biomédicales ou de la lutte générale contre la rareté et la dureté des conditions naturelles d'existence. Certes, R. Rorty *ne nie pas* ces apports des techniques qui conditionnent la possibilité matérielle d'une société libérale d'abondance, de consommation et de communication. Je constate seulement qu'ils n'apparaissent pas, à leur juste mesure, dans ses écrits.

Evoquant, par exemple, dans « Cosmopolitisme sans émancipation » (*ORT*, p. 213) l'utopie pragmatiste quasiment réalisée dans la société libérale qu'il serait bon d'étendre au monde entier voire à la galaxie, Rorty écrit : « Récemment, notre espèce a réussi à produire une nature [entendez : 'une culture', GH] particulièrement bonne pour elle-même – elle est produite par les institutions de l'Occident libéral ». Un peu plus loin, il lui arrive cependant et incidemment de lier la supériorité de notre vocabulaire occidental (par rapport aux autres mondes de langage) à sa compatibilité avec la technologie moderne et d'avouer que ce serait « un prix trop élevé à payer » que d'abandonner cette technologie afin de laisser fleurir quelque autre vocabulaire (le Cashinahua), dont on pourrait jouir mais qui ne serait pas compatible avec la technologie moderne (*o.c.*, p. 219). Cette remarque figure entre parenthèses, mais elle me paraît significative d'un point aveugle qui commence peut-être à insister entre les lignes des textes plus récents de Rorty.

Toutefois, d'autres passages semblent suggérer une sorte de fatalisme caractéristique d'une assomption purement symbolique de la condition humaine face à la réalité cosmique, non-humaine et non-parlante. « Le monde peut nous écraser d'une manière aveugle et inarticulée (...) Mais cette sorte de force n'est pas de l'espèce que nous pouvons nous approprier en adoptant son langage et ensuite en le transformant, devenant identiques à la puissance menaçante et la soumettant à nos propres ego plus puissants. Cette stratégie n'est appropriée qu'en relation à des personnes (...) Face au non-humain, au non-linguistique, nous n'avons pas l'aptitude de vaincre la contingence et la douleur par appropriation et transformation, mais seulement l'aptitude de *reconnaître* la contingence et la douleur (...) la victoire finale des métaphores de l'auto-création sur les métaphores de la découverte consisterait dans notre réconciliation avec la pensée que telle est la seule sorte de puissance sur le monde que nous pouvons espérer avoir » (*CIS*, p. 40)[1]. Ce serait « la victoire du poète ». Ce passage me fait songer à un Pascal poète : « l'homme est un roseau mais un roseau pensant », en un siècle où la *pensée* s'est faite puissance discursive de métaphores. Un Pascal qui n'accorde guère d'attention à F. Bacon déclarant simplement : « on maîtrise la nature en lui obéissant », condensant ainsi l'anti-fatalisme anti-symbolique : c'est en connaissant les lois causales qui sont traductibles en techniques que l'on domine la nature et que l'on peut diminuer, autrement que par la sublimation symbolique, la souffrance humaine. Les technosciences sont, si l'on tient à cette trompeuse métaphore, les disciplines d'apprentissage des « langages » de la nature qui permettent de communiquer avec elle et nous l'approprier, mais ces langages ne sont pas des langages et la communication n'a rien de symbolique : ce sont des enchaînements causals et des interactions technophysiques.

La sous-estimation rortyenne concerne aussi le rôle structurant et de liaison des grands systèmes et réseaux techniques pour les sociétés occidentales. Pour une part considérable, nos sociétés pluralistes ne sont pas liées par des solidarités symboliques. Leur ossature est technique et fonctionnelle. La solidité de ces structures, systèmes et réseaux techniques qui tient ensemble la société, rend possible toutes nos libertés symboliques. C'est parce que la structuration de nos sociétés est technicienne, fonctionnelle et efficace, qu'on peut y *dire* et y *écrire*, y représenter, à peu près n'importe quoi sans trop de danger de désorganisation sociale. Dans des sociétés davantage structurées sur

1. *CIS* : *Contingency, Irony and Solidarity*, Cambridge, Cambridge Univ. Press, 1989.

le mode symbolique (idéologique, religieux), cette tolérance n'est pas possible, car elle désorganiserait, détruirait la société, la rendrait anarchique. Nos sociétés pluralistes ne tiennent pas ensemble par un vocabulaire commun, par des symboles communs ou, en tout cas, cette liaison là n'est plus prépondérante et les mots communs qui subsistent sont soit vagues et hérités du passé, soit relatifs aux techniques et aux institutions communes.

« Ce serait exactement le type de société que les libéraux essayent d'éviter : une société dans laquelle la 'logique' gouvernerait et où la 'rhétorique' serait hors la loi. Il est central à l'idée d'une société libérale, qu'en ce qui concerne les mots par opposition aux actes, la persuasion par opposition à la force, n'importe quoi peut marcher (...) C'est pourquoi une société libérale est mal servie par la tentative de la munir de 'fondations philosophiques' » (*CIS*, p. 51-52).

D'accord, mais l'ossature technique de la société est le substitut physique du ciment symbolique offert par des fondements philosophiques et des dogmes religieux. Cette ossature n'est pas un tissu de croyances ; elle est un ensemble de systèmes réticulaires fonctionnels qui déterminent nos existences, les canalisent, les informent aussi sûrement que des rites. C'est sur ce fond – qui n'est pas un fondement symbolique – que la « soft thought », la tolérance, la liberté, la nonchalance, l'ouverture à l'autre, à tous les « ethnologoi » étrangers que nous pourrions rencontrer, bref que la fête symbolique, le grand jeu des langages sont possibles. Sont possibles, veux-je dire, sans trop grand risque interne ni externe pour les sociétés occidentales. Peut-on songer un instant que des sociétés symboliquement très malléables, composées d'une part importante d'ironistes toujours en train de remanier leur vocabulaire de base et prônant le glissement métaphorique des paradigmes symboliques, peut-on penser qu'une telle société pourrait, sans la solidité et la force fournies par la technique, subsister longtemps face aux prosélytes conquérants de l'Islam, par exemple ?

Sans leur supériorité technologique écrasante, venue de, entretenue et développée par des technosciences qui ne sont pas des pratiques symboliques, les démocraties occidentales feraient long feu. Et si le monde de civilisation qui est le nôtre tend à s'imposer, s'il fascine aussi les cultures moins développées et n'ayant pas notre niveau de vie, cela n'est pas en raison de notre Raison ni à cause de notre Rhétorique, mais grâce à notre technique. Elle est le moteur de la mondialisation du modèle libéral américano-occidental, une universalisation très concrète qui passe par IBM, Macintosh, American Airlines, CNN,

Genentech, Du Pont de Nemours, et tant d'autres. Sans doute faut-il pour cela une mentalité et un langage communs – une « koinè » – appropriés, avec des strates lexicales très fonctionnelles et une enveloppe symbolique libre, légère, multicolore et plastique, métamorphe… sans trop de croyances symboliques trop fermes qui seraient contraires à la fonctionnalité des réseaux et à la croissance de la Recherche et du Développement technoscientifiques. Car il ne faut pas que des dysfonctionnements graves puissent apparaître : les systèmes techniciens, étant produits et entretenus par des humains sensibles au symbolique, ne sont pas à l'abri des folies, des indifférences, des révoltes, des décrochages induits par des discours.

Je pense enfin que la sous-estimation de la technique et l'ignorance des technosciences conduisent R. Rorty à passer à côté de la spécificité des problèmes éthico-politiques posés par les technosciences contemporaines. Ici encore, je me limiterai à quelques indications en forme de questions que j'espère assez évocatrices.

Les pratiques technoscientifiques sont créatrices, mais pas dans un sens simplement symbolique. Cette créativité est manipulation biophysique et productrice de réalités absolument nouvelles. C'est autour des possibilités de manipulation du vivant, spécialement du vivant humain, que se cristallisent les interrogations éthico-socio-politiques majeures et que, du même coup, des symbolisations, des langages nouveaux apparaissent tandis que des vocabulaires normatifs anciens sont ravivés et conçus comme salutaires par ceux qui y recourent (les religions, par exemple). Cette créativité technoscientifique – je songe par exemple aux possibles de la procréatique ou de la génétique – est-elle affaire privée ou affaire collective ? Quelle est l'étendue de la sphère privée en l'occurrence (une part énorme de la recherche se fait dans le cadre d'entreprises privées dans nos économies libérales) ? La créativité technoscientifique doit-elle être toujours conçue comme collective et donc socialement normée au nom de la solidarité ? Peut-on être un « ironiste » de la génétique, de la poïétique biophysique ? Peut-on avec Engelhardt, dont les positions philosophiques appartiennent aussi à la famille du post-moderne, considérer que l'individu est libre – en tant que personne autonome – de refaçonner son corps comme il le désire ? Peut-on accepter, à cet égard, de laisser toute liberté à telle ou telle communauté membre de la société symboliquement pluraliste ou faut-il que cette liberté soit contenue techniquement et symboliquement ? Qu'en est-il de la « cruauté » – non pas descriptive et redescriptive – mais constructrice, déconstructrice et reconstructrice, des technosciences, biomédicales notamment ? Le post-moderne et la liberté métaphorique posent des problèmes singuliers dès lors qu'on les transfère des jeux de langages aux jeux technoscientifiques.

Voici un extrait évocateur de cette ligne de pensée empruntée aux *Foundations of Bioethics* [1] d'Engelhardt :

« Il y a une différence entre *nous* en tant que personnes et *nous* en tant qu'humains. Cette différence est le gouffre séparant un être doué de réflexion et capable de manipulation et l'objet de sa réflexion et de sa manipulation. Depuis nos points de vue en tant que personne ayant des conceptions et des espérances particulières, nous pouvons juger si notre condition est la meilleure au sein du cosmos (...) et faire des plans pour en changer. Nous pouvons évaluer si cette nature est la meilleure et chercher des manières de la refaçonner si nous la trouvons insatisfaisante. En tant que personnes, nous pouvons objectiver notre corps. Nous pouvons discerner des modalités suivant lesquelles nous eussions été mieux conformés. Jusqu'ici, nos interventions ont été modestes (...) Mais à l'avenir notre capacité de contraindre et de manipuler la nature humaine selon les buts imposés par des personnes croîtra. En développant les capacités du génie génétique non seulement sur les cellules somatiques mais aussi germinales, nous serons capables de former et de façonner notre nature humaine suivant des figures dessinées par les finalités choisies par des personnes. En fin de compte, ceci pourrait entraîner un changement si radical de notre nature humaine que nos descendants seraient considérés par les taxinomistes à venir comme appartenant à une nouvelle espèce. Si la nature humaine n'a rien de sacré (et aucun argument non confessionnel – *secular* – ne pourrait l'attester comme sacrée), il n'y a pas de raison qu'elle ne soit radicalement modifiée, sur base de raisons particulières et avec prudence (...) Les premières applications de l'ingéniérie génétique seront très probablement des tentatives modestes de modification de cellules somatiques afin d'aider des individus souffrants. Cependant, si l'on considère le long terme d'une manière sérieuse, des changements majeurs seront inévitables si nous demeurons une espèce libre et progressant technologiquement. Les hommes n'existent que depuis un bon million d'années. Si nous avons la chance d'avoir des descendants vivant dans des millions d'années (une courte période en durée géologique), il est très probable qu'ils décideront de se reconstruire eux-mêmes afin de vivre mieux dans les milieux modifiés de la Terre et, peut-être, d'autres planètes. Qu'est-ce qui pourrait les retenir de

1. Oxford, Oxford Univ. Press, 1985, p. 376-377, 381.

telles interventions génétiques qui, au long cours, seraient à la fois accessibles et sûres ? En fait, il n'y a pas de raison de penser que seule une espèce sortira de la nôtre. Il se pourrait qu'il y ait autant d'espèces différentes que de raisons pour refaçonner en profondeur la nature humaine en fonction de ses nouveaux environnements ».

Je ne nie pas que les symboles aient leur mot à dire et leur force par rapport à ces possibles. Mais au nom de quoi, au nom de quel Nom, c'est-à-dire de quel vocabulaire, de quel symbole, puisque aucun n'a de privilège, puisque aucun n'est fondateur et ne peut légitimement contenir *a priori* la liberté de la recherche, contraindre, canaliser, encourager ces possibles ?

Je n'ai pas de réponse à ces questions et je ne vois pas dans la description rortyenne de la science et de la société contemporaines des mots, un langage, qui permettent d'esquisser une réponse. Je ne suis même pas sûr que dans son langage, il y ait une place pour poser ces questions suivant leur virulence réelle. Si ce n'est une attitude globale – sur laquelle je reviendrai – et qui consiste à dire que l'être humain en tant qu'être humain est un être symbolique et que la seule manière ultime légitime pour lui de se rapporter à sa condition et de l'assumer est *symbolique* et doit – ne peut que – le rester. Poétiser la condition humaine, l'aménager concrètement peut-être, mais pas la transformer effectivement de fond en comble. Car ce dernier désir serait le mal et l'erreur, le mal absolu selon Rorty : la volonté hétérologique et transanthropologique de sortir du symbolique, non pas cette fois sous le couvert de mots (Dieu, vérité, transcendance, raison, etc.) mais par des pratiques non symboliques. Le discours de Rorty ne voit, pour l'homme en tant qu'homme, de salut que par les voies du Verbe et de l'Amour. Je ne dis pas qu'il ait tort, je ne dis pas que cela ne constitue pas *une* réponse à la condition humaine. Je pense seulement qu'elle n'est pas sans résonance religieuse connue et qu'elle manque singulièrement de consonance avec les réalités contemporaines et avec l'orientation du désir et des phantasmes du monde technoscientifique laïque dont pourtant Rorty se réclame et qui conditionne la possibilité de son traitement du symbolique.

2.3. *Le conditionnement technicien du discours post-moderne*

J'ai déjà souligné à quel point la société libérale et le libéralisme symbolique qui la caractérise – la liberté de penser, de dire et d'écrire – me paraissent conditionnés dans leur possibilité d'existence et de survie par la technologie et les technosciences. Je voudrais faire un pas de plus et suggérer que le discours de Rorty – de Derrida, de Lacan, du second Wittgenstein, du textualisme, des jeux de langage et d'écriture, etc. – *miment* ce dont ils ne parlent pas, ou presque pas, à savoir l'opérativité manipulatoire universelle.

Ce qui *est* an-ontologique, ce qui est étranger à la problématique discursive et symbolique du fondement, au rêve logothéorique d'une solution finale symbolique à la condition humaine, ce sont les pratiques technoscientifiques. Pas la science, qui continue de se rêver et de se représenter dans la continuité théorétique et langagière de l'ancien idéal du savoir philosophique et que la rhétorique rortyenne maîtrise parfaitement.

Le post-moderne, c'est l'affirmation de la rhétorique universelle. Mais qu'est-ce que la rhétorique, sinon l'affirmation de la nature purement instrumentale, opérative, manipulatoire du symbolique ? Ces textes qui fonctionnent, opèrent, déplacent, s'enclenchent les uns sur les autres, par le travail des métaphores et le jeu des signes, ces textes qui ressemblent à des machines, des artefacts en réseaux, qui ne vivent que dans le milieu fabriqué d'autres textes et produisent de nouvelles écritures, ces textes m'apparaissent comme le reflet ou le mime de l'univers technicien. Je dis bien le *mime* ou le reflet, car ils ne peuvent – ne veulent – pas le décrire, le représenter, sans quoi ils renoueraient avec l'illusion logothéorique des discours réalistes qui entretiennent une prétention référentielle à la vérité.

Le pragmatisme, mais pas sous forme excessivement herméneutisée, rhétoricisée et linguistico-holiste défendue par R. Rorty, associée à certains aspects du rationalisme critique (K. Popper, H. Albert), constituerait une représentation philosophique plus réaliste conforme à l'être-au-monde technoscientifique. Une sorte de théorisation minimale insistant sur la subordination du dire par rapport au faire, sur la nature ustensilaire du langage, reconnaissant ouvertement l'importance des sciences et des techniques, refusant tout fondamentalisme, vigilant à l'égard des conséquences pratiques des discours et des théories dès lors qu'on les appliquerait effectivement, encourageant l'expérimentation et un certain darwinisme de la survie, relativisant instrumentalement le théorique par rapport à des intérêts individuels et collectifs pratiques etc.

R. Rorty n'est évidemment pas étranger à ce pragmatisme appliqué, mais ce n'est pas à son propos qu'il donne toute sa mesure philosophique, peut-être tout simplement parce que philosophiquement il n'y a pas grand chose à en dire, ou parce que ce qu'il y a à en dire n'intéresse pas vraiment l'ironiste libéral et le poète philosophe.

La liberté de la recherche est souvent décrite, aujourd'hui, comme l'impératif anéthique de la technique : « il faut faire tout ce qui est possible, toutes les expériences », et cet impératif présuppose avec plus ou moins de force que « rien n'est impossible », que le réel est indéfiniment plastique, malléable, reconstructible à l'infini. Cet impératif refuse toutes les contraintes *a priori* que le symbolique cherche à lui imposer : ontologie, métaphysique, vérités révélées, axiologies, cadres transcendantaux, cadres linguistico-sémantiques, lois universelles de la nature... Il ne reconnaît que des contraintes physiques locales effectivement formulables sous forme de lois causales que la technique permet cependant de faire jouer les unes contre les autres et qui, étant des hypothèses, ne peuvent être hypostasiées sous forme de vérités universelles définitives. L'impératif technicien affirme qu'il n'y a pas d'essences naturelles, et pas de nature sacrée, c'est-à-dire intangible : qui ne pourrait être manipulée sur base d'interdits éthiques ou d'impossibilités ontologiques. Le discours de la rhétorique et de la métaphorique universelles reflète, en son style, et tout est style, c'est-à-dire façonnement, cet « être-au-monde »-là, cette liberté conquise au sein et aux limites de la condition humaine.

Mais le discours de la rhétorique et de la métaphorique universelles veut ignorer cela qui le conditionne. Cette ignorance le contraint au mime de l'opératoire, le mime symbolique de la technique universelle. Partout, règne la fiction, tout est fiction, c'est-à-dire encore une fois : fabriqué, forgé, machiné. Mais les seules fictions vraiment réelles ou intéressantes, ou légitimes ou « humaines » seraient les fictions symboliques. Pour R. Rorty, et tous ceux qui sont dans la même veine, « faire » c'est toujours « dire ou écrire », « créer », c'est toujours « poétiser »... le possible est infini mais symboliquement... R. Rorty s'active à critiquer les philosophes qui répètent que « la science découvre la vérité plutôt qu'elle ne la fabrique » et il ne cesse de promouvoir « la vue selon laquelle les grands scientifiques inventent des descriptions du monde utiles pour prédire et contrôler ce qui arrive, exactement comme les poètes et les penseurs politiques inventent d'autres descriptions du monde pour d'autres propos » (*CIS*, p. 4). Le pragmatiste, dit-il, « offre une analyse de la nature de la science qui présente la prétendue dureté des faits comme un artefact produit par notre choix d'un jeu de langage » (*ORT*, p. 80). Rorty a raison de souligner la nature fabricatrice de la science, mais il a tort de n'y voir qu'une fiction linguistique. C'est du non-symbolique que la technoscience construit, fabrique, invente, manipule. Et le langage dont elle se sert pour référer à ces artefacts physiques ne joue pas un rôle constitutif ni essentiel.

Dans *Solidarité ou objectivité* [1], Rorty nous invite à nous « représenter nous-mêmes sur le mode du faire plutôt que du découvrir ». Je suis bien d'accord, mais il précise tout de suite : « selon l'image que les Romantiques se faisaient du poète (…) » (p. 71).

Pourquoi cette cécité à l'égard de la fiction réelle au profit de la seule fiction symbolique ? D'abord, parce que Rorty entretient une représentation périmée de la science comme représentation, je l'ai déjà dit. Plus profondément peut-être parce qu'il est *philosophe* – héritier du Verbe, responsable du Logos – et qu'il peut tout au plus admettre que les pratiques non symboliques accordent le confort, le loisir, l'insouciance propices à la lecture, l'écriture, la conversation, d'autres diront : le dialogue, la discussion, la communication et rêveront d'une eschatologie de la Société de Discussion universelle émancipée au lieu de l'utopie plus modeste – déjà réalisée pour l'élite occidentale cultivée qui, sagement, s'en satisfait – de la société libérale, pluraliste de l'échange cosmopolite ou du Jardin d'Epicure.

L'essentiel, pour le philosophe, c'est que la conversation – le *legein* – se poursuive… et qu'il puisse se convaincre et convaincre ses collègues, que c'est là l'activité la plus éminente, la seule proprement humaine, jusqu'à la fin de l'Histoire ou, du moins, aussi longtemps qu'il y aura des humains pour raconter des histoires. C'est cela que le philosophe veut préserver, ou du moins le veut cette part en lui que Rorty appelle la « solidarité », car le philosophe n'est pas simple : il a aussi d'autres phantasmes, d'autres désirs : de transcendance hétérologique, transanthropologique, qui de l'intérieur menacent la fragile bulle de l'anthropologos loquace, la bulle du sens, du jeu interne au symbole… Le philosophe est ironiste et le rapport de l'humanité à sa condition est radicalement ambivalent : l'homme la chante mais veut la dépasser et pas seulement symboliquement, car ce ne serait encore que la poétiser. Peut-on privatiser cette tendance-là, cette pulsion d'absolu, faut-il prendre des mesures socio-politiques pour la confiner et la rendre inoffensive ? Cela est-il possible dès lors que la pulsion hétérologique, tout en continuant d'habiter le symbolique – et ainsi de le mobiliser pour ou contre elle –, est transférée sur des pratiques non symboliques, opératoires… ? Une telle privatisation confinante, si elle était possible, est-elle vraiment souhaitable ? A vouloir identifier le mal et l'extirper du bien, par quelque moyen – technique, politique,

1. In *ORT* (trad. franç.).

éducationnel – ne risque-t-on pas de voir le pur bien manifester une nouvelle ambivalence à très court terme et le mal rejaillir sous une autre forme ?

3. De l'essence symbolique de l'humanité

Plaçons en exergue à cette section la citation suivante de R. Rorty : « la création de nouvelles descriptions, de nouveaux vocabulaires, de nouveaux *genres* comme l'activité *essentiellement* humaine – elle suggère le poète, plutôt que le savant (the knower), comme l'homme qui réalise la *nature humaine* » (GH souligne) (*CP*, p. 137). « (...) les êtres humains sont simplement des vocabulaires incarnés » (*CIS*, p. 88).

3.1. *Critique de l'hypostase hétérologique de la différence anthropologique*

La traduction française du titre *Philosophy and the Mirror of Nature* par *L'homme spéculaire* n'est pas dépourvue de pertinence. Dans ce livre, il s'agit bien sûr de la philosophie, d'une certaine manière de faire de la philosophie, qui va de Platon à la philosophie analytique, mais il s'agit aussi, surtout peut-être, de la conception de l'homme que postule et entretient la tradition philosophique.

Tout au long de ce livre, R. Rorty déconstruit patiemment des formes d'hypostase onto-théologique, ou métaphysique, de la différence anthropologique : l'hypostase de ce logos contenu dans la définition aristotélicienne de l'être humain comme le « zoon logon echon ». L'hypostase, c'est-à-dire la fixation hétérologique (non langagière et hors discours) de la différence humaine sous forme d'une substance : âme, esprit, faculté intellectuelle et intuitive extraordinaire, nouménale. L'illusion déterminante à déconstruire serait cette fixation hétérologique d'une essence logique, c'est-à-dire parlante. Elle est un tour de passe-passe qui efface la matérialité langagière du logos humain, la transmute en pensée, en ce pur miroir, cette transparence que les discours concrets, les opinions – les doxai – troublent ou reflètent si mal, et que le philosophe, le savant, a pour tâche de parfaire, réalisant ainsi la vocation essentielle de l'humanité : la vie contemplative dont la seule expression matérielle est *le* Livre, le Traité de la Science, la Logothéorie, le Discours onto-logique, Tableau Absolu et Vrai de la Réalité.

A la faveur d'une illusion constitutive de la philosophie, le logos humain – qui n'est qu'anthropologique et homologique (je vais préciser) – se fait ainsi doublement hétérologique : en ce qui concerne son identité ou sa forme qui est substance spirituelle (antérieure et indépendante du langage) et en ce qui concerne son contenu ou son référé qui est la Réalité, l'Absolu, la Vérité éternelle, également indépendants du langage.

C'est le logos humain lui-même, c'est-à-dire le langage qui, nous apprend R. Rorty, engendre cette illusion hétérologique, grâce au jeu de certaines métaphores, les images du miroir. Ainsi le langage – et l'humanité avec lui – croit pouvoir sortir de lui-même, s'échapper de la matière, du devenir et de la contingence, pour s'éterniser, se fonder ou plutôt : feindre de recevoir son fondement du dehors de soi.

A l'appui de la déconstruction de l'hypostase métaphysique ou transcendantale de la différence anthropologique, Rorty utilise avec subtilité les connotations naturalisantes des sciences et de la philosophie linguistique – avec l'aide de Dewey et du second Wittgenstein notamment – pour ramener sur terre cette différence, ramener le logos au langage. Puis il critique aussi toutes les tentatives compliquées de la philosophie analytique et de la théorie de la connaissance pour préserver tout de même hors empirie, hors devenir et hors contingence l'héritage logicisé, linguisticisé ou sémantisé de la philosophie transcendantale : l'espoir récurrent de constituer une Science – la logothéorie philosophique toujours et encore – au-dessus ou à la base des sciences et des discours –, une Science constitutive et pure, expression de notre différence élective parmi les vivants et au sein du cosmos.

Que nous fassions la différence, n'est pas une faute selon Rorty. Au contraire : cet acte de distinction est l'acte moral, la détermination de notre dignité humaine et donc de certaines solidarités qui nous lient, nous les humains. La faute ou l'erreur, c'est de croire que cette différence est faite hors de nous, au-dessus de nous et qu'elle puisse tenir sans nos actes de langage par lesquels nous la confirmons, l'étendons ou la rejetons. La naturalisation de l'homme et de sa différence a donc une limite, ou plutôt elle *doit* – c'est l'obligation morale – avoir une limite que le langage seul et la bonne volonté qui l'anime peuvent assurer. La faute ou l'erreur, ce serait par exemple de poursuivre la naturalisation de l'homme jusqu'à son objectivation biologique ou biophysique complète et d'en faire une matière plastique livrée à la manipulation technoscientifique. Du moins, c'est ce que je crois pouvoir inférer du discours rortyen et qui n'est pas sans intérêt quant à son rapport aux technosciences et au rôle qu'il demande implicitement sinon à la philosophie, du moins aux *Humanities*, de jouer *contre* certaines tentations.

« La raison pour laquelle l'irréductibilité de la définition (de l'homme GH) acquiert cette importance trompeuse, me semble être qu'il *est* important de faire une distinction *morale* entre les bêtes (« brutes ») et nous-mêmes. Ainsi, cherchant un comportement distinctif pertinent, nous avons traditionnellement choisi notre capacité de *connaître*. Au cours des siècles précédents, nous avons fait l'erreur d'hypostasier le comportement cognitif comme la possession d'un « esprit » ou d'une « conscience » ou d'« idées » (…) Lorsque ceci devint *vieux jeu* (en français dans le texte), nous passâmes des représentations mentales aux représentations linguistiques. Nous passâmes de l'Esprit (Mind) au Langage comme le nom de cette quasi-substance ou de cette quasi-puissance qui nous rend moralement différent. Ainsi des défenseurs récents de la dignité humaine se sont affairés à prouver l'irréductibilité de la sémantique au lieu de l'irréductibilité du psychique. Mais tous les arguments de l'espèce Ryle-Wittgenstein contre le fantôme dans la machine valent aussi contre le fantôme entre les lignes (…) » (*CP*, p. 201).

« Aussi longtemps, poursuit-il, que nous pensons que connaître, c'est représenter la réalité plutôt que se débrouiller avec elle (je traduis ainsi le fameux 'coping with'), l'esprit ou le langage continueront de sembler numineux (…) Toutes ces notions numineuses ne sont que des expressions de notre conscience d'être membres d'une communauté, formulée dans l'un ou l'autre jargon pseudo-explicatif. Cette conscience ('awareness') est quelque chose qui ne peut être 'fondée' davantage – elle est seulement l'adoption d'un certain point de vue à l'égard de nos congénères humains. La question de savoir si ce point de vue est 'objectif' n'est pas pertinente (is not to any point) » (*CP*, p. 202).

3.2. *La différence anthropologique est homologique*

R. Rorty ne nie pas la différence anthropologique. Peut-être même tout l'effort de son discours vise-t-il à la préserver et à la promouvoir à une époque où des discours et des pratiques d'objectivation, d'instrumentalisation et de technicisation tendent à la réduire ou à l'ignorer, une époque où les anciennes stratégies hétérologiques de la métaphysique et de la religion, les stratégies de fondation, ont perdu ou perdent de plus en plus leur vertu persuasive et leur légitimité morale.

R. Rorty prétend seulement que l'humanité ne tient sa différence que d'elle-même, qu'elle ne tient qu'au fil du discours qui l'exprime, qu'elle *est* la perpétuation de ce fil du discours : la conversation. Je dirais qu'il décrit la différence comme radicalement anthropologique et homologique, sans filet ni béquille ontologique ou théologique. C'est par le Verbe que l'humanité est instituée au sens où *elle s'institue*, car ce Verbe est son Verbe et rien d'autre. Cette institution est à la fois absolument précaire (contingente) et merveilleusement divine. Symboliquement – langagièrement – l'humanité est « causa sui ». Et chaque individu est invité à se recréer symboliquement, à répéter la différence symbolique en marquant *sa* différence, grâce aux descriptions et aux redescriptions siennes qui lui accordent une sorte de victoire sur la contingence de son être-là et de son être-tel. Se décrivant et décrivant les autres, inventant son langage sur fond de langage, trouvant sa métaphore, articulant son monde, chaque être humain crée une histoire qui le reconstitue et dont il est l'auteur. Au moins inconsciemment, suivant Freud lu par Rorty, nous sommes tous cela, cette différence qui parle et qui n'*est* qu'au fil de cette parole. Inconsciemment, nous sommes tous des génies auto-créateurs. Consciemment et si nous ne sommes pas explicitement doués pour les redescriptions et l'invention d'histoires, nous pouvons au moins *lire*, poétiser par procuration, et voyager ainsi à travers les mondes symboliques, de métaphore en métaphore, de tradition en tradition, d'ethnologie en ethnologie, au gré de différences que d'autres ont marquées et qui nuancent à l'infini.

« Ainsi la seule façon, pour chacun, de s'approprier les causes de son existence telle qu'elle est serait de raconter une histoire à propos de ces causes en un nouveau langage (...) Car bien que les grands poètes soient, comme tous les autres animaux, des produits causals de forces naturelles, ils sont des produits capables de raconter l'histoire de leur propre production en des mots encore jamais usités (...) Le paradigme d'une telle narration est la vie du génie qui peut dire de la partie appropriée du passé, 'Ainsi l'ai-je voulu', parce qu'il ou elle a trouvé une manière de décrire ce passé que le passé n'a jamais connu (...) » (*CIS*, p. 28-29).

Le langage constitue à la fois la matière de l'humain comme tel et l'outil qui permet de retravailler cette matière en réponse accomplissante de la vocation humaine.

Ainsi décrite, la différence anthropologique paraît bien tout à fait contingente et précaire au sein d'un cosmos muet. D'une certaine façon, elle ne tient qu'aux humains et à leur parole, à leurs choix symboliques. Sans garantie théologique ni métaphysique ni scientifique, la qualification d'humain est dépendante des jeux de langage – formes de vie qui lient les individus en des *nous* (« us ») plus ou moins étendus et extensibles. Concrètement et historiquement, l'anthropologos n'est jamais que dans un ethnologos, la particularité d'une culture, d'un moment historique. La différence anthropologique n'existe qu'ethnocentrée. En réalité, distinguer l'anthropologos des ethnologoi, comme si le premier s'incarnait plus ou moins complètement, c'est-à-dire avec une portée plus ou moins universelle, n'est guère rortyen, car c'est feindre qu'il existe une sorte d'essence qui demande à s'actualiser ou à être reconnue.

Rorty estime simplement que c'est la particularité contingente, mais heureuse, des démocraties occidentales libérales d'être pluralistes, c'est-à-dire d'ouvrir au maximum l'éventail ethnologique, de s'enrichir sans exclusive ni limite des formes symboliques qui leur sont *a priori* étrangères. Ainsi l'ethnologocentrisme occidental libéral confine-t-il à un anthropologocentrisme qui encourage l'ensemble de l'humanité à participer à la conversation, à échanger symboliquement en un grand marché ouvert des cultures, des lexiques et des métaphores.

Je ne veux pas entrer ici dans la discussion concernant le caractère tout à fait fortuit de cet état de fait – ou préparé historiquement au fil de toutes les ruses d'une raison hégélienne qui se cherche et que Rorty pourra de toutes manières redécrire comme une succession d'accidents heureux que l'histoire philosophique présente comme convergents et nécessaires –, je ne veux pas m'étendre non plus sur l'explication de la virulence universaliste de l'Occident à partir de l'universalité objective des sciences et des techniques modernes fonctionnant de manière identique indépendamment des ethnologies où elles s'implantent et qu'elles affectent et remanient, ainsi que je le pense, car je suis, en ce qui concerne l'universalisme occidental, simondonien.

Je pense en effet, avec G. Simondon, que l'Occident a inventé des pratiques, des procédures, des techniques, des modalités d'être au réel, de se débrouiller avec (coping with) lui qui ne sont pas dépendantes du symbolique (sans quoi les technosciences seraient de la magie), en ce qui concerne leur fonctionnalité opératoire. Ceci ne veut pas dire que ce fonctionnement n'est pas affecté par le milieu culturel (si vous transférez des machines, des systèmes, des techniques dont un groupe ethnique ne voit pas l'usage ni l'intérêt, qu'il ne sait pas entretenir, etc., ils cesseront bien sûr d'être fonctionnels). C'est pourquoi les jeux de langage et formes de vie étrangers doivent s'adapter aux techniques et les mentalités doivent évoluer si elles veulent être parties prenantes actives dans la recherche et le développement, c'est-à-dire s'occidentaliser et garantir un certain nombre de libertés et donc aussi d'institutions (telles que la liberté de la recherche, de l'information, de la critique, du libre-examen, etc.). En disant cela, je n'invoque aucun universel en marche et je ne suis pas plus habermassien ou apelien que rortyen. Mais laissons ce débat pour en revenir à la définition rortyenne de la nature humaine.

Je veux seulement souligner le caractère très traditionnellement philosophique de cette description. Quoique l'affirmation puisse paraître paradoxale à la lecture de Rorty, je considère que son œuvre constitue un extraordinaire renouvellement de la théologie du Verbe, sous la forme d'une radicale anthropologisation ou absolutisation de l'anthropologos – de la différence anthropologique – soucieuse de se débarrasser de toutes ses attaches hétérologiques, c'est-à-dire non, supra ou infra anthropologiques, de toute garantie supérieure au Verbe humain. Un Verbe qui ne veut se tenir que de lui-même, aussi souverain que précaire, et qui intronise en effet le poète comme la figure emblématique. Mais celui qui l'intronise ainsi est le philosophe, R. Rorty philosophe et non poète, habile cependant à faire passer aussi les philosophes et les scientifiques pour des sortes de poètes. Bien que le prix à payer soit lourd et la métamorphose profonde, le discours philosophique demeure englobant, il reste le plus large, il permet aux philosophes, aux écrivains, aux scientifiques de communiquer, il est le lieu, la forme de cette conversation illimitée. Le philosophe y prend part aussi, mais en même temps il reste d'une certaine façon en dehors, aux limites ; il dit le dire, il dit que le dire est tout. Le logos triomphe, se mire en lui-même, infiniment chatoyant, « méta » encore mais dans l'homologie des incessantes rencontres des altérités symboliques qui, étant symboliques, sont toujours le même ou du moins peuvent devenir le même par assimilation redescriptive qui, bien sûr, ne laisse pas inchangé celui qui redécrit. Il n'est pas évident que nous soyons tout à fait en dehors des métaphores spéculaires ; ne sommes-nous pas entrés plutôt dans un labyrinthe de glaces qui se renvoient à l'infini des reflets déformés dont les archétypes n'existent pas, n'ont jamais existé si ce n'est au gré d'une illusion spéculaire que l'on a pu croire stable un moment ? Mais R. Rorty sait bien que cette jouissance symbolique et narcissique de l'anthropologos fleurissant à travers toutes les ethnologies du présent et les histoires du passé, se joue sur fond d'opacité cosmique. Il nous dit en somme, qu'au mieux d'elle-même et pour les individus qui en ont, par un heureux hasard, la chance, l'humanité ne peut, ne doit, que chanter, symboliser, sa condition. Il n'y a rien d'autre à faire pour l'humanité si ce n'est d'attendre qu'un accident cosmique la renvoie au néant comme un accident cosmique l'a projeté dans l'être, c'est-à-dire le symbole. Rien à faire, si ce n'est peut-être de veiller à ce que des forces obscures et hétérologiques actives dans l'humanité elle-même ne précipitent cet anéantissement ou ne rendent le temps moins confortable aux poètes et au libre entretien de la conversation. A cette fin, il convient de veiller au discours, de faire attention à ce que l'on dit, d'éviter les rechutes hétérologiques dangereuses qui entretiennent l'illusion d'un arrachement de l'homme à sa condition. Cette responsabilité serait notre seule responsabilité, notre seule obligation morale, elle serait politique.

4. Condition humaine et pulsion hétérologique : des discours aux pratiques

4.1. *La pulsion hétérologique et trans- ou supra-anthropologique de la philosophie*

Dans *PMN*, R. Rorty critique le projet théorique de la philosophie et de la science en général comme illusoire et néfaste parce que hétérologique et transanthropologique.

Hétérologique : car il s'agit de rapporter le logos, et donc le langage, à quelque chose d'extérieur à lui, d'indépendant, de supérieur, qui le fonde, le fixe, sous la forme d'un discours-tableau définitif en lequel le langage s'efface et s'éteint puisqu'il donne ainsi à voir, en vérité, la réalité même, l'éternité, le logos idéal et objectif, transcendant. La pulsion hétérologique serait la pulsion philosophique ou épistémique.

« La pulsion qui porte à soutenir que non seulement assertions et actions doivent être consistantes entre elles, mais qu'elles doivent 'correspondre' à quelque chose qui ne soit ni ce que disent ni ce que font les gens, peut à bon droit être appelée *la* pulsion philosophique » (*PMN*, p. 204).

Trans- ou supra- ou an-anthropologique, parce que le réel ou la vérité hétérologiques paraissent supérieurs ou extérieurs à l'humanité qui parle, souffre et devient, parce que l'illusion hétérologique se communique aux hommes mêmes et leur fait accroire qu'ils sont des esprits, des âmes, des idées, des noumènes.

Concrètement, la pulsion hétérologique cristallise en une description – une logothéorie – qui se veut absolue : *la* Description. « (...) réduire toutes les descriptions *possibles* à une seule, c'est vouloir échapper au destin des humains. Le fait est qu'abandonner l'idée que la philosophie doit montrer comment tout discours converge naturellement (...) vers une forme de consensus reviendrait à renoncer à l'espoir d'être plus que de simples êtres humains » (*PMN*, p. 414). Or, cette supra-humanité visée est inhumaine ou déshumanisante, car dans la logothéorie finale et absolue, le discours, le symbolique, tend à se nier lui-même, à s'éteindre, à rejoindre la stabilité de la mort. Aussi convient-il de considérer « comme un but suffisant pour la philosophie le fait de ne pas laisser retomber la conversation et de définir la sagesse comme la capacité de soutenir une conversation (... ainsi) on interprète les êtres humains comme sources de nouvelles descriptions (...) » (*PMN*, p. 415). C'est pourquoi la philosophie est invitée à quitter son illusion spéculaire pour se faire herméneutique.

Plus tard, la critique continuera de valoir contre tout théoricien, y compris l'ironiste théoricien.

« L'ironiste théoricien continue de vouloir une espèce de pouvoir qui vient d'une relation étroite à une entité très vaste ; voilà une raison pour laquelle il est rarement un libéral» (*CIS*, p. 102). « Voilà pourquoi il est continuellement tenté de retomber dans la métaphysique, d'aspirer à une grande réalité cachée plutôt qu'à quelque forme parmi les apparences (...) » (*CIS*, p. 105). Dans ce contexte, R. Rorty compare Proust et Heidegger. Ce dernier a perdu du prestige dont il jouissait dans *PMN* en tant que destructeur de la métaphysique (et donc de l'illusion logothéorique) et promoteur d'une phénoménologie herméneutique... C'est qu'il aurait continué d'entretenir le mythe de symboles de transcendance, d'un discours absolument privilégié plus « vrai » que la vérité métaphysique ou scientifique, en pensant « connaître des mots qui auraient, ou devraient avoir eu, une résonance pour n'importe qui dans l'Europe moderne, des mots en accord (...) avec le destin public de l'Occident » (*CIS*, p. 118).

La pulsion hétérologique est mauvaise, dangereuse dès lors qu'elle prétend s'exprimer autrement que pour un usage strictement *privé*. « Lorsque nous lisons Heidegger comme un professeur de philosophie qui a réussi à transcender sa propre condition en utilisant les noms et des mots de grands métaphysiciens morts en tant qu'éléments de sa litanie personnelle, il est une figure immensément sympathique. Mais comme philosophe de la vie publique, comme commentateur de la technologie et de la politique du XXe siècle, il est plein de ressentiment, mesquin, bigle, obsessionnel et, parfois au pire (comme lors de son éloge d'Hitler après que les Juifs aient été éjectés des universités), cruel » (*CIS*, p. 121).

Dans l'*Introduction* à *ORT*, Rorty cite à plusieurs reprises l'expression de T. Nagel, « trying to climb outside of our own minds », pour évoquer la pulsion hétérologique et transanthropologique, que Nagel juge « philosophiquement fondamentale ». Personnellement, je dirais plutôt – tout en reconnaissant qu'elle a joué et continue de jouer un rôle capital en philosophie – qu'elle est *humainement* fondamentale, et qu'à vouloir la nier, la confiner ou la privatiser, pour sauver les humains, c'est l'humanité que l'on nie pour une moitié au moins, car l'humanité a depuis toujours entretenu un rapport irréductiblement ambivalent à sa propre condition, à son donné, son être-là, et c'est ce rapport qui l'a fait évoluer.

Toujours est-il que suivant Rorty, la pulsion hétérologique est, sauf à s'exercer dans la sphère privée (mais comment l'y contenir ?), nuisible, « inféconde et indésirable » (*ORT*, p. 7). Et elle est bien telle parce qu'elle est transanthropologique : « Le besoin humain qui cherche à se satisfaire en tentant de se placer en dehors de tous les besoins humains – le besoin que Nagel appelle 'transcendance' – est un besoin dont l'antireprésentationaliste pense qu'il est culturellement indésirable de l'exacerber. Il pense que ce besoin est éliminable au moyen d'une éducation morale appropriée (…) » (*ORT*, p. 8).

On pourrait longuement évoquer à ce propos tout ce que Rorty doit à Wittgenstein qui a, en un premier temps, exacerbé dans le *Tractatus* la pulsion spéculaire et métaphysico-métalinguistique tout en la contestant, puis en un second temps cherché inlassablement à dissoudre, à déjouer cette pulsion par les descriptions qu'illustrent les *Philosophische Untersuchungen*. Wittgenstein cherchant désespérément à rejoindre l'immanence supposée non problématique des jeux de langages-formes de vie ordinaires, rejoindre la condition humaine toute simple. Wittgenstein cherchant la thérapie lui permettant d'arrêter à son gré de philosopher, la thérapie qui lui permettrait enfin de coïncider avec lui-même, car elle eût montré aussi que l'humanité coïncide avec elle-même, dès lors qu'elle ne cherche pas à s'échapper symboliquement de son immanence aux pratiques langagières.

Dans la culture du « poète, du manager et du thérapeute », la pulsion hétérologique serait éradiquée (grâce à une bonne éducation) ou bien parfaitement gérée, c'est-à-dire isolée grâce à un managment politico-social approprié des discours, ou bien soignée grâce au thérapeute.

Je comprends bien le danger que Rorty cherche à conjurer par des moyens symboliques – des descriptions, un choix de vocabulaire. Ce danger, que charrient les logothéories et les grands signifiants de Vérité, Dieu, Réalité, Histoire, Sens, Objectivité etc., dès qu'on leur donne un contenu déterminé – est bien connu et indésirable. C'est celui de tous les dogmatismes, de tous les totalitarismes abusivement justifiés par des discours et des symboles hétérologiques et qui contraint, voire confisque complètement la liberté et la créativité symbolique des humains, liberté et créativité qui sont *tout* si les humains épuisent leur essence dans leur être et leur faire symboliques.

R. Rorty cherche à déverticaliser la différence anthropologique, à la rendre horizontale, infiniment souple et mobile, c'est-à-dire à la réduire au fil du discours, au déplacement métaphorique des redescriptions, narrations, textes : la rendre intégralement homologique. Dès lors, l'être humain rompant avec la pulsion métalinguistique, dangereuse, morbide et malheureuse, pourra s'adonner aux jeux illimités de l'*adlinguisticité*. Ainsi que j'ai tenté naguère de le montrer [1], du second Heidegger au second Wittgenstein, du dernier Merleau-Ponty à Gadamer, à Derrida, et tant d'autres, une part considérable et créative de la philosophie contemporaine se place bien sous ce signe de l'adlinguisticité contre le métalinguistique et surtout le métaphysique, et produit le phénomène polymorphe de l'inflation du langage dans la pensée au XXe siècle. Mais mon analyse de cette adlinguisticité était critique. J'y voyais des formes de la réaction complexe de la philosophie contre les pratiques non langagières des technosciences contemporaines, contre le rapport opératoire au cosmos dont la philosophie, soucieuse malgré tout de maintenir ses prérogatives, ne veut rien savoir, et qu'elle forclot. R. Rorty me paraît être l'un des virtuoses les plus géniaux et les plus accomplis de cette adlinguisticité et de cette forclusion.

Dans ce qui suit, je voudrais revenir à ce qui est ainsi forclos du discours philosophique contemporain, à savoir les pratiques technoscientifiques. Je voudrais essayer de montrer que la critique que R. Rorty dirige contre la prétention technoscientifique à l'objectivité n'a de sens que si la science contemporaine est logothéorique, c'est-à-dire essentiellement pratique symbolique à visée hétérologique. Je prétends qu'elle n'est pas cela, et qu'avec elle s'opère un transfert de la pulsion de transcendance du symbolique à l'opératoire, au technophysique. Les pratiques technoscientifiques *sont* hétérologiques et elles permettent d'affronter le cosmos et la condition humaine d'une façon non symbolique, de la reconstruire au lieu de la redécrire. Je ne souscris donc pas au fatalisme qui me paraît sous-tendre la sublimation poétique symbolique de la condition humaine, qui la laisse, en somme, inchangée et la donne pour inchangeable, ou qui admet tout au plus

1. Voir nos ouvrages : *L'inflation du langage dans la philosophie contemporaine*, Ed. de l'Université de Bruxelles, 1979 et *Pour une métaphilosophie du langage*, Paris, Vrin, 1981.

que, par le travail, l'humanité est apte à l'aménager, la rendre confortable au poète (cf. *CIS*, p. 40, déjà cité).

4.2. *Hétérologie, transcendance et objectivité*

R. Rorty a déployé beaucoup d'énergie et d'habileté pour rapprocher la notion d'objectivité telle qu'elle apparaît dans le contexte de la recherche scientifique et toute la série des notions hétérologiques que l'on rencontre dans les textes onto-théologiques ou métaphysiques, en particulier la notion de transcendance. Ce rapprochement est possible si l'on continue de décrire la recherche et le développement techno-scientifiques en les situant dans le prolongement sans faille du projet philosophique de Science ou de Vérité. Si la science contemporaine est logothéorie rêvant d'hétérologie finale et si elle ancre ce rêve dans la prétendue objectivité incontestable de son discours et de ses représentations, alors il n'y a aucune raison de ne pas appliquer aux discours de la science le travail textuel de déconstruction, dissolution, métaphorisation que l'on a réservé aux logothéories philosophiques.

Dès lors, on peut s'estimer justifié d'interpréter l'objectivité scientifique comme intersubjectivité, consensualité, solidarité, jeu de langage et écrire : « (...) nous autres pragmatistes voudrions réduire l'objectivité à la solidarité (...) » (« La science comme solidarité », p. 52) [1]. ou : « Les pragmatistes voudraient remplacer le désir de l'objectivité – le désir d'être en contact avec une réalité qui soit davantage que la communauté à laquelle nous nous identifions – par celui de la solidarité avec cette communauté » (*o.c.*, p. 54). Ou enfin : « La seule chose qui rende la science exemplaire, c'est qu'elle est un modèle de la solidarité humaine » (*o.c.*, p. 55).

Voici d'autres affirmations de la même eau que je me contente de mentionner et qui toutes participent de la même idéologie philosophique :

– la science n'est qu'une partie de la culture pas essentiellement différente de la littérature etc. (*CP*, p. XXII, XXXIX) ;

– les contraintes et les consensus en science sont de nature purement conversationnelle de même que les règles et les critères dont on convient pour clore un débat scientifique (*CP*, p. 164-165) ;

– si les consensus en science sont plus fréquents, ce n'est pas en raison de la particularité des pratiques scientifiques, c'est en raison des intérêts (volonté de contrôler, de prédire...) qu'elles servent ou parce

1. In *ORT* (trad. franç.).

que certaines pratiques sociales ont avantage à bloquer le débat (*CP*, p. XLIss) ;

– si les consensus en science sont plus fréquents, c'est en raison des qualités morales, des vertus, de l'éthique, des scientifiques, tels le goût pour la solidarité, pour la discussion sans contrainte etc. (*ScS*, p. 50ss) [1] (*ORT*, p. 61).

Prises *à la lettre*, ces thèses me paraissent non seulement fausses – et aucun scientifique engagé réellement dans la recherche technoscientifique de laboratoire ne pourrait un instant y souscrire – mais dangereuses. Non seulement, elles ne permettent en effet plus de faire la différence entre, par exemple, la physique contemporaine et la physique aristotélicienne ou le phlogistique ainsi que le suggère l'histoire des sciences racontée par Kuhn ou Feyerabend, mais elles ne permettent pas non plus de faire la différence entre le lyssenkisme et la biologie moléculaire. Autrement dit, elles tendent à ruiner la différence entre science, scientisme et idéologie. Or la différence, c'est que les technosciences physiques contemporaines permettent de faire un tas de choses – comme d'envoyer des fusées dans l'espace – que la physique aristotélicienne ne permet pas. Les unes *marchent*, l'autre pas.

Que d'un point de vue philosophique, le discours de la physique contemporaine n'explique pas pourquoi cela marche, ou plutôt que l'image logothéorique de l'univers qu'elle secrète en marge de ces succès n'est pas absolument plus vraie que l'image aristotélicienne, je veux bien l'admettre. Mais l'essentiel n'est pas dans l'explication ultime de l'opérativité efficace : il est dans son constat. Pratiquement, la technophysique marche, point. R. Rorty concéderait cela. Mais il n'y accorde aucun intérêt philosophique, sans doute parce que les pratiques et la recherche technoscientifiques comme telles ne l'intéressent pas, car elles ne lui sont d'aucune aide pour assumer la condition humaine conçue comme essentiellement symbolique.

Régulièrement, Rorty reconnaît la « résistance extralinguistique du réel ». Il admet ce qu'il appelle le « réalisme trivial ». Ce qu'il conteste, c'est le «réalisme philosophique et épistémologique». Je suis d'accord avec ces critiques et je précise bien que *ma critique* de Rorty ne procède d'aucun réalisme philosophique ou épistémologique de ce genre (qu'on oppose ordinairement à Rorty et qui ne fait que répéter le geste logothéorique qu'il défait). Je ne réclame moi-même qu'un

1. « La science comme solidarité ».

« réalisme trivial » du style « The cat is on the mat » et je pense que les technosciences n'ont besoin pour progresser opératoirement de nul autre réalisme que trivial, et surtout pas du réalisme philosophique.

Où se situe donc le différend ?

Il n'est pas, je le répète, dans une quelconque non reconnaissance par R. Rorty de la « résistance du réel » ou de la « causalité brute ». Il est dans sa conception de la science contemporaine. R. Rorty nous dit que la référence à la « résistance du réel » à la « causalité qui s'impose », au « ça marche » ne peut être linguistiquement invoquée pour donner raison, pour attester qu'un discours, une représentation, une explication est *la* bonne, la vraie, comme une espèce de super-justification indiscutable. Et il dénonce le rôle abusif – hétérologique – d'une série de termes tels que « fait, objectivité, réalité, vérité... » en tant que des mots privilégiés qui permettraient, en quelque sorte du dehors du langage, de gagner ou de clore un jeu de langage. Bref, la réalité extralinguistique existe, mais elle ne peut comme telle valoir dans les jeux de langage soit pour privilégier certains jeux de langage – ce seraient les jeux de langage scientifiques – soit pour conclure le jeu du langage. Mais cette critique présuppose que les pratiques techno-scientifiques sont essentiellement des jeux de langage et des jeux de langage logothéoriques. Or, je prétends qu'ils ne sont pas cela, qu'ils procèdent, développent, explorent des modes d'interaction avec le réel qui ne sont pas fondamentalement symboliques et qui ouvrent des possibilités – poïétiques : créatives – qui ne sont pas métaphores et poésie. Mais ces interactions-là, cette poïesis matérielle, techno-physique, n'intéressent pas R. Rorty, parce qu'il est poète et philosophe, parce qu'il est un logothéoricien revenu de toutes les logothéories.

Selon moi, le langage joue, bien entendu, un rôle dans la pratique technoscientifique et ce rôle est important parce que les technosciences sont des pratiques faites par des humains qui sont, en effet, aussi des êtres symboliques. Je vois ce rôle à deux niveaux.

D'abord, purement *instrumental* : non pas un instrument qui permettrait d'emblée de travailler le réel, mais un instrument de communication conventionnel entre les acteurs de la recherche, permettant d'organiser leur action. Ce langage est dépourvu de toute portée ontologique, il relève du réalisme trivial au sens où l'on convient de donner tel ou tel nom à un objet – quel qu'il soit – macrophysiquement stable et donc bien identifiable. Il peut s'agir d'un chat, d'un algorithme mathématique, d'un laser, d'une paramécie visible au microscope ou de l'enregistrement du rayonnement d'une nébuleuse lointaine.

Ensuite, *symbolique*. Ici, interviennent tous les discours, vocabulaires, métaphores, paradigmes, histoires – dont beaucoup sont scientistes ou technicistes, idéologiques – qui gravitent *autour* des pratiques technoscientifiques, modèlent le désir et les phantasmes des scientifiques et des citoyens en général, leur fournissent des images (de la science, du réel, etc.) auxquelles ils croient plus ou moins. Ces symbolisations-là encouragent ou découragent les pratiques technoscientifiques, orientent des centres de recherche, jouent un grand rôle pour la réception sociale de la science et la direction des politiques scientifiques. Ces symbolisations-là peuvent aller jusqu'au réalisme philosophique, elles renouent avec les illusions logothéoriques et font un usage abusif de mots tels que « faits, objectivité, vérité, etc. ». Contre ces abus, les critiques de R. Rorty sont parfaitement pertinentes. Mais ces discours *ne constituent pas* la recherche technoscientifique, ils ne font pas que cela marche ou pas. Ils peuvent cependant empêcher que cela marche, s'ils interfèrent trop dans le comportement et l'action des humains lorsqu'ils entreprennent des recherches, des expérimentations ou des opérations technophysiques.

Le langage de la science n'est pas le langage de la nature, parce que celle-ci ne parle pas et n'est donc pas un interlocuteur dont on pourrait apprendre le langage et que l'on pourrait manipuler en le redécrivant symboliquement. Il n'y a donc pas de discours plus ou moins adéquat à la nature. Mais il y a bien des langages plus ou moins appropriés à l'interaction pratique, technoscientifique, avec la nature. Et ce n'est pas parce que celle-ci n'est pas manipulable symboliquement (ainsi que le supposait la magie) qu'elle n'est pas manipulable autrement.

« Le fait que le vocabulaire de Newton nous permet de prédire le monde plus aisément que le vocabulaire d'Aristote ne signifie pas que le monde parle newtonien. Le monde ne parle pas. Nous seuls parlons » (*CIS*, p. 6). Tout à fait d'accord. Mais ceci veut dire seulement, à mon sens, que l'humanité devrait cesser d'accorder au langage l'importance essentielle, absolue, qu'elle lui accorde parce qu'elle se définit, dans le sillage de la religion et de la philosophie, comme être symbolique. Diminuer, relativiser l'importance du langage en ce qui concerne ses interactions avec le réel, en ce qui concerne son être-au-monde. C'est cette déflation du langage qui commence avec la science moderne et se radicalise dans les technosciences contemporaines. C'est cette déflation du logos que ni la religion, ni le philosophe, ni le poète ne veulent admettre parce qu'ils sont philosophes ou poètes. C'est à cette déflation que résistent la philosophie contemporaine, et l'œuvre de R. Rorty. Et cette résistance anthropo*logique* ou anthropologologique rend compte de la forme prise par la philosophie contemporaine. D'une part, elle admet, par sa critique de l'ontologie, de la métaphysique, des logo-théories, que le langage n'est pas le meilleur moyen de maîtriser le réel ni de se débrouiller dans la condition humaine. D'autres pratiques récentes font manifestement mieux. Mais d'autre part, au prix d'une métamorphose profonde d'elle-même qui la conduit à l'herméneutique universelle, à la poésie, à la littérature, à l'écriture, au textualisme, la philosophie veut maintenir, *in fine*, que la réponse symbolique demeure cependant la seule réponse humainement possible et légitime à la condition humaine. Et elle s'efforce de montrer soit que ces autres pratiques non linguistiques sont tout de même essentiellement linguistiques, ou dépendantes à des degrés divers mais toujours essentiels, du symbolisme, soit qu'en définitive ces pratiques sont inintéressantes. C'est toujours Platon ou Aristote qui se détournent de la réalité et qui placent au-dessus de tout l'existence symbolique, au-dessus de celle de l'ouvrier ou de l'ingénieur. C'est toujours *Homo loquax* qui triomphe d'*Homo faber*. Seulement, contrairement à ce que croient et prétendent les philosophes, tous les hommes ne sont pas philosophes, ni des philosophes potentiels. Ceux-ci ne représentent qu'une fraction de l'humanité qui a développé extraordinairement la capacité linguistique où tout leur désir, leur énergie s'est investi. L'inflation du langage dans la philosophie contemporaine est l'expression d'une sur-affirmation de cette différence symbolique – qui est surtout la différence d'une partie de l'humanité : les intellectuels – à une époque où la valeur, et l'importance de cette différence pour le présent et le futur de l'humanité, paraît profondément ébranlée, diminuée.

L'objectivité de la science contemporaine n'est pas dans la vérité de ses descriptions, elle est dans l'opérativité de ses pratiques.

4.3. *Le transfert de la pulsion hétérologique de transcendance aux pratiques technoscientifiques*

Sous ses espèces symboliques, la pulsion hétérologique de transcendance qui est aussi la pulsion utopique paraît à bout de souffle. C'est ce qu'exprime le désarroi des religions dans le monde occidental et le thème de la fin de la philosophie qui ne cesse de finir, c'est-à-dire d'entretenir encore et toujours le discours en se dévorant elle-même. Cet essoufflement s'exprime à travers l'absolutisation discursive de l'anthropologos, les logologies ou homologies où se survivent et se dissolvent les anciennes logothéories à visée hétérologique, devenues radicalement a-référentielles et auto-référentielles, adlinguistiques, c'est-à-dire ne progressant plus que par déplacements métaphoriques, jeu du langage, interne au langage, littérature ou poésie si l'on veut, mais littérature et poésie détournées par les philosophes revenus de leurs ambitions et illusions non fictionnelles de transcendance véritable.

Mais la pulsion de transcendance fait partie de l'humanité et l'humanité, l'être-au-monde humain ne s'épuise pas dans la symbolicité. L'humanité désire sortir de l'humanité, s'arracher à elle-même, elle est produit métastable de la métastabilité cosmique. La pulsion *méta* qui définit l'humanité est cela même qui l'indéfinit. Elle est la pulsion constructrice ou créatrice. Elle est donc aussi cela qui nie l'humanité. Humaine, elle est inhumaine, transhumaine. Le langage exprime cela, à la fois par ses capacités constructivistes, méta- et adlinguistiques illimitées, sa productivité interne, sa spéculativité et, par le rêve de sortir de lui-même, le rêve de la transcendance hétérologique.

Le langage lui-même, et avec lui l'homme comme animal symbolique, est une expression de la métastabilité cosmique – puisqu'il coïncide avec l'arrachement à la condition naturelle animale immédiate, arrachement ou dépassement qui crée l'humanité. Et l'homme peut en effet à l'infini mimer cette créativité du sein même de sa création, « habiter la terre en poète » et ainsi peut-être accéder à une sorte de stabilité – heureuse – toute contenue dans le seul jeu de son essence symbolique, en jouir, l'accomplir, sans rêver ni désirer autre chose que cette jouissance et ses accomplissements symboliques. Lire, écrire, converser, être artiste… se contenter de l'infinitude du symbolique compatible avec sa finitude biophysique. Telle est l'assomption symbolique de la condition humaine ; il est permis de la décrire comme sage et peut-être comme heureuse. Mais l'homme a toujours rêvé et désiré aussi autre chose qui ne s'accommode pas de la finitude biophysique associée à ces rédemptions symboliques.

Ce rêve ou ce désir est sans forme ni nom ni symbole. Mais il s'est très souvent coulé dans des formes, des symboles et des noms, et il a, sous ces identités fallacieuses, causé beaucoup de mal, de souffrances, d'injustice. On peut donc être tenté d'identifier ce désir comme le danger ou le mal absolu ou radical, et rêver d'une culture qui l'aurait éradiqué. La culture qu'il arrive à R. Rorty d'appeler de ses vœux et qu'il qualifie de post-philosophique. Je ne veux pas discuter ici de la possibilité d'une telle éradication ni des méthodes – notamment politiques – qu'il faudrait utiliser et qui me font quelquefois songer à un « Brave New World », dont la différence avec celui d'Huxley serait qu'il aurait été produit par les méthodes dites « douces » de l'ingéniérie sociale, de la gestion et de la thérapie. Je veux simplement dire qu'il constituerait une négation de l'humanité par identification définitive de celle-ci à la différence symbolique. Or, je le répète, une telle identification ne me paraît valable que pour une fraction de l'humanité qui imposerait ainsi aux autres la forme de son désir ou l'essoufflement de son désir.

Les technosciences sont des pratiques non symboliques qui mobilisent, certes pour des raisons ou des croyances symboliques très variées, un nombre très important d'humains. Ces pratiques sont profondément trans-anthropologiques. Elles ne concernent pas spécialement l'homme et sont tentées, du sein de leur dynamique propre, de le traiter à la manière de n'importe quelle cristallisation physique ou biophysique que le cosmos offre à l'exploration. Ces tentations sont-elles un mal – le Mal – dont s'émeuvent les consciences religieuses, philosophiques et morales ? C'est une question importante que j'éviterais de poser dans l'absolu et dans l'attente d'une réponse globale et définitive par oui ou par non. L'expérimentation humaine, l'objectivation, la manipulation, la reconstruction biophysique de la nature humaine peuvent occasionner beaucoup de maux et tout un courant, très important de la pensée s'affaire depuis peu, et sous l'appellation « bioéthique », autour de ces dangers. Mais ces pratiques, biomédicales par exemple, peuvent apporter aussi beaucoup de bonnes choses, soulager des souffrances. Ce débat demeure pour l'essentiel interne à la condition humaine, son aménagement, sa gestion, son confort. Il peut prendre la forme d'un débat de société dans lequel Rorty, Habermas, Apel et les autres auraient beaucoup à dire.

Ce que *je* veux dire, c'est que la dynamique exploratoire des technosciences excède aussi *tout débat*, en tout cas tout débat qui prétendrait les prévenir, *anticiper ou limiter leur avenir*, leur virulence poïétique propre. Car les pratiques technoscientifiques concernent de façon non symbolique les acteurs du débat symbolique, les sujets parlants.

L'étymologie du verbe « to cope with » que R. Rorty utilise si souvent pour évoquer le rapport au réel extralinguistique renvoie au bas latin « colpus » qui désigne le « coup » (un coup de poing ou une « taloche »). « To cope with » exprime donc une interaction singulièrement forte. Elle convient mal au langage qui permet tout au plus de « débattre » au sujet de la réalité ou plutôt au sujet de ce que nous allons faire. Le langage permet le débat entre sujets parlants. Même instrumentalisé, il ne permet pas de se débattre avec le réel extra-linguistique. Ce sont les pratiques technoscientifiques – et antérieurement le travail, le bricolage, les techniques – qui « cope with » la réalité, qui se débattent avec elle, et elles sont plus ou moins encouragées et servies par le langage, par les débats linguistiques.

Les débats technoscientifiques avec le réel sont-ils bien servis par les descriptions de R. Rorty ? Ma réponse est mitigée. Elle est affirmative dans la mesure où R. Rorty encourage les libertés démocratiques et la société libérale qui me paraissent un contexte socio-politico-économique favorable à la recherche et au développement technoscientifiques. Je serais beaucoup plus réservé à l'égard de la description qu'il nous propose de la science, et donc indirectement des pratiques technoscientifiques, de leur rôle, de leur valeur, de leur importance pour cette société libérale et pour le débat des hommes avec leur condition réelle. Sa linguisticisation, sa métaphorisation de la science qui connote – voire affirme – qu'elle se fait comme de la littérature, dans une bibliothèque ou dans un salon où l'on cause, son travail incessant pour l'acculturer tout en lui déniant une place privilégiée dans la dynamique culturelle, me paraissent bien davantage, si ces conceptions venaient à prévaloir (et il est loin d'être le seul à tenir ce langage, une armée d'humanistes et d'intellectuels le suivent), devoir saper l'engagement technoscientifique occidental et du même coup la puissance occidentale, support de sa mondialisation. J'ai parfois l'impression qu'inconsidérément – comme tant d'intellectuels – Rorty philosophe-poète scie la branche sur laquelle il est assis, et si confortablement assis.

J'ai souligné ci-dessus la portée *transanthropologique* des pratiques technoscientifiques. Sous sa *forme faible*, elle est simplement *transethnologique* et peut paraître tout à fait humaniste. Liée au fait que les techniques fonctionnent partout de la même manière (compte tenu bien sûr des variations des milieux physiques), indépendamment des environnements culturels et symboliques, cette portée transethnologique est vertu d'universalisation, d'unification de la planète et de l'humanité, raison et progrès en marche. Que ceci puisse être dénoncé comme n'étant que l'expression de l'ethnocentrisme occidentaliste transférant – vendant – sa technologie et en même temps ses modes de vie, n'est pas ici mon problème et R. Rorty a longuement et très intelligemment débattu cette question. Je veux seulement dire que sous cette forme transethnologique, la technoscience contribue à cimenter l'humanité, à produire cette civilisation planétaire, cosmopolite, pluriculturelle, ouverte et libre qui est l'utopie philosophico-politique la plus répandue.

Mais sous sa *forme forte*, la portée transethnologique de la techno-science est *positivement transanthropologique*. Et là, les humanistes occidentaux qui applaudissaient il y a un instant, se mettront, pour la plupart, à crier à la folie, à l'absurde, au danger : à l'inhumanité et à la barbarie. Car ce qui paraît maintenant en jeu, c'est la dignité de l'homme, la prévalence de la différence anthropo*logique*. Beaucoup « se voileront simplement la face», et affecteront de ne pas voir, refermant le symbole sur lui-même par forclusion de ce cosmos, de cette nature qu'« ils ne sauraient voir» et contre laquelle les autres se battent. Je suis persuadé que R. Rorty la voit très bien, lui qui souligne avec une telle radicalité la contingence cosmique de l'humanité. Mais il ressent devant elle une telle impuissance et a le sentiment d'une telle précarité, qu'estimant qu'il n'y a rien de légitime à en dire (ce serait retomber dans le rêve métaphysique) et rien à y *faire*, la seule issue, le seul salut est de l'accepter pour soi et pour les autres en lui réservant le traitement le plus fugace, le plus précaire, le plus fragile qui soit, mais qui exprime en même temps tout le souci, toute l'attention, tout le bonheur désespéré qu'un homme peut réserver à une contingence et une précarité qui est tout pour lui et rien par ailleurs : la dire, la chanter, la poétiser, et veiller, dans la mesure du possible, à ce que cette existence de rêve ne se passe pas trop mal, ne dégénère pas en cauchemar, du moins de notre fait. Attitude légitime et si « humaine ». Mais qu'en est-il de ces autres qui veulent continuer à se battre contre la contingence cosmique de la condition humaine ou plutôt qui veulent se saisir de cette contingence, parce qu'elle n'est que contingence, pour la pousser ailleurs, la transformer, en devenir peu à peu et toujours plus l'auteur au sens non de la redescription mais de la reconstruction. J'avoue que je n'ai rien à dire de définitif à propos de l'avenir de ces reconstructions, de cette migration lente – et seulement possible – de l'humanité hors de sa condition naturelle, vers une condition de plus en plus artificielle, vers je ne sais quoi. Généralement, cette migration se fait d'ailleurs sous le drapeau de la pure amélioration de la condition humaine, du bien de l'humanité. Mais elle n'est pas simplement telle ; la reconstruction interne est aussi travail aux limites. Les pratiques technoscientifiques constituent ce travail, ce débat multiforme mais non symbolique, par où, quittant la transcendance du logos, la pulsion de transcendance se coule dans le *faire* et pousse obscurément et silencieusement l'humanité toujours davantage hors d'elle-même selon certains, vers elle-même selon d'autres. Ce travail est lent et aussi précaire que l'être qui l'accomplit avec patience ou révolte. Nul ne sait où il conduit ni s'il conduit quelque part. Il *est* seulement, et fait partie de la créativité cosmique, de cette productivité du temps ou de l'être qui l'a, peut-être accidentellement, engendré.

Tout ce que je veux dire, c'est que ce travail d'exploration technique, physique, qui se débat avec la causalité brute et la résistance du réel, sans qu'aucune lumière ni aucun logos ne puisse vraiment le guider, mérite d'être reconnu et respecté en soi, que le désir qui le pousse n'est pas plus absurde que celui qui fait parler le poète.

Ce travail des pratiques technoscientifiques parce qu'il est travail humain dans et sur la condition humaine mérite aussi, exige peut-être (en tout cas je le crois très souhaitable), d'*être accompagné par le débat symbolique*.

Cet accompagnement a lieu. Mais beaucoup dépend de sa *qualité*. A ce propos, les intellectuels éclairés (les philosophes en particulier, sans parler des théologiens éclairés autrement) me paraissent trop souvent manquer de modestie et de prudence, parler trop haut et trop fort. Les débats bioéthiques, par exemple, retentissent de ces voix puissantes, normatives, promptes à prendre des accents d'apocalypse. Heureusement jusqu'ici, les verbes qui ne jurent que par la raison, la nature humaine etc. – et que R. Rorty serait d'ailleurs le premier à ramener à un ton plus modéré – n'ont pas trop entamé la dynamique technoscientifique et le dynamisme des chercheurs.

Selon moi, « Homo loquax » et « Homo faber » sont frères et se doivent assistance l'un l'autre sans que l'un ne cherche à prendre le pouvoir sur l'autre. Telle serait la véritable *solidarité* entre ceux qui se débrouillent mieux avec les mots (avec les autres) et ceux qui se débrouillent avec les choses. Mais cette solidarité-là n'est pas facile pour bien des motifs, et d'abord de communication. C'est le problème bien connu, mais non résolu, des « deux cultures » évoqué à la mi-temps de ce siècle par P. Snow.

Il me paraît un peu simpliste de réduire l'objectivité à la solidarité. Bien que je comprenne ce que Rorty veut dire et que j'admette que dans bien des cas – toutes les tentations philosophantes et idéologisantes suscitées par les technosciences dont les praticiens aussi rêvent de pouvoir symbolique – il a raison, je pense également qu'il refuse de voir la moitié de la réalité et que, quand bien même il m'accorderait l'essentiel de ce que j'ai dit au sujet de la technique et des pratiques technoscientifiques qu'il ne nie pas et dont il ne nie même pas l'intérêt dans certaines limites pas clairement précisées, son discours entretient systématiquement des connotations fortes qui tendent à confisquer ou à réduire la valeur, la différence et l'autonomie des pratiques techno-scientifiques par rapport aux pratiques discursives et symboliques. En ce sens, il reste un homme du pouvoir symbolique pour le meilleur et aussi pour le pire.

J'estime qu'il y a deux bonnes choses à promouvoir et à respecter, et ces deux activités sont distinctes bien qu'elles interagissent constamment : le débat avec le réel et le débat avec autrui, l'un et l'autre dans la liberté.

Gilbert HOTTOIS*

* Université Libre de Bruxelles.

Section IV

Apports et insuffisances de la réflexion politique et juridique

La pensée de Rorty ne s'est pas immédiatement fait connaître sur le plan de la philosophie politique ou juridique. Elle a été prioritairement une critique de la tradition métaphysique et épistémologique jusque dans ses avatars analytiques et linguistiques contemporains. C'est cette critique même qui a conduit Rorty à des considérations d'abord éthiques, puis de plus en plus politiques et juridiques. En soi, cet itinéraire est original et intéressant. Du point de vue des spécialistes de la pensée politique et juridique, il ne va pas cependant sans un certain nombre de lacunes et de naïvetés. Mais cette fraîcheur de la réflexion rortienne l'a également conduit à des déclarations particulièrement provocatrices parce que massives et qui « donnent à penser » au philosophe, telles la déclaration de la priorité de la démocratie sur la philosophie ou l'idée d'une privatisation de la philosophie.

L'analyse très nuancée d'A. Berten (*Sur la distinction du public et du privé. Entre les libéraux et les communautariens*) tente de situer la pensée de Rorty au sein du débat de la philosophie politique anglo-saxonne. Berten montre que, bien qu'il se réclame à bon droit de la tradition libérale, Rorty se distingue au sein de celle-ci par des nuances communautariennes dues à son accentuation progressive de la solidarité et aussi en raison de son attachement herméneutique à l'historicisme et au contextualisme dérivés de sa critique primitive de la métaphysique et de la théorie de la connaissance. Il n'est donc pas simple de situer avec précision Rorty sur l'échiquier de la pensée politique contemporaine, par exemple en prenant comme fil conducteur la distinction, centrale, entre l'espace public et la sphère privée. Une question capitale de cette problématique – qui rejaillit également dans des analyses ultérieures davantages axées sur l'éthique (voir Section V les contributions de M.-H. Parizeau et R. Visker) – est celle de la viabilité d'une société dont le citoyen idéal est l'ironiste libéral : une telle société est-elle suffisamment cimentée et est-elle capable de se reproduire ? Les communautariens doutent même que l'attitude décrite comme « ironiste libérale » soit psychologiquement vivable. Ces questions sont principalement empiriques et pragmatiques, mais à défaut de pouvoir leur trouver une réponse à partir de l'étude de l'histoire récente des sociétés développées, elles impliquent des « expériences » psychologiques et sociales dont les conséquences pour l'avenir sont particulièrement lourdes et qui s'expriment, pour nous au présent, en termes de choix sociaux et politiques aux implications difficilement prévisibles.

Enchaînant sur le thème de la distinction privé-public, M. Weyembergh (*L'ironiste libéral et l'état d'exception*) montre qu'elle ne vaut que si l'on identifie le public à la politique au sens de l'Etat et de la lutte des partis en vue du pouvoir car, au sens large, la société civile (les sphères privées) fait elle aussi partie du politique, et bien des aspects de l'existence dite privée peuvent être analysés selon leur signification politique.

L'essentiel de ce chapitre porte cependant sur la question de l'état d'exception (guerre, révolution) conçu comme un révélateur de certains aspects du politique à l'état pur caractérisé par la force, la violence, la lutte à mort. Il s'agit là d'une face du politique qui, dans les sociétés non démocratiques, mais aussi à l'intérieur de celles-ci (à l'origine de celles-ci notamment) et plus encore entre les nations, est perpétuellement latent, et souvent éclatant. L'état d'exception est une situation où il n'y a plus de droit ni de légalité, où le débat redevient combat et où la discussion, fondée sur des présupposés minimaux communs, ne fonctionne plus comme régulation civilisée des conflits. Alors que toute une tradition machiavélienne de penseurs de la politique souligne l'importance heuristique – mais aussi créatrice – de l'état d'exception, alors que Rorty manifeste par ailleurs – sur le plan privé et langagier – un goût intense pour une sorte de révolution permanente créatrice, sa pensée politique est étonnamment prudente et conservatrice, comme aveugle à l'en deçà ou à l'au-delà de la conversation policée. Cette cécité rend l'ironiste libéral particulièrement mal préparé pour affronter l'état d'exception où il paraît bien impossible de rester libéral et vain d'exercer l'ironie. En politique, l'ironiste libéral manque de réalisme, même en ce qui concerne la situation interne des sociétés démocratiques où les consensus sont beaucoup moins évidents qu'un certain angélisme ne semble le suggérer.

Avec L. Bégin (*Prendre les droits au sérieux ou avec ironie ?*), on trouve développée la question capitale, pour le monde démocratique et libéral, du mode de justification des droits de l'homme. Bégin se dit d'emblée d'accord avec l'anti-fondationalisme postulé par le pluralisme et il suit donc jusqu'à un certain point le néo-pragmatisme de R. Rorty qui juge que la fondation de type onto-théologique est plus nuisible que salutaire pour le maintien et l'amélioration d'une société soucieuse des droits de l'homme.

Là où, pour des raisons à la fois théoriques et pragmatiques, Bégin rompt avec Rorty, c'est lorsque celui-ci abandonne toute prétention rationnelle à la *justification*, c'est-à-dire à l'argumentation, qui n'est ni rhétorique, ni poétique expressive, ni fondation métaphysique. On ne peut sauver l'héritage de la modernité (Kant, les Lumières) en abandonnant complètement leur référence constitutive à la raison, sous prétexte qu'elle postule un point de vue extérieur dont le nominalisme, l'historicisme et le contextualisme n'ont que faire. Justifier est une démarche et une nécessité non seulement philosophique mais plus simplement humaine et elle n'est pas réductible à la simple expression de désirs ou à l'articulation de souhaits, ou encore à quelque stratégie rhétorique de la persuasion. Rorty confondrait la justification au sens « véritatif » et la justification dans un sens délibératif qui n'implique pas – au contraire – que ceux qui délibèrent soient inconscients du contexte socio-historique dans lequel ils délibèrent. Cette conscience délibérante située continue *de facto* et *de jure* de se référer à des idéaux régulateurs, tels que le juste, l'universel ou le rationnel. Centrée sur la question des droits, la critique de Bégin relève clairement de la ligne de pensée développée dans la Section II, en particulier dans le chapitre 4 (*Les limites du contextualisme*).

CHAPITRE VIII

SUR LA DISTINCTION DU PUBLIC ET DU PRIVÉ

ENTRE LES LIBÉRAUX ET LES COMMUNAUTARIENS

L'acheminement de Richard Rorty vers la philosophie politique n'est pas commun. Celui qui jette un coup d'œil sur l'index des références de *Philosophy and the Mirror of Nature* (1979) [1], n'y trouvera aucune référence à John Rawls, et à sa *Theory of Justice* [2] qui, en 1971, remania si profondément le paysage de la philosophie politique anglo-saxonne. L'itinéraire de Rorty a été d'abord « épistémologique ». A la suite de Quine, de Goodman ou de Sellars, ses questions étaient celles du postempirisme et concernaient des problèmes comme ceux de l'antiréductionnisme, du holisme épistémologique ou de l'antifondationalisme [3]. Son terrain d'élection ne se situait pas et ne se situe toujours pas au sein des débats qui ont vu l'affrontement des utilitaristes et des libéraux, des égalitaristes radicaux et des libertariens. Mais on peut comprendre une partie de ses positions à partir d'une péripétie plus récente des discussions autour de Rawls : les débats qui ont eu lieu entre les libéraux comme Rawls, Dworkin, Ackerman ou Kymlicka, d'une part, et ceux qu'on appelle les communautariens [4], comme MacIntyre, Sandel, Taylor ou Walzer.

1. R. RORTY, *Philosophy and the Mirror of Nature,* Princeton (N.J.), Princeton University Press, 1979, trad. franç. Th. MARCHAISSE, *L'homme spéculaire*, Paris, Seuil, 1990.

2. J. RAWLS, *A Theory of Justice*, Cambridge (Mass.), Harvard University Press, 1971, trad. franç. C. AUDARD, *Théorie de la justice,* Paris, Seuil, 1987.

3. Cf. sur cet itinéraire : C. WEST, « La politique du néo-pragmatisme américain », in J. RAJCHMAN & W. CORNEL, *Post-Analytic Philosophy,* Guilford (Surrey), Columbia University Press, 1985, trad. franç. A. LYOTARD-MAY, *La pensée américaine contemporaine,* Paris, PUF, 1991, p. 385-404.

4. Le terme « communautarien » est un néologisme qui traduit « communitarian ». Th. Marchaisse, dans sa traduction de « Le primat de la démocratie sur la

Mais, trois ans plus tard, en 1982, l'article consacré à la philosophie américaine d'aujourd'hui dans *Consequences of Pragmatism* [1], prend acte de l'importance de l'œuvre de Rawls. Rorty y constate l'éparpillement et l'esprit de chapelle qui caractérise les débats de philosophie analytique mais fait remarquer que, par contre, dans le domaine de la philosophie politique, et précisément autour de la *Theory of Justice,* il y a un « paradigme interuniversitaire original, un ouvrage dont l'importance et la permanence sont à juste titre reconnues de tous côtés » [2]. Néanmoins, le commentaire qui est fait de ce livre indique bien en quoi les chemins suivis par Rorty sont tout différents de ceux qu'ont suivis et que suivent la plupart des philosophes politiques anglo-saxons actuels – du moins depuis 20 ans :

> « C'est un livre qui descend directement de Kant, Mill, et Sidgwick. Le même livre aurait pu avoir été écrit si le positivisme logique n'avait jamais existé. Ce n'est pas un triomphe de la philosophie 'analytique'. C'est simplement la meilleure version actuelle que nous ayons de la pensée sociale libérale. Il se fait qu'il a été écrit par un professeur de philosophie, mais si Rawls avait étudié le droit ou la science politique plutôt que la philosophie, il n'est pas sûr qu'il aurait été conduit à écrire quelque chose de très différent ni même à argumenter dans un style différent » [3].

Mais peut-être est-ce cela justement qui intéresse Rorty : cette version actualisée et convaincante de la pensée libérale américaine et, partiellement, européenne. Or, chez Rorty, cette version pragmatiste du libéralisme coïncide heureusement avec ses positions épistémologiques – et à mon avis, un des aspects les plus intéressants et les plus féconds de sa pensée (bien que cela lui ait été reproché) est justement d'avoir essayé d'appliquer à la philosophie morale et politique les conclusions de ses travaux épistémologiques. Pourtant, on ne peut pas

philosophie » (in G. VATTIMO, (ed), *La sécularisation de la pensée*, Paris, Seuil, 1988, p. 37-63) a proposé la traduction « anti-individualiste », traduction approuvée par Rorty lui-même. Mais le terme « anti-individualiste » est trop vague et trop ambigu pour rendre compte correctement des divers aspects de la pensée communautarienne. Par ailleurs, le mot « communautarien » commence à être suffisamment familier pour être employé. Cela comporte néanmoins un danger, car il ne s'agit pas d'un courant unitaire et il y a de fortes différences entre des conservateurs comme Sandel et MacIntyre, d'une part, et des philosophes beaucoup plus proches des libéraux, comme Taylor ou Walzer, d'autre part.

1. R. RORTY, « Philosophy in America Today », in *Consequences of Pragmatism (Essays : 1972-1980)*, Minneapolis, Univ. of Minnesota Press, 1982, p. 211-230.

2. « Philosophy in America Today », *op. cit.,* p. 216.

3. *Idem,* p. 216-217.

dire que Rorty soit un « libéral » au sens rigoureux du terme. De nombreux aspects de sa pensée pourraient bien être interprétés comme « communautariens ». En fait, comme il prétend se situer décidément en dehors des questions métaphysiques ou anthropologiques fondamentales, et en particulier, refuser catégoriquement la question de la justification et du fondement, il peut faire une lecture charitable tant de Rawls que de certains communautariens, s'attachant à leurs positions politiques pratiques et mettant entre parenthèses les argumentations qui visent à leur donner une assise philosophique cohérente et fondée.

C'est pourquoi aussi il n'est pas simple de « classer » Rorty dans les courants de philosophie politique dominants. Néanmoins, on peut trouver un excellent révélateur de l'originalité de sa position dans son traitement de l'opposition classique – et centrale également dans son œuvre – entre le « public » et le « privé ».

La distinction du public et du privé, si elle est en un sens constitutive du politique en tant que tel [1], a reçu, de l'avènement de la modernité européenne, la forme que nous lui connaissons actuellement. La modernité occidentale a en effet fait surgir une série de « divisions », de scissions, qui apparaîtront dans la suite comme autant de problèmes et de tâches de « réconciliation ». Une de ces scissions est celle entre société civile et Etat, entre sphère publique et espace privé, entre le domaine du juste et celui du bien. Une bonne partie de la philosophie politique continentale moderne consistera à tenter de surmonter cette dualité, de réconcilier d'une façon ou d'une autre le privé et le public, de restaurer l'unité de l'homme – ce que Rorty dénonce précisément comme une « tentative de confusion du public et du privé » [2].

De ce point de vue, le débat entre *libéraux et communautariens* pourrait n'apparaître que comme l'insistante récurrence d'une question jamais résolue, soit que, comme dans le cas des libéraux, on tente de marquer de façon rigoureuse la frontière entre public et privé,

1. Cf. J. FREUND, *L'essence du politique,* Paris, Sirey, 1965, p. 280-367. Si l'on met entre parenthèses l'essentialisme qui imprègne la philosophie de Freund, les analyses qu'il propose restent très éclairantes.

2. R. RORTY, *Contingency, Irony and Solidarity,* Cambridge, Cambridge University Press, 1989, trad. franç. P.-E. DAUZAT, *Contingence, ironie et solidarité,* Paris, A. Colin, 1993, p. 13. Ce thème de la « réconciliation » est très présent dans l'interprétation que Habermas donne de la signification d'une bonne partie de la philosophie hégélienne et post-hégélienne dans *Der philosophische Diskurs der Moderne : 12 Vorlesungen,* Frankfurt/M., Suhrkamp, 1985, trad. franç. Chr. BOUCHINDHOMME et R. ROCHLITZ, *Le discours philosophique de la modernité,* Paris, Gallimard, 1988.

soit que, comme c'est souvent le cas des communautariens, il y ait une tendance à absorber, au moins partiellement, la sphère privée dans la sphère publique. Ce qui fait l'originalité de Rorty, c'est que, à l'instar des libéraux, il affirme la nécessité de maintenir fermement la frontière, mais que, par ailleurs, il la déplace et la pose en termes différents.

1. Libéraux et communautariens

1.1. *D'un libéralisme strict*

La publication de la *Théorie de la Justice* de John Rawls a été non seulement à la source d'un débat intense, mais elle a engendré une image relativement claire de ce que pourrait être une philosophie politique libérale. Certes, la position de Rawls, tout comme d'ailleurs celles de Ronald Dworkin ou de Jürgen Habermas, a évolué et en est venue à rencontrer un grand nombre des objections communautariennes. Mais on peut styliser quelques-unes des thèses qui ont donné le coup d'envoi au débat.

Une distinction centrale de la philosophie politique libérale est celle du juste et du bien, celle entre « *the right and the good* » [1]. Cette distinction a pu être pensée comme quasi équivalente à celle de « public » et de « privé ». Elle vise à séparer nettement les domaines dans lesquels les problèmes doivent faire l'objet d'une discussion publique afin de recevoir une solution « juste » et contraignante, et ceux, au contraire, qui relèvent des choix individuels et privés, et concernent la vie « bonne » et les différentes conceptions du bien. C'est une opposition aussi entre morale publique et morale privée. Et, dans cette opposition, les libéraux défendent la priorité politique des droits visant à sauvegarder l'égale liberté des individus sur les différentes conceptions du bien – ce qui ne signifie bien évidemment pas que pour l'individu il y a priorité du public sur le privé (c'est même le contraire qui est vrai : l'organisation de l'Etat doit permettre à tous les individus de chercher aussi librement que possible leur propre conception du bien).

La détermination du juste renvoie à une discussion « rationnelle » et « raisonnable », où vaut la règle du « meilleur argument ». Il s'agit

1. Cf par exemple J. RAWLS, « The Priority of Right and Ideas of the Good », *Philosophy and Public Affairs,* 17, 1988, p. 251-276; trad. franç. « La priorité du juste et les conceptions du bien », *Archives de Philosophie du Droit,* 1988, 33, p. 39-59 ; W. KYMLICKA, «Liberal Individualism and Liberal Neutrality », *Ethics,* 99, 1989, p. 883-905.

de produire des normes visant à organiser la coopération entre individus mutuellement désintéressés et respectant au maximum la liberté qu'a chacun de choisir sa propre conception du bien. C'est pourquoi on parlera dans ce cas de justice procédurale : il ne s'agit pas de prendre position sur des « valeurs » ou des conceptions substantielles de la morale ou du bien, mais de déterminer des procédures d'attribution de droits et de distribution des richesses, de façon à respecter l'ensemble le plus étendu de libertés égales pour tous les citoyens.

Une telle position implique une conception formelle et universaliste de la morale publique, une conception neutre de l'Etat et une certaine forme d'individualisme.

Les libéraux sont souvent réputés se référer à une conception de la morale que l'on peut qualifier de kantienne [1]: universaliste, formelle, déontologique, et, comme Habermas l'a montré, cognitiviste [2]. Certes, à la différence de la morale kantienne, l'universel n'est pas donné *a priori*, mais il est ce qui doit résulter des procédures de discussion argumentée, de l'équilibre réflexif impliqué par la méthode rawlsienne de construction des principes de justice.

Dans une telle conception, l'Etat est « neutre ». Il ne peut prendre position pour aucune conception particulière du bien. Le modèle historique de cette neutralité, c'est la séparation de l'Eglise et de l'Etat. Mais la neutralité est souvent pensée bien plus loin : par exemple dans des questions comme celles de savoir si l'Etat doit subventionner la culture et l'art, ou si, dans le domaine de l'école publique, il faut subventionner également les diverses formes d'enseignement moral ou confessionnel.

Enfin, on a souvent souligné que les thèses libérales reposent sur une conception anthropologique individualiste. En effet, non seulement ce qui est la fin première des institutions publiques, c'est la garantie de la liberté individuelle, mais de plus, les libéraux estiment que le choix d'une conception du bien, des fins ultimes ou du sens de la vie est quelque chose qui relève du choix de chacun individuellement –

1. Cette réputation provient entre autres de l'article : J. RAWLS, « Kantian Constructivism in Moral Theory » (Three Lectures given at Columbia University in April 1980 « John Dewey Lectures »), *The Journal of Philosophy*, 77, n° 9, sept. 1980, p. 515-573. Mais comme me l'a fait remarquer Wayne Norman, de nombreux libéraux, tels W. Galston, T. Scanlon, et d'autres, refuseraient ces caractérisations kantiennes.

2. Cf. J. HABERMAS, *Erläuterungen zur Diskursethik,* Frankfurt/M., Suhrkamp, 1991, trad. franç. M. HUNYADI, *De l'éthique de la discussion,* Paris, Cerf, 1992, p. 30sq.

au moins idéalement. C'est pourquoi, on peut les interpréter comme accordant une certaine priorité du « self » sur ses fins, voulant dire par là que le « moi » n'est pas déterminé par des fins qui lui seraient extérieures ou antérieures, mais que c'est lui qui détermine quelles sont les fins qu'il peut et veut choisir, s'il veut les abandonner ou les modifier.

Deux questions me semblent importantes dans le débat qui nous occupe ici. La première est de savoir dans quelle mesure les positions libérales, dans leurs prétentions universalistes, reposent sur une « métaphysique », ou sur une « conception de la nature humaine », explicite ou implicite. Rorty, comme on sait, donne une interprétation de Rawls en particulier, et des libéraux en général, strictement pragmatique : il les exonère de toute référence à un fondement de type kantien, et plus généralement de toute préoccupation de « fondement ». Nous verrons que cette interprétation – ou redescription – ne fait pas trop violence aux formulations libérales les plus récentes, celles de Rawls aussi bien que celles de Dworkin ou de Will Kymlicka. En fait, Rorty adopte une *méthode argumentative* qui est également défendue par Rawls et il le reconnaît explicitement :

> « Aussi pensons-nous que la méthode convenable à la théorie politique est celle que Rawls appelle 'la recherche de l'équilibre réflexif'. Nous bricolons, sans disposer par avance d'un critère clair, en comparant notre jugement intuitif de tel récent développement (institution ou mode de vie) avec tel antique 'premier principe' qui paraît contredire notre intuition, espérant ainsi trouver le moyen d'équilibrer les revendications en présence » [1].

La seconde question est en partie empirique. Les communautariens ont reproché aux libéraux de se baser sur une conception de l'individu intenable : un « unemcumbered self » qui n'existe pas et ne peut exister. Mais, de plus, ils ont reproché à la conception politique des libéraux et à la manière dont ils envisageaient la procéduralisation de l'espace public de n'être pas à même de produire les motivations politiques élémentaires indispensables pour maintenir et reproduire la société libérale elle-même. C'est la question que Rorty pose concernant le type de « ciment social » dont nous avons besoin.

1. R. RORTY, « Cette bonne vieille philosophie », *Commentaire*, 11, 1988, n° 42, p. 484-491 (paru dans *The New Republic*, 4 avril 1988), p. 488.

1.2. *Des positions communautariennes*

Si l'on ne peut pas considérer les communautariens, comme un groupe homogène, on peut néanmoins suggérer quelques-unes des positions dont ils se rapprochent plus ou moins. Par opposition aux libéraux, on dira alors qu'ils défendent une conception de la morale substantielle qui valorise les vertus, une conception de l'Etat dont la mission est de veiller au bien commun et une conception qui donne la priorité à la communauté sur l'individu [1].

Pour la plupart d'entre eux, tels que Sandel, MacIntyre ou Taylor, une distinction stricte entre le juste et le bien, entre le public et le privé est intenable, parce qu'une théorie morale ne peut se développer qu'à partir d'une conception spécifique du bien ou même, plus strictement encore, d'une hiérarchie des biens [2]. La conception du juste doit se subordonner à une conception globale du bien.

C'est pourquoi à l'idée d'une morale universaliste, décontextualisée et formelle, les communautariens opposent la thèse du caractère contextualisé, historique et culturel, de tout système de valeurs. Une pratique ne peut être évaluée du point de vue moral que si on la met en rapport avec l'ensemble des pratiques et traditions appartenant au même contexte socio-historique. De même, la liberté, pour eux, est toujours située, liée à ce qui nous est donné par la culture ou le contexte.

Les communautariens sont, en un sens, proche des courants herméneutiques. Pour eux, le choix moral n'est pas affaire de « jugement » (raisonnement, argumentation), mais d'auto-découverte (herméneutique).

Et si l'on devait parler des « entités » qui peuplent leur ontologie, on qualifierait les communautariens de « holistes » car ils acceptent des entités collectives telle que la communauté ou la nation. Ils défendent la priorité de la vie communautaire et du bien commun sur les choix individuels et affirment que le « self » est constitué par les fins qui lui sont proposées au sein d'une société historique.

Cela a des conséquences sur la manière dont est évalué le rôle de l'Etat et son implication dans les choix moraux des individus. Si la détermination de l'excellence éthique nous renvoie toujours à la tradition propre à une communauté historique particulière, les obli-

1. Cf. par exemple, M. SANDEL, *Liberalism and the Limits of Justice*, Oxford, Oxford University Press, 1982 ; A. MACINTYRE, *After Virtue. A Study in Moral Theory*, London, Duckworth, 1981.

2. Cf. C. TAYLOR, « Le juste et le bien », *Revue de métaphysique et de morale*, Janvier-Mars 1988, p. 33-56.

gations morales de l'individu trouvent leur justification dans une conception déterminée des vertus inscrite dans une conception spécifique et donnée de la vie bonne. Dès lors, la finalité morale des institutions et des pratiques politiques est de conduire les membres d'une communauté à exercer ces vertus qui sont reconnues comme conformes à sa tradition vivante. La légitimité politique se fonde donc sur une tradition (nationale par exemple) et non sur un contrat social. L'Etat communautarien est « perfectionniste » et même paternaliste. Il lui revient d'inculquer les valeurs qui constituent le « bien » de la communauté.

1.3. *Rorty : un libéral communautarien*

Il serait sans doute paradoxal de tirer comme conclusion de cette description sommaire que Rorty est un libéral communautarien. S'affirmant en effet explicitement comme « libéral », défendant puissamment l'idée que l'Etat ne devrait faire autre chose que de donner à tous les meilleures conditions d'édification privée et de formulation par chacun de son « vocabulaire final » de la manière dont il l'entend, il refuserait sans aucun doute les thèses comme quoi le bien commun peut être défini par l'Etat pour les individus. Mais en même temps, son ethnocentrisme déclaré, sa reconnaissance que les idéaux libéraux ne sont que le fait d'une « tradition démocratique et libérale » le conduirait à reconnaître le caractère radicalement situé de toute conception du bien et donc le caractère aussi historique et indépassablement situé de la morale libérale. Ce mélange explosif pourrait être qualifié de « post-moderne ».

En fait, il est très intéressant de remarquer que les positions libérales récentes ont donné lieu à des réinterprétations de la distinction du juste et du bien, du public et du privé et des rapports entre individu et communauté qui leur permettent de façon convaincante de dépasser la plupart des objections faites par les communautariens. C'est dans ce contexte que l'on peut comprendre l'interprétation pragmatique que fait Rorty des libéraux et montrer à la fois son originalité et les pistes de réflexion qu'il offre pour étoffer l'argumentation libérale.

2. De l'espace public

L'histoire des démocraties occidentales est marquée par l'acceptation de plus en plus généralisée du pluralisme. Thomas Jefferson, nous rappelle Rorty, a fait admettre cette idée libérale fondamentale que « l'on peut séparer la politique des convictions portant sur les questions d'intérêt suprême et qu'une société démocratique peut fonctionner sans que les citoyens partagent ces convictions »[1] et sans que cela implique que l'on considère ces convictions comme dénuées de sens.

Une question test, en ce qui concerne le partage public/privé, est celle de savoir quel est le statut de l'*espace public*. Pour les libéraux, il va quasi de soi que l'espace *culturel public* est un espace *privé* – aussi paradoxal que cela puisse paraître. Mais le paradoxe tombe, à première vue, dès que nous envisageons des problèmes concrets : la littérature, la critique littéraire, l'art, et même la philosophie, constituent bien des éléments de l'espace public de discussion, mais non – du moins pas nécessairement – des éléments « politiques ». L'espace culturel ne doit donc pas être régi par les règles du débat politique. L'espace culturel, qui est aussi le lieu de formation de l'*opinion publique,* ne doit pas être restreint aux questions spécifiquement politiques (pour autant que l'on puisse définir la spécificité de telles questions) mais être ouvert à toutes les opinions, sur tous les sujets – avec, comme seule limite, que l'on observe les règles déontologiques qui empêchent la diffamation ou la violation de la vie privée.

Ce caractère privé de l'espace public est, néanmoins, ce que J. Bouveresse, dans sa critique de Rorty, a des difficultés à admettre.

> « De façon générale, écrit-il, on pourrait dire que la technique favorite de Rorty, lorsqu'il lit des auteurs comme Derrida ou Foucault, est celle qui consiste à transférer à la sphère de la détermination et de l'expression de soi privée (...) tout ce qui, si on le jugeait, comme on est en principe supposé le faire, du point de vue du discours philosophique à destination et à usage publics, risquerait d'apparaître immédiatement comme excessif, inacceptable ou absurde »[2].

Bouveresse utilise une distinction qui lui fait considérer comme « privée » la littérature ; mais la philosophie a un usage « public » parce qu'elle peut et doit être discutée publiquement. Il souhaite dès lors que les philosophes utilisent un langage clair et argumenté. Et l'on peut dire qu'en général la philosophie politique anglo-saxonne, libérale

1. R. RORTY, « Y a-t-il un universel démocratique ? Priorité de la démocratie sur la philosophie », in *L'interrogation démocratique,* Paris, Centre Georges Pompidou, 1987, p. 157. Une version modifiée de ce texte, « Du primat de la démocratie sur la philosophie. Lecture de Rawls », est parue dans G. VATTIMO (ed), *La sécularisation de la pensée op. cit.*, p. 37-63.

2. J. BOUVERESSE, « Sur quelques conséquences indésirables du pragmatisme », in J.-P. COMETTI (ed.), *Lire Rorty. Le pragmatisme et ses conséquences,* Paris, L'Eclat, 1992, p. 28.

ou non, respecte cette règle – Rorty lui-même argumente parfois de façon convaincante et rigoureuse. Néanmoins, Rorty tire les conséquences, à mon avis correctes, du fait que, dans l'espace dit public, les frontières entre une argumentation philosophique et une rhétorique littéraire sont des frontières problématiques. On ne voit pas, par exemple, pourquoi un débat de philosophie politique devrait se dérouler selon des règles essentiellement différentes de celles qui régissent un débat critique littéraire ou de philosophie des sciences.

McCarthy suggère de distinguer un *espace public culturel* d'un *espace public politique* [1]. Cette distinction peut se révéler nécessaire, en effet, si nous voulons rejoindre certaines des thèses des libéraux, et répondre à des questions du genre suivant : admettra-t-on les éléments qui appartiennent aux différentes conceptions de la vie bonne dans le débat politique au sens étroit du terme ? Par exemple, admettra-t-on dans le débat parlementaire des justifications de type « religieux » ? ou une justification d'une loi anti-avortement qui ferait explicitement appel à une conception « métaphysique » de la personne humaine ?

On pourrait en effet concevoir le débat politique comme totalement ouvert et n'exiger la « neutralité » que dans les décisions elles-mêmes.

Mais peut-être le problème est-il mal posé. Ce genre de questions en effet – comme toutes les questions de frontières – nous conduit à des définitions de territoire, nous oblige, comme dans le cas que nous discutons présentement, à donner une définition quasi « substantielle » ou « métaphysique » de la différence entre « le » culturel et « le » politique. Manifestement, c'est ce que Rorty, dans sa perspective pragmatique, répugne à faire. Il ne veut certes pas supprimer les frontières, mais les définir de façon différente : non plus marquer des territoires ou définir une « essence » du public et du privé, mais analyser pragmatiquement les « besoins publics » et les « besoins privés ». Par exemple, la distinction « science-poésie » est une distinction que l'on pourrait expliquer

> « à partir de la distinction des besoins publics et des besoins privés – ceux pour lesquels nous ne pouvons pas obtenir aisément la reconnaissance de notre prochain, et ceux pour lesquels nous le

1. T. McCARTHY, « Ironie privée et décence publique. Le nouveau pragmatisme de Richard Rorty », in J.-P. COMETTI (ed.), *Lire Rorty. Le pragmatisme et ses conséquences*, *op. cit.*, p. 77-100.

pouvons. Cette dernière question est manifestement plus une question de degré que de genre... »[1].

Du point de vue pragmatique, la frontière n'est plus quelque chose de « net ». Certes, les extrémités opposées du spectre sont clairement distinguées, mais la ligne de démarcation devient une question non seulement de degré, mais de circonstances. Non de déduction, mais de jugement.

S'agit-il essentiellement d'un « déplacement » de frontière, ou d'une volonté de « brouiller » les frontières ?

Prenons un exemple. Une des raisons pour lesquelles, d'un point de vue pragmatique, la frontière est problématisée, c'est que les « besoins publics » peuvent, à l'occasion, requérir l'imagination révolutionnaire des poètes ou des visionnaires. Certes, en général – et surtout dans les sociétés démocratiques modernes – la « communauté scientifique » appartient plutôt au genre « public », « démocratique, civilisé, tolérant » – au sens où l'entendait Bouveresse ; mais les découvertes scientifiques sont souvent le fait de « révolutionnaires ».

Dans ces cas, les générations ultérieures

> « tendront alors à considérer rétrospectivement que les vertus sociales de la communauté civilisée et tolérante en question sont sans importance en comparaison des bénéfices issus de la révolution qui en a entraîné la destruction. Ils considéreront les vertus morales du révolutionnaire – son assurance, le courage dont il a fait preuve en agissant seul, parlant un idiome que personne d'autre n'utilisait jusqu'alors – comme au moins aussi essentielles pour le progrès de la civilisation que les vertus sociales de l'*ancien régime* »[2].

Dans une telle perspective, les vertus privées apparaissent comme pouvant franchir les barrières de l'espace public et avoir une signification sociale. Mais ce n'est que rétrospectivement que l'on peut reconnaître la valeur de l'outsider révolutionnaire – et dans la plupart des cas, c'est avec raison qu'on le considérera avec dédain. Il n'est donc pas question d'ériger en méthode politique ce qui n'appartient qu'à des individus extraordinaires. Au contraire, la sagesse nous conseille de ne pas faciliter le passage du privé au public, car, le plus souvent, les conséquences d'une telle transgression sont plutôt négatives, si pas catastrophiques.

1. R. RORTY, « *Habent sua fata libelli.* Réponse à Jacques Bouveresse », in J.-P. COMETTI (ed.), *Lire Rorty. Le pragmatisme et ses conséquences*, *op. cit.*, p. 147.

2. *Op. cit.*, p. 149.

De ce point de vue, la position de Rorty – radicalement historiciste – est intéressante. Elle revient à peu près à ceci : tant que les arguments métaphysiques continuent à peupler les convictions de fond des citoyens, aucun argument décisif ne pourra démontrer qu'il faut les écarter. Le seul argument est « pragmatique » : dans quelle mesure les conséquences, du point de vue de nos convictions démocratiques elles-mêmes, nous sembleront à nous acceptables. Rorty pense que nous nous rendrons compte par nous-mêmes qu'il est préférable de ne pas recourir à des arguments « philosophiques » dans le débat politique. Il rejoint par là Rawls et les libéraux. Mais il n'utilise pas les mêmes justifications.

Néanmoins, cette position n'est pas toujours bien assurée. Par exemple, à propos du « second » Derrida, Rorty estime qu'il a abandonné le genre professoral, qu'il transforme ses « projets systématiques » en « private jokes ». Mais il ajoute que « ces caprices de l'imagination sont sans morale, et il est impossible d'en faire le moindre usage public (pédagogique ou politique) » [1]. Je ne puis entendre une telle analyse que comme le fait que la diffusion de certains textes – ceux qui relèvent de la fantaisie ou qui sont clairement littéraires – dans un espace culturel public peut être immunisée contre ses conséquences pédagogiques et politiques, alors que cela n'est pas vrai d'autres textes – ceux qui auraient une prétention théorique déterminée.

Cependant, cette distinction elle-même peut être comprise comme une distinction interne à la sphère *privée*. C'est au sein de la sphère privée des vocabulaires finaux que l'on peut distinguer deux moments dans la pensée de Derrida :

> « Derrida finit par ressembler de moins en moins à Nietzsche, mais de plus en plus à Proust. Il se soucie de moins en moins de sublime et d'ineffable, mais de plus en plus de réagencer ce dont il se souvient pour lui donner une forme belle, même si elle est fantastique » [2].

Nous pouvons interpréter cela de deux manières différentes. Selon une première interprétation, le sublime et l'ineffable d'une part, les redescriptions artistiques d'autre part, sont deux formes de l'édification privée. La première forme est plus liée à des croyances religieuses ou métaphysiques, la seconde est libérée de ces croyances, est « ironiste ». Ni l'une ni l'autre ne devraient avoir une fonction politique – et nous ne devrions pas les lire comme des textes politiques

1. R. RORTY, *Contingence, ironie et solidarité*, *op. cit.*, p. 176.
2. *Idem*, p. 190.

et publics. Rorty nous dit que nous ne devrions pas *lire* Nietzsche, Heidegger ou Foucault comme des textes politiques.

Mais par ailleurs, Rorty écrit également :

> « Pour moi, l'importance de Derrida tient donc à ce qu'il a eu le courage de renoncer à la tentative de réunir le privé et le public, d'essayer de concilier quête de l'autonomie privée et recherche d'une résonance et d'une utilité publiques » [1].

Je puis dès lors suggérer une deuxième interprétation : nous devons éviter toute lecture métaphysique non seulement pour des raisons épistémologiques, mais parce qu'utiliser une forme métaphysique d'édification privée (ou chercher la quête de l'autonomie privée dans des perspectives théoriques, fondationnelles, religieuses, métaphysiques) a nécessairement pour corollaire que, si nous nous exprimons dans l'espace public (livres, journaux, revues, TV…) nous serons amenés à transgresser la frontière entre le public et le privé et que, par là, nous aboutirons à une politique anti-libérale.

Nous en conclurons donc que, dans le domaine de la culture publique, il vaut mieux abandonner toute volonté de proposer des vues « morales », même si elles constituent pour nous les valeurs suprêmes du point de vue de notre édification personnelle. Par contre, si nous sommes des ironistes libéraux, il n'y aura aucune contradiction à « jouer » de l'imagination, à redécrire sans cesse toute situation et toute production culturelle : cela n'aura aucune conséquence politique négative. De façon plus positive même : ce sont les récits littéraires qui nous donnent, mieux que la philosophie, le sentiment de solidarité, parce que ce sont eux qui nous détournent de la cruauté.

Tirons-en une conclusion paradoxalement platonicienne et anti-platonicienne : pour le bien de la Cité, l'Etat doit promouvoir les ironistes, et chasser de l'espace public les métaphysiciens. Nous pourrons ainsi accéder à une société libérale idéale.

3. L'espace public dans la société libérale idéale

L'utopie d'une société idéale est souvent un bon révélateur des positions et contradictions d'un philosophe. Rorty présente une image de la société libérale idéale qui permet d'éclairer les rapports entre le public et le privé.

> « Le ciment social qui assure la cohésion de la société libérale idéale (…) n'est guère plus qu'un consensus autour de l'idée que l'objet de

1. *Idem,* p. 176.

l'organisation sociale est de laisser à chacun une chance d'autocréation au mieux de ses aptitudes et que cet objectif exige, outre la paix et la richesse, les 'libertés bourgeoises' classiques. (...) Dans une société idéale de cette espèce, la discussion des affaires publiques tournera autour (1) de la manière d'équilibrer les besoins de paix, de richesse et de liberté quand les conditions exigent que l'un de ces objectifs soit sacrifié à l'un des autres et (2) de la façon d'égaliser les chances d'autocréation puis de laisser les individus, et eux seuls, exploiter leurs chances ou les négliger »[1].

Rorty fait mention alors de deux objections, typiquement communautariennes.

(1) On pourrait d'abord objecter que, en pratique, cette idée d'une société libérale n'est pas suffisante pour assurer la perpétuation du lien social : « ce ciment n'est pas assez épais : la rhétorique (à dominante) métaphysique de la vie publique dans les démocraties est essentielle à la perpétuation d'institutions libres »[2]. C'est une « question publique » : « L'absence de métaphysique est-elle politiquement dangereuse ? ».

(2) On pourrait ensuite objecter qu'il est psychologiquement impossible d'être un ironiste libéral (de trouver que la cruauté est la pire des choses) sans avoir une croyance métaphysique « quant à ce que tous les êtres humains ont en commun »[3]. C'est une « question privée » : « l'ironisme est-il compatible avec un sentiment de solidarité humaine ? »[4].

Il s'agit donc de savoir, en premier lieu, si le nominalisme et l'historicisme peuvent se convertir en une « rhétorique publique ». Selon Rorty, dans une société libérale idéale, tout le monde – et non seulement quelques intellectuels – se reconnaîtra comme contingent, et donc acceptera un nominalisme et un historicisme de bon sens. C'est un élément de ce que Habermas appellerait la « rationalisation du monde vécu », ou l'acceptation d'une morale « postconventionnelle »[5]. Pas plus que la sécularisation ou l'athéisme, cela ne constituera une menace pour la constitution et la reproduction du lien social.

Une société libérale ne doit donc pas être considérée comme « asociale », ou comme menaçant le sens de la communauté, de la

1. *Idem*, p. 125-126.
2. *Idem*, p. 126.
3. *Ibidem*.
4. *Idem*, p. 128.
5. Cf. J. HABERMAS, *Moralbewusstsein und Kommunikatives Handeln*, Frankfurt/M., Suhrkamp, 1983, trad. franç. Chr. BOUCHINDHOMME, *Morale et communication*, Paris, Cerf, 1986 ; *De l'éthique de la discussion*, *op. cit.*

solidarité, comme l'affirment MacIntyre ou Taylor[1]. Une société libérale idéale serait simplement une société où les citoyens valoriseraient politiquement le libéralisme, c'est-à-dire où la « position morale » publique serait celle d'un citoyen loyal d'un Etat démocratique libéral. Mais cela n'implique pas nécessairement que l'on adhère « from the inside » aux valeurs privées correspondantes, telles la liberté ou le sentiment de la contingence. On peut opter pour l'Etat libéral également pour des raisons politiques, parce qu'il est le meilleur garant de la liberté de choisir d'autres positions morales – comme par exemple l'amour de Dieu ou le dépassement nietzschéen de soi. Certes, dans ce cas, on ne le choisira pas pour des raisons morales, mais pour des raisons pragmatiques, et l'on vivra une contradiction entre ses choix moraux et ses choix politiques.

> « Cela dit, les gens en question peuvent fort bien (pour des raisons pragmatiques et non pas morales) se comporter comme des citoyens loyaux au sein d'une démocratie libérale, et reconnaître – quand bien même ils mépriseraient la plupart de leurs concitoyens – que la prédominance du type humain qu'ils méprisent est un moins grand mal que la perte de la liberté politique. Il se peut même qu'ils conviennent, fût-ce amèrement, que leurs opinions personnelles touchant l'identité morale n'intéressent pas plus un Etat de ce genre que les théories du moi humain qu'ils développent pour soutenir ces opinions (c'est-à-dire pour donner un sens à leur solitude) » (Priorité, p. 51-52).

Cette dernière réflexion nous montre clairement le sens du libéralisme rortyen et la manière dont on pourrait, idéalement, concevoir la distinction du public et du privé. Le libéralisme public est conçu au minimum de façon pragmatique. C'est lui qui permet le mieux à chacun de vivre selon ses propres convictions, même si elles ne sont pas « libérales ». Mais de même qu'il ne faut pas que les idées métaphysiques orientent la forme et les décisions de l'Etat, il ne faut pas non plus que l'ironisme devienne une « doctrine » publique. Il est important de signaler, en effet, que la généralisation, possible et désirable, d'une culture libérale n'est pas la généralisation d'une culture ironiste car, dit Rorty,

> « Je ne puis imaginer de culture qui socialiserait ses jeunes de manière à les amener à douter en permanence de leur propre

1. Cf. C. TAYLOR, « Cross-Purposes : The Liberal-Communitarian Debate », in N. L. ROSENBLUM (ed.), *Liberalism and the Moral Life*, Cambridge (Mass.)-London (England), Harvard University Press, 1989, p. 159-182 ; et A. MACINTYRE, *After Virtue. A Study in Moral Theory*, London, Duckworth, 1981.

processus de socialisation. L'ironie paraît être une affaire intrinsèquement privée. Suivant ma définition, un ironiste ne saurait se passer du contraste entre le vocabulaire final dont il a hérité et celui qu'il essaie de créer pour lui. Sinon intrinsèquement nourrie de ressentiment, l'ironie est tout au moins réactive. Les ironistes ont toujours besoin de quelque chose dont ils puissent douter, quelque chose dont ils puissent se détacher » [1].

Ceci nous renvoie à la seconde question de Rorty : l'ironisme libéral est-il une position psychologiquement viable ? Rappelons-nous que pour être un citoyen libéral, on n'a pas besoin de « métaphysique », on n'a pas besoin de se donner une « image du moi ». Mais si on a du goût – un goût privé, lié à sa propre autocréation – pour la philosophie, alors l'image du moi qui est conseillée (je suppose parce qu'elle correspond le mieux à ce qu'est le sujet d'un Etat libéral), c'est celle d'une « simple concaténation de croyances et de désirs » ou « un simple enchaînement de convictions et de désirs » [2] ou l'idée que les êtres humains ne sont pas plus que « de simples toiles de croyances et de désirs acentrées » [3]. Cette image du moi n'est pas un modèle de citoyen libéral, mais un exemple possible. Elle n'est pas généralisable, elle est un choix privé. Elle n'engage pas directement aux vertus libérales de répulsion vis-à-vis de toutes les formes de cruauté, mais elle ne les contredit pas non plus. Rorty nous propose son vocabulaire et ses redescriptions, il ne les propose pas comme modèle généralisable.

4. D'un libéralisme modéré

Ce que Rorty estime possible pour des raisons pragmatiques est, pour les communautariens, tout simplement invivable. Selon eux, un Etat libéral de ce type – vécu comme simple instrument de garantie des droits, détaché de toute forme d'allégeance personnelle ou communautaire – est socialement non viable, destructeur des identités individuelles et collectives. L'expérience historique révélerait, pensent-ils, que les sociétés libérales sont fondamentalement individualistes au sens où elles induisent une attitude égocentrique chez les individus qui les composent. Les individus y sont atomisés, ils ne perçoivent leurs concitoyens que comme des êtres qui leur font obstacle ou qui sont au

1. R. RORTY, *Contingence, ironie et solidarité*, *op. cit.*, p. 129.
2. R. RORTY, « Y a-t-il un universel démocratique ?... », *op. cit.*, p. 183, n. 23.
3. R. RORTY, *Contingence, ironie et solidarité*, *op. cit.*, p. 130.

service de leurs projets privés. L'Etat n'est alors qu'un dispositif institutionnel qui a pour fonction d'assurer la coexistence équitable des intérêts privés. Or cette atomisation du social s'avère à terme déstructurante pour l'ordre social car elle suscite un déficit de légitimité. Là où chacun ne perçoit plus son rapport à l'autre que sous l'angle des droits individuels et de ce qui lui est dû en regard de principes de justice, le lien social ne peut manquer de se défaire et l'Etat ne peut plus asseoir sa légitimité [1].

Pour Charles Taylor, par exemple, les politiques de redistribution exigées par la justice sociale ne sont démocratiquement acceptables que là où les citoyens partagent un même sens du bien commun [2]. Taylor illustre son propos en renvoyant à la crise de légitimité de l'Etat-providence. Si les politiques sociales de l'Etat ont été fortement remises en cause au cours des années 80 aux Etats-Unis, par exemple, c'est parce que l'Etat n'y est perçu par les citoyens que comme un simple instrument visant à garantir leurs droits et leurs intérêts particuliers. Lorsque survient la récession économique, l'Etat ne dispose pas d'un capital de confiance suffisant pour exiger de la part des citoyens les sacrifices destinés à assurer la justice sociale. Par contre au Canada, le système de protection sociale est beaucoup plus développé et beaucoup moins contesté qu'il ne l'est aux Etats-Unis. Dès lors, l'Etat y est considéré par les citoyens comme la chose publique garante du bien commun. Le plus grand patriotisme des Canadiens expliquerait pourquoi, ils n'ont pas, comme leurs voisins remis radicalement en cause le rôle social de l'Etat.

Cette critique a touché les défenseurs du libéralisme et ce n'est pas pour rien, nous semble-t-il que le thème de la « solidarité » est devenu important dans la pensée de Rorty et d'autres philosophes politiques [3].

Rawls lui-même, dans les textes plus récents [4], admet que la préservation des libertés fondamentales peut exiger une participation active importante des citoyens à la vie publique. Cette participation ne peut néanmoins qu'avoir une valeur instrumentale et ne peut être justifiée que par des considérations relatives à la réalisation des

1. C'est la thèse bien connue du sociologue américain Robert Bellah et de ses collaborateurs. Cf. R. BELLAH (interview with), « Individualism and Commitment in American Life » *Berkeley Journal of Sociology*, 30, 1985, p. 119-141.

2. C. TAYLOR, *op. cit.*,

3. Cf. par exemple, J. HABERMAS, « Justice et solidarité. A propos de la discussion sur le 'stade 6' », in *De l'éthique de la discussion, op. cit.*, p. 51-72.

4. J. RAWLS, « The Priority of Right and Ideas of the Good », *op. cit.* ; « The Domain of the Political and Overlapping Consensus », *New York University Law Review*, 1989, 64/2, p. 233-255.

principes de justice, car un mode de vie politiquement engagé n'est pas une valeur en soi.

Nous voyons ainsi que la frontière entre le public et le privé ne correspond pas à celle entre le juste et le bien. Les principes de justice marquent les limites dans lesquelles la recherche du bonheur est menée par chacun, tandis qu'une conception publique minimum du bien permet de se mettre d'accord à propos des valeurs et des idéaux qui rendent possible la coopération sociale [1]. Les concepts du juste et du bien deviennent ainsi publiquement liés, car si la priorité du juste rend possible la quête individuelle du bonheur, cette priorité ne peut se soutenir que grâce à une conception partagée et publique du bien.

Cette conception publique du bien correspond à ce que Rorty considère comme une attitude loyale envers les institutions des démocraties libérales. Il ne s'agit pas d'affirmer une conception substantielle du bien ni de s'immiscer dans l'orbite de la morale individuelle, mais de reconnaître le sens et la valeur de la tradition libérale.

Rorty, de ce point de vue, soutient une position proche de celle de Rawls, dont il cite d'ailleurs le passage suivant :

> « Ce qui justifie une conception de la justice, ce n'est pas sa conformité à un ordre antécédent qui serait donné, mais son accord avec notre compréhension profonde de nous-mêmes et avec nos aspirations, et notre prise de conscience que, étant donné notre histoire et les traditions inscrites dans nos vies publiques, elle est la doctrine la plus raisonnable pour nous » [2].

On peut dire de la même manière que sans doute la distinction du privé et du public, que Rorty soutient, ne se justifie, elle aussi, que parce que, et dans la mesure où elle est en accord avec la conception profonde que, dans notre histoire et dans notre tradition, nous avons de ce qu'est l'action politique, publique, et de ce qui revient de droit à la vie privée. Or l'action politique implique une certaine conception du bien.

Néanmoins, ce que Rorty ne soutiendrait pas c'est la nécessaire priorité du public sur le privé.

> « Une (...) thèse centrale de ce livre, qui paraîtra également indécente à ceux qui trouvent attirante la pureté de la morale, est que nos responsabilités envers les autres ne constituent que la face publique de notre vie, une face en concurrence avec nos affections privées et

1. R. RAWLS, « The Priority of Right and Ideas of the Good », *op. cit.*, p. 263.
2. Cité in R. RORTY, « Cette bonne vieille philosophie », *op. cit.*, p. 486.

nos tentatives privées d'autocréation et qui n'a pas *automatiquement* priorité sur ces motifs privés. Qu'elle ait ou non priorité dans un cas précis est affaire de mûre réflexion, d'un processus que l'on ne saurait faciliter en invoquant des 'classiques principes premiers' » [1].

L'ironiste libéral a besoin de *phronèsis* aristotélicienne. En ce sens aussi, il est proche de certains communautariens.

André BERTEN *

1. R. RORTY, *Contingence, ironie et solidarité, op. cit.*, p. 266.

* Université Catholique de Louvain. Cet article a bénéficié des remarques pertinentes de Wayne Norman, que je remercie.

CHAPITRE IX

L'IRONISTE LIBÉRAL ET L'ÉTAT D'EXCEPTION

> « Rien de plus difficile à comprendre, de plus indéchiffrable que l'ironie ».
> L. Sciascia (cité dans *L'art du roman*, M. Kundera, Paris, Gallimard, 1986, p. 164).

Dans les réflexions qui suivent, je me propose d'envisager les propos de Rorty sur la politique à partir d'un vocabulaire qui n'est pas le sien : puisqu'il revendique pour lui-même le droit de traiter philosophes ou écrivains de cette manière, de redécrire et de traduire les textes des autres dans son propre vocabulaire, j'espère qu'il n'y verra pas malice. J'essayerai d'ailleurs, autant que faire se peut, de rester fidèle à ses propos lorsque je les replacerai dans un contexte qui leur est étranger. Ce contexte est celui de ce que l'on pourrait appeler la pensée machiavélienne et qu'il ne faut pas confondre avec le machiavélisme. Certains aspects de la pensée de Max Weber en relèvent [1] et ils sont prolongés par la réflexion de J. Freund sur le politique [2]. J'utiliserai aussi certains thèmes traités par Carl Schmitt, lequel a été l'élève de Max Weber et a profondément influencé Freund. Je partirai de quelques remarques sur l'expression « ironiste libéral » et sur la distinction du public et du privé avant d'en venir à l'essentiel, la réflexion sur l'état d'exception. Disons en gros que l'état d'exception, dont Rorty ne parle guère, pourrait jouer en politique le rôle, *mutatis mutandis*, de la métaphore vive dans les redescriptions qui sont le propre de la sphère privée et de l'ironie. Comme la métaphore est l'élément perturbateur d'un vocabulaire existant qu'elle se propose de modifier, la situation exceptionnelle met en question la légitimité et la

1. Cf. mon article « Max Weber et les machiavéliens », *Revue de l'Institut de Sociologie*, Université Libre de Bruxelles, 1967, 1, p. 7-30.
2. Cf. son ouvrage *L'essence du politique*, Paris, Sirey, 1965.

légalité, les règles et les normes propres au système juridique existant et mène souvent à une nouvelle fondation, à un autre système politique. Toutefois, si les mots et leurs querelles jouent un rôle non négligeable dans ces événements, l'élément qui détermine la victoire du nouveau vocabulaire (de la nouvelle légitimité, du nouveau système politique) est la force : le politique, comme le diraient Schmitt et Freund, ne se réduit pas au droit (aux mots). La pensée libérale, qui n'ignore pas ce côté sombre de la politique, peut avoir tendance à le sous-estimer ou à le passer sous silence. Dans les meilleurs cas, elle s'efforce de le réduire. Rorty estime que la douleur, un élément non-linguistique, dit-il, doit être réduite et que sa réduction fait partie de l'utopie dont il se réclame. Peut-être devrait-il, dans sa réflexion politique, faire plus de place à la force (la violence), autre élément non-linguistique.

J'en viens donc à mon premier point, l'expression « ironiste libéral ». L'ironiste, dont le champ est le privé, se livre à ses jeux, innocents ou non, en recherchant ses « orchidées sauvages ». Le Rorty de *Contingency, Irony and Solidarity* accorde néanmoins le primat à la démocratie, à la sphère publique, au côté libéral. La démocratie, affirme-t-il, est la chose la plus importante, plus importante même que la philosophie [1]. Ce à quoi, comme Bouveresse [2], j'acquiesce. La question cependant est de savoir pourquoi. Il y a à cela au moins deux réponses qui ne sont d'ailleurs pas opposées : elles se renforcent même. La première consiste à dire que la démocratie libérale nord-américaine et européenne est le meilleur système pour le plus grand nombre, puisqu'elle permet à chacun de s'exprimer et qu'elle ne peut demeurer fidèle à ses propres principes sans œuvrer pour la solidarité non seulement entre ses citoyens mais aussi plus largement entre les hommes. L'utopie libérale à laquelle Rorty en appelle se doit d'élargir le « nous » sur lequel la démocratie repose. La seconde consiste à dire aux ironistes, et sans doute surtout aux ironistes non-libéraux, que la démocratie est le système dans lequel ils ont le plus de chances de pouvoir se livrer sans ennui et sans censure à leurs jeux favoris. Même si le type d'homme produit par ce régime est plutôt peu exaltant – cela va du *dernier homme* de Nietzsche, grand adversaire du *grünes Weideglück*, à la *satisfaction querelleuse* dont parle Raymond Aron,

1. Cf. « The Priority of Democracy to Philosophy », dans *Objectivity, Relativism, and Truth. Philosophical Papers I*, Cambridge, Cambridge University Press, p. 175-196.

2. « Sur quelques conséquences indésirables du pragmatisme », dans *Lire Rorty. Le pragmatisme et ses conséquences*, Paris, L'éclat, éd. J.-P. COMETTI, 1992, p. 43.

lui-même partisan convaincu de la démocratie libérale [1] –, au moins la créativité de l'ironiste peut-elle s'y développer. Reste qu'il y a néanmoins dans la pensée de Rorty, du moins si je le comprends bien, un primat accordé au public sur le privé. Il écrit par exemple, dans *Lire Rorty*, qu'il « souhaite que notre culture se construise progressivement autour de l'idée de liberté – et que la possibilité soit donnée aux individus comme tels de rêver, de penser et de vivre comme ils le désirent, aussi longtemps que cela ne nuit pas aux autres individus... » [2]. La sphère publique impose donc ses limites à la sphère privée. Mais alors l'expression « ironiste libéral » est ambiguë, car elle donne l'impression, puisque « ironiste » est le substantif et « libéral » l'adjectif, que l'ironie est première. Rorty aurait dû, en bonne logique, appeler le type d'homme auquel il en appelle le « libéral ironique ». Qu'il ne l'ait pas fait, doit avoir une signification : pour ma part, j'y vois une fascination plus grande, consciente ou inconsciente, pour le côté « orchidées sauvages » que pour le côté « Trotsky ». Tout se passe comme si, contre ses déclarations explicites, Rorty préférait, en dernière analyse et au plus profond de lui-même, l'ironie créatrice à la démocratie égalitaire. Peut-être préfère-t-il, comme beaucoup de libéraux, la liberté à l'égalité. J'ajoute qu'il y avait une troisième possibilité : il aurait pu en effet parler de libéral-ironiste et utiliser deux substantifs pour indiquer que les deux côtés avaient la même importance et qu'il n'était pas question de subordonner l'un à l'autre ou l'autre à l'un.

Passons maintenant à la distinction classique privé-public qui sous-tend le royaume de l'ironiste libéral. N. Fraser [3] a suggéré que Rorty avait en somme fait plusieurs tentatives pour penser l'opposition ironie (poésie)/démocratie (justice), ce qu'elle appelle successivement la tentation sorelienne (la créativité et l'ironie l'emportent), la main invisible (la poésie et la science ou la démocratie se renforcent plutôt qu'elles ne se contredisent) et le sublime ou la décence (la synthèse théorique de l'ironie et de la justice ou de la démocratie est impossible). L'introduction du couple privé/public est dès lors un moyen pour les départager ; au privé appartiennent l'ironie et la créativité, au public la démocratie et la justice. Rorty s'est expliqué lui-même dans

1. L'argument du caractère pitoyable du *letzter Mensch* ne semble pas impressionner Rorty, contrairement à Fukuyama (cf. la dernière partie, « The last Man », de son livre *The End of History and the Last Man*, New York-Toronto, The Free Press-Macmillan, 1992).

2. *Op. cit.*, p. 181.

3. « Solidarity or Singularity. Richard Rorty between Romanticism and Technocracy », dans *Reading Rorty*, Oxford, Blackwell, 1990, p. 303-331.

son article « Trotsky et les orchidées sauvages » [1] sur ses tentatives pour réunir ce qu'il considère désormais comme inconciliable sur le plan théorique et il y a joint des réflexions sur sa propre évolution. Il y explique son choix de la philosophie comme discipline notamment par le désir de réconcilier le goût de la justice et de l'égalité qui dominait dans son milieu familial, ce qu'il résume par le nom de Trotsky, aux idées duquel ses parents étaient gagnés, avec son amour personnel pour les orchidées sauvages, qui lui donnait un sentiment d'intense bonheur personnel, ce que Nabokov, qu'il cite, appelle « the telltale tingle between the shoulder blades », la béatitude esthétique (« aesthetic bliss ») [2]. En somme, en joignant l'ironie et la démocratie respectivement au privé et au public, Rorty applique le conseil de Saint Thomas auquel il fait allusion dans le même article : « ... lorsque vous rencontrez une contradiction, faites une distinction » [3], en l'occurrence celle du privé et du public. Ladite distinction lui permet donc d'expliquer pourquoi l'ironie et la justice ne sont pas prédestinées à s'unir dans une synthèse sans nuages.

Reste que cette distinction ne va pas sans difficultés. Fraser en a indiqué certaines, par exemple le fait indéniable que ce qui est privé en apparence peut avoir un sens public. « Les mouvements des travailleurs, par exemple, et tout spécialement comme la théorie marxiste l'a montré, nous ont appris que l'économique est politique. De même, les mouvements féministes, comme la théorie féministe l'a démontré, nous ont appris que les sphères domestique et personnelle sont politiques. Enfin, tout une série de mouvements sociaux de la Nouvelle Gauche, comme les théories de Gramsci, de Foucault et même d'Althusser l'ont illustré, nous ont appris que le culturel, le médical et ce qui relève de l'éducation – tout ce que Hannah Arendt appelait le « social » en tant que distinct du privé et du public – que tout cela aussi est politique. La distinction de Rorty nous enjoint d'enterrer ces vues pénétrantes, de tourner le dos à environ un siècle d'histoire sociale » [4]. Je formulerais néanmoins la difficulté autrement, de manière beaucoup plus fondamentale. On peut certes, comme le fait Rorty, opposer les deux domaines comme s'ils étaient indépendants l'un de l'autre, juxtaposés : le public correspondant au politique et le privé au non-politique. Mais c'est alors prendre politique au sens restreint d'État, de gouvernement, de vie des partis, de la lutte pour le pouvoir. Politique a cependant un

1. Dans *Lire Rorty*, p. 253-276.
2. *Contingency, Irony and Solidarity*, p. 147.
3. « Trotsky et les orchidées sauvages », p. 263.
4. *Op. cit.*, p. 312-313.

sens bien plus général, l'organisation de la pluralité des hommes en groupes et communautés, dont le privé et le public ne sont que deux des aspects. Il convient alors de distinguer le politique de la politique. Comme Freund l'indique dans son livre *L'essence du politique*, privé et public sont deux composantes, des présupposés dans son langage, du politique. C'est de l'intérieur du politique ainsi compris, donc de la nécessité de l'organisation en groupes et des groupes, que la distinction privé-public prend son sens. Par exemple, dans un régime totalitaire la distinction privé-public est volontairement estompée, tout devient public, il n'y a plus de place pour une activité qui ne soit pas politique. La béatitude esthétique, la recherche des orchidées sauvages n'est pas politiquement neutre ou en dehors du politique [1]. La société civile, lieu des initiatives privées, y est radicalement détruite, comme l'historien Martin Malia l'a montré [2]. Inversement, dans la conception libérale du politique, la politique, l'État, doit être limité, et le plus de choses possibles doivent être laissées à la libre initiative des individus. Le privé s'étend et, à la limite, l'on aboutirait à l'état de nature dont parle Hobbes, c'est-à-dire à cette situation où il n'y a plus que du privé, c'est-à-dire là où le privé, n'étant plus opposé au public, cesse d'être. De même, si tout relève du public, si le privé est détruit, le public disparaît. Les différents systèmes politiques donc découpent autrement les domaines du privé et du public, élargissant tantôt celui-ci tantôt celui-là, mais, parce qu'ils appartiennent au politique, ils ne peuvent pas ne pas les départager. En d'autres termes, le privé n'est pas hors le politique, même s'il est hors la politique. Rorty, qui n'aime guère la théorie politique, ne fait pas cette distinction.

Certains auteurs d'ailleurs ont mis en question le traitement général qu'il réserve au politique. J. Burrows, par exemple, lui reproche de passer indûment de la critique du fondationalisme de la tradition analytique, critique que Burrows considère comme positive, à l'analyse de la sphère politique : Rorty se contenterait de lui appliquer les mêmes procédés. « Son assaut déconstructif perd de son élan lorsqu'il en arrive aux difficultés tenaces de la vie politique » [3]. Je poserais, ici encore, le problème d'une manière plus radicale. En ramenant toutes les activités humaines à des questions de vocabulaire,

1. « Où est la différence entre le *privé* et le *public* si K., même dans son lit d'amour, ne reste jamais sans deux envoyés du château ? » (M. KUNDERA, *L'art du roman*, p. 27-28).

2. *Comprendre la Révolution russe*, Paris, Seuil, 1980, p. 42-49.

3. « Conversational Politics : Rorty's Pragmatist Apology for Liberalism », dans *Reading Rorty*, p. 324.

de contexte et d'herméneutique, en soulignant ce qu'elles ont de commun du point de vue de la transformation de ces vocabulaires, on risque de perdre de vue leur but et par conséquent ce qui les différencie. Rorty dit explicitement que les vocabulaires ont des buts différents [1], puisqu'il les considère comme des *tools*, des instruments, mais il ne les analyse jamais concrètement, dans leur épaisseur, dans la pratique à laquelle ils correspondent ou dans leurs conséquences [2]. Or, la poursuite de buts différents donne lieu à des expériences différentes. Si la réalité en soi est inaccessible, il reste que la manière dont on l'approche suscite des difficultés différentes. La réalité ne parle pas, elle ne produit pas de propositions, mais elle résiste aux propositions qu'on lui applique. Et cette résistance est d'un ordre différent suivant les buts qu'on poursuit. Arendt se méfie, à juste titre à mes yeux, des analyses philosophiques du politique qui ne se réfèrent pas à une phénoménologie de l'activité politique. Elle aussi s'est livrée à un démantèlement de la pensée politique mais en recherchant ce qui constituait la spécificité de l'expérience politique. Il me semble que manque jusqu'ici dans l'œuvre de Rorty une telle phénoménologie et l'effort pour circonscrire cette spécificité. C'est de ce point de vue que je voudrais mettre l'accent sur ce qui est sans doute une des expériences essentielles du politique, l'état d'exception. Il me semble que l'on ne peut guère s'exprimer valablement sur le politique sans en tenir compte. On peut discuter évidemment sur le fait de savoir s'il faut partir de l'exceptionnel pour rendre compte d'une expérience qui a

1. *Contingency, Irony and Solidarity*, p. 12-13, 53.

2. Il est intéressant de noter ce que John GRAY dit à ce propos dans son livre tout récent *Post-Liberalism. Studies in Political Thought* (New York-London, Routledge, 1993). Il rejette ce qu'il appelle le libéralisme fondamentaliste et universaliste qui croit pouvoir démontrer, à la manière de J.S. Mill, qu'il est lui-même le meilleur système. Gray est aussi anti-fondationaliste que Rorty et se réfère comme lui à I. Berlin et à M. Oakeshott, mais il conserve à la théorie politique et à la philosophie un rôle non négligeable, celui de théorétiser les pratiques (en l'occurrence les pratiques des sociétés civiles qui sont le résultat du développement du libéralisme, pratiques et institutions que nos sociétés doivent conserver, vu le pluralisme des valeurs qui y règne). Il est donc très proche de Rorty, sauf qu'il se déclare partisan d'un pluralisme réaliste et qu'il maintient la théorie. « Il faut noter surtout que la position ici défendue implique l'acceptation d'une thèse relevant de l'axiologie – la thèse du pluralisme objectif des valeurs et de leur incommensurabilité – et que, puisque cette thèse appartient à la philosophie, la vision que je défends est différente de la thèse en vogue proposée par Rorty, selon laquelle la philosophie elle-même semble devoir être abandonnée. Ma conception restreint néanmoins radicalement les ambitions de la 'philosophie' en lui déniant toute autorité prescriptive… La tâche de la philosophie proprement conçue consiste à éliminer les illusions qui obstruent la claire vision de la pratique » (p. 321).

aussi ses moments, parfois fort longs heureusement, ordinaires, sans histoire, les fameuses pages blanches de l'histoire, selon Hegel [1]. Personnellement je considère qu'il faut tenir compte des deux côtés, exceptionnel et ordinaire, pour décrire l'activité politique. Si j'insiste, ici, de façon unilatérale sur l'état d'exception, c'est que Rorty me semble le passer sous silence ou le minimiser, alors qu'il souligne constamment, au contraire, l'imprévu, l'exceptionnel dans le domaine de l'ironie. Peut-être les Américains ont-ils en politique, de par leur histoire, avec cependant les exceptions de leur fondation et de la guerre de Sécession, tendance à surestimer le normal et la continuité, et les Européens, avec leur trop longue histoire de guerres et de conquêtes, tendance à surestimer les situations exceptionnelles et les ruptures. Je ne sais, mais je constate néanmoins que beaucoup de grands penseurs politiques de la tradition européenne ont surtout mis l'accent sur les situations exceptionnelles ou que celles-ci les ont rendus plus attentifs, sur le plan théorique, au rôle des révolutions et des fondations.

Qu'est-ce qui peut mener, au demeurant, celui qui réfléchit sur la politique à partir de l'état d'exception plutôt que de l'état normal ? Dans un premier temps, je dirais que la situation dans laquelle il se trouve peut l'imposer. Dans un second, que cela peut dépendre du tempérament de l'individu concerné. Je ne sais si, comme le disait Bergson, l'humanité aime le drame ; certains êtres en tout cas ont besoin de dramatiser pour conférer à leur existence un tonus, une tension sans lesquels leur vie leur paraît par trop terne. Je pense au jeune Ernst Jünger qui veut provoquer l'exceptionnel dans la situation normale ; il s'accommode de la guerre des tranchées et voit, non sans enthousiasme, dans le développement de la technique guerrière un retour de l'élémentaire et un défi à relever. Le conflit, la destruction de l'ordinaire lui semblent préférables au maintien des valeurs bourgeoises. A lire Rorty, on a le sentiment, au contraire, qu'il veut avant tout dédramatiser, ce qui semble bénéfique à première vue ; mais l'exceptionnel est alors plutôt relégué du côté des orchidées sauvages, alors que, pour reprendre sa métaphore, les difficultés politiques consisteraient pour l'essentiel à conjuguer le club et le bazar. Il serait certes suspect de croire que l'on puisse s'adapter sans difficulté à l'état d'exception, qui est par définition imprévisible ; il me semble néan-

1. SCHMITT, pour sa part, n'hésite pas : « L'exception est plus intéressante que le cas normal. Le normal ne démontre rien, l'exception démontre tout ; elle confirme non seulement la règle, la règle ne vit d'ailleurs que de l'exception » (*Politische Theologie. Vier Kapitel zur Lehre von der Souveränität*, Berlin, Duncker und Humblot, 1979 [1934²], p. 22).

moins que l'ironiste libéral est particulièrement mal préparé à cette situation. Comment rester libéral dans une situation exceptionnelle et à quoi peut y servir l'ironie ? Interviennent la force et la violence devant lesquelles les procédures démocratiques et les jeux de vocabulaire sont démunis. J'aurais tendance à voir dans l'état d'exception comme l'élément qui trouble les vocabulaires existants et qui oblige, en même temps qu'il intensifie les souffrances, à inventer de nouvelles réponses. J'y reviendrai.

Je disais plus haut que les grands penseurs du politique ont souvent mis l'accent sur cet état d'exception ou ont pensé à partir de situations exceptionnelles. J'en donnerai quelques exemples : Platon et la guerre du Péloponnèse qu'il interprète comme une guerre civile entre des Grecs ; Machiavel et la guerre que se font les cités-états italiennes alors que d'autres puissances, que nous appellerions des Etats-nations, se constituent progressivement et utilisent pour ce faire les rivalités italo-italiennes ; Hobbes et les guerres de religion qui lui font opter pour un Etat autoritaire capable d'assurer la sécurité et d'empêcher les citoyens de s'entre-tuer ; Tocqueville, le plus grand peut-être, et le passage de l'aristocratie à la démocratie avec les révolutions qu'il suscite ; Weber, les guerres des nationalismes impérialistes et la montée de l'internationalisme prolétarien ; Arendt et les figures du totalitarisme, lequel est un régime politique sans précédent dans l'histoire. Arendt salue d'ailleurs les révolutions, même si la plupart d'entre elles finissent mal : celles-ci retrouvent de par la mise en question des régimes établis le « lost treasure » de l'activité politique proprement dite et suscitent les conseils ou les *Räte*, qui redonnent l'initiative aux citoyens [1]. L'état d'exception peut donc mener, comme il l'a fait lors de la guerre d'indépendance des futurs Etats-Unis, à une nouvelle fondation. Il n'est donc pas que négatif.

Venons-en à la description plus circonstanciée de l'état d'exception. Partons d'un roman, ce qui ne peut déplaire à Rorty, *La roue rouge* de Soljénitsyne [2], dans lequel celui-ci retrace les moments décisifs de la révolution russe. Soulignons d'abord l'image de la roue qui tourne et entraîne tout sur son passage. Plutôt que de faire l'historique des événements, l'écrivain a choisi de mettre l'accent sur ce qu'il appelle les *nœuds*, les carrefours où tout est en balance, ou rien

1. Cf. le dernier chapitre de *On Revolution*, « The Revolutionary Tradition and Its Lost Treasure » (Harmondsworth, Penguin Books, 1984, p. 215-281).

2. Trois volumes en sont parus jusqu'ici en français, *Août 14, Novembre seize, Mars 1917* I/II avec chaque fois comme sous-titre *Premier Nœud, Deuxième Nœud, Troisième Nœud.*

n'est encore fait, où, de par le cours de la guerre, les institutions existantes sont mises en cause sans pourtant être déjà détruites. Le nœud à la Soljénitsyne est une métaphore pour la situation exceptionnelle où tout est possible, où le cours des choses peut basculer. Décrivant la situation issue de la défaite de mai quarante en France et la crise de légitimité qui a suivi, laquelle, comme la Révolution de 1917, a remis en question « l'incontesté », Merleau-Ponty écrit dans *Humanisme et terreur* : « Pour la première fois depuis longtemps chaque Français et en particulier chaque officier et chaque fonctionnaire, au lieu de vivre dans l'ombre d'un Etat constitué, était invité à discuter en lui-même le pacte social et à reconstituer un Etat par son choix. Ici la simple raison ne suffisait pas : qu'on la comprenne comme calcul des chances ou comme règle morale d'universalité, elle nous laissait sans conclusion, puisqu'il fallait affirmer sans réserve et affirmer contre d'autres hommes, puisque les consciences se trouvaient replacées dans le dogmatisme de la lutte à mort. Ainsi apparaissaient les origines passionnelles et illégales de toute légalité et de toute raison. Il n'y avait plus de 'diversité légitime des opinions'. Les hommes se condamnaient à mort l'un l'autre parce qu'ils ne voyaient pas l'avenir de la même façon. Les intentions ne comptaient plus, mais seulement les actes » [1]. Là où la légitimité est mise en question, là où il faut opter entre Pétain et la collaboration d'une part et de Gaulle et la résistance de l'autre, l'un choix est exclusif et antithétique de l'autre, et les hommes se retrouvent plongés dans « la lutte à mort des subjectivités »[2] ; le premier choix renforce les chances de victoire allemande, le second celles de la victoire alliée. Je voudrais encore citer un ouvrage récent, *Der europäische Bürgerkrieg 1917-1945* [3] de E. Nolte, qui a donné lieu à pas mal de discussions en Allemagne avec le fameux *Historikerstreit* [4], dont d'aucuns ont fait d'ailleurs le *Hysterikerstreit* [5]. Comme le titre de l'ouvrage de Nolte l'indique, l'histoire de la plus grande partie du XXe siècle européen est celle d'une guerre civile entre deux idéologies, le communisme et le nationalisme, lequel culmine dans le fascisme ; celles-ci n'ont fait que se renforcer l'une l'autre par leur hostilité réciproque. Si le fascisme a souvent copié le communisme et

1. Paris, Gallimard (Idées), 1980, p. 126.
2. *Op. cit.*, p. 130.
3. Le sous-titre est *Nationalismus und Bolschewismus* (Frankfurt am Main-Berlin, Propyläen, 1987).
4. Cf. e.a. *Historikerstreit*, München, Piper, 1987 ; E. NOLTE, *Das Vergehen der Vergangenheit*, Berlin-Frankfurt am Main, Ullstein, 1987 ; Ch.S. MAIER, *The Unmasterable Past*, Cambridge, Harvard, 1988.
5. Imanuel GEISS, *Der Hysterikerstreit*, Bonn, Bouvier, 1992.

surenchéri dans l'extrême, il reste que les atrocités commises s'expliquent au moins en partie par le fait que ces idéologies ne reconnaissent pas la légitimité d'autres systèmes politiques ou d'autres idéologies. Les religions séculières, qui ont succédé aux religions proprement dites, en ont repris le caractère intransigeant et ont, en bonne logique, débouché sur la guerre civile ou la guerre des idéologies.

Plusieurs régimes politiques ont voulu prévoir l'imprévisible, non pas la forme particulière qu'il pourrait prendre, mais le fait général et probable de son irruption. Rome recourait dans ce cas à la dictature, laquelle octroyait les pleins pouvoirs au dictateur, mais pour un temps limité. Passé cet intermède, qui devait permettre à Rome de survivre dans une situation extrême, le dictateur perdait ses pouvoirs. Les constitutions démocratiques prévoient de même l'état d'exception qui accorde les pleins pouvoirs à un individu ou à un corps pour résoudre les problèmes exceptionnels. Le cas de l'article 48 de la constitution de la République de Weimar est célèbre : il déterminait en effet l'état d'exception. Lorsque Hitler a pris le pouvoir, il s'est contenté de décréter l'état d'exception et a gouverné en se réclamant de cet article sans se soucier de modifier ladite constitution. Les régimes qui se pensent comme révolutionnaires ont tendance à considérer l'état d'exception comme durable : la lutte pour le pouvoir ne cesse qu'avec la liquidation des ennemis, lesquels sont autant intérieurs qu'extérieurs. L'ennemi doit au demeurant être perpétué afin de maintenir, comme Arendt l'a montré, le dynamisme révolutionnaire du mouvement totalitaire. Le régime présidentiel de la cinquième République française a lui aussi un article, l'article 16, qui donne les pleins pouvoirs au Président en cas de crise grave. Mitterrand, à l'époque dans l'opposition, a mené campagne contre cet article dans lequel il voyait comme un coup d'Etat permanent. C'est le titre du livre qu'il a par ailleurs consacré à cette constitution [1]. Récemment, et en tant que Président cette fois, il a proposé une révision de la constitution : ledit article figure toujours, selon lui, parmi les éléments qui doivent être modifiés.

Sur le plan théorique cette fois, Freund distingue, en reprenant et en élargissant la réflexion de C. Schmitt, trois cas de figure ; les deux premiers peuvent être résumés par deux questions : qui peut décider « s'il y a oui ou non une situation exceptionnelle », qui désignera « l'instance qui décidera en dernier ressort au cas où une telle situation se produit. Ces deux possibilités sont généralement prévues par les

1. *Le coup d'Etat permanent*, Paris, Plon, 1964.

constitutions, encore qu'elles n'indiquent jamais quelles décisions il faut prendre, celles-ci relevant du caractère discrétionnaire du commandement politique »[1]. Mais il y a une troisième possibilité : « Il est des situations exceptionnelles ou extrêmes qui mettent en cause le régime même ou la constitution, c'est-à-dire l'autorité qui, selon la constitution, est habilitée à décider en dernier ressort. Dans ce cas, le problème de la souveraineté ne se pose plus sous la forme d'une décision à prendre dans le sens de la constitution sauf pour celui qui en est le gardien, mais contre elle. La souveraineté est alors en suspens et elle sera recueillie par celui qui tranchera le conflit en sa faveur, c'est-à-dire celui qui réussira à s'imposer, fût-ce contre le droit ou les lois en vigueur. Il importe peu alors que le peuple soit souverain ou non. Sera souverain celui qui décidera en dernier ressort non au nom du droit mais de la force, c'est-à-dire est souverain non pas seulement celui qui décide de la situation d'exception, mais en cas de situation exceptionnelle. Les révolutions sont de ce type »[2]. Cette analyse permet à Freund de marquer les limites du droit et la spécificité du politique ; tant que l'on reste à l'intérieur des règles et des normes, donc à l'intérieur de la constitution et de ses principes, l'on est dans le droit. « Du moment que l'exception échappe à la règle ou norme, il faut une autre instance que le droit pour décider de la voie à suivre »[3]. La réflexion politique sort alors du cadre du droit, « puisque là où n'existe pas de lois ou de normes, il n'y a pas non plus de droit ni de réflexion juridique possible »[4].

Les développements qui précèdent ont pour but d'illustrer les avantages de la phénoménologie de l'activité politique et de la théorie machiavélienne et de montrer ce qui me semble constituer une difficulté de la réflexion de Rorty. Il n'a cessé de souligner depuis *Philosophy and the Mirror of Nature* que la science procède par révolutions, pour reprendre le terme que Kuhn emprunte précisément, et j'y insiste, à la *politique*, que les théories sont incommensurables, qu'elles se transforment, comme la poésie ou la philosophie, par l'introduction de vocabulaires nouveaux. La métaphore vive se voit reconnaître un statut tout particulier puisqu'elle est comme l'élément perturbateur, révolutionnaire qui ne reconnaît pas la « constitution »

1. *Op. cit.*, p. 125.
2. *Op. cit.*, p. 125-126.
3. *Op. cit.*, p. 125.
4. *Op. cit.*, p. 126. Schmitt écrit : « Il n'existe pas de norme qui puisse être appliquée au chaos. L'ordre doit être produit, pour que l'ordre ait un sens » (*op. cit.*, p. 20).

existante ; elle crée en somme la situation extraordinaire, l'état d'exception, qui oblige à modifier le « droit existant », elle est le coup de force, le coup d'Etat qui transforme radicalement, si elle réussit, comme la révolution au demeurant, le paysage. Et Rorty ne se lasse pas de célébrer le génie créateur, le pouvoir novateur des ironistes qui réécrivent, redécrivent ce qui s'était entre-temps sclérosé, ossifié, pétrifié [1]. Lorsqu'il passe à la politique, dont la métaphore révolutionnaire provient, le ton change : la révolution est bien évoquée ici et là, mais très rapidement elle est soit confinée aux pays non-démocratiques, soit remplacée dans les démocraties par la réforme [2]. Dans les pays démocratiques, le révolutionnaire-réformiste est réduit à en appeler, au nom des principes de la société démocratique, à la transformation et à l'amélioration de ce qui dans la société elle-même est encore en contradiction avec les principes [3]. Quant à l'état d'exception,

1. Comparons cette vision des choses avec le texte suivant de Schmitt qui porte sur l'état d'exception : « C'est précisément une philosophie de la vie concrète qui ne peut se désintéresser de l'exception et du cas extrême, mais qui doit s'y intéresser. Pour elle, l'exception peut être plus importante que la règle, non pas en fonction de l'ironie romantique et de son goût pour le paradoxe ('nicht aus einer romantischen Ironie für das Paradoxe'), mais en raison de tout le sérieux qui résulte d'une compréhension pénétrante qui est plus profonde que les généralisations attachées à ce qui se répète suivant la moyenne. L'exception est plus intéressante que le cas normal. Le normal ne démontre rien, l'exception démontre tout ; elle confirme non seulement la règle, la règle ne vit d'ailleurs que de l'exception. Avec l'exception la force de la vie réelle fait sauter la croûte d'une mécanique figée par la répétition » (*op. cit.*, p. 22).

2. Rorty écrit dans *Contingency, Irony and Solidarity :* « Je suppose en effet que la pensée sociale et politique occidentale peut avoir eu la dernière révolution *conceptuelle* dont elle a besoin. Lorsque J.S. Mill suggère que les gouvernements se consacrent à rendre optimal l'équilibre existant entre le fait de laisser libre cours à la vie privée et la tentative d'éviter les souffrances, il me semble assez bien formuler le dernier mot en la matière » ; il ajoute en note : « Ceci ne veut pas dire que le monde a eu la dernière révolution *politique* dont il a besoin. Il est difficile d'imaginer une diminution de la cruauté dans des pays comme l'Afrique du Sud, le Paraguay et l'Albanie sans révolution violente » (p. 63). Remarquons que tous les pays qu'il cite sont non-démocratiques. Sur l'idée selon laquelle la démocratie libérale serait le régime qui met fin à l'histoire, Rorty, du moins en ce qui concerne l'Occident, est donc d'accord avec Fukuyama.

3. Ce qui revient, comme il le dit lui-même, à « supprimer la différence entre le révolutionnaire et le réformateur. Mais l'on peut définir la société libérale *idéale* comme celle dans laquelle cette différence *est* supprimée ». Si le poète et le révolutionnaire sont les héros de cette société démocratique, Rorty prend bien soin d'ajouter que cette société qui a pour but la liberté, « n'a pas d'autre intention que de rendre la vie plus facile aux poètes et aux révolutionnaires, tout en veillant à ce qu'ils ne rendent la vie des autres plus difficile qu'au seul niveau des mots et non à celui des actes » (*op. cit.* p. 60-61). La dimension politique est dès lors réduite aux

dans les pays démocratiques, il n'est pas envisagé. Rorty se fait donc beaucoup plus circonspect, comme si le passage au public l'obligeait à oublier la possible créativité de la situation exceptionnelle. Son utopie qui consiste à élargir le « nous », le sens de la communauté à laquelle nous appartenons et à essayer de supprimer la douleur non seulement de ceux que nous sentons comme semblables mais de tous les hommes, est bien intentionnée mais peu révolutionnaire et extrêmement vague dans la description de ses moyens. Sous son appellation libérale, elle ne fait que reprendre des éléments de ce que le christianisme et l'humanitarisme ont proposé, mais sans rien nous dire des institutions qui lui seraient nécessaires. Qu'on ne me comprenne pas mal, je ne suis pas plus révolutionnaire que Rorty et je partage en gros son choix pour la social-démocratie, quelle que soit la difficulté à préciser ce que cette appellation recouvre. Son utopie n'est pas rien et touche à des éléments essentiels. Ma critique ne porte donc pas sur le contenu de ses choix politiques, mais sur le déséquilibre, la distorsion qu'il y a, je devrais utiliser le mot anglais *discrepancy* ou le mot allemand *Diskrepanz*, entre sa vision de la politique – la situation des démocraties occidentales est le meilleur système existant jusqu'ici, qui peut être amélioré ici et là mais qui va dans le bon sens, sa *continuité* est donc essentielle – et son enthousiasme pour l'incessante transformation, les *discontinuités*, l'*Aufhebung* galopante sur le plan privé. Je ne sais si l'ironiste pourra jamais se satisfaire de cette utopie libérale, mais je crains que non. Je crains davantage encore que la vision de la politique de Rorty ne soit assez réaliste – non au sens philosophique du terme mais au sens politique –, machiavélienne : elle donne l'impression d'une certaine naïveté. Ce manque de réalisme pourrait d'ailleurs, à la limite, affaiblir son libéralisme. La sophistication extrême sur le plan privé peut-elle se conjuguer à la naïveté sur le plan public ? Rorty non seulement l'admet, mais en appelle à la simplicité et à la naïveté en politique : « J'avancerai dans le chapitre 8 que le discours politique libéral ferait bien de demeurer aussi non-théorique, simple et naïf ('simpleminded') qu'il en a l'air (comme Orwell le pensait), quelque sophistiqué que devienne le discours de l'auto-perfectionnement » [1]. Je ne nie pas, au demeurant, que ce mélange détonnant de sophistication et de simplicité naïve ait un grand charme, mais la réflexion critique me suggère, à tort ou à raison, qu'il vaudrait mieux que les deux sphères soient plus équilibrées, sans qu'on les confonde pour autant.

mots. Rappelons que H. Arendt la définissait comme les paroles et les *actes* entrepris de concert.

1. *Contingency, Irony and Solidarity*, p. 121.

Il semble, selon certains commentateurs, et notamment selon Ian Shapiro dans son livre *Political Criticism* [1], que Rorty ait été troublé par le fait qu'on a interprété sa vision politique des choses comme étant conservatrice. Pour prouver le contraire, il aurait écrit « Thugs and Theorists. A Reply to Bernstein » [2], article dans lequel certains voient comme son programme politique. On en trouvera une critique assez radicale dans le livre de Shapiro. On peut comprendre la prudence politique de Rorty par sa propre histoire : quels que soient les mérites ou le génie de Trotsky, dont l'aura avait illuminé sa jeunesse, il reste que la politique dont l'organisateur de l'Armée Rouge s'est réclamé et qu'il a appliquée lorsqu'il était au pouvoir, centralisation économique et liquidation des adversaires, au besoin leur mise à l'écart dans des camps de concentration [3], ne différait guère de celle de ceux qui l'ont éliminé. Les désenchantements causés par la tragédie du communisme, dans lequel la génération de ses parents avait mis ses espoirs, peut expliquer la circonspection de Rorty, comme elle explique le passage à la social-démocratie de beaucoup. Pour ma part, sa vision de la politique me semble surtout quelque peu angélique avec notamment sa foi dans le consensus de la plupart des Américains sur ce qui lui semble aller de soi.

Pour terminer, je voudrais reprendre deux de ses expressions, d'une part le « club » et le « bazar », de l'autre le « nous » qu'il utilise plutôt sur grande échelle. Les relations entre citoyens d'un même pays et entre pays différents sont pensées sur le mode du club et du bazar. Avec les gens du même club l'on se sent d'entrée à l'aise, parce que l'on partage les mêmes valeurs et que l'on se sent du même bord : pas de dépaysement donc, mais le sentiment de se trouver chez soi, de partager la même identité. Dans un même pays pourtant, comme les Etats-Unis, l'on rencontre des gens qui n'appartiennent pas à ce club, qui sont vêtus différemment, professent d'autres religions, etc. Il faut donc trouver un *modus vivendi* avec eux et Rorty utilise l'image du bazar pour expliquer la manière dont on se comporte : l'on sourit et l'on marchande ; les problèmes difficiles doivent être réglés selon les normes d'une justice procédurale, dans la mesure du moins où les communautés différentes y souscrivent. Mais tout ceci se passe à l'intérieur du même pays : les institutions et les habitudes y créent un climat où il est plus facile de s'entendre. Reste la communauté interna-

1. Berkeley-Los Angeles, University of California Press, 1990, p. 45.
2. Dans *Political Theory*, 15, nov. 1987, p. 564-580.
3. Cf. M. HELLER, *Le monde concentrationnaire et la littérature soviétique*, Lausanne, L'Age d'Homme, 1974, p. 32-47.

tionale où les institutions communes sont beaucoup plus réduites et les différences entre les communautés beaucoup plus grandes. Ici aussi le marchandage et la justice procédurale s'imposent. Malgré le caractère incontestablement plaisant de la métaphore du club et du bazar, il reste que les relations à l'intérieur d'un pays et entre les pays n'ont pas que ce caractère pittoresque. La métaphore est certes dédramatisante, mais très incomplète et elle occulte certains aspects de l'activité politique. Une pensée politique à la Schmitt et à la Freund, qui met l'accent sur ce qui est, plutôt que sur ce qui doit être, recourt à des notions bien plus dures, celles d'ami et d'ennemi [1]. Généralement d'ailleurs l'ennemi, au sens grec de πολέμιος et non d'ἐχθρός ou au sens latin de « hostis » et non d'« inimicus », n'est pas intérieur. Dans certaines situations néanmoins, lors d'une guerre civile ou d'une révolution par exemple, l'ennemi intérieur peut devenir plus dangereux que l'ennemi extérieur. Sur le plan de la politique extérieure, un autre pays peut toujours devenir un ami ou un ennemi. Le danger est que certains régimes ou du moins certains de ses citoyens peuvent, par désir peut-être, comme dirait R. Aron, de sortir de l'histoire [2], vouloir ne pas ou ne plus avoir d'ennemis politiques, ce qui est louable, certes, mais peu prudent et sans doute, pour utiliser un mot que Freund aime, *impolitique* : l'autre peut toujours me choisir comme ennemi, même si je m'imagine ou je désire être sans ennemis. La relation ami-ennemi dépend des deux côtés de la relation et pas seulement d'un seul. C'est ce qui donne aux relations internationales leur caractère propre. Rappelons enfin que les notions de « partisan » et de « terroriste » appartiennent à l'univers politique et qu'ici encore C. Schmitt [3] a mis l'accent sur des phénomènes que l'on peut regretter mais qui n'en existent pas moins. La sagesse politique consiste à les reconnaître comme tels et à les prendre en considération dans la description que l'on donne de l'expérience politique.

Rorty a aussi un usage curieux du « nous », signalant par là qu'il se réfère à son club ou à une partie au moins de celui-ci. La solidarité avec les éléments de ce « nous » va pour lui de soi. Soulignons d'abord la diversité des éléments qui relèvent de ce « nous » : R. Bhaskar en a fait une espèce de relevé dans *Philosophy and the Idea of Freedom* [4].

1. Respectivement *Der Begriff des Politischen*, Berlin, Duncker und Humblot, 1963 (1932[1]) ; J. FREUND, *op. cit.*, p. 442-636.

2. *Penser la guerre, Clausewitz II. L'âge planétaire*, Paris, Gallimard, 1976, p. 283.

3. Cf. *Theorie des Partisanen. Zwischenbetrachtung zum Begriff des Politischen*, Berlin, Duncker und Humblot, 1963.

4. Oxford, Blackwell, 1991, p. 94.

On y trouve les intellectuels libéraux, les héritiers des Lumières, les intellectuels libéraux occidentaux, la riche bourgeoisie nord-américaine, les décideurs éduqués et possédant des loisirs, les intellectuels disposant de loisirs relatifs, habitant une partie du monde stable et prospère, les gens qui ont lu et réfléchi sur les œuvres de Platon, Newton, Kant, Marx, Darwin, Freud, Dewey etc. ; ceux qui recherchent le consensus, les professeurs de philosophie, les nominalistes wittgensteiniens, les héritiers des contingences historiques qui ont créé des institutions politiques de plus en plus cosmopolites et démocratiques. En font partie des intellectuels qui vont de D. Bell à J. Habermas ; en sont exclus des théoriciens comme Althusser, E.J. Thompson, Ch. Norris, M. Fisk et F. Jameson. Ce « nous » est, dit à juste titre Bhaskar, à la fois trop « élastique », il recouvre trop d'éléments divers, et trop « monolithique », ces éléments qui peuvent créer des conflits entre des solidarités différentes, sont pourtant subsumés sous un « nous ». Shapiro, dans le livre que nous avons cité auparavant, fait une remarque analogue. Il insiste sur le fait que Rorty ne donne aucune explication, historique ou sociologique par exemple, sur le développement de ces communautés, sur la manière dont une personne qui a des fidélités à des communautés différentes résoudra ses dilemmes, car, en dehors du critère de la solidarité, aucun recours à un critère objectif n'est, selon Rorty, possible [1]. Dire, comme il le fait, que les effets de contraste entre les différentes communautés suffisent à montrer le problème, revient à noyer le poisson : sur quoi reposent en définitive ces effets de contraste sinon sur le fait que celui qui doit choisir considère que la solution apportée par une communauté est meilleure que celle donnée par une autre ?

Pour terminer et prolonger ce qui précède, je voudrais revenir sur un propos de Rorty qui a déjà fait couler beaucoup d'encre. Il s'agit de son affirmation selon laquelle il est vain de vouloir discuter avec Hitler ou un philosophe qui se serait fait nazi. Puisqu'il n'y a pas, au grand dam des métaphysiciens, de valeur ou de vérité transculturelles, essayer de *démontrer* que Hitler a tort est peine perdue. « Comme Habermas et Karl-Otto Apel, McCarthy voit dans mon refus d'assumer la tâche de répondre à Hitler le signe d'un 'décisionnisme' ou d'un 'relativisme' irresponsable. Mais j'ai toujours été déconcerté (sinon toujours, en tout cas depuis les vingt dernières années) à l'idée de ce que peut bien représenter une réponse décisive à Hitler » [2]. Il ajoute

1. *Op. cit.*, p. 50-53.

2. *Lire Rorty*, p. 182 ; cf. *Essays on Heidegger and Others. Philosophical Papers II*, Cambridge, Cambridge University Press, 1991, p. 189.

cependant qu'il distingue « réfuter » et « convertir » et qu'il voit bien qu'il est possible de convertir « un nazi passablement plus sain et ouvert que Hitler ne le fut », qu'il a « bien quelque idée de la façon dont il (lui) faudrait procéder », mais il rejette toute prétention à une *Letztbegründung* à la Apel [1]. Sans vouloir entrer dans la discussion philosophique où Rorty a raison – je pense en effet qu'il est impossible d'éliminer totalement le décisionnisme [2] –, je voudrais à nouveau mettre l'accent sur la dimension spécifiquement politique (et non morale) de l'enjeu. La montée du nazisme, sa prise de pouvoir et sa politique ont créé l'état d'exception dont j'ai parlé plus haut. Si j'appartiens, quelles qu'en soient les raisons, au « nous antinazi », c'est le *combat politique* lui-même, dont la lutte idéologique est un des éléments essentiels, qui me *contraint* à répondre au nazisme. L'*urgence* même qui est, comme on sait, mais comme on l'oublie aussitôt dans les débats philosophiques, une condition presque permanente de l'activité politique, m'oblige à prendre position, à essayer d'imaginer une réponse à l'ennemi. Et qu'on y prenne bien garde, cette réponse est plus nécessaire à ceux qui ne sont pas nazis qu'à ceux qui le sont : ils doivent connaître les raisons de leur combat. R. Hilary, l'aviateur anglais qui a participé à la bataille d'Angleterre, déclarait qu'il combattait une erreur au nom d'une demi-vérité, et Camus lui donnait raison. Si la réponse n'est donc pas *rationnelle* au sens de fondation ultime et irréfragable, elle peut néanmoins être *raisonnable*. Montrer les conséquences de la politique nazie, comme Rorty le reconnaît lui-même, constitue un des éléments essentiels de cette réponse. Plutôt que d'utiliser, comme il le fait, du moins dans la traduction française, le terme « convertir » [3], je préférerais utiliser le terme « persuader » qui est fréquent en rhétorique. Décider de lutter contre le nazisme n'est pas nécessairement entrer en religion. On ne combat pas seulement une religion séculière au nom d'une autre.

1. *Lire Rorty*, p. 183.

2. Cf. H. LÜBBE, *Theorie und Entscheidung. Studien zum Primat der praktischen Vernunft*, Freiburg, Rombach, 1971.

3. Le texte anglais implique peut-être moins l'idée d'une conversion religieuse : « *Our* moral view is, I firmly believe, much better than any competing view, even though there are a lot of people whom you will never be able to convert to it. It is one thing to say, falsely, that there is nothing to choose between us and the Nazis. It is another thing to say, correctly, that there is no neutral, common ground to which an experienced Nazi philosopher and I can repair in order to argue out our differences. The Nazi and I will always strike one another as begging all the crucial questions, arguing in circles » (« Trotsky and the Wild Orchids », p. 149).

En conclusion, je dirais que j'ai confronté deux descriptions de l'activité politique, celle de Rorty et celle des machiavéliens en centrant mon exposé sur la notion d'état d'exception. Il en ressort que la description machiavélienne me semble plus éclairante ou, dans son langage, plus proche de ce qui est. Elle rend mieux compte d'une situation comme celle de l'ex-Yougoslavie par exemple. Rorty mettra évidemment en question, au nom de son nominalisme, l'essentialisme à la Freund qui mène celui-ci à ce qu'il appelle une philosophie des essences. Reste que la description machiavélienne peut s'accommoder, comme chez Weber, d'un cadre nominaliste. Dire que la confrontation entre ces deux vocabulaires est impossible, parce qu'ils seraient incommensurables, me semble difficile : Rorty lui-même essaie constamment de nous convaincre que son vocabulaire doit l'emporter sur les autres. Bien qu'en stricte logique ironique il ne puisse pas argumenter, il ne cesse de le faire, et, comme il le sait d'ailleurs, avec beaucoup de virtuosité. Bouveresse dit de la philosophie de Rorty qu'elle est une des plus intéressantes de l'époque, même si, remarque-t-il, elle n'est pas la plus convaincante [1]. Je partage cet avis. J'ajouterais que la partie la plus passionnante de cette philosophie se trouve à l'autre bout de la distinction privé/public, non du côté « Trotsky », mais du côté « orchidées sauvages ».

Maurice WEYEMBERGH [*]

1. *Op. cit.*, p. 25.

* Vrije Universiteit Brussel et Université Libre de Bruxelles.

CHAPITRE X

PRENDRE LES DROITS AU SÉRIEUX OU AVEC IRONIE ?

Comment devrait-on envisager les droits dans une démocratie libérale moderne dès lors que nous jugeons qu'une telle démocratie doit continuer d'exister ? Quelle attitude devrait-on avoir à leur égard ? Faut-il « prendre les droits au sérieux », comme l'énonce le titre du célèbre ouvrage de Ronald Dworkin [1] ? Faut-il plutôt les « prendre avec ironie », comme peuvent l'inciter à croire les développements récents du philosophe pragmatiste Richard Rorty autour de la figure du *libéral ironiste* ? Ces questions sont antérieures à une interrogation portant sur la détermination des droits devant être considérés fondamentaux dans un tel type de société. Elles mettent en jeu la *signification* du vocabulaire des droits dans le contexte de sociétés pluralistes où les prétentions fortes des discours fondationnels sont soumises à des critiques radicales.

Ce problème de l'attitude à avoir à l'égard des droits se pose en ayant comme toile de fond le « désenchantement du monde » qui caractérise les démocraties libérales. Un trait dominant de ce désenchantement consiste en un pluralisme axiologique se traduisant d'une part dans une profusion de revendications de droits nouveaux et d'autre part – ce qui peut paraître paradoxal à première vue – dans un cynisme croissant à l'égard de l'idée même de droits. Ainsi, les démocraties libérales modernes se retrouvent-elles aujourd'hui confrontées à des problèmes juridiques qui débordent le problème traditionnel – pouvant être résolu pour l'essentiel au plan des techniques juridiques – de l'aménagement et de l'harmonisation des divers droits qui parfois

1. R. DWORKIN, *Taking Rights Seriously*, Cambridge, Harvard University Press, 1978, XV-371 p.

sont en compétition entre eux. Dès lors en effet que la signification du vocabulaire des droits est détachée des représentations fondatrices (la conception rationaliste de la nature humaine et la théorie du Contrat social) qui ont légitimé la mise en place d'une organisation politique axée sur la défense des droits, le vocabulaire des droits se voit transformé progressivement en strict outil de promotion d'intérêts – particuliers ou de groupes – immédiats. Il en résulte que la médiation entre les droits ainsi que l'évaluation des nouvelles revendications de droits ne bénéficient plus, à la limite, d'aucun cadre apparent de légitimation permettant de maintenir le droit – en tant qu'institution – hors de la sphère des seuls rapports de force. Ce phénomène de dilution – voire d'abandon – du sens originaire du vocabulaire des droits est perçu par plusieurs théoriciens comme étant une dérive inadmissible des droits fondamentaux [1].

On peut toutefois également considérer que les droits n'ont pas à être pris à ce point au sérieux, qu'il n'est pas essentiel – et même qu'il est nuisible – au maintien et à la promotion des démocraties libérales que la représentation des droits procède d'une métaphysique ou encore d'une anthropologie philosophique rationaliste. C'est là l'option avancée par Richard Rorty qui développe un néo-pragmatisme dont une des ambitions majeures est d'opérer – tant aux plans épistémologique que pratique – une rupture définitive à l'égard des prétentions fondationalistes des représentations modernes du droit, de l'éthique et du politique. Rorty nous invite en fait à nous débarrasser de « l'esprit de sérieux » [2] qui encombrerait encore trop les débats de nos sociétés libérales modernes. C'est dans cette perspective qu'il reproche à Dworkin de trop prendre les droits au sérieux et qu'il le présente comme un représentant de la faction absolutiste du libéralisme

1. S. GOYARD-FABRE, « La dérive des droits fondamentaux », dans G. LAFRANCE (éd.), *Ethique et droits fondamentaux*, 1989, p. 61-73, Ottawa, Presses de l'Université d'Ottawa ; G. HAARSCHER, *Philosophie des droits de l'homme*, Bruxelles, Ed. de l'Université de Bruxelles, 1987, 150 p. ; J. RIVERO, « Vers de nouveaux droits de l'homme ? », *Revue des sciences morales et politiques*, 1982, 4, p. 673-686 ; M. CRANSTON, « Human Rights, Real and Supposed », dans D.D. RAPHAEL (éd.), *Political Theory and the Rights of Man*, 1967, p. 43-45, London, Macmillan.

2. « [...] au cours de l'histoire récente des sociétés libérales, la propension à considérer toutes choses en esthète – à 'jouer' au sens de Schiller, et à se débarrasser de ce que Nietzsche appelait l''esprit de sérieux' – a été un facteur important de progrès moral ». (R. RORTY, « Du primat de la démocratie sur la philosophie », dans G. VATTIMO (éd.), *La sécularisation de la pensée*, Paris, Seuil, 1988, p. 53-54).

contemporain [1]. Par ailleurs, toutefois, Rorty avance que le pragmatiste – auquel bien évidemment il s'identifie –, « [...] dominé par son désir de solidarité, ne peut être accusé que de prendre sa propre communauté *trop* au sérieux » [2] ; il soutient également que rien n'est moins douteux que la valeur de nos libertés démocratiques [3], ces « libertés bourgeoises » étant même requises à la cimentation de la société libérale [4] ! Faut-il y voir des contradictions ? Je montrerai que non, ce qui n'exclut pas, nous le verrons également, que la position de Rorty à l'égard des droits souffre de réelles lacunes.

On comprendra mieux cette position en étant attentif aux divers niveaux de « prise au sérieux » que l'on rencontre dans les écrits de Rorty. On verra d'abord que ce dernier rejette un type de sérieux – une façon d'envisager les droits – qui est également critiqué, pour des raisons parfois très semblables, à la fois par Dworkin et par le mouvement des Critical Legal Studies (section 1). C'est toutefois dans sa façon d'envisager le « sérieux-relativement-à-la-communauté » – donc dans son ethnocentrisme et sa compréhension de la justification – que résident les particularités de la position de Rorty (section 2). Je soutiendrai que contrairement aux thèses supportant son rejet de la métaphysique, ses développements ayant une portée plus directement juridique empruntent une orientation malheureuse qui empêche de les considérer comme étant adéquats pour repenser les droits dans une société désenchantée (section 3).

1. Le « tout-à-fait-sérieux »

Une précision s'impose quant à la pertinence de procéder à une analyse de la pensée de Rorty dans le cadre d'une réflexion plus générale sur les droits dans les démocraties libérales contemporaines. Il est évident en effet, pour quiconque connaît suffisamment l'œuvre de Rorty, que ce dernier ne peut pas être considéré comme un philosophe du droit. Même dans ses écrits plus récents, tels *Contingence, ironie et solidarité* et ses *Philosophical Papers*, Rorty développe en fait peu de réflexions concernant les droits. Un seul de ses textes, me semble-t-il, peut être considéré comme un texte de philosophie du droit, encore que

1. R. RORTY, *Objectivity, Relativism and Truth. Philosophical Papers*, vol. I, Cambridge, Cambridge University Press 1991, p. 177.

2. RORTY R., « Solidarité ou objectivité ? », *Critique*, trad. F. LATRAVERSE, 1983, 439, p. 936.

3. R. RORTY, *Contingence, ironie et solidarité*, trad. P.-E. DAUZAT, Paris, A. Colin (Théories), 1993, p. 269.

4. *Ibidem*, p. 125.

ce texte [1] soit plutôt bref et s'en tienne à des propos passablement généraux. Bien que la question des droits occupe, de toute évidence, une place somme toute périphérique dans les réflexions de ce philosophe pragmatiste, on constate que les références aux travaux de Rorty sont très nombreuses dans certains milieux de la philosophie du droit américaine. Plusieurs de ces mentions des travaux de Rorty précèdent d'ailleurs les ouvrages plus directement « politiques » de notre auteur, renvoyant ainsi exclusivement aux écrits plus anciens de Rorty qui sont davantage préoccupés d'épistémologie [2].

S'il en est ainsi, c'est que certains philosophes du droit, associés au mouvement américain des Critical Legal Studies (CLS), ont cru trouver dans le pragmatisme anti-fondationaliste de Rorty une plate-forme solide sur la base de laquelle opérer une critique radicale tant du droit – en tant qu'institution sociale bourgeoise – que des droits [3]. Le côté radical – pour ne pas dire corrosif – du discours rortien et la façon dont celui-ci donne congé à certaines formes traditionnelles de la pensée philosophique ont fortement contribué à alimenter cet engouement, à un point tel qu'on a parfois présenté Rorty comme *la* référence philosophique d'une faction importante des CLS [4]. J'aurai brièvement l'occasion d'y revenir un peu plus loin, mais je ne m'attarderai guère aux péripéties de cette association. Il est davantage intéressant pour notre propos que nous nous arrêtions quelques instants sur ces éléments du pragmatisme rortien qui ont opéré une telle séduction chez certains auteurs des CLS et qui alimentent d'ailleurs le rejet, par Rorty lui-même, de la représentation moderne des droits.

Un premier trait d'importance à souligner consiste dans le fait, rappelé parfois par Rorty dans ses écrits, qu'une grande part du pragmatisme se déploie sous un mode purement négatif [5] ; le pragmatisme rortien est avant tout une pensée critique qui se caractérise par le fait qu'elle « donne congé » au discours des fondements. Foncièrement

1. R. RORTY, « The Banality of Pragmatism and the Poetry of Justice », *Southern California Law Review*, 1990, 63, p. 1811-1819.

2. R. RORTY, *Philosophy and the Mirror of Nature*, Princeton, Princeton University Press, 1979, XV-401 p. ; *Consequences of Pragmatism*, Minneapolis, University of Minnesota Press, 1982, XLVII-237 p.

3. William Weaver aurait relevé une centaine de références faites aux travaux de Rorty dans les écrits de la gauche juridique américaine. Voir W.G. WEAVER, « Richard Rorty and the Radical Left », *Virginia Law Review*, 1992, 78, p. 729-757.

4. R.A. BELLIOTTI, « Radical Politics and Nonfoundational Morality », *International Philosophical Quarterly*, 1989, XXIX, 1, p. 33-51.

5. R. RORTY, « What can you expect from Anti-Foundationalist Philosophers ? : A Reply to Lynn Baker », *Virginia Law Review*, 1992, 78, p. 724.

anti-fondationaliste, Rorty dénonce l'essentialisme et le représentationalisme qu'il considère caractéristiques des discours philosophiques fondationnels. Brièvement, l'anti-essentialisme est le rejet de la thèse philosophique voulant que l'on puisse distinguer une nature intrinsèque des choses, une essence réelle, de caractéristiques qui seraient accidentelles ou purement relationnelles. Pour le pragmatiste, les notions de « chose en soi », de « vérité objective », et des distinctions comme celle entre « apparence » et « réalité » sont donc inappropriées : elles relèvent toutes d'une croyance erronée à l'effet que l'on puisse se situer hors de notre langage et de notre expérience particulière du monde de façon à établir un contact direct avec « ce qui est » et dire le vrai à son sujet. Par voie de conséquence, le pragmatiste est également anti-représentationaliste : l'impossiblité d'établir une relation privilégiée avec la réalité signifie que nos croyances ne *représentent* pas le monde, qu'elles n'équivalent pas à un ajustement de notre esprit à ce qu'est le monde. Nos croyances sont plutôt des « habitudes de l'action » [1]. Rorty voit ainsi l'essentialisme et le représentationalisme – et de façon générale, tout fondationalisme – comme étant des tentatives illusoires de « clôturer la pratique humaine » [2] au moyen de l'établissement d'un cadre exprimant ce qu'il en est du monde.

À partir de ceci, on voit aisément le sort réservé aux discours « tout-à-fait-sérieux » des droits. Il devient inadmissible de considérer que les droits humains puissent reposer sur des « fondements philosophiques de style traditionnel » [3]. Affirmer qu'il existe une dignité humaine *en-soi* – qui ne dériverait donc pas de la dignité d'une communauté spécifique –, prendre au sérieux les notions de droits humains naturels et de ce fait inaliénables, c'est là, pour le pragmatiste conséquent, s'en remettre à un « [...] confort intellectuel [auquel] notre tradition s'est habituée » [4] mais que le pragmatiste abandonne. Se voit en effet discréditée la notion de droits prenant appui dans la représentation rationaliste d'une nature humaine anhistorique ou encore dans la représentation métaphysique d'une participation de l'être humain à un quelconque Ordre cosmique. Dans l'un et l'autre cas on ferait l'erreur de chercher à donner un sens à notre *pratique* sociale des

1. R. RORTY, *Science et solidarité. La vérité sans le pouvoir*, J.-P. COMETTI, Paris, Editions de l'Eclat, 1990. Tiré à part, p. 9.

2. C. WEST, « La politique du néo-pragmatisme américain », dans A. LYOTARD-MAY, J. RAJCHMAN et C. WEST (eds), *La pensée américaine contemporaine*, Paris, PUF (Philosophie d'Aujourd'hui), 1990, p. 394.

3. R. RORTY, « Du primat de la démocratie sur la philosophie », dans G. VATTIMO (ed.), *La sécularisation de la pensée*, Paris, Seuil, 1988, p. 60.

4. R. RORTY, « Solidarité ou objectivité ? », *op. cit.*, p. 937.

droits – c'est-à-dire au fait que l'on reconnaît aux individus dans notre tradition démocratique des prérogatives et des libertés – en postulant qu'il existe bien une Réalité objective, intemporelle, *externe* à la pratique elle-même, et qui permettrait dès lors de légitimer en toute certitude ladite pratique ou, du moins, certaines de ses manifestations. Selon l'expression de Putnam, reprise à l'occasion par Rorty, cela reviendrait à vouloir adopter le « point de vue de Dieu » qui seul permettrait de statuer de la sorte sur la Réalité des choses [1]. Or le seul point de vue admissible, le seul qui soit cohérent avec la nécessaire reconnaissance de la finitude humaine qui est exigée par les thèses brièvement décrites précédemment, c'est le point de vue *internaliste*, c'est-à-dire le point de vue du participant engagé dans une pratique qui ne se reconnaît aucun pouvoir d'accéder à un levier qui, extérieur à cette pratique, permettrait de soulever le voile d'apparence recouvrant la Réalité devant orienter la pratique en question. Exprimé de façon moins métaphorique, l'internalisme est une attitude philosophique – Putnam parlera également de « tempérament » [2] – qui abandonne les prétentions fondationalistes de l'externaliste et reconnaît que nous œuvrons toujours à partir et à l'intérieur de notre discours, d'un cadre conceptuel duquel nous ne pouvons nous extraire afin de le confronter à la Réalité des choses [3].

Rorty a cru trouver un certain temps, en la personne de Ronald Dworkin, un représentant d'une conception externaliste des droits. C'est du moins ce qu'il exprime dans ses articles « The Priority of Democracy to Philosophy » et « Post-Modernist Bourgeois Liberalism ». Dworkin, écrivait alors Rorty, serait un exemple de la faction absolutiste du libéralisme contemporain. Non pas en raison du fait qu'il fonderait sa théorie des droits sur une théorie préalable de la nature humaine – ce qui n'est manifestement pas le cas chez Dworkin – mais plutôt parce qu'il continuerait de prendre au sérieux – même en l'absence d'une telle théorie – la notion de droits humains anhistoriques. Ainsi, la thèse de Dworkin voulant qu'il y ait une « bonne réponse » dans tous les cas difficiles portés devant les tribunaux et sa présentation des droits individuels comme étant des « atouts » (*trumps*)

1. H. PUTNAM, *Raison, vérité et histoire*, trad. A. GERSCHENFELD, Paris, Les Editions de Minuit (Propositions), 1984, 244 p. Voir chap. 3.

2. *Ibidem*, p. 61.

3. On trouvera une caractérisation de cette attitude internaliste dans G. A. LEGAULT, « Comment définir le pragmatisme ? », dans BEGIN *et al.*, *Pragmatisme et pensée contemporaine*, Sherbrooke, Université de Sherbrooke, 1984, p. 1-23.

politiques détenus en propre par les individus [1] inscriraient directement Dworkin dans la tradition kantienne, c'est-à-dire précisément dans cette tradition de la Modernité que Rorty rejette pour son maintien d'un vocabulaire rationaliste affichant des prétentions de validité transculturelle et anhistorique.

Plus récemment, dans « The Banality of Pragmatism and the Poetry of Justice », Rorty a toutefois modifié son jugement, allant en fait jusqu'à affirmer que l'on pouvait, sans devoir donner une trop grande extension au terme « pragmatiste », inclure Dworkin sous cette appellation [2]. S'il en est ainsi, c'est que certains passages des textes de Dworkin indiquent bien d'une part que la thèse de la « bonne réponse » n'a pas le caractère objectiviste qui lui est souvent imputé et, d'autre part, que les concepts d'objectivité et de vérité – au sens d'une vérité-correspondance – sont en fait pris à partie par Dworkin [3]. D'autres auteurs avaient d'ailleurs déjà signalé, avant Rorty, que les positions de Dworkin n'étaient pas en fait incompatibles avec les thèses alimentant la critique par Rorty du « tout-à-fait-sérieux » [4]. Sans pour autant nous attarder trop longuement sur cette question, mentionnons brièvement deux caractéristiques des positions de Dworkin qui incitent également à penser que « prendre les droits au sérieux », pour Dworkin, n'équivaut pas au « tout-à-fait-sérieux » critiqué par Rorty. Tout d'abord, Dworkin se montre très critique quant à la valeur des débats métaphysiques pouvant entourer les questions de droits. Ainsi souligne-t-il, en prenant l'exemple de l'esclavage, qu'il est de peu d'intérêt de se demander si un jugement moral affirmant l'injustice de l'esclavage serait un jugement décrivant une réalité objective indépendante de

1. R. DWORKIN, *Taking Rights Seriously*, *op. cit.* et *Law's Empire*, Cambridge, Harvard University Press, 1986, XIII-470 p.

2. R. RORTY, « The Banality of Pragmatism and the Poetry of Justice », *op. cit.*, p. 1813.

3. *Ibidem*, p. 1812, note 6.

4. Je renvoie le lecteur aux textes de J. STICK, « Can Nihilism be Pragmatic ? », *Harvard Law Review*, 1986, 100, p. 332-401 et M.S. MOORE, « The Interpretive Turn in Modern Theory : A Turn for the Worse ? », *Stanford Law Review*, 1989, 41, p. 871-957, dont je reprends ici quelques conclusions quant à cette compatibilité. Il importe toutefois de souligner que dans un article récent, Dworkin (« Pragmatism, Right Answers, and True Banality », dans M. BRINT et W. WEAVER (eds), *Pragmatism in Law and Society*, Boulder, Westview Press, 1991, p. 359-388) attaque vigoureusement le néo-pragmatisme de Rorty et lui dénie toute pertinence pour la philosophie du droit. Néanmoins, les propos tenus par Dworkin ne remettent pas en cause le type de compatibilité dont il est ici question.

notre *pratique* de la moralité [1]. Une telle interrogation n'ajoute ni ne soustrait rien à la justification de l'esclavage ou de son abolition. Une justification d'agir requiert des arguments moraux substantiels, c'est-à-dire des arguments prenant appui dans notre pratique de la moralité et cherchant à entraîner l'assentiment. Ces arguments ne peuvent être des démonstrations qui forceraient l'accord de tous [2] ; il ne peut s'agir davantage d'appels à des vérités morales extérieures à cette pratique [3] : ce ne serait là qu'usage de métaphores répétant inutilement des convictions morales prenant elles-mêmes leur sens dans la pratique de la moralité. On voit ainsi que Dworkin, et c'est là une seconde caractéristique importante de cette pensée, fait grand usage de la distinction interne/externe dans sa théorie : le seul point de vue valable à partir duquel tenir un discours ayant des prétentions cognitives est le point de vue interne à une pratique donnée. On peut dire en somme que Dworkin – de façon d'ailleurs assez semblable à Rawls dont la démarche est appuyée par Rorty – évite le fondationalisme en cherchant plutôt à rendre compte de façon cohérente et sensée des pratiques sociales et juridiques des démocraties occidentales modernes. Aussi devrait-on même comprendre l'hypothèse de droits naturels dans un tel sens internaliste :

> On the constructive model, the assumption that rights are in this sense natural is simply one assumption to be made and examined for its power to unite and explain our political convictions, one basic programmatic decision to submit to this test of coherence and experience [4].

Ces quelques précisions concernant les thèses de Dworkin ont, pour l'instant, l'intérêt de nous permettre de voir qu'il semble y avoir place pour un discours constructif sur les droits dans le cadre anti-fondationaliste que le pragmatisme rortien s'emploie à mettre en place, cadre qui demeure, du moins dans une première étape, peu spécifique en regard de la question des droits si ce n'est sous la forme du rejet d'une attitude générale à l'égard de leurs prétendus fondements. C'est d'ailleurs en fonction de ce rejet et, plus généralement, de la critique pragmatiste du discours philosophique traditionnel que les CLS ont pu, quant à eux, considérer le pragmatisme de Rorty comme une base à partir de laquelle opérer une déconstruction du droit.

1. R. DWORKIN, « My Reply to Stanley Fish », dans M.S. MOORE, *The Interpretive Turn in Modern Theory*, *op. cit.*, p. 950.
2. R. DWORKIN, *Law's Empire*, *op. cit.*, p. 86.
3. *Ibidem*, p. 267.
4. R. DWORKIN, *Taking Rights Seriously*, *op. cit.*, p. 177.

Ces traits généraux du pragmatisme rortien n'ont donc manifestement pas comme utilité d'offrir eux-mêmes de nouveaux fondements pour une pensée des droits qui serait plus apte à produire une approximation de la vérité. On doit plutôt voir que dans un premier temps, le pragmatisme « nettoie le sous-bois et laisse à d'autres le soin de réaménager la forêt »[1]. On ne doit pas croire pour autant que Rorty se contente – en regard de la question des droits – de faire de son pragmatisme un lieu d'accueil pour les théories des droits ayant en commun de rejeter le fondationalisme. Même si le niveau plus général de son pragmatisme s'emploie à dévaloriser le « tout-à-fait-sérieux » et accommode de la sorte des théories qui par ailleurs se critiquent mutuellement, cela n'implique pas que Rorty accepte les déconstructions des CLS ou encore qu'il endosse l'attitude dworkinienne à l'égard des droits. Le discours davantage constructif de Rorty sur les droits s'exprime et se comprend, comme nous allons maintenant le voir, à partir de la façon dont le pragmatisme rortien prend au sérieux sa propre communauté d'appartenance.

2. Le « sérieux-relativement-à-la-communauté » et l'ironie

Quel sens donner à l'affirmation par Rorty voulant que « rien n'est moins douteux que la valeur de [nos] libertés [démocratiques] »[2], après avoir ainsi donné congé aux certitudes rassurantes des philosophies fondationalistes ? En fait, et c'est ce qui est apparu inadmissible pour les CLS qui y ont vu une réaffirmation a-critique de l'idéologie dominante[3], Rorty accompagne sa critique radicale des notions centrales des Lumières – à savoir, la raison, la vérité et la justice – d'une affirmation de maintien et de préservation des fruits politiques des Lumières. Il s'agit, plus précisément, d'abandonner l'arrière-plan conceptuel ayant – du moins théoriquement – supporté les institutions

1. R. RORTY, « The Banality of Pragmatism and the Poetry of Justice », *op. cit.*, p. 1815. Rorty écrira d'ailleurs : « pragmatism is ... like a corridor of which innumerable rooms open. All it does is give you a forum in which people can talk about how to fulfill their needs, which beliefs work to get them what they want, without running into Platonic and Cartesian impasses... », « The Professor and the Prophet », cité dans WEAVER W.G., *Richard Rorty and the Radical Left*, *op. cit.*, 1992, p. 754.

2. R. RORTY, *Contingence, ironie et solidarité*, *op. cit.*, p. 269.

3. « [...] a way of protecting a dominant ideology and its professionally successful practitioners from the scrutiny of argument [...] », J. CULLER, *Framing the sign*, cité dans R. RORTY, « What can you expect from Anti-Foundationalist Philosophers ? », *op. cit.*, p. 722-723, note 12.

démocratiques libérales tout en préservant les dites institutions [1]. De son point de vue pragmatique, Rorty considère ainsi le discours des droits comme étant une tentative de jouir des bénéfices de la métaphysique sans avoir à en assumer les responsabilités [2].

S'il peut en être ainsi pour Rorty c'est que l'anti-fondationalisme nous prive, certes, de points de vue neutres, de critères anhistoriques de validation de nos convictions politiques mais ne nous empêche aucunement, par contre, de continuer à croire qu'il s'agit de convictions valables. En fait, l'anti-fondationalisme nous invite à comprendre que ce que nous sommes et ce que nous croyons s'enracine dans des formes culturellement variables et historiquement changeantes. Nous serions ainsi inévitablement ethnocentristes, non pas au sens normatif signifiant que nous défendons les formes et expressions de notre culture, mais plutôt en un sens davantage descriptif exprimant notre finitude humaine, c'est-à-dire l'impossibilité qu'il y a pour nous de nous abstraire de notre culture et de son vocabulaire [3]. Nous pouvons par ailleurs décider, bien qu'il ne s'agisse pas d'une conséquence nécessaire de l'anti-fondationalisme, d'être loyal envers notre culture socio-politique, de conférer « un privilège particulier à notre propre communauté » [4], d'être – autrement dit – ethnocentriste au sens normatif. C'est ce que fait Rorty, le pragmatiste « dominé par son désir de solidarité » [5], l'ironiste libéral « chez qui l'engagement ne va pas sans le sens de la contingence de [son] engagement » [6]. C'est également ce à quoi il nous invite tous, « même s'il n'y a aucune justification non circulaire à le faire » [7].

Prenant donc au sérieux sa propre communauté mais jugeant par ailleurs inacceptable le désir d'objectivité qui soutiendrait les modes de

1. Ceci explique en partie la sympathie qu'éprouve Rorty à l'égard de Dewey et Oakeshott qui, tous deux, « [...] want to preserve the institutions while abandoning their traditional Kantian backup » (R. RORTY, « Postmodernist Bourgeois Liberalism », *The Journal of Philosophy*, 1983, LXXX, 10, p. 584).

2. R. RORTY, *Objectivity, Relativism and Truth, op. cit.*, p. 176. On ne trouvera pas ce passage du texte *The Priority of Democracy to Philosophy*, ainsi que de nombreux autres développements particulièrement importants pour notre propos, dans la publication de la traduction française très partielle de ce texte.

3. Ces deux sens du terme « ethnocentrisme » sont distingués dans R. RORTY, *Objectivity, Relativism and Truth, op. cit.*, p. 15.

4. R. RORTY, « Solidarité ou objectivité ? », *op. cit.*, p. 934.

5. *Ibidem*, p. 936.

6. R. RORTY, *Contingence, ironie et solidarité, op. cit.*, p. 97.

7. R. RORTY, « Solidarité ou objectivité ? », *op. cit.*, p. 934. On comprendra aisément qu'il ne puisse y avoir de justification non circulaire à partir du moment où l'on admet que l'on ne peut échapper à notre vocabulaire.

justification de notre tradition intellectuelle occidentale, Rorty endosse l'inévitable circularité du processus justificatif jusqu'au point d'établir une équivalence entre « ce qui est justifié » et « ce que les consensus sociaux montrent comme étant désiré ». En fait, nous y reviendrons, l'idée même de justification apparaît de toute évidence comme étant suspecte aux yeux de Rorty. Dès lors que serait admise l'impossibilité d'échapper à notre finitude humaine, il faudrait reconnaître que la justification ne peut être rien de plus qu'une *articulation* ou une *expression* de ce que l'on désire. Rorty ne nie pas pour autant que le discours de justification faisant appel à des fondements ait eu une réelle utilité historique afin de dégager « la voie d'un changement politique et culturel en offrant un *focus imaginarius* flou mais inspirant (p. ex., la vérité *absolue*, l'*art pur*, l'humanité *en tant que telle*) » [1]. Mais on ne devrait plus voir les principes du libéralisme politique – qui ont servi d'inspiration à ces changements politiques et culturels – comme étant des *justifications* des espoirs que nous avons d'une société meilleure. On devrait plutôt comprendre qu'ils n'ont d'utilité que celle de *résumer* ou encore d'*exprimer* ces espoirs [2]. Ce diagnostic s'applique bien évidemment au discours des droits. Faire appel aux droits ne donnerait pas de *raisons* de faire quelque chose mais *exprimerait* simplement notre désir de voir des gens être traités d'une certaine façon [3]. C'est en fonction de cette équivalence – ou plutôt de cette réduction du *justifié* au *désiré* – que l'on doit donc comprendre ce que Rorty nous dit des droits et libertés.

Lorsque Rorty affirme que « rien n'est moins douteux que la valeur de ces libertés [démocratiques] » [4], on pourrait croire qu'il ne fait alors référence qu'à un consensus social sur cette idée, consensus s'étant tissé progressivement au fil de l'histoire de nos institutions démocratiques. Puisque selon Rorty « tout dépend d'un consensus transitoire sur les attitudes qui sont normales et les pratiques qui sont justes ou injustes » [5], il n'y aurait pas à chercher ailleurs la valeur de ces libertés. Mais quelles sont ces libertés que Rorty présente par ailleurs comme étant nécessaires au maintien et à la promotion de nos sociétés démocratiques ? Et quelles conclusions faut-il tirer de tout ceci quant à l'attitude à avoir à l'égard des droits dans nos sociétés ?

1. R. RORTY, *Contingence, ironie et solidarité*, *op. cit.*, p. 268.
2. R. RORTY, « Postmodernist Bourgeois Liberalism », *The Journal of Philosophy*, 1983, LXXX, 10, p. 585.
3. RORTY R., « Solidarité ou objectivité ? », *op. cit.*, p. 937.
4. RORTY R., *Contingence, ironie et solidarité*, *op. cit.*, p. 269.
5. *Ibidem*, p. 260.

Les libertés centrales dont parle Rorty se ramènent à ce qu'il appelle les « libertés bourgeoises classiques » [1]. Il s'agit donc de ces libertés qui limitent l'intrusion de l'état dans la vie des citoyens et permettent l'expression des opinions et la libre discussion. Ce sont ces libertés qui laissent « à chacun une chance d'autocréation au mieux de ses aptitudes » [2], ce qui serait l'objet même de l'organisation sociale aux yeux de Rorty. Si, par ailleurs, l'on veille attentivement aux libertés politiques, « la vérité et la bonté veilleront sur elles-mêmes » [3], c'est-à-dire que seront rencontrées les conditions nous permettant de qualifier de vrai ou de bon le résultat de nos discussions libres. C'est que selon Rorty il y aurait une conviction largement partagée à l'effet que nous reconnaissions comme vrai et bon ce que *nous* établissons comme étant tels. Libertés politiques et reconnaissance de la valeur des consensus sociaux vont de pair chez Rorty.

Quoique Rorty soit peu explicite sur cette question, il semble bien qu'il établit une distinction entre deux ordres de droits et libertés. Les libertés politiques apparaissent en effet comme des conditions de reconnaissance de nouveaux droits ; elles créent un espace de discussion libre à l'intérieur duquel le pragmatiste – mué en prophète du progrès social – cherchera à faire progresser, à l'instar d'un juge visionnaire, certaines causes sociales. Pour leur justification, ces nouveaux droits n'auraient pas davantage besoin que les libertés fondamentales d'une démonstration pour qu'ils s'inscrivent de façon cohérente, et en conformité avec des principes de morale politique, dans l'ordre juridique concerné. Critique encore ici à l'égard de Dworkin qui demeurerait trop kantien et fidèle en cela à sa conception de la justification, Rorty souligne que les droits sont « des ballons de la métaphysique du droit » [4] et que les questions de justice se résolvent en faisant appel aux conventions de la société plutôt qu'à des principes [5]. Aussi insiste-t-il sur le peu d'utilité du recours aux principes ou encore aux théories du droit pour prévenir de mauvaises décisions juridiques ou pour en susciter de meilleures [6]. On comprendra donc que dans la perspective retenue par Rorty, la reconnaissance de droits est, à ce niveau moins fondamental, affaire de persuasion progressive, de

1. *Ibidem*, p. 126.
2. *Ibidem*, p. 126.
3. *Ibidem*, p. 125.
4. R. RORTY, « The Banality of Pragmatism and the Poetry of Justice », *op. cit.*, p. 1817.
5. R. RORTY, « Postmodernist Bourgeois Liberalism », *op. cit.*, p. 587.
6. R. RORTY, « The Banality of Pragmatism and the Poetry of Justice », *op. cit.*, p. 1818.

pressions exercées par des « groupes d'intérêt » et que ce serait s'illusionner que d'attendre d'un discours philosophique politiquement engagé qu'il ait le pouvoir de briser les résistances s'érigeant contre le changement social [1].

L'apparente prépondérance des libertés politiques sur les autres droits ne doit pas pour autant faire oublier que même ces libertés ne sont pas des *droits inaliénables* et qu'elles aussi résultent de transformations sociales n'ayant pas à leur origine le discours philosophique. Certes Rorty écrit « qu'une société libérale idéale est une société qui n'a d'autre fin que la liberté » [2] mais en ironiste libéral conséquent avec lui-même, on ne pourrait en juger ainsi que parce que cette conviction s'imposerait à *nous*, libéraux ayant hérité d'une tradition de liberté. Ce vocabulaire, tout comme l'idéal qu'il exprime, demeure contingent aux yeux de l'ironiste libéral qui érige continuellement et radicalement un doute à l'égard de ses convictions et de son vocabulaire final (c'est-à-dire l'expression ultime que chacun utilise pour justifier ses actions, ses croyances et sa vie). Même si ces libertés concernent, selon Rorty, les aspects les plus fondamentaux des démocraties libérales, tout n'est au fond, comme pour les autres droits, qu'affaire de conventions et de consensus : tous les droits doivent donc être envisagés avec une bonne dose d'ironie !

On ne sait pas toujours très bien, toutefois, si les consensus dont il est question – concernant par exemple la valeur des libertés ou encore la valeur des résultats de la discussion libre – sont *déjà* réalisés ou s'il s'agit plutôt de *ce qui devrait* advenir. Dans le premier cas, il faudrait leur reconnaître un statut de données historiques, ce qui est très critiquable compte tenu à la fois de la présence dans notre culture d'autres conceptions de la démocratie et des discussions incessantes quant à la valeur des consensus sociaux [3]. Dans la deuxième hypothèse (les consensus en question sont ce qui devrait advenir) ce ne serait toutefois plus la désirabilité *pour nous* qui serait garante de la valeur des choses, à moins que cette désirabilité pour nous puisse être *légitimement* établie par un *je* voulant voir ses désirs partagés par la

1. R. RORTY, « What can you expect from Anti-Foundationalist Philosophers ? : A Reply to Lynn Baker », *op. cit.*, p. 723. Rorty est d'ailleurs critique quant à la tendance d'un certain discours de gauche à retomber – par cette attente démesurée – dans un certain fondationalisme.

2. R. RORTY, *Contingence, ironie et solidarité*, *op. cit.*, p. 96.

3. En posant l'auto-création comme objet de l'organisation sociale, Rorty avance une conception de la démocratie comme mode d'épanouissement, à quoi on peut objecter une conception de la démocratie comme promotion de la justice, ou encore de l'utilité sociale, etc.

totalité du *nous*. Mais dans ce dernier cas, on voit mal en quoi cela se distinguerait de la situation classique – dénoncée d'ailleurs par Rorty – du philosophe *prétendant savoir* mieux que les autres ce qui leur convient en vertu d'une connaissance de la nature des choses.

Une troisième hypothèse, à mon sens la plus plausible, peut également être envisagée. Les consensus présentés n'expriment pas de véritables consensus au sein de nos sociétés, mais expriment plutôt des conceptions *partagées* à des degrés divers par certaines couches de la population – plus spécifiquement par une partie de l'élite intellectuelle. On s'attendrait alors à ce que la défense de telles conceptions discutables se déploie au moyen d'arguments substantiels, du type de ceux que l'on retrouve par exemple dans les théories politiques ou juridiques. On voit bien par contre que Rorty ne s'engage pas dans de telles constructions théoriques, préférant plutôt voir dans le roman, la poésie ou le journalisme de meilleurs moyens pour susciter la conviction (en fait des moyens qui requièrent moins de recourir à un discours rationnel articulant inévitablement des critères et reproduisant donc une partie du vocabulaire que Rorty abhorre). La stratégie de persuasion retenue, qui permet d'éviter ce type de théorisation, consiste alors à chercher à créer des consensus – sur la base de conceptions propres à un groupe donné – en faisant *comme si* ces consensus étaient déjà là. Dans son texte intitulé *What Can You Expect From Anti-foundationalist Philosophers ?*, Rorty présente cette stratégie en réplique à la conception fondationaliste voulant que le changement social procède de quelque chose comme un dévoilement progressif de la bonté siégeant en l'être humain. Selon Rorty, il n'y a pas de meilleure rhétorique politique disponible que celle qui prétend que nous avons une vertu même quand nous ne l'avons pas encore [1]. Cette rhétorique entend créer de *bonnes* dispositions – mais, encore une fois, selon qui ? – un peu à la façon dont les parents aideraient à l'avènement de la conscience morale par des phrases telles « Tu ne voulais pas *vraiment* faire mal à ton frère, n'est-ce pas ? ». Au niveau politique, il s'agira de « rappeler » que l'on ne peut *vraiment* vouloir, en tant que citoyens de pays libres, que se perpétuent – par exemple – des comportements répressifs à l'égard des minorités visibles. C'est donc prétendre que ce que *nous* sommes et ce que sont nos *consensus* nous empêchent d'accepter certaines conduites. Cette stratégie du « comme si », quelque peu infantilisante me semble-t-il, exprime une curieuse attitude à l'égard des vertus de la discussion libre dont Rorty ne manque pourtant pas de

1. R. RORTY, « What can you expect from Anti-Foundationalist Philosophers ? : A Reply to Lynn Baker », *op. cit.*, p. 726.

louer les mérites. Cette stratégie relève par ailleurs, et c'est ce que nous allons maintenant voir, d'une conception inadéquate de la justification dont les impacts peuvent être déplorables quant à la question des droits.

3. Justification, cynisme et idéaux libéraux

Pour comprendre en quoi est profondément problématique cette conception de la justification, revenons à deux affirmations de Rorty relevées précédemment. La première est à l'effet que, selon notre auteur, les principes du libéralisme politique ne sont utiles que pour résumer nos espoirs, pas pour les justifier [1] ; la seconde se lit comme suit : « le fait de dire que certaines personnes ont certains droits revient simplement à dire que nous devrions les traiter d'une certaine façon, et non à donner une *raison* de le faire » [2]. Si l'on entend ici les termes « justifier » et « donner une raison » dans le sens de « *montrer* comme étant vrai, juste, par des preuves devant s'imposer à tout esprit rationnel », on pourra admettre – pour peu que l'on soit sensible aux arguments anti-fondationalistes – qu'il y a de bonnes raisons d'endosser la part critique des affirmations de Rorty. Cette conception de la justification, que j'ai appelée ailleurs « véritative » [3], peut toutefois être remplacée par une autre conception où « justifier » se définit par « *faire admettre* comme juste, fondé, légitime ». Cette seconde conception, que j'appelle « délibérative », est exprimée clairement par Rawls dans ce long passage de sa *Théorie de la justice* que je me permets de reproduire en totalité

> [...] la justification n'est pas simplement une argumentation valide à partir de prémisses explicites, même si ces prémisses s'avéraient. Il s'agit plutôt d'une justification *qui s'adresse aux autres, à ceux qui sont en désaccord avec nous*, et c'est pourquoi elle doit toujours partir d'un certain consensus, c'est-à-dire de prémisses que nous-mêmes aussi bien que les autres reconnaissons publiquement comme vraies ; ou plutôt, que nous reconnaissons publiquement comme acceptables dans le but d'établir un accord applicable aux questions fondamentales de justice politique [4].

« Justifier » peut donc également signifier : chercher à obtenir l'adhésion raisonnée d'un auditoire au sujet d'un problème controversé à

1. R. RORTY, « Postmodernist Bourgeois Liberalism », *op. cit.*, p. 585.
2. R. RORTY, « Solidarité ou objectivité ? , *op. cit.*, p. 937.
3. L. BEGIN, « Le raisonnable en éthique et en droit », *Cahiers de philosophie politique et juridique*, 1990, 18, p. 93-106.
4. J. RAWLS, *Théorie de la justice*, trad. C. AUDARD, Paris, Seuil, 1987, p. 621.

propos duquel aucune solution ne s'impose de façon évidente. Quant à l'obtention de cette adhésion, elle requiert que l'on puisse identifier chez l'auditoire visé un consensus minimum servant de prémisse à la justification.

Sachant les éloges adressés par Rorty à Rawls et à sa méthode de l'équilibre réfléchi qui met à l'œuvre cette conception délibérative de la justification, on se serait attendu à voir notre auteur s'engager dans cette conception qui est d'ailleurs nettement critique à l'égard des fondationalismes. Pourtant ce n'est guère le cas, sinon en apparence par ce qu'il dit de Rawls. On voit mal en effet ce qui empêcherait quelqu'un retenant la conception délibérative de considérer que « le fait de dire que X a des droits revient à donner une *raison* de traiter X d'une certaine façon ». Ce ne serait certes pas, dans ce contexte, une raison ultime – externe – reliée à l'affirmation d'une quelconque « réalité non-humaine » [1]. Mais le rappel des droits de X pourrait néanmoins être une raison qui, produite dans un contexte cognitif, conceptuel et social donné, serait susceptible de *signifier* suffisamment pour autrui de telle sorte que cette *raison* d'agir puisse le *convaincre* du bien-fondé d'un traitement donné. Ce rappel des droits est donc bien davantage que le simple fait de dire – ce que suggère Rorty – que *nous devrions traiter X d'une certaine façon.*

Tout se passe en fait comme si Rorty ne reconnaissait que l'alternative suivante : ou bien on adhère à une conception véritative de la justification (ce qu'il critique), ou bien on adhère (avec lui) à une conception de la justification où cette dernière n'est rien de plus que l'*expression* de nos conventions ou de nos espoirs. Ce faisant, Rorty ne retient de la conception délibérative de la justification que la nécessité d'être attentif aux consensus sociaux. Certes, la justification exprime des espoirs et/ou des conventions ; mais n'est-elle que cela ? L'appel à des consensus factuels, tout comme d'ailleurs l'expression d'un espoir – d'un désir –, sont-ils suffisants pour favoriser ce que recherche ultimement le pragmatiste, soit une plus grande solidarité au sein de la communauté ? Ce n'est certes pas suffisant, disons-le tout de suite, pour remplir les fonctions que la conception délibérative prête à la justification, soit l'adhésion *raisonnée* des membres de l'auditoire et la résolution *acceptable* des conflits surgissant au sein des pratiques sociales.

1. R. RORTY, « Solidarité ou objectivité ? », *op. cit.*, p. 937.

Bernstein [1] a judicieusement souligné que dans une perspective comme celle de Rawls, les consensus (les intuitions communes) ne sont que les *points de départ* à considérer dans la résolution de conflits ou la formulation d'orientations de nos pratiques sociales. Ils ne sont pas *la* résolution. Ils ne sont qu'un matériau de la justification adéquate, tout comme les espoirs, désirs et visions sociales animant le locuteur le sont également. Il doit encore s'ajouter, ce qui me semble manquer à la perspective de Rorty, la mise en forme – ou systématisation – de ces matériaux de telle sorte que les choix effectués, une fois soumis à ce que Rawls appelle les « jugements bien pesés » de l'auditoire (*considered judgments*), soient susceptibles d'être jugés raisonnables par la communauté. Si l'on n'est pas attentif à ce *moment* décisif du processus justificatif, on ne peut comprendre adéquatement l'entente intersubjective qui requiert que soient respectées par le locuteur, lors de cette systématisation, certaines règles de l'argumentation (ou conditions formelles) qui ne se *réduisent pas* à des conventions sociales.

Illustrons ceci en prenant un exemple mentionné par Rorty [2] : la reconnaissance du droit de mendier, pratique qu'un tribunal américain aurait jugé protégée par le premier amendement américain. Afin que l'on puisse dire qu'il s'agit d'une bonne décision judiciaire pour l'ensemble de notre communauté, il ne suffit certes pas que nous, libéraux « progressistes » de l'élite intellectuelle, ayons la conviction qu'il s'agit d'une bonne décision [3]. On peut certes parfois – peut-être même souvent – se contenter *entre nous* d'exprimer notre conviction qu'une telle décision est justifiée : mais l'expression de cette conviction ne justifie pas la décision. Pas plus d'ailleurs que le simple fait de souligner que nous devrions accepter cette décision puisque nous avons hérité d'une tradition de liberté – que c'est la liberté qui exprime le mieux l'image de notre communauté – et qu'il s'agit dans le cas qui nous occupe d'une reconnaissance de plus d'une liberté. Cet appel à une conviction largement partagée – soit que la liberté est fondamentale

1. R.J. BERNSTEIN, « One Step Forward, Two Steps Backward. Richard Rorty on Liberal Democracy and Philosophy », *Political Theory*, 1987, 15, 4, p. 550.

2. R. RORTY, « The Banality of Pragmatism and the Poetry of Justice », *op. cit.*, p. 1817.

3. Ce qui semble toutefois suffire à Rorty si l'on se fie à son évaluation d'un jugement célèbre aux Etats-Unis : « The cheer we egalitarians raise at such breakthroughs into romance [...] is, I think, what justifies Posner's statement that although it was 'not... a good judicial opinion', Holmes' *Lochner* dissent was 'the greatest judicial opinion of the last hundred years' » (« The Banality of Pragmatism and the Poetry of Justice », *op. cit.*, p. 1818).

pour nous – est nettement insuffisant puisque le cas à résoudre est celui d'un *conflit* de libertés. L'idée générale de liberté fait place à des conceptions divergentes de la priorité *des* libertés. Face alors à ceux qui se sentent affectés par cette décision et qui jugent que la mendicité est une forme d'agression ou encore qu'elle nuit à la formation de la jeunesse en lui exposant des modèles de comportement inacceptables, face à ceux-là donc, il faut pouvoir être en mesure de leur soumettre de *bonnes* raisons, c'est-à-dire au moins des raisons de croire que la façon dont ils seront affectés et que l'interprétation faite de la priorité des libertés ne sont pas le résultat d'une décision *arbitraire*. Si on ne peut s'attendre à voir chacun se rallier au bien-fondé de cette décision, on doit au moins pouvoir – si on a à cœur de maintenir et même de promouvoir la solidarité dans notre communauté – appuyer notre décision sur des raisons, ou des *principes*, qui expriment que notre décision s'inscrit dans une réelle cohérence d'ensemble qui permet de perpétuer un sens de notre pratique juridique, un sens qui soit – pour *nous tous* en tant que communauté – acceptable. Cela ne pourra se faire, un tel sens ne pourra être partagé, que si notre discours respecte les règles minimales d'une entente intersubjective (la généralisabilité et l'absence d'arbitraire).

La justification ainsi comprise fait inévitablement appel à des idéaux régulateurs, des instances critiques, parmi lesquels figurent certes la liberté, mais également la justice et le bien commun. Ces *concepts* abstraits – qui ne me semblent pas exclusifs à notre tradition intellectuelle – se profilent comme motifs ultimes à l'arrière-plan de tout jugement porté sur nos pratiques sociales et s'expriment sous forme de *conceptions* particulières sujettes à s'affronter lors de la justification des pratiques. Le discours des droits, lorsqu'on l'envisage d'un point de vue internaliste *et* délibératif, exprime certes un état de nos conventions sociales ; mais il exprime également un idéal, une vision, qui donne sens – c'est-à-dire à la fois signification et direction – au lien social démocratique. C'est un discours dont l'usage participe – par les multiples interrogations et interprétations qu'il suscite – à maintenir vivace le sens critique à l'égard des accords, des conventions sociales. Une intuition propre à la démocratie est justement d'articuler ensemble le respect de la volonté majoritaire (volonté s'exprimant dans des consensus partiels et exprimant certains *désirs*) et le respect de principes (ex. la justice) ou de critères soumettant à la critique le droit positif et constituant une instance critique – non pas certes indiscutable dans ses expressions concrètes puisque diverses conceptions peuvent s'affronter –, une « conscience commune » du droit et de la démocratie. Ceci revient, en terme de projet philosophique, à maintenir constamment ouverte la tension entre les idéaux de la philosophie (le bien, la justice) et la coexistence concrète des humains qui ne peut se laisser réduire à une représentation donnée de ces idéaux, même pas à celle sur laquelle – cas peu probable – nous arriverions à faire consensus.

Ce que nous avons vu de la façon dont Rorty conçoit les droits et la justification indique suffisamment que ce dernier néglige de prendre en compte sérieusement la fonction critique de ces idéaux régulateurs qui alimentent l'interrogation sur nos pratiques et la fréquente mise à l'épreuve de la justification à laquelle nous soumettons ces pratiques. Il n'y a rien d'étonnant alors à le voir retenir une stratégie de persuasion misant sur l'évocation d'une image de soi à construire [1] plutôt que sur la raisonnabilité des propositions soumises qui renvoie à de continuelles réinterprétations d'instances critiques. La prise en compte de tels idéaux régulateurs apparaît pourtant d'autant plus nécessaire – on semble d'autant plus avoir besoin de telles instances critiques – lorsqu'on envisage finalement l'attitude que risque de provoquer le discours ambivalent du libéral ironiste.

Certains commentateurs [2] ont souligné le fait que Rorty adopte tantôt le point de vue d'un *participant* engagé dans sa communauté – lorsque par exemple il nous rappelle la valeur de nos libertés démocratiques devant permettre à chacun de se réaliser –, tantôt il adopte plutôt le point de vue d'un *observateur* détaché. C'est le cas lorsqu'il veut nous débarrasser de l'esprit de sérieux, du confort intellectuel auquel notre tradition s'est habituée et des concepts universalistes qui sont nôtres. Il se place alors, et c'est là une caractéristique majeure de l'ironiste, en retrait du discours tenu et de la pratique sociale de *notre* communauté pour rappeler, dès que l'on risque de trop *prendre au sérieux* notre vocabulaire final, que nos croyances, nos pratiques et notre vocabulaire ne sont tous que *contingents* et n'ont donc pas plus de valeur propre que d'autres croyances, pratiques et vocabulaires.

1. Cette évocation diffère de celle d'une image – ou miroir – de ce que *nous serions déjà* (référence à la tradition) ; il s'agit bien plutôt d'une image à construire, ce qui pose le problème du critère de validation de cette proposition qui n'apparaît plus dès lors comme étant historiciste.

2. C.B. GUIGNON et D.R. HILEY, « Biting the Bullet : Rorty on Private and Public Morality », dans A.R. MALACHOWSKI et J. BURROWS (eds), *Reading Rorty. Critical Responses to Philosophy and the Mirror of Nature (and Beyond)*, Cambridge-Oxford, Basil-Blackwell, 1990, p. 360 ; T. McCARTHY, « Private Irony and Public Decency : Richard Rorty's New Pragmatism », *Critical Inquiry*, 1990, 16, p. 365.

Le discours de Rorty passe ainsi d'une perspective *interne* à la pratique de sa communauté à une perspective *externe*. Mais pourquoi alors valoriser ces libertés *pour tous* – comme le suggère Rorty – si on n'a pas la conviction ferme qu'elles valent les sacrifices qu'elles m'imposent ? Pourquoi *accepter* de continuer à jouer le jeu des droits et des sociétés démocratiques ? Pour quelles raisons ne pas tout simplement devenir parfaitement cynique à l'endroit de nos institutions démocratiques dont celle des droits ? Rendu à ce point de l'interrogation – suscité précisément par le va-et-vient que pratique Rorty – il ne suffit plus de dire que ce sont là des éléments valorisés dans notre tradition, qu'il s'agit de consensus au sein de notre culture particulière. La question « quelle est la validité de tels consensus de ma communauté ? » fait réellement sens ici, contrairement à ce qu'en pense Rorty [1], puisqu'il s'agit là d'un appel à ce que soient fournies des *raisons* d'adhérer à l'un ou l'autre de ces présumés consensus. Ce n'est pas une question qui demande que soit exprimée la Vérité définitive en la matière – sauf lorsqu'elle est adressée par un philosophe convaincu de la possibilité d'une telle Vérité ! –; ce n'est pas une question qui demande que soit énoncée une preuve irréfutable ni une question qui cherche un point d'appui externe, un « point de vue de Dieu ». Mais c'est une question qui, faute de réponse acceptable, ouvre la porte au cynisme politique. Car on voit mal, en effet, à quoi d'autre pourrait mener, dans une société désenchantée, la réduction du « justifié » aux conventions et au « désiré » : le cynisme alimenté par l'indisponibilité d'instances critiques pouvant être *sérieusement* articulées à l'intérieur de notre communauté.

Prendre au sérieux ces idéaux qui alimentent notre discours des droits n'implique pas par ailleurs qu'il soit toujours possible de convaincre un auditoire récalcitrant ne partageant pas avec nous un minimum suffisant de convictions. Mais l'insuffisance n'implique pas la non-pertinence de recourir à ce qui peut participer à promouvoir, ne serait-ce qu'un peu plus, la solidarité recherchée par le pragmatiste.

Luc BEGIN *

1. « [...] the question of whether justifiability to the community with which we identify entails truth is simply irrelevant» (RORTY R., *Objectivity, Relativism and Truth*, *op. cit.*, p. 177).

* Université Laval. Ce texte s'inscrit dans le cadre d'un projet de recherche sur les droits fondamentaux soutenu financièrement par le Conseil de recherche en Sciences humaines du Canada et le Fonds FCAR.

Section V

Critique de la tentation esthétiste privée

Cette tentation centrale dans l'œuvre de R. Rorty et axiale pour sa pensée éthique et politique est, en fait, critiquée à des titres et des degrés divers dans plusieurs chapitres de ce volume (J. Poulain, L. Bégin notamment). Mais elle est plus particulièrement abordée par la triple analyse développée dans cette Section. Tous reconnaissent une sorte de « bonne volonté » ou de remords de Rorty, ironiste philosophe à vocation de poète, soucieux de ne pas se replier intégralement sur la sphère individuelle privée, narcissique et égoïste, indifférente ou cruelle, en se déclarant libéral et solidaire, c'est-à-dire attentif aux autres, à la société, préoccupé d'éthique collective, de politique. Mais tous trouvent un peu courte la préoccupation exprimée ainsi.

L'analyse de J. De Visscher (*Un monde sans défi : critique de l'esthétisme*) constitue d'abord une fine explicitation de l'expérience herméneutique de la rencontre de l'œuvre d'art et de la jouissance privée qui s'y associe. La « béatitude esthétique » est légitime, mais elle ne peut devenir la seule finalité essentielle de l'expérience humaine au risque de se perdre dans un « esthétisme sans rivages » et mettre le monde – et la souffrance – entre parenthèses en le vidant de tout défi. En se voulant libéral, soucieux d'éviter la cruauté et de diminuer la souffrance, R. Rorty reconnaîtrait les limites de l'esthétisme de telle sorte que son herméneutique serait aussi authentiquement pratique.

Après avoir décrit la toile de fond post-moderne sous l'angle de ce qu'elle implique pour l'éthique, M.-H. Parizeau (*Narrativité individuelle et identité*) souligne l'importance du caractère privé (la perfection) de la vie bonne selon Rorty. Ceci n'est pas sans rappeler les sagesses anciennes qui comportaient néanmoins un contenu moral substantiel. Rorty ne nous offre qu'une éthique formelle de la vie bonne, et cette forme est, par excellence, l'écriture narrative dont la figure typique est l'ironiste poète qui s'approprie et sublime la contingence de son histoire personnelle en la redécrivant. Non seulement cette forme de perfection libératoire n'est guère accessible à tous – si tous les subconscients sont poètes, tous les individus ne le sont pas –, mais encore elle n'est guère soucieuse d'autrui si ce n'est d'une manière négative. Le seul problème public demeurant : comment maximaliser la libre créativité personnelle sans que ces libertés n'empiètent trop cruellement les unes sur les autres ? Rorty voudrait plus, à savoir un exercice positif de la solidarité. Mais celle-ci postule la définition de contenus éthiques collectifs au-delà de la simple organisation pacifique des libertés individuelles.

Reprenant la distinction kierkegaardienne entre l'ironie et le doute, R. Visker (*« Garder l'être ». Entre ironie et finitude*) remarque que R. Rorty définit l'ironie par le doute et conçoit une société d'ironistes libéraux. Mais, selon Visker, une telle société ne serait viable que si elle prend appui sur des personnes qui, libérales ou non, ne sont pas des ironistes, des personnes qui ont un véritable sens social et politique et qui prennent la démocratie au sérieux. Seul l'apport d'hommes et de femmes ayant un idéal socio-politique actif de solidarité et de justice rend possible et améliorable cette société dont l'élite libérale et ironique se contente de jouir à titre privé. Renouant avec des accents heideggeriens et lacaniens, R. Visker estime que cet apport postule la prise en considération de la Chose (inconsciente) ou de l'Etre qui, en dépit de la contingence, nous commande et nous mande dans le nécessaire. Rester fidèle à la vocation de philosophe, c'est reconnaître que « la vérité émet une revendication transcendante ». Après Van den Bossche (chapitre 6), R. Visker déplore la légèreté de l'herméneutique rortienne de Heidegger dont Rorty pense qu'il aurait pu très avantageusement se passer du mot «Etre ».

CHAPITRE XI

UN MONDE SANS DÉFIS

CRITIQUE DE L'ESTHÉTISME

> « Essentiellement dégagé, l'art constitue, dans un monde de l'initiative et de la responsabilité, une dimension d'évasion. Nous rejoignons par là l'expérience la plus courante et la plus banale de la jouissance esthétique. C'est l'une des raisons qui font apparaître la valeur de l'art. Il apporte dans le monde l'obscurité du fatum, mais surtout l'irresponsabilité qui flatte comme la légèreté et la grâce. Il délivre. Faire ou goûter un roman et un tableau – c'est ne plus avoir à concevoir, c'est renoncer à l'effort de la science, de la philosophie et de l'acte. Ne parlez pas, ne réfléchissez pas, admirez en silence et en paix – tels sont les conseils de la sagesse satisfaite devant le beau ».
>
> Emmanuel Levinas

Il me semble qu'il y a un point de vue pragmatique qui se laisse facilement concilier avec l'attitude herméneutique envers l'œuvre d'art. La recherche herméneutique ne doit pas être une méthode pour restaurer ou récupérer un sens ou un paradigme perdus ou pour reconstituer une métaphysique oubliée. Le passage à l'attitude herméneutique est plutôt à envisager au moment où nous voulons comprendre quelque chose que nous ne comprenons pas. Est-ce une faille de la connaissance ? Je ne pense pas que la non-compréhension se laisse réduire au non-savoir. Je m'accorde avec les remarques de Rorty dans le septième chapitre de *Philosophy and the Mirror of Nature*, là où il écrit que l'herméneutique déploie sa recherche afin de se familiariser avec ce qui est étrange, tandis que l'épistémologie envisage l'étude de ce qui est familier. L'herméneutique est alors l'expression d'une aventure qui n'a pas la connaissance d'un certain état de choses comme fin, mais la compréhension des formes narratives ou plastiques par lesquelles nous nous sentons interpellés. Il y a différence, mais pas nécessairement concurrence. « L'herméneutique n'est pas 'une autre manière de connaître', ce n'est pas la 'compréhension' en tant qu'elle s'opposerait à l''explication' prédictive. Elle est plutôt une autre manière de débrouiller les problèmes » [1]. Dans l'expérience pratique de l'herméneutique nous sommes invités à dialoguer avec l'œuvre d'art, avec la société ou la culture qui nous défient.

Je propose donc ici une conception pratique de l'herméneutique, une praxis de l'interprétation, constituée plutôt par l'expérience de la non-familiarité ou de l'étrangeté d'une œuvre d'art ou d'un texte, que par une théorie académique. Ceci implique que nous ne commencions pas la lecture d'un livre ou la visite d'une exposition de peinture avec des idées articulées ou préconçues. Bien entendu, nous avons des espoirs vagues : nous nous attendons à lire un ouvrage intéressant, captivant ou même fascinant, nous ouvrant un monde ou une perspective que nous ne connaissons pas encore. Nous caressons des espoirs analogues en entrant dans le musée : peut-être y trouverons-nous de beaux tableaux. Nous ne commençons pas la lecture du livre avec la question « quel est le but éthique, esthétique, politique ou spirituel de l'ouvrage ou de l'auteur ». Notre intention est plutôt vague et non concrète, même si notre curiosité est grande. Nous voulons jouir du livre que nous lirons ou des tableaux que nous verrons. Nous prenons le risque de perdre notre temps, de nous ennuyer, d'être choqués. Nous avons seulement cette prédisposition positive envers ces œuvres narratives ou picturales. L'attitude herméneutique n'est pas encore engagée au moment où nous ouvrons le livre, où nous passons le seuil du musée. Nous avons l'impression que toutes les possibilités sont encore ouvertes. Il est possible que nous nous bornions à feuilleter l'ouvrage ou que nous nous limitions à une lecture fugitive, superficielle ou éphémère et que notre visite au musée soit plutôt une promenade, une flânerie au travers des salles d'exposition. Mais soudain, tout peut changer. Nous pouvons être attirés par une phrase, même par un seul mot qui requiert toute notre attention. A ce moment, la lecture peut être réorientée par la seule question : « où cela nous mène-t-il ? ». Je n'oublierai jamais la question qu'une étudiante m'a posée à la *National Gallery* de Londres devant *Le mariage des Arnolfinis* de Jean van Eyck : « qu'est-ce qu'il y a de spécial dans ce tableau pour qu'il soit devenu aussi célèbre ? ». J'étais étonné par la question, mais je n'avais pas immédiatement de réponse non-banale à

1. Princeton University Press, p. 356 ; trad. franç. : *L'homme spéculaire*, Paris, Seuil, 1990, p. 392.

donner, sinon un balbutiement académique. Après quelques instants, je retrouvai mon sang-froid et commençai une improvisation herméneutique qui m'a mené plus tard à élaborer une interprétation plus exhaustive et en même temps une petite théorie herméneutique qui m'a incité à explorer d'autres voies dans mes recherches sur la philosophie de l'art [1]. L'interprétation d'un roman ou d'un tableau ne concerne pas uniquement, en fin de compte, l'œuvre elle-même, mais plutôt notre propre situation. Evidemment, nous pouvons – et dans certains cas nous devons – explorer le sens interne de l'œuvre, mais le travail herméneutique ne doit pas se terminer ici : nous sommes nous-mêmes engagés dans le champ des significations. De là la question ultime d'une herméneutique pragmatiste : en quoi ce roman ou ce tableau nous concernent-ils ? Que nous raconte cette œuvre ? L'intention de l'œuvre est liée ici à l'intention du lecteur ou du spectateur (les intentions de Sophocle, de Shakespeare, de Jean van Eyck ou de Matisse ne m'intéressent pas). Je m'accorde avec Rorty quand il dit, dans sa discussion avec Umberto Eco [2], que la signification d'un texte est l'emploi de ce texte – « the meaning of a text is the use of it ». L'usage de l'œuvre dépasse dans beaucoup de cas l'analyse des structures internes ou la contemplation esthétique de ses formes. Il ne faut donc pas distinguer trop vite interprétation et usage, comme il ne faut pas séparer trop vite l'*intentio operis* et l'*intentio lectoris*. Je rejoins aussi Paul Ricœur qui, dans ses recherches herméneutiques, toujours suggestives, veut dépasser les bornes du sens du texte pour explorer les références du texte ou de l'œuvre. Il écrit que le sens du texte meurt dans la référence du texte à l'ambiance d'un monde et à l'audience des sujets parlants. Achever le texte en une parole actuelle signifie pour lui la véritable destination de la lecture ; c'est ici que les phrases du texte signifient, *hic et nunc* – :

> « Alors le texte 'actualisé' trouve une ambiance et une audience ; il reprend son mouvement, intercepté et suspendu, de référence vers un monde et des sujets. Ce monde, c'est celui du lecteur ; ce sujet, c'est le lecteur lui-même. Dans l'interprétation (...) la lecture devient comme une parole (...) la lecture s'achève concrètement dans un acte qui est au texte ce que la parole est à la langue, à savoir événement et instance de discours. Le texte avait seulement un sens, c'est-à-dire des relations internes, une structure ; il a maintenant une significa-

1. Cf. notre étude *Kunst als spiegel voor de mens*, Anvers, De Nederlandsche Boekhandel, 1983, p. 63-68, 93-115.

2. U. ECO, e.a., *Interpretation and Overinterpretation*, Cambridge, Cambridge University Press, 1992.

tion, c'est-à-dire une effectuation dans le discours propre du sujet lisant ; par son sens, le texte avait seulement une dimension sémiologique, il a maintenant, par sa signification, une dimension sémantique »[1].

Voilà une assez belle version d'une herméneutique pragmatiste – Ricœur n'emploie pas le terme, mais nous ne sommes pas étonnés que, dans son nouveau concept de l'interprétation, Charles Sanders Peirce joue un rôle considérable.

La cohérence d'un texte peut être intéressante et même fascinante, mais ce facteur ne doit pas être le principe ultime pour l'évaluation ou même la satisfaction du lecteur. Dans la plupart des cas la cohérence n'est qu'un facteur formel qui doit en somme être subordonné au fait qu'elle ne se réalise que lorsque le lecteur découvre quelque chose d'intéressant. Lire un texte signifie chercher quelque chose d'intéressant, « à la lumière d'autres textes », comme dit Rorty dans sa polémique avec Umberto Eco, « à la lumière d'autres personnes, d'obsessions, de fragments d'informations etc. et de regarder ce qui arrive enfin »[2]. Il n'est pas impossible alors qu'après avoir lu un texte, vu un film ou écouté une improvisation pianistique de Thelonius Monk, nous nous sentions transformés. Dans de telles situations, nous ne nous posons pas de questions épistémologiques ; nous sommes plutôt affectés par l'effectuation de l'œuvre ; nous sommes satisfaits parce que celle-ci a fait son travail. J'ai l'impression que c'est aussi dans ce sens que Rorty interprète la notion de « wirkungsgeschichtliches Bewußtsein » de Hans-Georg Gadamer[3]. Cette notion caractérise une attitude intéressée dans la pratique herméneutique « qui consiste », je reprends les mots de Rorty, « à être à l'affût moins de ce qui est dans le monde, ou de ce qui arrive dans l'histoire, que de ce que nous pouvons tirer de l'un et de l'autre à notre usage personnel ». Et cette citation, extraite du dernier chapitre de *Philosophy and the Mirror of Nature*, continue comme suit :

> « Au regard d'une telle attitude, l'analyse correcte des faits (...) n'est jamais qu'une phase préliminaire à l'élaboration de nouveaux et plus subtils moyens d'expression – c'est-à-dire de moyens d'affronter le monde. Du point de vue éducatif, en ce qu'il s'oppose au point de

1. P. RICŒUR, *Du texte à l'action. Essais d'herméneutique II*, Paris, Seuil, 1986, p. 153.

2. *Interpretation and Overinterpretation*, p. 128.

3. Il y a aussi des divergences entre Gadamer et Rorty ; cf. A.T. NUYEN, « Rorty's Hermeneutics and the Problem of Relativism », in *Man and World*, vol. 25, n° 1, 1992, p. 69-78.

vue gnoséologique ou technique, l'art de formuler les choses prime sur la possession de vérités »[1].

Comme pragmatiste, Rorty ne se pose pas la question de savoir si un livre ou un tableau vise la vérité ou la beauté, ou si l'œuvre favorise la bonne conduite ou le plaisir. Il préfère la question – et je cite le chapitre 7 de *Contingency, Irony and Solidarity* : « What purposes does this book serve ? ». Rorty s'intéresse aux ouvrages qui peuvent servir à formuler de nouveaux vocabulaires ; ce sont des livres qui se distinguent de ceux que nous ne lisons que pour nous distraire. Par conséquent, en tant qu'ironiste libéral le lecteur cherche dans les livres le matériel pour son vocabulaire final, qu'il soit privé ou public.

> « Le premier est un vocabulaire déployé pour répondre à des questions comme 'Que serai-je ?', 'Que puis-je devenir ?', 'Qu'ai-je été ?'. Le second un vocabulaire déployé pour répondre à la question 'Quelles sortes de choses à propos de quelles espèces de gens ai-je besoin de remarquer ? »[2].

Evidemment, il n'est pas exclu qu'un lecteur ironiste libéral soit aussi un lecteur de Wodehouse ou des comics de Charlie Brown et de Snoopy (il me semble, d'ailleurs, que Snoopy est un ironiste libéral) et qu'il proclame le droit de se distraire.

Nous voudrions à présent poser la question de savoir s'il est nécessaire d'abolir la distinction éthique/esthétique dans la réception des œuvres d'art et la lecture. Rorty n'aime pas cette dichotomie ; ce sont plutôt les métaphysiciens – des gens qui ne doutent pas – qui entendent cultiver cette distinction : ils veulent proclamer le fait que la lecture qui ne livre aucun matériel fondamental ou essentiel à leur vocabulaire final ne sert que des projets privés. La distraction, la jouissance érotique et esthétique, la fascination de participer à la vie de héros fictifs comme Lord Peter Wimsey ou le narrateur anonyme de *A la recherche du temps perdu* – sont-elles vraiment exclues de cette vision du monde où la convergence entre le vocabulaire final privé et le vocabulaire final public est inévitable ? N'est-ce pas un moralisme rigoureux qui exige de l'art un message explicite qui doit servir l'idéologie ou la religion en vogue ? Les ouvrages qui nous incitent à faire notre bonne action quotidienne de boy-scout n'ont en somme aucune efficacité. Nous savons que les livres écrits par le secrétaire-général d'un parti politique, par un pape ou un syndicaliste sont pour la plupart des ouvrages de circonstance visant à mobiliser les esprits pour

1. P. 359 ; trad. franç. p. 395.
2. *Contingency, Irony and Solidarity*, p. 142.

des buts particuliers, mais à prétention universelle. Bien entendu, chacun reste libre dans son interprétation et son emploi des textes, et leur sollicitation et effectuation ne peuvent se faire oppressives ni se prétendre seules valables.

Mais tout cela est vite dit : sommes-nous vraiment aussi libres dans l'usage des textes et dans l'interprétation des œuvres d'art ? Nous pouvons dire et même défendre la thèse de Nietzsche sur *l'art pour l'art* :

> « La lutte contre la finalité dans l'art est toujours une lutte contre la tendance *moralisante* dans l'art, contre sa subordination à la morale. *L'art pour l'art* signifie : 'Que le diable emporte la morale !' » [1].

En conséquence nous pouvons lire les textes et contempler les tableaux comme nous l'entendons ; nous avons le droit, à chaque instant, de nous laisser saisir par les images, par la sensibilité de la poésie, par la sensualité euphorisante du rythme musical, même s'il en naît un enchantement-ensorcellement qui nous dépouille de toute lucidité ou empêche toute prise de conscience. Du point de vue de notre droit de libre usage des textes et des formes artistiques et musicales, personne ne peut en effet contester notre jouissance esthétique, que celle-ci résulte de l'écoute de l'*Ode à la joie* (le quatrième mouvement de l'opus 125 de Beethoven) jointe à la vue de documents photographiques ou de films-vidéo nous montrant toutes sortes de tortures. Le système de l'attitude esthétique ne connaît pas en principe de bornes éthiques ; par conséquent, si nous recherchons à chaque instant une sorte de béatitude esthétique nous aboutissons à un esthétisme sans rivages. Même si la vie quotidienne nous apprend qu'il y a en pratique de l'« inesthétisable », par exemple l'objet quelconque, qui, comme le dirait Mikel Dufrenne [2], ne nous invite pas à faire l'amour avec lui, nous tâchons, dans cet esthétisme, de vivre en cultivant l'impératif catégorique : les objets « inesthétisables » ne méritent que notre indifférence ; ne nous contraignons donc pas à les « esthétiser ». Mais ne nous laissons pas non plus contraindre par la culture : sachons nous laisser surprendre, gardons ouvert le champ de l'« esthétisable ». Cet *adagio* d'un esthétisme sans rivages est une conséquence possible de la libre jouissance au niveau de l'organisation pratique du jugement de goût telle que Kant l'a décrite dans son *Analytik des Schönen* : il s'agit

1. *Götzen-Dämmerung*, « Streifzüge eines Unzeitgemäßen », § 24.
2. M. DUFRENNE, *Esthétique et philosophie III*, Paris, Klincksieck, 1981, p. 94-96.

d'un plaisir qui n'est pas limité à une connaissance déterminée. Kant précise :

> « Ce plaisir n'est en aucune manière pratique, ni comme le plaisir procédant du principe pathologique de l'agréable, ni comme le plaisir résultant du principe intellectuel du bien représenté. Il comprend cependant en lui-même une causalité consistant à *conserver* sans autre intention l'état de la représentation même et l'activité des facultés de connaître. Nous nous *attardons* (*Wir weilen*) à la contemplation (Betrachtung) du beau, parce que cette contemplation se fortifie et se reproduit elle-même ; c'est un état analogue (mais non pas identique) à l'arrêt de l'esprit (Verweilung), lorsqu'une propriété attrayante dans la représentation de l'objet éveille à plusieurs reprises l'attention, – état en lequel l'esprit est passif » [1].

L'ironiste libéral peut-il être d'accord avec ce principe de la béatitude esthétique, avec ce libre usage des textes et des formes plastiques et musicales ? Revenons à Nietzsche et à ses réflexions sur *l'art pour l'art*. La citation n'était pas complète, car le philosophe allemand ajoute :

> « Mais jusqu'à cette hostilité trahit la surpuissance du préjugé. Si l'on a exclu de l'art le but de la prédication morale et de l'amélioration de l'homme, il n'en résulte aucunement que l'art est sans but, sans finalité, sans signification, bref qu'il est *l'art pour l'art* – un ver qui se mord la queue » [2].

En effet, cet anti-moralisme esthétique (ou cet esthétisme anti-moraliste) repose sur un préjugé qui met la vie quotidienne entre parenthèses. Car un poème, un roman, un tableau ou un film, soumis au simple jugement de goût, est une œuvre désincarnée, dépouillée de son monde : elle nous mène à un monde sans défis – « into a world without challenges » – comme le dit Rorty des livres qui nous procurent seulement de la distraction. Mais cette notion d'un monde sans défis est aussi impliquée dans l'attitude esthétique qui se borne à la contemplation pure des formes de l'objet données dans la représentation. Cette attitude démondialise l'œuvre d'art, réduit le roman à une construction ou une structuration de formes substantialisées. Notre attention est éveillée et nous nous attardons à cette contemplation, mais le *Gemüt*, comme dit Kant, reste passif.

1. I. KANT, *Critique de la faculté de juger*, Paris, Vrin (trad. Philonenko), 1968, p. 65 (§ 12).
2. *Götzen-Dämmerung*, « Streifzüge eines Unzeitgemäßen », § 24.

Cette gratuité est-elle le but de notre libre usage du texte ou de l'œuvre ? Pour Rorty, il y a quand même des restrictions à l'esthétisme et nous les découvrons dans son chapitre sur Nabokov. Il lui importe en effet d'éviter la cruauté, et l'œuvre de Nabokov l'intéresse précisément parce qu'elle le décrit « from the inside, helping us to see the way in which the private pursuit of aesthetic bliss produces cruelty ». Nabokov semble être un auteur qui ne se préoccupe que de béatitude esthétique :

> « quelqu'un qui ne se sent concerné par rien sinon la 'béatitude esthétique', qui pense que 'l'étude de l'impact sociologique ou politique de la littérature ne doit être développé que pour ceux qui, par tempérament ou éducation, sont fermés à la vibration esthétique de la littérature authentique, pour ceux qui n'ont pas l'expérience de ce picotement révélateur entre les omoplates' » [1].

Rorty se demande pourquoi Nabokov tient à cette incompatibilité, à cette antithèse entre la vibration esthétique et la préoccupation sociale et pourquoi il ne dit pas qu'il s'agit de deux valeurs distinctes et non-concurrentielles. Pour Nabokov, la valeur ultime semble être cette vibration esthétique, « that telltale tingle between the shoulder blades », que nous procurent l'art pur et la science pure. Bref, il est un esthète pour qui le goût et le style occupent le sommet de la hiérarchie des valeurs. D'une part, Rorty s'étonne de ce que Nabokov ne soit pas capable de trouver de conciliation entre le goût du beau et l'engagement ou le jugement éthique et social, mais, de l'autre, il éprouve une certaine sympathie, comme Nietzsche, pour l'anti-moralisme :

> « Je partage le soupçon de Nabokov pour les idées générales lorsqu'il s'agit des efforts des philosophes pour faire entrer nos sentiments moraux dans des règles qui décideront des dilemmes moraux. Mais je considère que la leçon de notre échec à trouver de telles règles consiste en ce que nous devrions arrêter de parler dans un style quasi métaphysique de la 'tâche de l'écrivain', de ce qui 'importe en dernière analyse' ou de 'l'émotion la plus élevée' ; cesser de travailler au niveau de l'abstraction qu'habitent des esprits aussi exsangues que la 'vie humaine', l''art' et la 'moralité' ; nous cantonner à ce qui est à moyenne portée. Nous devrions en rester aux questions concernant ce qui marche en vue de buts particuliers » [2].

Même si Rorty sympathise avec l'anti-moralisme et le libre usage des textes et s'il nous demande de ne pas continuer à formuler des

1. *Contingency, Irony and Solidarity*, p. 147.
2. *Ibidem*, p. 148.

slogans métaphysiques sur « what ultimately matters », il tient quand même au critère restrictif du libéral « that cruelty is the worst thing we do »[1]. Il faut alors trouver le juste milieu, et l'on peut se demander si cela est possible sans une métaphysique de la *phronèsis*. Rorty semble trouver ce juste milieu, qui est en même temps le « beau milieu », dans l'attitude de l'artiste, telle que Nabokov l'a décrite, avec son sens de la curiosité, de la tendresse, de l'amabilité et de l'extase. Le philosophe américain constate que le dilemme de l'esthète libéral peut être suspendu et que l'attitude esthétique peut se concilier avec une éthique pratique :

> « Si la curiosité et la tendresse sont les marques de l'artiste, si toutes deux sont inséparables de l'extase – de telle sorte que là où elles sont absentes aucune béatitude n'est possible –, il n'y a pas alors, après tout, de distinction entre l'esthétique et la morale (…) Tout ce qui est requis pour bien agir est de faire ce à quoi les artistes excellent – remarquer les choses que la plupart des gens ne remarquent pas, être curieux à propos de ce que les autres considèrent comme allant de soi, voir l'irisation momentanée et non pas seulement la structure formelle sous-jacente. L'artiste curieux, sensible sera le paradigme de la moralité, parce qu'il est le seul qui remarque toujours toute chose »[2].

Cela suffit-il ? Rorty, lecteur de Nabokov, découvre que l'esthète a beaucoup de peine à concilier l'extase et la tendresse, et nous pouvons y ajouter que la curiosité et le talent de voir ce que les autres ne perçoivent pas n'implique pas encore la solidarité ou le fait d'éviter la cruauté. Rorty affirme qu'il y a dans l'œuvre de Nabokov des personnages que l'extase rend cruels et qui sont incapables d'être aimables. Ils sont exemplaires dans leur myopie morale ; obsédés par leur extase, ils laissent passer l'occasion de montrer leur solidarité ou leur sympathie avec le chagrin et la souffrance du prochain. Comme dit Rorty dans son commentaire, la perception éthique exige une autre attitude :

> « … la morale n'est pas de ne pas porter la main sur les petites filles, mais de remarquer ce que l'on fait et, en particulier, ce que les gens disent. Car il se pourrait, et de fait il arrive souvent, que les gens essayent de vous dire qu'ils souffrent. C'est précisément dans la mesure où l'on est préoccupé par la construction de son espèce privée de béatitude sexuelle, comme Humbert, ou de sa béatitude esthétique privée, comme le lecteur de *Lolita* qui était passé à côté de la phrase

1. *Ibidem*, p. 146.
2. *Ibidem*, p. 158-159.

sur le barbier lors de sa première lecture, que les gens souffriront probablement davantage »[1].

Le lecteur esthétisant peut dans son libre usage des textes se passer de cette vigilance et se perdre dans l'« aesthetic bliss », constituant pour lui-même un monde sans défis. Mais est-ce que nous pouvons nous permettre une pareille attitude ? Il suffit d'articuler les conséquences du critère ultime de l'ironiste libéral : l'esthétisme du lecteur est un obstacle à la découverte de la souffrance du monde et du prochain s'il nie que les formes peuvent révéler un sens. Quand Rorty évoque ce qui est « aesthetically useful », il envisage ce qu'il y a d'important dans ce que nous avons à faire pour nous-mêmes et pour les autres. Voilà le défi par excellence d'une herméneutique pratique qui respecte le libre usage des textes. Si le lecteur ne s'engage pas à accepter ce défi, il s'exile lui-même de la cité, comme dirait Emmanuel Levinas. Dans ce cas nous pouvons seulement constater l'irresponsabilité et le manque de vigilance du lecteur dans sa jouissance esthétique, voilà tout.

Je voudrais conclure en mettant l'accent sur une pensée qui critique l'idolâtrie artistique et la promotion du plaisir esthétique comme religion. C'est une pensée qui est soucieuse de sa tâche philosophique en tant qu'herméneutique critique. Elle nous apprend que la lecture et la contemplation ne sont pas vigilantes par leur seule vertu, pas plus que l'art n'est engagé par la sienne. C'est pour cette raison que nous ne pouvons être d'accord avec Nabokov quand il proclame que l'émotion esthétique qui livre cette fameuse vibration « is quite certainly the highest form of emotion that humanity has attained when evolving pure art and pure science ». Nous ne pensons pas que l'art (et la science) constitue la valeur suprême de la civilisation. Mais, évidemment, en ce qui concerne l'art, il n'est pas interdit, comme le dit Levinas dans un article des *Temps modernes* :

> « d'en concevoir un stade où il se trouve réduit à une source de plaisir – que l'on ne peut contester sans ridicule – ayant sa place – mais seulement une place – dans le bonheur de l'homme »[2].

Nous acceptons donc le libre usage des textes ou la liberté de la réflexion dans la contemplation esthétique, mais avec cette liberté nous nous sentons invités à développer une herméneutique philosophique et critique ; celle-ci dénonce l'hypertrophie de la contemplation esthé-

1. *Ibidem*, p. 164.
2. E. LEVINAS, « La réalité et son ombre », *Les temps modernes*, n° 38, novembre, 1948, p. 788.

tique qui ne cherche que l'« aesthetic bliss » et qui s'identifie avec la vie spirituelle en évoquant un monde sans défis. En somme, il s'agit d'une critique qui réintroduit la contemplation réflexive dans le monde concret de la cité des hommes afin de trouver ou de retrouver une pratique esthétique qui envisage ce qu'il y a d'important dans ce que nous avons à faire pour nous-mêmes et pour les autres – ce qui est pour Rorty la signification de l'« aesthetically useful ».

Jacques DE VISSCHER *

* Hoger Architectuurinstituut Sint-Lukas, Gent (Gand).

CHAPITRE XII

NARRATIVITÉ INDIVIDUELLE ET IDENTITÉ :
UNE ÉTHIQUE DE LA VIE BONNE

> « Ce que, dans les pays dits développés, les intellectuels peuvent fournir y compris les plus critiques et les plus aggressifs, c'est l'ornement, la distraction, du matériau pour le temps libre : cela remplit les médias, couvre les murs vides et sert le cours des choses, tel qu'il est de toute façon ».
> Horkheimer, *Notes critiques (1949-1969) Sur le temps présent.*

La philosophie morale proposée par Richard Rorty, dans *Contingency, Irony and Solidarity* [1], se présente comme une éthique de la vie bonne, soit une éthique qui réponde à la question : comment dois-je vivre pour atteindre le bien-être ou le bonheur ? J'en propose ici une redescription, en dégageant l'arrière-plan post-moderniste, puis en distinguant les principales caractéristiques de cette éthique de la vie bonne ; ensuite, en focalisant sur la figure emblématique du poète-ironiste qui sera liée au concept de narrativité individuelle ; et enfin, en examinant de façon critique les passerelles entre la vie privée et la vie publique.

1. Une toile de fond post-moderniste

Le travail philosophique de Rorty antérieur à *Contingency, Irony and Solidarity*, montre un labeur incessant interrogeant les traditions et les grandes figures philosophiques sur la question de la vérité, de

1. *Contingency, Irony and Solidarity* (1989), Cambridge University Press (abréviation *CIS*), traduction française par P.-E. Dauzat, *Contingence, ironie et solidarité*, Paris, Armand Colin, 1993 (abréviation *CIS-t*).

l'apparence et de la réalité des choses [1]. Ses analyses le poussent à se situer du côté du pragmatisme américain [2] à partir duquel Rorty établit une conversation. L'étiquette collée à Richard Rorty est celle du néo-pragmatisme qui rejette trois éléments de la tradition philosophique : la théorie de la vérité comme correspondance, la notion de représentation privilégiée et l'idée d'un sujet transcendantal auto-réflexif [3]. Bref le philosophe doit s'abstenir de demander des certitudes et de rechercher les fondements ; c'est le refus de tout horizon métaphysique. Il peut en tout cas parler de pratiques transitoires, de descriptions contingentes et de théories révisables. Il peut aussi prendre position dans les conflits et soit défendre les pratiques (le langage) de sa communauté, soit les réformer ou encore proposer de nouvelles pratiques (de nouvelles redescriptions) mais sans faire appel à des critères ou des normes philosophiques anhistoriques.

Une telle façon de concevoir le travail philosophique et les contraintes qui lui sont rattachées ont une incidence déterminante sur la conception de l'éthique de Richard Rorty. Le refus de tout horizon ou référence métaphysique permet de se débarrasser d'un certain nombre d'éléments ou de concepts traditionnels en philosophie morale et d'en proposer d'autres. Je voudrais relever ici trois de ces éléments dont le rejet a une importance décisive sur la philosophie morale de Rorty et indiquer les substitutions qu'il opère et qui sont autant de nouveaux repères pour sa théorie morale.

Le premier élément concerne la distinction entre morale et prudence, c'est-à-dire la distinction kantienne entre la loi morale – l'impératif catégorique de la raison pratique – et les impératifs hypothétiques liés à l'expérience ou suivant les termes de Rorty, « les principes et l'invocation de commodité personnelle ». Cette distinction tombe puisque Rorty, avec Quine, rejette le sujet transcendantal kantien et avec Freud, dédivinise le « soi » et désuniversalise le sens moral hérité de Kant [4]. Il faut cesser, dit Rorty, de concevoir la morale comme la voix divine en nous et de poser les termes de la morale sous la forme de principes généraux universalisables. Aussi, la question de la morale n'est pertinente que dans la relation du moi à ma

1. *Philosophy and the Mirror of Nature*, Princeton University Press, 1979, traduction française *L'homme spéculaire*, Paris, Seuil, 1990.

2. Voir p. 260-261, J. VAN BRAKEL, B.A. SAUNDERS, « Moral and political implications of pragmatism », *The Journal of Value Inquiry*, 23, 1989, p. 259-274.

3. WEST C., « La politique du néo-pragmatisme américain », in *La pensée américaine contemporaine*, RAJMAN J., WEST C., (eds), Paris, PUF, p. 385-404.

4. RORTY, *CIS*, p. 30 ; *CIS-t*, p. 56-57.

communauté. La morale en tant qu'elle traite des principes (de l'impératif catégorique au principe d'utilité) devient essentiellement un rapport de ces principes aux pratiques et aux institutions sociales. La morale consiste en un langage dont les termes (principes, valeurs) permettent de choisir, d'agir et de se prononcer.

Notons que Rorty substitue à la distinction entre morale et prudence, une autre distinction celle de la vie publique et de la vie privée [1]. Cette dernière distinction exprime aussi cette tension entre ma relation à moi-même et à ma communauté, en termes de comportements qui sont adéquats ou non aux intérêts de la communauté. Rorty explique qu'il y a des choses qui ne se font pas au sein d'une communauté et que celui qui fait une telle chose commet un acte immoral du point de vue de cette communauté, il ne parle plus la même langue. Une source de tensions existe donc entre ces deux sphères privée et publique, car tout individu vit nécessairement au sein d'une communauté donnée.

Le deuxième élément que Rorty refuse, est l'idée d'une nature humaine ou d'une essence de l'homme anhistorique qui nous donnerait des critères de moralité, donc de vérité en cette matière. Il n'y a pas de terrain neutre nous dit Rorty, d'où nous pourrions soutenir que la torture est préférable à la bonté ou inversement [2]. Aujourd'hui, en Europe, les gens au pouvoir valorisent l'égalité humaine et la pitié envers les humiliés mais il pourrait en être tout autrement. Et si cela survient, ce n'est pas parce que les gens sont foncièrement mauvais, qu'ils ne sont pas vraiment frères ou qu'ils n'ont pas de droits naturels [3].

En refusant toute référence à une nature humaine ou à un sens de l'Histoire, Rorty y substitue ici le concept de socialisation de l'être humain [4]. Cette socialisation s'appuie essentiellement sur la culture particulière (les croyances, les pratiques, les institutions) dans laquelle chaque individu vit au sein d'une communauté historiquement donnée

1. Rorty sépare assez radicalement l'éthique (sphère privée) du politique (sphère publique). Le premier renvoie à la vie bonne, l'autre à l'accord pacifique des communautés par le biais de la démocratie libérale.

2. RORTY, *CIS*, p. 173 ; *CIS-t*, p. 239.

3. RORTY, *CIS*, p. 184 ; *CIS-t*, p. 253.

4. Rorty est très explicite :

« Il n'y a rien qui soit profondément enfoui en nous, pas de nature humaine commune ni de solidarité humaine intégrée, susceptible de servir de référence morale. Il n'y a rien en dehors de ce qui a été socialisé dans les individus : leur aptitude à se servir du langage, et partant, à échanger des croyances et des désirs avec les autres ». RORTY, *CIS*, p. 177 ; *CIS-t*, p. 243.

(contingente). Les faits contingents tissent ainsi les histoires individuelles et collectives des êtres humains.

Le troisième élément est le rejet du rationalisme. Dans le débat philosophique contemporain sur cette question, Rorty prend, entre autres, ses distances par rapport à Habermas qui, en matière de morale et de politique, affirme la capacité de résolution des problèmes du langage, donc la distinction des solutions erronées données aux problèmes et des réponses dénuées de validité [1]. Dans le processus de communication non-faussé s'engage alors un processus de convergence garantissant la rationalité d'une telle communication [2]. Aux pratiques raisonnées de Habermas, Rorty en appelle à la poétisation de la culture.

En disqualifiant le recours à la rationalité, Rorty y substitue le recours à la sensibilité. Cette sensibilité consiste en la capacité d'être curieux des autres, de ce qu'ils disent, de pressentir ce qui importe aux autres, et quelle est leur souffrance ou leur image du bien.

J'ai illustré ici quelques changements de vocabulaire importants pour la philosophie morale que Rorty opère en rejetant l'horizon métaphysique. Il donne ainsi des formes plus précises à ce qu'il appelle la contingence et qui, exprimant ce refus total de toute métaphysique, prend la mesure de l'historicité de l'individu, des institutions et des sociétés humaines. Avec la contingence s'instaure un rapport au temps différent : un temps fonction de la durée de l'individu (le temps d'une vie), un temps sans finalité *a priori*, un temps qui ne garantit aucune permanence quant à l'évolution des sociétés humaines. Rorty gomme ainsi le concept d'Histoire au profit de la contingence.

En ayant posé l'arrière-fond post-moderniste de la philosophie morale de Rorty, en montrant le changement de vocabulaire, je vais maintenant présenter son contenu et son horizon de sens en dégageant les caractéristiques principales de l'éthique de la vie bonne et en cernant le concept de narrativité individuelle.

2. Une éthique de la vie bonne fondée sur la narrativité individuelle

2.1. *Caractéristiques principales de l'éthique de la vie bonne de Rorty*

Dans les théories éthiques contemporaines, ce sont les éthiques procédurales comme celles de J. Rawls ou de J. Habermas qui suscitent de nombreux débats. Leur objet porte sur le versant de ce que Rorty appelle la vie publique. Comment pouvons-nous nous entendre

1. HABERMAS, *Le discours philosophique de la modernité*, Paris, Gallimard, 1988, p. 243.
2. RORTY, *CIS*, p. 66 ; *CIS-t*, p. 105.

de façon pacifique sur nos intérêts mutuels et parvenir au juste ? Telle est la question centrale de ces éthiques procédurales qui élaborent la méthode à suivre pour parvenir à ce qui est juste collectivement. Soulignons la centralité du langage pour atteindre cette fin et l'importance de la rationalité comme critère du juste.

Rorty, quant à lui, propose une éthique post-moderniste qui porte sur l'autre versant, celui de la vie privée. En cela, il renoue avec les philosophies de l'antiquité, ces philosophies de la sagesse, ces philosophies de la vie bonne qui offrent à l'individu le moyen d'accéder soit au bonheur ou au bien. Comment se caractérise l'éthique de la vie bonne proposée par Rorty ? Quelle vision de l'être humain sous-tend-elle ? Quelques catégories (le rapport de l'être humain au temps, à la nature, à la finitude humaine, à l'idéal de soi, à soi comme individu, aux autres et à la communauté) permettront ici cette caractérisation.

Dans le cas des éthiques de la sagesse, le contenu normatif – il faut entendre les contenus répréhensibles, les valeurs (les vertus), les devoirs – les constitue en des éthiques substantielles. L'éthique de la vie bonne de Rorty fixe la forme – la narrativité individuelle – sans en déterminer un contenu *a priori*, mais dans un arrière-fond bien déterminé, celui de la post-modernité. En cela, on pourrait qualifier la philosophie morale de Rorty comme une éthique formelle de la vie bonne, une éthique formelle de la narrativité individuelle. Rorty en donne lui-même la définition : « la philosophie morale revêt la forme d'une narration historique et d'une spéculation utopique plutôt que d'une quête de principes généraux » [1].

Le but de la morale individuelle de Rorty, tout comme les morales de la sagesse, vise la perfection de soi. Cependant, celle-ci a une forme particulière : la redescription de soi-même. Elle consiste en une connaissance de soi dynamique : affronter sa propre contingence, pister en soi ses propres causes, rompre avec un passé idiosyncrasique et engendrer une redescription de soi-même qui soit un nouveau langage et qui soit son propre vocabulaire final [2]. La vie parfaite, nous dit Rorty, sera celle qui s'achève dans l'assurance que le dernier de ses propres vocabulaires finaux, tout au moins, était réellement et entièrement sien [3]. Cette redescription de soi culmine dans la figure,

1. RORTY, *CIS*, p. 95 ; *CIS-t*, p. 60.
2. « Créer son esprit, c'est créer son langage, plutôt que de laisser le langage que d'autres êtres humains nous ont légué, décider de la mesure de notre esprit », RORTY, *CIS*, p. 27 ; *CIS-t*, p. 53.
3. RORTY, *CIS*, p. 97 ; *CIS-t*, p. 141.

non du sage mais du poète-ironiste. On peut donc voir dans l'idéal de perfection que propose Rorty, une forme d'auto-création.

Dans la redescription de soi, le rapport au temps est celui d'un temps extrêmement limité, celui de la vie individuelle. C'est un temps lié à un espace, tissé de contingences : « nous traitons tout – notre langage, notre conscience et notre communauté – comme produit du temps et du hasard » [1].

Cette perception du temps et de l'espace est liée à une perception extrêmement aiguë de la finitude humaine et de son déracinement. Il n'y a plus de grand secret à découvrir (le dessein de Dieu), il n'y a pas à triompher du temps et du hasard (le progrès dans l'histoire). Il n'y a pas de nostalgie du désenchantement du monde à avoir non plus, tout juste un certain fatalisme par rapport aux forces aveugles. Ici, les exemples que donnent Rorty se rapportent davantage aux structures sociales et au pouvoir politique, – les trains d'Auschwitz – mais aussi, dans une moindre mesure, aux forces naturelles qui peuvent broyer l'individu – la folie. Ce fatalisme, Rorty le décrit avant tout comme le pathétique de la finitude humaine et des forces inhumaines :

> « notre rapport au monde, à la force brute ou à la douleur nue, n'est pas le genre de relation que nous entretenons avec les personnes. Confrontés à l'inhumain, au non-linguistique, nous ne sommes plus à même de surmonter la contingence et la douleur par appropriation et transformation ; nous pouvons seulement *reconnaître* la contingence et la douleur » [2].

L'être humain dans son rapport à la contingence et à sa propre finitude est irrémédiablement seul, solitude qui l'isole des autres êtres vivants, de la nature dont il est détaché parce qu'il est avant tout un être parlant et symbolisant [3]. L'individu humain est même seul dans son langage [4]. On pourrait presque parler d'enfermement dans son langage particulier.

Rorty établit cependant un mince pont avec d'autres vivants, les animaux, par le biais de la faculté d'éprouver de la douleur que les êtres humains partagent avec les animaux. Cette sensibilité à la douleur

1. RORTY, *CIS*, p. 22 ; *CIS-t*, p. 46.
2. RORTY, *CIS*, p. 40 ; *CIS-t*, p. 69.
3. L'appropriation et la transformation dont Rorty parle plus haut sont essentiellement de nature langagière et symbolique. On pourrait penser à d'autres modes d'être au monde pour l'humain, l'expérimentation, la transformation par le technique qui induisent alors d'autres relations à la nature et au temps.
4. « être une personne, c'est parler un langage particulier, qui nous permet de discuter de croyances et de désirs particuliers avec des catégories de gens bien particuliers », RORTY, *CIS*, p. 177 ; *CIS-t*, p. 244.

prend néanmoins une forme particulière chez l'être humain : la possibilité d'être humilié à travers le démantèlement forcé des structures de croyances et de langages dans lesquelles l'individu a été socialisé.

Rorty propose une vision de l'être humain très anthropocentrique où le cosmos et la nature sont des forces aveugles, extérieures et sans lien à l'être humain, inconnaissables, radicalement autres. Etre humain voué à la finitude et à la contingence des structures sociales proprement humaines, l'individu dans sa solitude n'a d'autre ressource que soi. La redescription de soi par la création de son propre langage consiste en cette seule forme d'autocréation possible en affirmant sa singularité, donc sa liberté. Celle-ci forme le but de la philosophie éthique de Rorty. En ce sens, serait immoral l'acte par lequel un autre individu empêche une personne de créer son propre langage.

La liberté est aussi le critère de la perfection privée, car elle permet à l'individu de dire « ainsi l'ai-je voulu ». Ce vouloir, souligne Rorty, sera toujours un projet plutôt qu'un résultat, un projet inaccessible tant la vie est courte [1]. Cette création de soi, par la redescription, qui se préoccupe uniquement de l'image de soi et non de celle donnée à l'univers, n'est en aucun cas une forme de transcendance, de dépassement de la condition humaine, mais quelque chose d'humain et de contingent. « Il n'est que de petites choses mortelles à réagencer en les redécrivant [2] » nous dit Rorty. Mais cette volonté et cette liberté de redescription de son propre esprit ne constituent pas une passion futile, c'est la chose la plus puissante et la plus importante pour soi. Cette conjonction de la liberté et de la volonté n'est pas sans rappeler une conjonction semblable chez Kant. « Agis toujours de telle sorte que la maxime de ton action manifeste l'autonomie de ta volonté », telle est la troisième forme de l'impératif catégorique. Chez Rorty, on pourrait la retranscrire ainsi : agis de telle sorte que le langage de ta redescription manifeste l'autonomie de ta volonté. Repérons au passage, un élément formaliste de la morale de Rorty.

Cette liberté de redescription de soi, si elle est relative – dans le sens de limitée dans le temps de vie d'une personne –, est ce qui permet de créer sa propre identité. Nous verrons plus loin, comment Rorty pousse plus encore cette idée d'identité vers l'individualité du poète-ironiste.

Or, cette recherche de l'identité par la redescription de soi est accessible à tous. Il est possible à tout être humain de pister en soi la marque aveugle inscrite dans tous ces comportements – découvrir les

1. RORTY, *CIS*, p. 40 ; *CIS-t*, p. 70.
2. RORTY, *CIS*, p. 99 ; *CIS-t*, p. 143

causes, les marques de l'éducation – qui font ce qu'il est, en tenant un discours sur ces causes dans un nouveau langage. Reprenant la psychologie morale de Freud, Rorty explique que justement c'est en s'accrochant à certaines contingences idiosyncrasiques cruciales de notre passé que l'on peut faire de soi quelque chose qui en vaille la peine, créer des soi présents que nous puissions respecter [1]. La redescription devient la source du respect de soi. Ici, c'est par la possibilité de la redescription de soi – l'affirmation de sa liberté – que l'être humain possède une dignité proprement humaine. Kant n'énonçait-il pas en son temps, que l'autonomie était le principe de la dignité humaine ?

Freud, explique Rorty, montre qu'il y a toutes sortes de formes d'adaptation pour faire face aux contingences de l'éducation reçue. La rationalité est un mécanisme qui ajuste des contingences à d'autres contingences par le biais, entre autres, de stratégies inconscientes sophistiquées et subtiles [2]. On peut être l'idéal kantien de la personne morale – brave mais ennuyeuse – mais selon l'explication freudienne, posséder néanmoins un inconscient qui lui n'est pas complètement ennuyeux. Cela nous apprend, explique Rorty, à voir chaque vie humaine telle un poème ou à penser qu'il n'est pas de vie humaine accablée de douleur au point d'être incapable d'apprendre une langue, ni une vie de labeur qui ne laisse la possibilité d'engendrer une autodescription.

Chacun possède donc un inconscient créatif qu'il peut utiliser à des fins de redescription de soi. Tous les inconscients n'ont pas le même potentiel créatif, imaginatif et ludique ; il existe donc différentes manières de créer son identité. Rorty en montrant que toutes les formes de redescription de soi sont possibles va cependant en indiquer la forme paradigmatique : la narrativité individuelle à travers la figure du poète-ironiste. En s'appuyant sur Freud, Rorty introduit un

1. Dans son article « Trotsky et les orchidées sauvages », sous forme de récit autobiographique, Rorty raconte le processus de redescription de soi qu'il a lui-même effectué à partir de son passé contingent, de son rapport à la vérité philosophique et qui aboutit à son propre langage final de même qu'à son identité. Le lecteur attentif remarquera d'ailleurs que Rorty dédie *Contingency, Irony and Solidarity* à ses parents et grands-parents dans un geste de réappropriation (par la continuité) et d'acceptation de ses propres origines contingentes.

« Trotsky et les orchidées sauvages », in *Lire Rorty. Le pragmatisme et ses conséquences*, J.-P. COMETTI (ed.), Paris, L'Eclat, 1992, p. 253-276.

2. « Ce faisant, il (Freud) nous permet de voir dans la science et la poésie, le génie et la psychose – et ce qui importe le plus, la morale et la prudence – non pas les produits de facultés distinctes mais des modes d'adaptation alternatifs », RORTY, *CIS*, p. 95 ; *CIS-t*, p 60.

élément universaliste explicite, une caractéristique de tout être humain : tous les êtres humains de par leur inconscient non-ennuyeux ont la possibilité de produire leur propre redescription.

2.2. *La narrativité individuelle et le poète-ironiste*

Chaque être humain a donc la capacité consciente de produire une redescription de soi. Rorty introduit une distinction : la redescription de soi que chacun effectue inconsciemment ou consciemment et la narrativité (le récit) que seuls, quelques-uns, les intellectuels (les personnes qui emploient des mots et des formes visuelles ou musicales), peuvent atteindre. C'est une sorte de perfection particulière qui emploie, nous dit Rorty, des marques et des bruits. Rorty se garde bien d'introduire une quelconque hiérarchie entre la redescription et la narrativité mais, dans le champ du politique, la figure sociale emblématique est celle du poète : sa production de signes peut, plus puissamment que d'autres, faire changer les gens de vocabulaire final. Au plan de sa philosophie éthique, cependant, redescription et narrativité ne sont que deux facettes de la vie fantasmatique d'un individu : l'emploi différent de sa propre idiosyncrasie.

En quoi consiste cette auto-création et quel peut être son contenu ? Cette redescription de soi est le sentiment qu'un être humain a de son identité. Celle-ci se constitue, explique Rorty, à partir de quelque investissement particulier à l'individu générateur d'obsession et s'alimente à toutes espèces de choses – du son d'un mot au toucher d'un morceau de peau en passant par la couleur d'une feuille : tout peut servir à dramatiser et à cristalliser le sentiment qu'a de son identité un être humain [1]. L'emploi à des fins symboliques de personnes, objets, situations, événements, mots rencontrés permet une redescription d'un individu en tant qu'elle contribue à la constitution, toujours évolutive, de son identité. Ce processus continuel de redescription est l'élaboration de l'identité individuelle, il constitue un processus de création à partir de l'inconscient de chaque individu et s'alimente aux contingences de la vie de chacun.

Quelques parallèles et convergences avec la culture et l'idéal d'authenticité décrits, entre autres, par Charles Taylor [2] peuvent être

1. RORTY, *CIS*, p. 37 ; *CIS-t*, p. 65.

2. Voir Charles TAYLOR, *Grandeur et misère de la modernité*, Montréal, Bellarmin, 1992 et *Sources of the Self. The Making of the Modern Identity*, Cambridge University Press, 1989. Charles Taylor qui ne partage pas la perspective philosophique de Rorty, serait plus proche de Habermas. Taylor accepte trois thèses : 1) l'authenticité est un idéal valable ; 2) on peut discuter rationnellement des idéaux et de la conformité des pratiques aux idéaux ; 3) ces discussions peuvent

évoqués ici. Reprenant l'expression de la liberté autodéterminée de Rousseau, Taylor montre comment Herder donne une première formulation de l'idéal d'authenticité : chaque personne possède sa propre mesure et une façon particulière d'être humain. L'idéal moral qui en découle et qui procède également du Romantisme, est qu'il existe une certaine façon d'être humain qui est en propre. Il existe un devoir de vivre de cette façon, sans imiter celle des autres et en étant sincère avec soi-même. Le principe d'originalité introduit un rapport à soi particulier : chacune de nos voix personnelles a quelque chose de particulier à dire que l'on ne peut découvrir qu'en soi.

Il me semble que l'idéal de redescription de soi de Rorty est une autre façon de parler – parce que Rorty et Taylor ne partagent pas la même vision du monde, Taylor étant plutôt moderniste – de cet idéal d'authenticité qui est accessible à tous et centré sur le langage. Le but de cet idéal moral est la recherche de l'identité individuelle où la sensibilité (la sincérité chez Taylor) est une modalité, voire un critère essentiel. Si chacun tend vers cet idéal de redescription de soi, alors effectivement, la société est davantage conçue comme une bande d'excentriques qui collaborent à des fins de protection mutuelle plutôt qu'une bande d'esprits proches que réunit un but commun [1].

Cette redescription de soi peut donc prendre toutes sortes de formes, mais il en est une, selon Rorty, qui serait paradigmatique parce qu'elle serait plus puissante que les autres. La forme utilisée, la narrativité (le récit), donc le primat des signes mais particulièrement de l'écriture, serait un moyen très puissant pour façonner un nouveau langage par la dissolution des anciens langages. Par ce changement de langage, le progrès intellectuel est rendu possible. Ici se glisse chez Rorty une tension entre le privé et le public. Car le progrès intellectuel ne peut se concevoir que dans un rapport de soi à la société.

La redescription par la narrativité (le récit) est le fait du poète ironiste, la nouvelle figure du sage. Des personnages du roman rortien examinons d'abord la figure du poète puis de l'ironiste, puis de la conjonction des deux afin de saisir ici la spécificité de ce type de redescription (de narrativité, *narrative*).

Le poète se nourrit de la peur. De la peur de mourir, explique Rorty, mais plus particulièrement de voir s'éteindre son sentiment particulier de ce qui était possible et important. Ce qui rend son « je », différent des autres « je ». N'importe quel poète, tout créateur,

porter à conséquence. Il rejette donc le subjectivisme que certains reprochent à Rorty.

1. RORTY, *CIS*, p. 173 ; *CIS-t*, p. 94.

quiconque espère créer quelque chose de neuf craint de perdre cette différence [1]. Cette peur de n'être qu'une copie entraîne une recherche des formes ou des mots nouveaux (le poète peut s'exprimer par des mots, mais aussi sur une toile ou par un film). C'est pister en soi sa propre singularité, autrement dit être aussi fort que pourrait l'être un être humain dans le sens où il saurait exactement ce qui mourra et, ainsi, ce qu'il a réussi à devenir. Le génie est le paradigme de l'*individualité*. Notons ici, entre l'individu ordinaire et le poète, le passage de l'identité à l'individualité. Cette dernière est une identité où la singularité et la différence sont accentuées et développées le plus possible par l'individu-poète. Si la vie de tout individu peut être considérée comme un poème par la redescription qu'il en fait, tout individu n'est pas un poète au sens fort du terme. Rorty donne l'exemple de Proust où la littérature permet l'expression d'une redescription particulière, la narrativité [2], le récit, celui du poète.

L'ironiste, quant à lui, est un individu qui n'a pas peur mais qui a des doutes. Rorty le définit comme ayant des doutes permanents et radicaux sur son vocabulaire final [3] parce qu'il rencontre d'autres vocabulaires finaux par des livres ou des personnes qui le troublent. Avec ce vocabulaire final, chacun raconte l'histoire de sa vie. Si on met en doute la valeur des mots qui le composent, la personne n'a que des arguments circulaires. Chez l'ironiste, le doute sur son vocabulaire final est un état lancinant qui ne permet aucune certitude sur son vocabulaire présent. Si, de plus, elle [4] est philosophe, le même doute

1. RORTY, *CIS*, p. 23 ; *CIS-t*, p. 48.

2. Parlant de Nietzsche et de Proust, Rorty utilise le mot *narrative*:
« Both men wanted to create themselves by writing a narrative about the people who had offered descriptions of them ; they wanted to become autonomous by redescribing the sources of heteronomous descriptions. But Nietzche's narrative – the narrative encapsulated in the section called 'How the True World become a Fable' in the Twilight of the Idols – describes not persons but, rather, the vocabulary for which certain famous names serve as abbreviations », RORTY, *CIS*, p. 100 ; *CIS-t*, p. 144.

3. Le vocabulaire final d'une personne se définit comme l'ensemble de mots qu'elle emploie afin de justifier ses actions, ses croyances et sa vie.

4. Petite digression. Je maintiens ici en français le *she*, le féminin pour l'ironiste que Rorty emploie de façon plus fréquente que le *he*, le masculin, d'ailleurs réservé au métaphysicien. Chacun, homme ou femme, peut imaginer plus aisément la figure de cet ironiste. Quant à moi, je la voyais sous les traits de Kate Fansler, cette Américaine, au milieu de la quarantaine, professeur de littérature, politiquement libérale, décrivant son milieu universitaire et la société américaine de la côte Est de la manière ironiste, mais toujours aux prises avec la contingence de la mort, – c'est l'héroïne des romans d'Amanda Cross alias Carolyn Heilbrun, elle-même professeur de littérature à l'Université de Colombia et critique littéraire (Amanda Cross, *Mort à Harvard*, Paris, Deux-Temps Tierce, 1993, tr. fr. *Death in a tenured*

touche son vocabulaire en ce qu'il n'est pas plus proche de la réalité que les autres vocabulaires philosophiques.

L'ironiste est donc dans un état méta-stable : jamais tout à fait capable de se prendre au sérieux, consciente que son vocabulaire présent dans lequel elle se décrit peut changer et consciente de la contingence du monde. L'ironiste a donc des doutes récurrents sur soi, sur son identité. L'individu de bon sens n'a pas ces doutes car son propre vocabulaire final va de soi, il y est habitué et il le partage avec son entourage, ce qui lui suffit pour décrire et juger les croyances, les actions des autres personnes qui emploient d'autres vocabulaires finaux [1]. Rorty explique que le travail de redescription de l'ironiste est bien illustré par le travail du critique littéraire [2] qui analyse l'ensemble de la culture en proposant un autre vocabulaire. Ce travail permet une révision de notre identité morale propre par l'interrogation de notre vocabulaire final.

L'ironiste qui est philosophe est un cas particulier. La philosophie se définit comme un type de vocabulaire final particulier ayant pour objet la distinction apparence-réalité. Le philosophe-ironiste et le métaphysicien s'opposent sur le langage. Le métaphysicien est un platonicien qui croit que la vérité est en l'homme et qu'il possède les critères pour saisir l'essence des choses. Il utilise pour cela le raisonnement logique qui lui permet de bâtir un système. L'ironiste philosophe va plutôt comparer et opposer des vocabulaires par le moyen du raisonnement dialectique, c'est-à-dire que l'unité de persuasion est un vocabulaire, une redescription plutôt que l'inférence [3].

Les ironistes philosophes cherchent donc à comprendre le besoin métaphysique, le besoin de théoriser pour s'en libérer totalement. Mais il existe un risque : la tentation de la théorie, la rechute dans la métaphysique. C'est-à-dire que le processus de redescription qui s'établit avec l'histoire de la croyance en une sagesse anhistorique – la métaphysique – cette narration donc, risque de se retourner en une quête d'un concept important (l'histoire, l'homme occidental, la métaphysique) que le narrateur incarnerait. Et Rorty de montrer

Position, et aussi, *L'Affaire James Joyce*, Paris, Deux-Temps Tierce, 1992, tr. fr., *The James Joyce Murder*).

1. RORTY, *CIS*, 74 ; *CIS-t*, p. 112.

2. Les critiques littéraires deviennent ainsi les conseillers moraux des ironistes, non pas qu'ils aient accès à la vérité morale mais ils ont lu beaucoup de livres et sont dans une meilleure position pour ne pas se laisser piéger par le vocabulaire d'un seul livre en particulier. Ce sont des nouveaux conseillers moraux qui entretiennent le doute pas la certitude. RORTY, *CIS*, p. 80 ; *CIS-t*, p. 120.

3. RORTY, *CIS*, p. 78 ; *CIS-t*, p. 117.

comment Nietzsche et Heidegger qu'il décrit comme de réels ironistes, sont tombés dans le piège du sublime où le perspectivisme et la contingence ont été oubliés au profit d'une théorie qui mêle autocréation et politique. L'ironiste théoricien se transforme ici en prophète d'un âge nouveau. Cependant la tentative de Nietzsche comme de Heidegger passait par une narration plutôt que par un système [1]. Derrida, selon Rorty, a évité la rechute métaphysique en faisant une narration non théorique donc poétique de la philosophie [2]. Ainsi est privatisée la philosophie : le repli sur l'imaginaire étant la seule solution pour éviter l'autoréférence [3]. Pour Rorty, l'importance de Derrida tient à son courage de renoncer à la tentative de réunir le privé et le public, de cesser de concilier quête d'autonomie privée et recherche d'une résonance et d'une utilité publique. La philosophie est un poème, une narrativité au même titre que la littérature. Derrida, philosophe, est tel Nabokov ou Orwell, un poète-ironiste.

A travers cette longue description et transformation identitaire des personnages rortiens en un poète-ironiste et pour suivre la pensée subtile de Rorty, j'ai voulu montrer la centralité de cette forme de redescription qu'est la narrativité qui utilise l'écriture dans sa forme poétique et à laquelle la philosophie, quand elle est ironiste et non théoricienne, appartient. La philosophie est une forme poétique puissante – par rapport aux redescriptions des gens ordinaires – car elle peut induire des changements de vocabulaire dans la société en ce qu'elle utilise la narrativité, le récit, comme redescription.

Je voudrais maintenant cerner davantage cette notion rortienne de narrativité, liée à l'identité et à l'individualité. La notion de narrativité comme je l'ai décrite précédemment est un type particulier de redescription de soi, en ce qu'elle se sert de l'écriture. Ce qui distingue la personne ordinaire qui se crée une identité, du poète-ironiste qui se crée une identité-individualité, c'est le passage par l'écriture poétique : la redescription de soi devient une narrativité individuelle. L'individualité serait cette « différence » du poète, cette capacité d'écrire un vocabulaire nouveau qui puisse convertir les autres.

La puissance de redescription de la narrativité est, me semble-t-il, contenue dans l'expression de Paul Ricœur [4] : « la vie rassemblée » ou la « clôture littéraire ». Cette clôture littéraire donne à la création d'un

1. RORTY, *CIS*, p. 120 ; *CIS-t*, p. 169.
2. Dans le roman rortien, on pourrait dire que Derrida devient cet anti-héros qui est sorti de l'intrigue tragique de la métaphysique.
3. RORTY, *CIS*, p. 125 ; *CIS-t*, p. 176.
4. Paul RICŒUR, *Soi-même comme un autre*, Paris, Seuil, 1990, p. 190.

nouveau langage cette force de conversion qui en permet l'adoption par autrui. L'unité narrative de la vie, expression que Ricœur reprend de MacIntyre, n'est pas possible dans la redescription de soi, dans la mesure où, dans la vraie vie, il n'y a pas de commencement narratif – la mémoire se perd dans les brumes de la petite enfance – et de clôture narrative – ma mort ne sera racontée que dans le récit de ceux qui me survivront. L'œuvre littéraire ou poétique permet que la vie soit *rassemblée* pour qu'elle puisse se placer sous la visée de la vie réelle et ainsi permettre l'adoption de nouveaux vocabulaires.

Entre le poète et l'ironiste philosophe, la narrativité dans le premier cas, redécrit davantage des personnes, tandis que dans le deuxième cas, la narrativité redécrit davantage une tradition d'écrits qui va de Platon à Marx en passant par Kant ou Hegel et qui ont la particularité d'être des métaphysiciens. La narrativité du poète ironiste, tel Derrida, s'adresse tant aux personnes qu'à une tradition d'écrits particuliers.

Dans cette éthique de la vie bonne où la perfection culmine avec le poète-ironiste, on peut donc identifier la centralité de la formation de l'identité-individualité, cette affirmation-formation de soi par la redescription. Cependant, la centralité de l'écriture dans la narrativité crée une tension extérieure : la redescription est redescription de soi mais elle est également ouverture à l'autre à cause de l'écriture. C'est ici que Ricœur s'écarte de Rorty radicalement car le but de la vie bonne, c'est viser la vraie vie avec et pour l'autre dans des institutions justes [1]. Ricœur tente le passage à l'éthique sociale avec le recours de la rationalité. Chez Rorty, l'éthique de la vie bonne par la narrativité individuelle est d'abord une identité-individualité comme repli sur soi et non simultanément mouvement vers l'autre. L'action et l'autre sont renvoyés du côté de la sphère publique. C'est donc avec réticences que des ponts vont être jetés vers la vie publique dans la philosophie morale de Rorty.

3. Les limites à une éthique privée de la narrativité individuelle

Un des problèmes principaux du passage de la vie privée à la vie publique consiste à savoir comment la liberté individuelle qui s'exprime à travers la redescription de soi peut être la moins limitée tout en rendant possible la coexistence pacifique entre les individus et une certaine cohésion sociale (les institutions d'une démocratie libé-

1. On se reportera à la septième étude de Ricœur, le soi et la visée éthique, p. 202, *Soi-même comme un autre*, Paris, Seuil, 1990.

rale) qui garantit la possibilité même de cette éthique de la perfection de soi.

Rorty répond de deux façons. Tout d'abord la coexistence pacifique est possible, si dans la redescription de soi, on évite d'être cruel avec les autres, c'est-à-dire ne pas provoquer de la douleur, ne pas humilier [1]. Rorty montre, en donnant l'exemple d'Orwell et de Nabokov, comment les poètes-ironistes peuvent à travers leur narrativité individuelle rendre sensibles les autres à la cruauté, qu'elle soit grande (dans la société) ou petite (dans la vie privée lors de sa propre poursuite de félicité). La cruauté limite dans un premier temps la liberté de la redescription de soi. Rorty décrit ici un rapport éthique à autrui qui est tout d'abord négatif : ma liberté de me redécrire est limitée par la cruauté que je peux induire chez l'autre. Par la suite, ce rapport à autrui devient positif dans la mesure où la narrativité individuelle peut être utile à éveiller la curiosité de chacun à la souffrance de l'autre. En cela, cette limite peut être un ferment de la coexistence pacifique d'une société qui porte comme idéal moral la redescription de soi.

Cependant, Rorty ne semble pas trouver suffisant ce premier liant entre les individus puisqu'il en appelle à la solidarité, comme deuxième façon d'établir la cohésion sociale. Cette solidarité, Rorty la décrit comme une reconnaissance de notre humanité commune aux uns et aux autres, c'est la force du « nous ». Cette force du « nous » doit s'étendre le plus possible car c'est ce sentiment de solidarité qui nous lie les uns aux autres. Or, explique Rorty, cela se fabrique à travers la contingence des institutions sociales dont la démocratie libérale fournit jusqu'ici un bon exemple.

L'exhortation de Rorty à la solidarité humaine reste relativement peu convaincante par rapport aux développements subtils de son éthique de la perfection privée. Le concept de solidarité ne peut se résumer à un sentiment, si fort soit-il. La solidarité appelle l'agir concret, le faire avec les autres. La solidarité entre dans le registre de l'éthique sociale qui donne des contenus à la coexistence pacifique. Par le biais de l'éthique sociale peuvent émerger des sentiments d'appartenance à une société et se construire une identité sociale ou communautaire. Si Rorty décrit de façon détaillée la construction d'une redescription de soi comme identité individuelle, un même processus au plan d'une identité sociale n'est pas esquissé parce que Rorty saute

1. L'humiliation est cette forme de douleur humaine bien particulière que l'on crée par le démantèlement forcé des structures de croyances et de langages dans lesquels la personne a été socialisée.

directement aux structures politiques (la démocratie libérale). On peut voir là, une des conséquences de la séparation radicale posée entre la sphère privée et la sphère sociale. Les passerelles sont trop fragiles pour conduire de l'éthique de la narrativité individuelle à la démocratie libérale. Par contre, en inversant la perspective, la démocratie libérale, par sa structure et les valeurs qu'elle véhicule, rend possible l'auto-création comme redescription de soi (identité individuelle) et tolère, au sein du « nous », le poète-ironiste en lui permettant d'exprimer son propre vocabulaire final qui pourra devenir éventuellement un des vecteurs du changement social.

Sur ce dernier point, l'éthique de la narrativité individuelle de Rorty, parce qu'elle est une éthique de l'identité individuelle et de la sensibilité, possède une certaine fécondité pour éclairer la société présente et particulièrement la culture. Je prendrais un exemple. Il s'agit d'une histoire, d'un fait contingent qui s'est déroulé à Montréal en mai 1993 :

« On se rendait à une mégaparty, un rave comme on les appelle. Une célébration qui promettait de lever un peu le voile sur une jeunesse que l'on connaît peu et qui ne se reconnaît pas dans un ordre sourd où on la blâme de ne pas avoir d'âme. C'est la génération techno, née de l'audio, du vidéo, de l'informatique. Elle aime le nouveau, elle aime la différence, la liberté. Il y a une mode, une musique, un esprit, plus difficile à définir certainement mais c'est un esprit ouvert et pacifique. Ils se sont rassemblés il y a un peu plus d'un mois à quelque trois mille. Leur danse, c'est un hymne à la passion d'être. Un festival des sens visuels, auditifs et tout le reste et le plus loin possible. Pas de violence, pas de problèmes, pas même un incident ce premier soir. Mais le 1er mai, il en sera autrement » [1].

A partir du vocabulaire rortien de l'éthique de la vie bonne, on peut saisir dans cet exemple, la tentative de redescription de soi, la quête identitaire de ces jeunes qui est aussi une éthique, exprimant des formes de la sensibilité couplées à la technique.

L'éthique de la narrativité individuelle parce qu'elle est une éthique formelle de la vie bonne permet des modes d'auto-création variés. Le déplacement des termes opéré par Rorty ouvre une brèche pour penser le présent. Néanmoins, Rorty a fait le choix du langage sous la forme de l'écriture, en favorisant la figure du poète-ironiste.

1. Les forces de l'ordre interviennent parce qu'il n'y avait pas de permis municipal pour l'organisation du rave et tabassent vers trois heures du matin sous l'œil électronique de la vidéo de ces jeunes. Ce texte a été publié dans *Le Devoir* du 7 mai 1993 par Philippe Tanguay, juriste, 25 ans.

L'éthique de l'auto-création affirme malgré tout la prééminence du signe. Rorty n'a pas choisi une éthique de l'agir, auto-créatrice dans la transformation du monde par l'action, en particulier l'action techno-scientifique. Le scientifique n'a pas été désigné comme figure emblématique. La société actuelle et à venir se construit à partir d'un vocabulaire nouveau qui est celui de la techno-science où certaines formes de la rationalité s'expriment. L'éthique de la narrativité individuelle de Rorty ne donne guère les moyens pour appréhender au plan éthique ces transformations. L'éthique de la narrativité individuelle de Rorty reste malgré tout dans la marge de l'évolution sociale et ne répond aux aspirations éthiques que de ceux qui privilégient les signes plutôt que l'agir, leur individualité plutôt que le collectif.

Marie-Hélène PARIZEAU *

* Université Laval.

CHAPITRE XIII

« GARDER L'ÊTRE »

COMMENT PARTAGER RORTY ENTRE IRONIE ET FINITUDE *

Comme déjà Kierkegaard le savait, l'ironie n'a pas la même structure que le doute. Alors que dans le doute, le sujet désire continuellement entrer dans l'objet, dans l'ironie il désire sortir de l'objet [1]. Dans le doute, le malheur du sujet est que l'objet lui échappe continuellement ; dans l'ironie, le plaisir du sujet est de réaliser à tout moment que l'objet n'a pas de réalité. L'ironiste, donc, est un Je éternel pour qui aucune réalité donnée n'est adéquate (CI, p. 283). Puisqu'il n'y a rien qui le tienne, tout lui est possible. Mais un tel détachement ironique ne peut lui procurer qu'une liberté négative. Guidé par une sorte d'infinité en lui qui désire émanciper sa création de chaque relation finie à lui-même, il se retrouve parcourant toute l'échelle des possibilités « presque aussi vite qu'un enfant » (CI, p. 282). Puisque la liberté de l'ironiste est la liberté de s'élever, en se « créant poétiquement, au-dessus de soi-même » (CI, p. 281), le sujet ironique s'évertue à sauver sa propre vanité en montrant que toute chose est en voie de devenir de la vanité. Incapable de se laisser soi-même *être* poétiquement composé par un contexte donné et défini auquel il a à s'adapter, l'ironiste façonnera poétiquement ses environnements (ou ses vocabulaires, comme dirait Rorty) l'un après l'autre, pour qu'ils s'adaptent à lui (CI, p. 283). Ainsi, il se trouve lui-même dans un continuel retrait où il se « préserve soi-même dans une indépendance négative à l'égard de toute chose » (CI, p. 257). Tandis que dans le doute, comme le dit Kierkegaard, « le sujet est le témoin visuel d'une

* Traduit par Edouard DELRUELLE.

1. S. KIERKEGAARD, *The Concept of Irony with continual reference to Socrates*, Princeton Univ. Press, 1989, p. 257 (CI).

guerre de conquête où chaque phénomène est détruit, parce que l'essence doit continuellement résider derrière lui » (*ibid.*), dans l'ironie, au contraire, le sujet est devenu lui-même cette guerre, parce que sa propre essence peut seulement résider dans un au-delà perpétuel.

Si l'on adhère à cette conception kierkegaardienne de l'ironie, on devrait bien louer Rorty d'avoir le courage de la contenir dans la sphère privée. Car, comme le souligne Kierkegaard, «il y a autant de cohésion sociale dans une coterie d'ironistes que d'honnêteté réelle au sein d'une bande de voleurs » (CI, p. 249). De plus, on peut imaginer que Kierkegaard serait devenu pour le moins dubitatif en entendant Rorty déclarer que nos espoirs en une société meilleure dépendent de notre capacité à changer nos vocabulaires dans le sens d'une société d'« ironistes libéraux » – ainsi, ces femmes « libérales » que Rorty a saluées comme les véritables héroïnes de son livre *Contingence, ironie et solidarité* [1]. L'ironie étant pour Kierkegaard isolement selon son concept, l'idée même d'une société pour ironistes libéraux le choquerait sans doute autant que d'imaginer conduire un char tiré par des chevaux ailés à travers Copenhague. Et relisant Rorty, il se peut qu'il commence à suspecter que ce qui autorise celui-ci à présenter l'ironiste libéral(e) comme l'héroïne de son livre, est une négligence délibérée de la distinction entre ironie et doute. En effet, Rorty définit l'ironie par le doute : l'ironiste, écrit-il, « est quelqu'un qui a des doutes radicaux et permanents sur le vocabulaire final qu'il emploie couramment, parce que d'autres vocabulaires lui ont fait forte impression » [2] et qui « passe son temps à s'inquiéter de la possibilité qu'on l'ait initié dans la mauvaise tribu, qu'on lui ait appris à jouer le mauvais jeu de langage » (p. 75, *113*). Toujours conscients de la contingence et de la fragilité de « l'ensemble de mots qu'ils emploient pour justifier leurs actions, leurs croyances et leurs vies », et ayant renoncé à l'espoir de trouver un critère de choix entre ces vocabulaires finaux, les ironistes « ne seront

1. « L'héroïne de mon livre est 'l'ironiste libérale' – quelqu'un qui se dévoue à la justice sociale et qui, néanmoins, considère son propre dévouement à cette cause comme purement contingent » (R. RORTY, « Habermas, Derrida, and the functions of philosophy », à paraître dans *Revue internationale de philosophie*).

2. R. RORTY, *Contingency, Irony and Solidarity*, Cambridge University Press, 1989, p. 73) ; traduction française P.-E. DAUZAT, *Contingence, ironie et solidarité*, A. Colin, 1993, p. 111. Dorénavant, les références à cet ouvrage apparaîtront entre parenthèses dans le texte, suivies de l'italique pour la traduction française (ici : 73, *111*). (N.d.T.). Les références aux *Philosophical Papers* (vol. 1 : *Objectivity, Relativism and Truth* ; vol. 2 : *Essays on Heidegger and Others*, Cambridge Univ. Press, 1991) mentionneront le chiffre romain pour le volume, suivi du numéro de page.

jamais tout à fait capables de se prendre au sérieux » (p. 73, *112*).

Alors que pour Kierkegaard, l'ironiste est tout vanité et se prend soi-même trop au sérieux, Rorty voudrait laisser ouverte la possibilité que, derrière le doute de soi de l'ironiste, se tienne cachée la tentation de « retomber dans la métaphysique » – une nostalgie pour cette sorte de vocabulaire qui, dans les termes de Kierkegaard, permettrait au sujet d'entrer dans l'objet. En effet, selon la lecture de Rorty, les théoriciens ironistes tels que Nietzsche ou Heidegger, en dépit de leurs critiques de l'impulsion métaphysique à trouver un vocabulaire final qui serait final dans tous les sens (y compris celui de « dernier et vrai mot »), n'ont pas trouvé eux-mêmes le moyen de rompre le charme d'une telle impulsion. Ils espèrent toujours être capables de redécrire l'ensemble de la tradition de telle sorte que le vocabulaire qu'ils créent pour eux-mêmes les mette en contact avec quelque chose de plus grand : ils « ne se contentent pas d'arranger des petites choses, ils désirent aussi décrire une grande chose » (l'homme occidental, la métaphysique, etc.). « Ils ne s'attachent pas seulement à faire d'eux-mêmes quelque chose de nouveau. Ils veulent aussi rendre nouvelle cette grande chose » (I, p. 100). Rorty voudrait garder de tels théoriciens ironistes comme amis, car ils se sont montrés efficaces contre la métaphysique. Mais comme c'est le genre d'amis qui se retournent facilement contre vous, il vaut mieux ne pas les laisser sortir seuls en rue. Comme le dit Rorty, « le théoricien libéral aspire encore au genre de pouvoir qui procède d'une relation étroite avec quelqu'un de très important : c'est une des raisons pour lesquelles il est rarement libéral » (p. 102, *146*). Mieux vaut les garder à la maison avec ce genre de livres par rapport auxquels ils aiment « prendre du recul » (p. 96, *139*), et avec une charge de papier où ils peuvent essayer de créer le goût au nom duquel ils voudraient se juger eux-mêmes, et espérer « interdire à quiconque de porter un jugement sur eux-mêmes au nom de quelque autre goût » (p. 106, *152*). Mais le problème avec de pareilles gens, c'est qu'ils ne tiennent pas en place, et qu'ils se défilent tout le temps. Songeons seulement à Nietzsche embrassant un cheval au milieu d'une place de Turin, ou à Heidegger trouvant encore le temps d'écrire des lettres pleines de ragots sur ceux de ses collègues qu'il n'apprécie pas.

Mais si l'on ne peut pas se fier aux *théoriciens* ironistes, on peut sans danger faire confiance aux *écrivains* ironistes. Un homme comme Proust n'a pas d'ambitions publiques (p. 118, *167*) : « il eût été tout à fait satisfait de penser qu'il pût servir d'élément dans les beaux motifs d'un autre » (p. 106, *152*). Les écrivains ironistes, à l'inverse des théoriciens, en général, n'aspirent pas au sublime. Ils n'ont pas de difficulté à reconnaître que « la dissipation des doutes que l'on peut avoir sur son vocabulaire final n'a pas grand chose à voir avec les efforts pour épargner à autrui douleur et humiliation » (p. 120, *170*). Qu'ils visent à une perfection privée, comme Proust et Nabokov, ou qu'ils servent la liberté humaine, comme Dickens et Orwell, le fait est qu'ils tendent en réalité à respecter, au sein de leurs vocabulaires finaux, la séparation privé/public (*ibid.*). Et ce faisant, ils peuvent être accueillis par Rorty dans sa *polis* sans que celui-ci ait à prendre les mesures de sécurité empêchant un Nietzsche ou un Heidegger d'essayer de mêler auto-création et politique. Les écrivains ironistes et les poètes sont de meilleurs concitoyens que les philosophes ironistes, car ils se contrôlent eux-mêmes.

Notons qu'en faisant en sorte que cette distinction entre écrivains et théoriciens ironistes serve son dessein anti-platonicien, Rorty préfère ne pas mettre l'accent, à ce stade, sur ce que ces deux sortes de gens, selon Kierkegaard, semblent partager : le désir de sauver leur propre vanité et, de là, leur insociabilité fondamentale. La raison pour laquelle le théoricien libéral s'est montré d'une telle importunité publique réside, non dans l'ironie en tant que telle, mais dans sa tendance à la troquer contre le doute, c'est-à-dire contre le désir d'entrer dans l'objet. Pour Rorty, le *théoricien* ironiste est un cas limite. Ce que nous pouvons apprendre de lui, c'est que nous avons besoin de plus – et non pas de moins – d'ironie. Il n'y a rien de mauvais à vouloir sauver sa propre vanité. Au contraire, plus est profonde une telle insociabilité, meilleure elle est. Elle aide les gens à rester à la maison.

Mais si l'on désire bâtir une cité, on a aussi besoin que les gens sortent. On a besoin de gens qui aient des ambitions publiques. Des gens qui se dévouent à la justice sociale, mais pas de n'importe quelle manière : en tenant leur propre dévouement à la cause sociale comme purement contingent. Ce sont des « chevaux ailés », comme Kierkegaard les aurait appelés, ou des « ironistes libéraux », comme Rorty persiste à les appeler : c'est-à-dire des gens qui allient l'engagement avec un sens de la contingence de leur propre engagement (p. 61, *97*) [1]. De telles personnes sont la fierté de l'arbre généalogique de Rorty : dans la famille des ironistes, ce sont les seules à passer avec succès le test que Rorty, ne se rendant pas compte d'un Platon souriant dans son dos, a décidé d'appeler le « critère de civilisation de Schumpeter » (*ibid.*). Là où Platon pense que nous devons travailler

1. Notons que Rorty appelle explicitement ces gens des « ironistes libéraux ».

sur nos gènes pour produire l'espèce d'hommes la meilleure, Rorty se donne du mal pour persuader Kierkegaard que nous avons seulement besoin de retravailler nos vocabulaires, en vue de « produire toujours plus de gens capables de reconnaître la contingence du vocabulaire dans lequel ils formulent leurs espoirs les plus hauts – la contingence de leur conscience – et qui pourtant demeurent fidèles à cette conscience » (p. 46, *78*). Mais il n'aura pas échappé à un lecteur vigilant comme Kierkegaard que, malgré toutes les ressemblances de famille que Rorty a construites, celui-ci a oublié de faire état d'une légère complication. C'est que les gens qu'il présente comme des ironistes libéraux ont été rattachés à cette famille en vue de la rendre moins suspecte et plus docile. Ce sont seulement des enfants adoptés, lâche Rorty dans un moment d'égarement : « ils se considéreraient comme contingents de bout en bout, *sans éprouver le moindre doute particulier sur les contingences advenues* » (p. 87, *129*, R.V. souligne). Rorty lui-même n'avait-il pas défini, quelques moments auparavant, l'ironiste comme quelqu'un tourmenté par le doute de soi ? N'avait-il pas affirmé que « les ironistes ont besoin de quelque chose dont ils puissent douter, quelque chose dont ils puissent se détacher » (p. 88, *129*) ?

Arrivé à ce point, l'arbre généalogique semble se désintégrer, à mesure qu'il devient de plus en plus clair que Rorty, bien qu'il ait besoin de temps à autre d'une équivocité entre ironie et doute, réintroduit subrepticement une distinction précise au moment fort du spectacle. Alors que le doute induit le théoricien ironiste dans une mauvaise direction, mais sans paraître faire tort à l'écrivain ironiste, il semble qu'aucun doute n'affecte l'ironiste libéral. Il est en définitive parfaitement capable de « se prendre au sérieux ». C'est, bien sûr, qu'il n'est pas du tout un ironiste. Et Rorty nous dit dans un autre moment d'inattention que ceux « qui se considèrent comme contingents de bout en bout, sans éprouver le moindre doute particulier sur les contingences advenues » (c'est-à-dire ceux qui satisfont au critère de Schumpeter), « se reconnaissent dans un nominalisme et un historicisme de bon sens » (p. 87, *128*). Et puisque « l'opposé de l'ironie est le sens commun » (p. 74, *11*), il semble juste de conclure que « dans la société libérale idéale, les intellectuels seraient encore ironistes, quand bien même les non-intellectuels ne le seraient pas » (p. 87, *128*). Mais alors, pourquoi ne pas présenter ces derniers comme les véritables héros du livre ? Pourquoi encore rêver de chevaux ailés, si l'on peut prendre le métro ? Pourquoi inventer une tribu d'ironistes libéraux, alors que de fait on ne rencontre que des libéraux non-ironiques ordinaires ? Notons que, selon la propre définition de Rorty, celui-ci est effectivement en train d'inventer le libéral ironiste : aussi longtemps qu'il restera une étincelle de doute chez l'écrivain libéral ou chez n'importe qui de suffisamment conscient de sa propre contingence, une telle personne ne sera jamais capable de dire « soyons franchement ethnocentrique » (II, p. 168), « travaillons selon nos propres lumières » (I, p. 213). En effet, le doute de soi fait paraître toujours plus brillantes les lumières qui dépassent les frontières. Le doute de soi suppose cette assurance intérieure qui permet au non-ironiste libéral de ne pas ressentir le besoin de répondre à des questions telles que « *Pourquoi* êtes-vous libéral ? ». Sa culture est telle que les doutes sur la rhétorique publique sont satisfaits par « des demandes deweyennes d'alternatives et de programmes concrets » (p. 87, *129*). Sa culture est libérale et pragmatiste, et non ironiste ; c'est une culture dont la rhétorique publique relève d'un historicisme et d'un nominalisme de bon sens, et qui enferme l'ironie dans la sphère privée (*ibid.*). On ne devrait pas mélanger l'ironie avec ce genre d'anti-fondationalisme. Car l'alternative à l'ironie anti-fondationaliste est l'ethnocentrisme anti-fondationaliste. Ceux qui satisfont au critère schumpeterien de civilisation ne sont pas, comme Rorty a tendance à le suggérer, dans l'ironie anti-fondationaliste, ce sont des ethnocentristes anti-fondationalistes.

Avant d'explorer quelques-unes des conséquences de ce que Rorty lui-même a récemment appelé son « usage trompeusement ambigu de l'ethnocentrisme » (I, p. 35), laissez-moi d'abord, par courtoisie pour Kierkegaard, signaler ce qui pourrait se cacher derrière cet usage trompeusement ambigu que Rorty fait de « l'ironiste libéral » [1]. Comme Kierkegaard nous aide à en prendre conscience, soit le libéral ironiste est un ironiste, auquel cas il ne réussit pas le test de Schumpeter, soit il le réussit, et alors il n'est pas ironiste. Mais en conclure que « l'ironiste libéral » *ironique* est un cheval ailé, c'est oublier qu'il y a peut-être des gens qui sont en effet à la fois libéraux et ironistes, et qui pensent avoir passé une version spéciale du test de Schumpeter. Ce sont ces gens qui prétendront que leur apparente ironie n'est pas tout à fait aussi mauvaise qu'elle y paraît. Ils essaient de nous persuader que leur libéralisme tempère leur ironie, si bien qu'ils devraient être laissés

1. Comme nous l'avons vu, la description rortienne de ceux qui ont réussi le test de Schumpeter est exactement la même que sa définition des ironistes libéraux. Mais elle ne devrait pas l'être, dans la mesure où les premiers ne souffrent pas d'un doute de soi continuel.

dans la civilisation non seulement pour leur propre bien, mais également pour le bien de celle-ci. Bien sûr, Rorty lui-même est un cas de ce type. Regardons-le jouer son atout, qui consiste à faire volte-face et à dire à Kierkegaard : « Regardez, je n'ai pas d'ailes ».

Les ironistes, nous dit Rorty, « ont désespérement besoin de parler à d'autres » (p. 186, *255*). Ils en ressentent le besoin parce que « seule la conversation » les rend capables de supporter leurs doutes quant à leur propre vocabulaire final, leur propre identité morale, et « peut-être leur propre santé mentale » – doutes qui les habitent parce que, « pour une raison ou une autre, la civilisation n'a pas une emprise absolue » (*ibid.*). Aussi, afin de se « garder eux-mêmes ensemble », et de résoudre ou assouvir leurs doutes quant à leurs propres personnages ou leur propre culture, les ironistes commencent par « élargir le cercle de leurs connaissances » et par rechercher le contact avec « des étrangers, des familles singulières et d'étranges communautés » (p. 80, *120*). Parce qu'ils sont ironistes, leur propre description de ce qu'ils sont en train de faire quand, avec l'aide de tels étrangers, ils recherchent un meilleur vocabulaire final que celui dont ils usent présentement, cette description sera dominée « par des métaphores du 'faire' plutôt que du 'trouver', de la diversification et de la nouveauté plutôt que de la convergence » (p. 77, *116*). Et comme ils tiennent que « l'unité de persuasion est un vocabulaire plutôt qu'une proposition » (p. 78, *117*), et qu'ils voient les vocabulaires comme des « œuvres poétiques » (p. 77, *116*), ils essayeront de créer le genre de vocabulaire qui les rendra capables de dire d'eux-mêmes « Ainsi l'ai-je voulu » (p. 97, *141*), en faisant d'étranges propositions aux gens à qui ils parlent. Ils essayeront de les persuader d'abandonner une partie de leurs vocabulaires. Ils redécriront ceux-ci de telle sorte qu'ils perdent de leur force d'attraction et « soient discrédités » (p. 44, *75*). Ils suggéreront que ces gens laissent tomber les mots qui leur posent plus de problèmes qu'ils ne peuvent en résoudre. Et finalement, ils leur offriront des vocabulaires fraîchement inventés dans les termes desquels ils pourront « partager les différences » avec quelques-unes de leurs tribus rivales. Ils leur diront, par exemple, qu'il est plus avantageux pour eux de croire à un « cosmopolitisme sans émancipation » plutôt que d'essayer d'obtenir les deux à la fois ou bien de repasser de l'un et de l'autre [1]. Bref, les ironistes qui sont sous le charme de la redescrip-

1. « Cosmopolitanism without emancipation : A response to J.-F. Lyotard », in *Objectivity, Relativism and Truth*. Dans ce texte, Rorty suggère à Habermas et Lyotard d'être moins gourmands, ce qui leur permettrait de « partager leurs différences » et de faire cause commune avec Dewey – stratégie que Rorty déploie

tion risquent de faire ce que certains reprochent à Rorty : remodeler ses partenaires conversationnels de sorte qu'il puisse se sentir chez lui avec eux, en s'appropriant ce qui lui est familier et en congédiant ce qui lui est vraiment trop étrange (c'est ainsi que Caputo résume l'essentiel de la lecture rortienne de Heidegger) [1]. Rorty protesterait sans doute vigoureusement en accusant Caputo de manquer à la distinction entre ce que font les ironistes d'une part, et ce que font les ironistes *libéraux* comme lui, d'autre part. Car contrairement à l'ironiste, l'ironiste libéral sait que « l'immense majorité des gens ne souhaitent pas qu'on les redécrive. Ils entendent qu'on les prenne pour ce qu'ils sont » (p. 89, *132*). Si l'ironiste libéral, mis à part qu'il soit un ironiste, est aussi un libéral, c'est au sens où il pense que « la cruauté est la pire chose que nous puissions faire » (xv, *xv*). L'ironiste libéral, contrairement à l'ironiste ordinaire, réalise que « souvent la redescription humilie » (p. 90, *132*), et que « la meilleure façon d'infliger aux gens une douleur durable est de faire paraître futile, obsolète et vain ce qui leur paraissait d'une importance suprême » (*ibid.*). Et c'est bien pourquoi Rorty voudrait voir l'ironiste libéral passer le test de Schumpeter. Car si le libéral ironiste, en tant qu'ironiste, « a besoin d'avoir une connaissance imaginative du plus grand nombre possible de vocabulaires finaux », à l'inverse de l'ironiste ordinaire cette curiosité ne sert pas seulement à « sa seule édification personnelle », mais « à comprendre l'humiliation effective et possible des gens qui emploient d'autres vocabulaires finaux » (p. 92, *135*).

Maintenant que nous savons ce qui motive Rorty à ériger le libéral ironiste *ironique* en héros de son livre – c'est son propre passé qui est en jeu ici –, soulevons la question : Rorty a-t-il raison de croire que, « aux fins privées qui sont les siennes, il puisse redécrire n'importe qui d'autre en des termes sans rapport aucun avec son attitude envers leur souffrance effective possible » (p. 91, *134*) ? A-t-il raison de croire qu'en faisant de la philosophie, par exemple, on puisse « faire le tri » [2], et dire à Heidegger de « garder l'être » (par exemple p. 113, n. 13) juste comme J. Nicholsson, dans *Five Easy Pieces*, pense qu'il pourrait

dans presque tous les articles recueillis dans les deux volumes des *Philosophical Papers*.

1. J.D. CAPUTO, « The thought of Being and the conversation of mankind : the case of Heidegger and Rorty », in *Review of Metaphysics*, 1983, (36-), p. 677, 680.

2. « Le pragmatiste pense que la tradition a besoin d'être utilisée comme on utilise une boîte à outils. Certains de ces outils (...) peuvent juste être balancés » (II, 9).

demander à la serveuse de garder la confiture d'orange et de lui apporter seulement le toast ? En d'autres termes, a-t-il raison de croire que les gens qui satisfont au test de Schumpeter ne sont pas seulement d'authentiques ironistes, mais aussi d'authentiques libéraux – si l'on prend libéraux dans le sens rortien : ceux qui pensent que, pour éviter la cruauté, il faut commencer à poursuivre cet idéal de communauté libérale : « où le respect du particulier et de l'idiosyncratique est répandu, où la seule sorte de liberté humaine désirée est la 'liberté négative' d'I. Berlin – celle d'être laissé tranquille » (*left alone*)[1]. Remarquez que dans tout ceci il n'y a pas seulement une grande vision du genre de société où Rorty voudrait voir vivre ses enfants, mais aussi une certaine conception de ce que nous sommes en train de faire ici et maintenant : une conférence sur le travail de quelqu'un qui pense que, « à l'espoir que chacun remplacera la passion ou les caprices de l'imagination par la raison », il nous faut substituer celui d'une « égalisation des chances d'accomplissement des fantasmes idiosyncratiques » (p. 53, *86*). Sommes-nous venus ici aujourd'hui seulement dans le but de nous divertir des redescriptions privées des vocabulaires finaux des uns et des autres, nous adressant la parole les uns aux autres pour être « laissés tranquilles », et avec l'espoir « de ne pas nous trouver limités par nos propres vocabulaires finaux lorsque nous serons confrontés – comme c'est le cas ici pour chacun de nous, R.V. – à la possibilité d'humilier quelqu'un dont le vocabulaire final sera très différent » (p. 93, *136*) ? En d'autres termes, devrions-nous nous considérer comme des ironistes libéraux au sens de Rorty, ou comme des gens dont la seule chance de réussir le test de Schumpeter est de devenir des *non-libéraux non ironistes* ? A quel genre de gens correspond cette « pratique de soi » – pour reprendre une formule de Foucault – qu'on appelle « la philosophie » ? N'est-il pas temps que Rorty commence à concevoir cette pratique d'une façon telle qu'elle ferait place non seulement à ceux qu'il appelle métaphysiciens, mais aussi aux ironistes libéraux par lesquels il espère les remplacer ? N'est-il pas temps de commencer à se demander si ce qui est en train de se passer ici n'est pas une rencontre intime du troisième type, une rencontre entre des ethnocentristes philosophes qui se débrouillent pour garder leur conversation parce qu'ils ne se voient ni comme des métaphysiciens ou des ironistes libéraux, ni comme des libéraux qui refusent d'être ironistes, ni comme des ironistes qui ne veulent pas être libéraux

1. « Habermas, Derrida and the functions of philosophy », p. 16-17.

(p. 61)[1] ? N'est-il pas grand temps de laisser tomber ce genre de chantage pragmatiste qui nous pousse dans des cages où nous n'avons pas notre place, et n'est-il pas temps d'ouvrir cette pratique aux gens qui demandent à être pris pour ce qu'ils sont – ces gens qui, contrairement à Rorty, ne pensent pas que « l'on peut oublier l'Etre et que les étants sont tout ce qu'il y a » (p. 113, *161*, n. 13) ?

Avant de poursuivre cette question quant à la structure de l'ethnocentrisme philosophique, et avant de soutenir que, si nous voulons réellement offrir à nos enfants l'espoir d'un avenir meilleur, nous ne devrions pas considérer ce que nous essayons de mettre en pratique ici, à savoir cet *ethos* non-ironique et non-libéral, comme pertinent uniquement pour le domaine privé de notre besoin ardent d'auto-création. Et avant de se demander si, dans tout cela, Rorty n'a pas été induit en erreur par ce qu'il appelle lui-même « son usage trompeusement ambigu de l'ethnocentrisme » (I, p. 15), donnons d'abord un bref aperçu de l'utopie libérale de Rorty, car certaines de ses caractéristiques doivent retenir notre attention.

La société libérale idéale de Rorty se considérerait comme anti-anti-ethnocentriste. Elle serait composée de gens « à qui il a été appris à se méfier de l'ethnocentrisme » (p. 198, *271*), mais qui, en même temps, refusent de « s'extraire de leur peau de social-démocrate occidental » chaque fois qu'ils rencontrent une autre culture (I, p. 212). Ces gens pensent qu'un « libéralisme délavé » (*wet liberalism*) ne sert à rien, car il nous a rendu tellement « ouverts d'esprit que celui-ci s'est dissous » (I, p. 203). En dépit de leur nominalisme et de leur historicisme, ils savent qu'ils ne devraient pas essayer de douter de ce qu'ils sont, pour la simple et bonne raison qu'ils ne le peuvent pas. Quoique libéraux, ils pensent que le doute ironique de soi, l'incapacité de se prendre soi-même au sérieux, est une maladie dont l'Occident devrait essayer de se débarrasser. C'est pourquoi ils ont adopté un ethnocentrisme libéral non-ironique : « l'ethnocentrisme d'un nous (nous libéraux) qui est dévoué à s'élargir, à créer un *ethnos* toujours plus vaste et plus diversifié » (p. 198, *271*). Ils pensent que la meilleure façon d'y arriver est « d'accroître leur volonté de laisser les gens poursuivre tranquillement leur propre chemin » (II, p. 81), et qu'une telle volonté dépendra de notre « capacité de juger insignifiante une masse toujours plus grande de différences traditionnelles (tribales, religieuses, raciales, coutumières, etc.) en comparaison de similitudes

1. Ici, dans une autre tentative de partager les différences, Habermas et Foucault servent pour Rorty d'exemples respectivement des premier et second types.

touchant la douleur et l'humiliation » (p. 192, *263*). Ils pensent que ce qui les aidera à accroître leur « habileté à s'identifier en imagination » (p. 93, *136*) n'est pas la philosophie, mais des « descriptions touffues » des « différentes sortes de petites choses autour desquelles les individus et les communautés centrent leurs fantaisies et leurs vies » – le genre de descriptions que nos romanciers et nos ethnographes essaient de nous donner (*ibid.*). La plupart du temps, ces gens sont optimistes, ils « admettent aisément qu'ils ne peuvent pas justifier leurs croyances ou leurs actions envers tous les autres êtres humains tels qu'ils sont à présent », mais cela ne suffit pas à leur enlever l'espoir « de créer une communauté d'êtres humains libres qui partageraient librement un grand nombre de leurs croyances et de leurs espoirs » (I, p. 214). Pour eux, dire qu'ils doivent « suivre leurs propres chemins », qu'ils doivent être ethnocentristes, « revient tout simplement à dire que les croyances suggérées par une autre culture doivent être testées en essayant de les entrelacer avec les croyances qu'ils possèdent déjà » (I, p. 26). Et s'ils n'y arrivent pas, ils ne diront pas que « leurs propres préférences sont en conflit avec les leurs » (I, p. 187), mais que le conflit entre « eux » et « nous » « est si important que le terme 'préférences' n'est pas le terme approprié » (*ibid.*). Dans de tels cas, leur pragmatisme prendra le dessus sur leur optimisme et les protégera d'un doute de soi ironique qui les aurait détruits. Ils considéreront les autres comme « fous », non « parce qu'ils ont mal interprété la nature anhistorique des êtres humains », mais « parce que les limites de ce qui est raisonnable (*the limits of sanity*) est établi par ce que *nous* pouvons prendre au sérieux » (I, p. 187-188).

Il ressort de tout cela que Rorty ne parviendra pas à persuader ces gens qu'ils sont des ironistes libéraux. Parce que ce qui les distingue des ironistes au sens de Rorty, c'est qu'il y a une limite à leur ouverture d'esprit et à leur volonté de se mettre en question eux-mêmes. Mais ne se pourrait-il pas, néanmoins, que ces gens restent des ironistes au sens de Kierkegaard, puisque leur vanité semble leur faire penser que des confrontations avec d'autres, par exemple avec d'autres cultures, n'ont d'intérêt que dans la mesure où celles-ci les confrontent à de « nouvelles options » et leur permettent d'enrichir et de modifier les vieux vocabulaires, croyances et désirs qui leur sont propres, mais cela uniquement dans les limites de ce qu'ils peuvent prendre au sérieux (I, p. 14) ? Nous ne saurons jamais si ces gens sont ironistes au sens de Kierkegaard ou non. Et ils ne le sauront jamais eux-mêmes. En effet, Rorty les aura persuadés que s'ils refusent d'être ironistes, ils devraient au moins admettre qu'ils sont libéraux – au sens que lui-même donne à ce terme. En fait, le libéralisme de Rorty (l'idée que nous devrions organiser la société de manière à ce que chacun de nous puisse être laissé seul avec ses propres tentatives de création de soi) leur suggérera une façon d'éviter l'apparente contradiction entre leur optimisme et leur pragmatisme. Contradiction entre leur optimisme, c'est-à-dire l'idée qu'il est possible d'étendre graduellement le domaine du « nous » par la reconnaissance que d'autres gens peuvent être humiliés quand ils ne sont pas pris pour ce qu'ils sont, et leur pragmatisme, c'est-à-dire le fait brutal de ne pas toujours être capables de prendre les autres au sérieux et de devoir les exclure du nous. Déchiré entre deux directions, le non-ironiste est sur le point de découvrir quelque chose que Rorty aimerait qu'il oublie : qu'il y a une différence entre l'ethnocentrisme en tant que condition inévitable – comme synonyme grossier de « finitude humaine » – et l'ethnocentrisme en tant que référence à un *ethnos* particulier, par exemple « nous, les riches démocraties de l'Atlantique nord », ou « nous, les libéraux bourgeois postmodernes » [1]. En fait, je pense qu'en émoussant cette différence (comme Rorty a dû l'admettre plus tard), il a convaincu le nominaliste et l'historiciste non-ironique que la manière pour lui de réussir le test de Schumpeter était de devenir un libéral, et de considérer la solidarité humaine comme une façon de « partager l'espoir que les petites choses autour desquelles on a tissé (...) son vocabulaire final – ne sera point détruit » (p. 92, *135*).

Considérons d'abord la solution de Rorty, avant de revenir aux deux sens de l'ethnocentrisme qu'elle semble estomper. Comme nous venons de le voir, le libéral non-ironiste se trouve en train d'agir sur deux programmes qui le conduisent dans des directions différentes. D'une part, son anti-anti-ethnocentrisme lui fait admettre « qu'il doit commencer d'où il est, et que cela signifie qu'il y a plein de points de vue qu'il ne peut tout simplement pas prendre au sérieux » (I, p. 29). Mais d'un autre côté, son libéralisme lui enseigne que ne pas être capable de prendre les autres au sérieux peut être dû, tout simplement, au fait que ceux-ci possèdent des vocabulaires finaux différents, et qu'en élargissant l'étendue de ses compétences imaginatives, il peut arriver à expliquer leurs comportements bizarres en termes d'un ensemble de croyances et de désirs qui, à défaut d'être familier, est cohérent, et de là, arriver à les considérer comme des concitoyens (I, p. 206). Afin de résoudre cette contradiction apparente entre une expérience factuelle réelle de la distance entre « nous » et « eux », et la

1. « Postmodernist Bourgeois Liberalism », in *Objectivity, Relativism and Truth*, p. 197-202.

volonté normative « d'utiliser le terme 'nous' pour inclure des sortes de gens de plus en plus différents » (I, p. 207), Rorty nous propose de « dissocier la liberté et l'égalité de la fraternité » (I, p. 210). Pour concevoir des institutions politiques, il ne faudrait pas « beaucoup plus » qu'un « consensus autour de l'idée que l'objet de l'organisation sociale est de laisser à chacun une chance d'auto-création au mieux de ses aptitudes » (p. 84, *125-6*). Les différences entre « nous » et « eux » devraient être considérées comme des différences entre des clubs très privés. Bien que l'appartenance à de tels clubs présuppose qu'on en adopte le vocabulaire, on devrait les considérer comme des endroits où l'on peut se retirer « après avoir marchandé durement toute la journée » dans un bazar public (I, p. 209). Appartenir à un tel bazar repose uniquement sur notre aptitude réciproque à nous reconnaître les uns les autres comme des victimes possibles d'actes d'humiliation. Cela ne présuppose pas que nous soyons capables de partager les vocabulaires des autres, mais que nous nous laissions les uns les autres en paix, et qu'on s'abstienne de « se mêler des conceptions du bien des uns et des autres » (I, p. 209).

Selon ce modèle, par conséquent, nous devons simplement séparer le libéralisme du rationalisme, et démystifier « l'idéal des Lumières de l'auto-réalisation de l'humanité comme telle » (I, p. 210), et ainsi devenir la société libérale idéale des « narcissistes moraux » (selon les propres termes de Rorty). Ceux-ci peuvent « se féliciter de ne savoir ni de se préoccuper de ce à quoi ressemblent les gens dans le club qui se trouve de l'autre côté du bazar » (I, p. 210). Alors que Rorty s'attend à ce que les ironistes libéraux et les non-ironistes le félicitent de l'ingéniosité de sa solution, je pense qu'ils devraient plutôt réagir comme les Indiens d'Amazonie quand d'astucieux ingénieurs en agriculture à peine obtenu leur diplôme, leur faisaient des suggestions sur la façon d'améliorer la productivité de leurs terres [1]. Les Indiens ont répliqué que de telles propositions transformeraient en un rien de temps leurs terres en désert, et que l'augmentation de la productivité de celles-ci les livreraient à une économie de marché dont ils ne veulent pas. De même, ce que le non-ironiste devrait répliquer est que Rorty n'est pas simplement en train d'enlever au mécanisme une roue qui n'y joue aucun rôle, mais aussi qu'il est en train d'insérer une nouvelle roue qui produit un nouveau mécanisme, c'est-à-dire un mécanisme libéral qu'ils préfèrent ne pas adopter. Car il se pourrait que Rorty n'ait pas

1. Cf. A.-M. d'ANS, « Introduction » dans *Le dit des Vrais Hommes. Mythes, contes, légendes et traditions des Indiens Cashinahua*, Paris, Gallimard, 1991, p. 32.

simplement fait de la place pour la démocratie (I, p. 13), comme il le croit, mais qu'il ait si bien dégagé le terrain qu'il l'a transformé en une terre désertique sur laquelle l'*ethos* démocratique disparaîtra en un rien de temps. Ce qui fait problème dans sa proposition, ce n'est pas tant qu'elle divise la société en sphères privée et publique, mais plutôt la manière dont il envisage cette division. Comme Cl. Lefort et d'autres l'ont montré, il ne peut y avoir de démocratie sans une telle division – et vouloir s'en débarrasser reviendrait à céder à un fantasme totalitaire [1]. Mais les non-libéraux comme Lefort et moi-même aimeraient que cette division fonctionne de telle façon que le ciment social qui maintient ensemble notre démocratie nous fasse partager davantage que l'« espoir égoïste commun » d'être « laissé en paix » (p. 92). Nous aimerions une société qui serait composée de plusieurs clubs privés et d'un bazar, et qui ne tiendraient pas ensemble uniquement par nos simples chéquiers. Et tandis que nous abondons dans le sens de Rorty pour qui « ce qui soude les sociétés, ce sont des vocabulaires et des espoirs communs » (p. 86, *127*) et non des croyances philosophiques communes, nous considérons que le vocabulaire libéral commun qu'il propose est trop mince et est incapable de fournir aux gens le type de lois dont ils ont besoin. Car contrairement à Rorty, nous souhaitons faire une distinction entre deux sortes d'ethnocentrisme, et nous pensons qu'il ne suffit pas de quelques lignes dans l'introduction des *Philosophical Papers* pour se dédouaner d'avoir négligé la distinction entre « ethnocentrisme en tant que finitude », et « ethnocentrisme en tant que référence à un *ethnos* particulier » (I, p. 15). Donnons quelques explications.

Ce que semble oublier le libéralisme de Rorty, en combinant l'idéal de la liberté négative (être laissé en paix) avec le désir d'éviter la cruauté et d'étendre le « nous », c'est que les gens ne souhaitent pas être laissés en paix. Ils veulent, comme Rorty lui-même l'a vu, être pris pour ce qu'ils sont. Ils ne rêvent pas d'un bazar qui tolérerait tout ce qu'ils font dans leurs clubs privés aussi longtemps qu'ils ne font pas de mal aux sentiments des autres. Ils veulent voir leurs noms respectés, aussi bien que les noms de ceux qui leur ont transmis leurs valeurs, et ils craignent que le libéralisme pragmatique n'aboutisse, comme

1. Cl. LEFORT, *L'invention démocratique. Les limites de la domination totalitaire*, Paris, Fayard, 1981 ; *Essais sur le politque. XIXe-XXe siècles*, Paris, Seuil, 1986.

Lyotard le dit, à un impérialisme pragmatique [1]. En effet, l'optimisme de Rorty quant à la possibilité et la nécessité d'étendre le domaine du « nous » aussi loin que possible, semble négliger tout ce qui est en jeu dans les noms qu'ils acceptent comme dans ceux qu'ils rejettent. Ils ne rêvent pas d'une société qui se considérerait comme tolérante sous prétexte qu'elle impose des lois permettant « à tout le monde de faire ce qu'il veut à condition de ne pas blesser les autres » (II, p. 75). En effet, ils ne considèrent pas la tolérance comme une attitude par laquelle on essaie d'éviter les sensibilités ou les sentiments des autres quant à la pornographie enfantine, par exemple. Ils ne veulent pas voir leur sensibilité (concernant ces valeurs) protégée par la loi, mais ils veulent des lois qui expriment un respect pour ces valeurs en tant que telles [2]. Une des raisons pour lesquelles ils veulent voir leurs valeurs respectées (et non pas leurs sensibilités concernant de telles valeurs), tient au fait que leur nominalisme et leur historicisme ne les incitent pas à se considérer comme des « utilisateurs » de vocabulaires finaux (p. 92), ou comme des gens qui « centrent leurs vies autour de tels termes » (p. 93). Ils ne sont pas des ironistes qui optent pour une création de soi et rêvent d'un vocabulaire final par lequel se juger eux-mêmes. Ce sont des non-ironistes confrontés au fait qu'ils ne peuvent pas tout prendre au sérieux, parce qu'ils sont centrés autour de quelque chose qu'ils n'ont pas instauré eux-mêmes. Au lieu de se créer poétiquement et de créer poétiquement leurs vérités et leurs valeurs, ils estiment qu'au cœur de ces vérités et de ces valeurs il existe quelque Chose qui les compose poétiquement. Quelque Chose à laquelle ils doivent (une partie de) leur identité, mais à laquelle ils ne sont pas identiques. Découvrir que les valeurs qui sont les leurs ne peuvent pas être prouvées de façon non-circulaire comme supérieures à d'autres ensembles de valeurs, et découvrir ainsi que ces valeurs les tiennent autant qu'eux tiennent à ces valeurs, cela ne les confronte pas seulement à un certain ethnocentrisme de leurs propres valeurs, mais à la structure des valeurs et de l'ethnocentrisme en tant que telle. C'est pourquoi l'ethnocentrisme, à leurs yeux, ne fait pas seulement référence au contenu des croyances et des valeurs de leur propre *ethnos*, et c'est pourquoi ils tendent à faire une différence entre le *quid* et le *quod* dans l'ethno-

1. « Les Lumières, le sublime. Un échange de paroles entre J.-F. Lyotard, W. van Reyen et D. Veerman », in *Les Cahiers de philosophie, n° 5, J.-F. Lyotard. Réécrire la modernité*, 1988, p. 94-98.

2. Je me rapproche ici de l'excellente discussion de la masse de la littérature de tolérance par H. DE DIJN, « Trouw, tolerancie en democratie », in *Onze Alma Mater*, 1992 (46:3), p. 301-317.

centrisme, entre *ce* sur quoi ils sont centrés, et *le fait* d'être centrés sur quelque chose [1]. Derrière ou dans l'ethnocentrisme de leur *ethnos*, ils lisent un signe de leur propre finitude, ils découvrent qu'ils sont centrés sur quelque Chose en eux à quoi ils ne peuvent pas avoir accès, une Chose qu'ils ne peuvent donc pas juger quant à ses mérites, et à laquelle ils ne peuvent pas simplement tourner le dos et tirer leur révérence. Cette Chose est finale parce que c'est là qu'on « retourne le couteau dans la plaie », mais il ne faut pas retirer le couteau, car cela signifierait, comme Winston l'a compris, creuser sa propre tombe en détruisant la chair même qui avait protégé et nourri, et au sein de laquelle avaient été façonnés, comme Lefort le dit, non seulement son amour et son désir mais également la conscience de soi [2]. En criant « *Do it to Julia* », Winston ne détruit pas quelque chose qu'il avait oublié et dont il pourrait se rappeler en se le rendant à nouveau présent, mais il détruit quelque chose qui en lui est plus ancien que lui, et qui envoie à un oubli antérieur à toute mémoire. Il détruit son âme, si par âme nous entendons, avec Lyotard, « ce qui, dans l'esprit, reste otage de la Chose », un « hôte qu'il ignore, ou objectal, non objectif » [3].

On pourrait appeler cette chose *lethe*, comme le second Heidegger, ou *chair*, comme le second Merleau-Ponty, ou l'on pourrait lui mettre une majuscule, et la référer à *La Chose* qu'évoquent Lacan puis, dans son sillage, Lyotard. Ou l'on pourrait l'appeler, comme Rorty le fait en en empruntant l'expression à Larkin, une « marque aveugle » (*blind impress*) (p. 23, *45*). Mais alors on doit être prêt à ne pas la considérer comme une *contingence* que nous pouvons « affronter » (I, p. 32), « reconnaître » (p. 28), ou à laquelle nous pouvons nous identifier (p. 60). Car il s'agit davantage qu'une simple contingence : c'est une contingence qui, pour nous, porte le sceau d'une nécessité, et dont tout notre nominalisme et tout notre historicisme semblent incapables de

1. J'ai élaboré ceci plus complètement ailleurs : « Oneuropese verlangens. Naar een provincialisme zonder romantiek », à paraître dans *Provincialismen/ Ontworteling*, (Cahier 3 « Antwerpen '93 »), Kritak, Leuven, 1993, p. 187-210 (traduction allemande dans J. Dinter Verlag, Köln, dans *Provinzialismus*, 1993, p. 141-157) ; et « *Transculturele Vibraties. Een onpostmoderne beschouwing* », in DE WACHTER, *Over Nut en Nadeel van het Postmodernisme voor het Leven*, Kapellen, Pelckmans, 1993, p. 145-162.

2. Cf. J.-F. LYOTARD, *Le postmoderne expliqué aux enfants*, Paris, Galilée, 1986, p. 137-151 (concernant *1984*) ; ainsi que Cl. LEFORT, « Le corps interposé » dans *Ecrire à l'épreuve du politique*, Calmann-Lévy, 1992, p. 15-36.

3. J.-F. LYOTARD, « A l'insu », in *Politiques de l'oubli*, *Le Genre humain*, n° 13, p. 39 ; ainsi que *Heidegger et « les Juifs »*, Paris, Galilée, 1988, p. 74.

nous débarrasser. C'est pourquoi nous ne sommes pas des ironistes. Et peut-être ne devrions-nous pas être des libéraux non plus. Car les libéraux pensent que nous avons tous droit à « notre chose », et que nous voulons être laissés en paix avec elle. Mais puisque nous sentons que cette Chose a des droits sur nous, être laissés tout seuls avec elle, pensons-nous, est le comble de la cruauté. Nous ne souhaitons pas que les autres nous considèrent comme des gens qui ont décidé d'adopter certains vocabulaires, idées ou valeurs tout comme on choisit son poisson ou sa viande pour dîner. Si nous voulons qu'ils respectent, non pas tant nos sentiments que nos valeurs elles-mêmes, c'est parce que nous souhaitons qu'en prenant ces valeurs au sérieux, ils prennent également au sérieux le fait que nous soyons soumis à ces valeurs [1], que nous soyons devenus des sujets seulement à travers quelque sujétion antérieure. Nous voulons être pris au sérieux selon nos propres termes car nous voulons que ces termes soient pris au sérieux : il s'agit de termes forgés pour nous et, comme Rorty le dit sans en développer l'idée, chacun de nous entretient les mêmes relations envers de tels termes, « envers certaines phrases, certaines choses, certaines marques aveugles » (p. 179).

Mais Rorty estime que nous pouvons et que nous devrions être raisonnables quant à de telles relations. Que nous portions quelque marque aveugle devrait nous permettre, pense-t-il, de considérer nos vocabulaires comme étant complètement contingents, au lieu d'essayer de « relier nos obsessions personnelles à quelque chose de plus large que nous-mêmes » (II, p. 74), et de considérer nos vocabulaires comme des tentatives de plus en plus réussies d'avoir une emprise sur ce quelque chose. Nous devrions restreindre de tels besoins métaphysiques et accepter qu'il n'y ait rien d'autre dans la nature de la réalité qui préserve nos vocabulaires (p. 184, n. 17). Derrière de tels « besoins métaphysiques », Rorty soupçonne un refus de « voir qu'il n'y a juste que nous », ainsi qu'une tentative de trouver « un refuge à cette contingence » (II, p. 36 ; I, p. 32) dans l'établissement d'un lien entre l'humain et le non-humain (I, p. 37), entre « nous » et quelque chose « au-delà de nous-mêmes » (I, p. 35). Pour Rorty, les gens raisonnables vont résoudre une telle « tension entre l'effort d'auto-création par reconnaissance de la contingence et l'effort pour accéder à l'universalité moyennant la transcendance de la contingence » (p. 25, *51*) en faveur de la première solution. En effet, Rorty place tous ses espoirs en une société meilleure dans la résolution d'une telle tension :

1. Cf. A. BURMS, « Autonomie : het ideaal van een narcistische cultuur », in *Psychologie en Maatschappij*, 1992 (16:1), p. 33.

nous ne pourrons arrêter la divinisation de la science, par exemple, que lorsque nous commencerons à voir qu'il n'y a rien de condamnable en elle, ni non plus quoi que ce soit de remarquable en elle (I, p. 34). Remplacer notre désir d'objectivité par un désir de solidarité nous permettra d'effacer les frontières entre la science, la religion et les arts, et nous fera apprécier le scientifique pour ce qu'il fait en faveur de la solidarité, au lieu de le traiter comme un prêtre moderne qui nous mettrait en contact avec quelque chose de supérieur. Cela nous permettra de démystifier tout ce qui n'était pas nécessaire au libéralisme des Lumières, et nous permettra de continuer à espérer que, à travers une telle démystification, nous approcherons encore un peu plus près de cette société idéale et toujours libérale où Rorty aimerait voir vivre nos enfants.

A ce point, il devrait être clair que, pour relier ses visions sur la science, la société, l'ironie et l'ethnocentrisme, Rorty utilise son libéralisme « compréhensif », au sens politique et anthropologique de ce terme. Le libéralisme fonctionne ici comme un « maître signifiant » (Lacan) [1] qui écarte ou marginalise certaines de ses meilleures intuitions – celles qui pointent dans la direction d'un non-libéralisme non-ironique. Sinon, comment Rorty aurait-il pu oublier qu'une partie de la difficulté que nous éprouvons en substituant une conscience de notre contingence et un désir de solidarité au désir d'entrer en contact avec quelque chose de « non-humain », que cette difficulté est apparemment en rapport avec le fait que, « du son d'un mot au toucher d'un morceau de peau en passant par la couleur d'une feuille, tout peut – comme Freud en a fait la démonstration – assigner un *ordre inconditionnel* auquel peut être vouée une vie » (p. 37, *65*) ? Sinon, comment aurait-il pu manquer de soulever la question évidente de savoir si ce n'est pas notre désir de nous débarrasser de la terreur d'un tel commandement – notre désir de ne pas être laissés seuls avec les lubies inconditionnelles d'une telle chose – qui nous a poussés dans les bras de la science ? Sinon, comment aurait-il pu manquer de voir les opérations de ce que Lyotard appelle « l'inhumain » [2] derrière notre désir du non-humain ? Sinon, comment ne se serait-il pas demandé si notre refus d'admettre qu'« il y a juste nous » (II, p. 36) n'est pas lié au fait que, comme il nous le dit ailleurs, nous ne sommes jamais seuls, que pour chacun de nous il y a « quelque chose » (p. 179, *246*) ? C'est le

1. Cf. l'utilisation intéressante et provocante de ce concept chez Sl. ZIZEK, *The Sublime Object of Ideology*, Londres, Verso, 1989, p. 87 sq.
2. J.-F. LYOTARD, *L'inhumain. Causeries sur le temps*, Paris, Galilée, 1988.

libéralisme qui pousse Rorty à voir dans le désir d'objectivité « une forme déguisée de peur de la mort de notre communauté » (I, p. 32), et de peur que notre « idiosyncratique liste de commissions » (p. 23, *48*) ne disparaisse avec nous. Son libéralisme l'empêche de se demander s'il n'existe pas en chacun de nous un désir de disparaître et de nous débarrasser de l'inconditionnalité de ce commandement auquel nous devons notre subjectivité, dans la mesure où nous sommes assujettis à lui. Le libéralisme, en permettant à chacun d'être laissé tranquille, peut, et cela avec les meilleures intentions, créer les sociétés les plus cruelles dans lesquelles chacun est enfermé avec ce à quoi il essaie précisément d'échapper en tendant vers les autres, espérant pour leur reconnaissance et leur assurance que cette Chose qui ne nous reconnaît pas et dont nous ne sommes jamais sûrs, que cette Chose mérite bien qu'on vive pour elle.

Par contre, Rorty agit comme si, pour commencer à être « mû seulement par le désir de solidarité » (I, p. 27) et pour élargir le domaine du nous, il s'agissait simplement de changer nos habitudes. Or, devoir compter avec « l'inhumain » semble compliquer gravement le problème. Par exemple, après avoir lu Proust disant que « nous ne sommes nullement libres devant l'œuvre d'art, que nous ne la faisons pas à notre gré », mais qu'au contraire « nous la découvrons » et que cette découverte est « la découverte de notre vraie vie » (p. 98, *142*), nous ne pourrons plus penser qu'il joue la création de soi contre la découverte, ou la conception ironiste du soi comme « toile de croyances a-centrée » (p. 98, *130*), contre le point de vue métaphysique qu'il y a quelque chose de profond en nous-mêmes que nous partageons tous. Au contraire, nous comprendrons que, à ses yeux comme à ceux de Merleau-Ponty, la création est pour nous « la seule manière d'obtenir une adéquation » et que cela consiste à traduire une expérience qui « ne devient texte qu'à travers les mots qu'elle inspire » [1]. Nous ne considérerons pas Proust comme quelqu'un qui était très bon en création de soi mais mauvais en politique, mais comme quelqu'un qui plutôt considérerait la création comme un « se-laisser-*être* poétiquement composé », et qui donc critiquerait la « contingence du soi » [2] de Rorty, en disant, avec Lyotard, qu'elle est beaucoup trop humaniste, et avec Kierkegaard, qu'elle est beaucoup trop ironique. Proust se serait senti mal à l'aise dans la communauté des ironistes

1. M. MERLEAU-PONTY, *Le visible et l'invisible*, Paris, Gallimard, 1964, p. 251 ; *Résumés de cours. Collège de France 1952-1960*, Paris, Gallimard, 1968, p. 42.

2. C'est le titre du chapitre 2 de *Contingence, ironie et solidarité*.

libéraux de Rorty, et il aurait pu souhaiter que celui-ci le voie comme le héros d'un non-ironisme non-libéral. Et d'autres l'auraient sans doute souhaité également.

Mais si, comme Rorty, « on oublie l'Etre et on pense qu'il n'y a jamais que des étants » (p. 113, *161*)[1], il sera presque impossible d'apprécier pourquoi le non-ironisme non-libéral est une de ces « différences qui fait une différence ». Car si Rorty, considérant la discussion sur le *Sein* comme une forme particulièrement maladroite d'« allemand transcendantal » (I, p. 74), affirme que nous avons besoin de développer « l'aptitude à avoir un sens de la contingence de nos mots et de nos pratiques, et donc de la possibilité d'alternatives à ceux-ci » (II, p. 48), de son côté Heidegger, pour qui l'Etre se retire de soi, est en train d'essayer de nous dire que nous sommes les étants qui ne peuvent qu'*oublier* une telle contingence. Heidegger pense que « l'aletheia doit être oubliée »[2], et que notre avenir ne dépend pas de nous qui développons des alternatives et des options différentes, mais de nous qui essayons d'entrer dans un rapport non-métaphysique à un tel oubli de l'Etre. De nous qui développons un *ethos* qui n'effacerait pas de la structure de notre être l'empreinte d'un oubli qui ne résulte pas de nous qui oublions quelque chose, mais du quelque « chose » qui nous oublie. Quelque Chose d'antérieur à notre mémoire, quelque chose d'immémorial, et par là d'irreprésentable dans notre présent. Ce que j'ai suggéré, c'est que cette tradition philosophique continentale met l'accent sur une culture qui, contrairement à la culture idéale de Rorty, n'a pas renoncé à la tentative « d'unir nos manières privées de nous accommoder de notre finitude et le sentiment de nos obligations envers les autres êtres humains » (p. 68, *105*). Et si, en tant que philosophes, nous ne nous considérons pas encore les uns les autres comme des « toiles a-centrées de croyances », c'est peut-être parce qu'il y a quelque chose dans la structure de la pratique philosophique qui empêche notre solitude ou notre contingence, voire même notre marque

1. Rorty a justifié cette recommandation dans « Overcoming the tradition : Heidegger and Dewey », *The Review of Metaphysics*, 1976 (30), p. 280-305, ainsi que dans quelques-uns de ses derniers essais sur Heidegger reproduits dans le second volume des *Philosophical Papers*. Pour une bonne critique générale : M.B. OKRENT, « The Truth of Being and the History of Philosophy », in H.L. DREYFUS-H. HALL (eds.), *Heidegger. A critical Reader*, Oxford, Blackwell, 1992, p. 143-158.

2. M. HEIDEGGER, *Grundfragen der Philosophie. Ausgewählte « Probleme » der « Logik » (Gesamtausgabe Bd. 45)*, p. 147 et mon commentaire, « From Foucault to Heidegger : A One-Way Ticket ? », in *Research in Phenomenology*, 1991, (21-).

aveugle, d'être davantage qu'une sorte de « diaphragme interne » (Merleau-Ponty) avec lequel nous sommes à maintes reprises confrontés, et cela non pas en dépit de, mais à cause du fait que, pour nous, la vérité a une revendication transcendante. La finitude de la vérité (a-*lethe*-ia) ne peut jamais être un message direct que nous devrions entièrement affronter [1]. C'est parce que nous ne pouvons pas ne pas croire que la vérité émet une exigence inconditionnelle sur nous, que nous voyons le « problème de la manière de finiser (*finitize*) tout en se montrant averti de sa propre finitude » (p. 104, *150*) non comme un problème qui pourrait être résolu par une théorie, quoique ironiste, mais comme un problème que la structure de nos pratiques de soi, et problablement celle d'autres pratiques de soi, nous enseigne à affronter. Car si le *but* de cette pratique n'était pas la vérité, son *objectif* ne pourrait jamais être de nous enseigner le genre d'*ethos* que nous attendons de la part des étants pour lesquels, comme Heidegger le dit, au cœur de la vérité se trouve un noyau indéracinable de « non-vérité ».

En ne voyant pas que nous ne devons pas choisir entre une vérité comme *focus imaginarius* (p. 67, *195-6*) et une vérité liée à des vocabulaires finaux contingents, Rorty risque non seulement de gâcher notre plaisir, mais aussi de se retrouver lui-même dans le rôle embarrassant de l'enfant qui criait « L'Empereur est nu ! ». Mais, comme il le sait, « frôlez l'aile d'un papillon et il ne reste plus que la transparence, pas la beauté » (p. 152, *210*). C'est pourquoi je crois qu'en définitive, il admettrait que la serveuse de *Five Easy Pieces* a choisi la bonne solution. Si nous n'imposons pas une *paideia* à nos clients, ils peuvent un jour se retrouver en train d'écrire des choses comme ceci : « je suis d'accord avec Hook et Carnap, contre Heidegger et Tillich : le mot 'Etre' cause plus de trouble qu'il ne devrait. Je serais heureux si Heidegger ne l'avait jamais employé, et si Tillich ne l'avait pas repris à Heidegger. Mais je ne pense pas que le mot 'Etre' était essentiel à la pensée de chacun d'eux » (I, p. 71).

Rudi VISKER *

1. Voir mon article « Habermas on Heidegger and Foucault. Meaning and Validity in *The Philosophical Discourse of Modernity* », in *Radical Philosophy*, 1992 (61), en particulier p. 19 sq., où je défends cette conception de la transcendance de la vérité contre la conception habermassienne reprise par Mc Carthy qui, à mon avis, critique Rorty pour de mauvaises raisons (voir l'échange entre Mc Carthy et Rorty dans J.-P. COMETTI, *Lire Rorty. Le pragmatisme et ses conséquences*, Paris, L'Eclat, 1992, p. 77-100 ; 177-193 (pour la réponse de Rorty) et 195-212 (pour la réponse de Mc Carthy)).

* Katholieke Universiteit Leuven.

Section VI

Le malentendu de la sécularisation

G. Vahanian (*Démocratie, solidarité, utopie*) manifeste le malentendu sur lequel repose la radicalité de la déconstruction par Rorty, dans une perspective séculière et laïque, de l'ontothéisme occidental. Le discours théologique bien compris n'est pas nécessairement fondationaliste dans le sens dogmatique et clôturant. Il n'est pas antithétique de la liberté et de la créativité, car Dieu et la foi sont insondables, sans limites. « La théologie, écrit Vahanian, c'est vraiment tout le contraire d'un vocabulaire final… Dieu est le tout autre, puisqu'il est l'autre radical ». Vahanian préserve à la fois l'importance du langage en son in-finité (herméneutique) et l'articulation de cette infinité langagière à partir d'une altérité non linguistique au sens anthropologique. Cette articulation à partir de l'Autre transcendant est la source de toute articulation linguistique humaine et en constitue l'ouverture illimitée. Cette défense de la théologie comporte des résonances diverses qui rappellent plusieurs analyses critiques non théologiques antérieures de la liquidation rortienne de l'Altérité forte par E. Delruelle, M. Van den Bossche, R. Visker et, dans une perspective différente, G. Hottois.

CHAPITRE XIV

DÉMOCRATIE, SOLIDARITÉ, UTOPIE

The way things are said is more important than the possession of truths [1].

On voudra bien me pardonner si, d'emblée, en plantant quelques poteaux indicateurs j'ai l'air de vouloir baliser le champ de l'investigation que je propose de poursuivre dans une perspective où la théologie, je l'espère, est prise en considération moins en fonction de la gangue religieuse qui l'accable au cours des siècles qu'en raison de son rôle de limon culturel dans la fertilisation de la pensée occidentale ; et si, pour commencer, j'attire l'attention sur deux termes, deux mots dont Rorty émaille son lexique et qu'il utilise, çà et là, avec une discrétion qui paraîtrait étonnante, n'eût-elle été la marque de son style – et non la moindre de toutes celles qui en assurent le prestige. Deux mots, qui, de prime abord, ne semblent pas faire partie du même vocabulaire, mais ne sont pas plus asymétriques que les deux moitiés d'un visage qui en font un seul et même regard. Deux mots, qui, peut-être, moins par leur fréquence que par leur timbre ou leur résonance, catalysent l'attention – et, sans doute, plus particulièrement, l'attention du théologien. L'un de ces termes, *humilité,* a, dans l'usage qu'en fait Rorty, pratiquement perdu toute connotation religieuse ; il appartient pourtant au vocabulaire christologique de l'Occident au point d'en être un des marqueurs les plus significatifs [2]. En revanche, voire en guise de corollaire à cet usage, *séculier,* l'autre terme lourd de sens et qu'affec-

1. R. RORTY, *Philosophy and the Mirror of Nature*, Princeton, Princeton Univ. Press, 1979, p. 359.

2. A. MACINTYRE, soulignant également que l'humilité est une vertu d'origine biblique, insiste même sur le fait qu'en comparaison Aristote la considère, non comme une vertu, mais comme un vice (*After Virtue*, Notre Dame (Indiana), University of Notre Dame Press, 1984², p. 177, 182).

tionne Rorty, retrouve chez lui un emploi qui, tout à la fois, rompt et renoue subrepticement avec son acception traditionnelle. D'après celle-ci, entre autres choses, il sert à distinguer le clergé séculier du clergé régulier ; et il atténue, s'il n'exténue pas du même coup, toute opposition rigide entre le monde – le *saeculum* – et la foi. Certes, le séculier n'a alors de sens qu'en rapport avec le religieux, mais c'est à la condition d'en être affranchi. Au point d'en être la condition [1]. Aussi le séculier n'est-il en aucun cas un ersatz du religieux, pas davantage que le religieux n'épuise le rapport de la foi au monde. Apparemment, par comparaison avec une telle acception, régie en dernière instance par l'humilité du Verbe et non l'humiliation du monde, il en va tout autrement chez Rorty, pour qui le séculier semble avoir définitivement largué toute amarre religieuse… et pourtant.

Quand il dit séculier, Rorty veut dire *séculier*. L'usage qu'il en fait n'est pas biaisé, et moins encore Rorty biaise-t-il avec le religieux. Mais de même qu'en Angleterre la démocratie ne se conjugue pas nécessairement avec un régime républicain, de même Rorty ne conjugue pas forcément le séculier avec le religieux. En sorte que, si elle diffère ou paraît même s'opposer en théorie à la conception religieuse du monde inspirée de la tradition judéo-chrétienne, sa conception foncièrement séculière du monde et ses affaires ne constitue pas moins une répudiation, d'autant plus rigoureuse et déterminée, de tout substitut de la religion, mis en vogue par la modernité, tel que la philosophie [2]. En effet, qu'il s'agisse de la théologie comme reine des sciences ou qu'il s'agisse de la philosophie comme science au fondement de toutes les autres sciences, nous sommes confrontés à une seule et même ambition, à savoir : contempler le monde ou considérer la condition humaine d'un point de vue qui serait celui de Dieu ou son remplaçant – autrement dit, voir les choses avec l'œil de Dieu *(God's eye view)*, pour ne pas dire, selon l'expression familière, à l'œil. Mais qu'importe, qu'une telle approche soit axée sur l'absolu ou l'idéal, elle ne peut être soutenue qu'à raison d'une méthode qui détourne les mots en les énucléant de leur contexte normal avant d'obérer leur capacité de signification en leur assignant un rôle moral de prescription au lieu d'en respecter la fonction purement descriptive qui, seule, leur convient. Il n'empêche, les mots sont têtus. Ils vous fauchent l'herbe sous les pieds de tout absolu ou, si l'on fait fond sur eux, ne tarissent pas de se transformer jusqu'à devenir à votre insu comme puits sans fond.

1. Cf. G. VAHANIAN, *La condition de Dieu*, Paris, Seuil, 1970.
2. R. RORTY, *Philosophy and the Mirror of Nature*, *op. cit.*, p. 3.

Dans son néo-pragmatisme aux accents de la déconstruction, tout l'art de Rorty consiste, me semble-t-il, non seulement à déconstruire l'ontothéisme essentialiste de la pensée occidentale, mais aussi à poursuivre cette déconstruction jusqu'au bout de ses conséquences les plus radicales. Et tant pis pour Derrida et, surtout, tant pis pour Heidegger, si l'un comme l'autre se trouvent par hasard dans son champ de tir et doivent subir les retombées d'attaques dirigées contre des adversaires somme toute communs. Que Heidegger ou Derrida se trompent de cible, il est évident que Rorty pense que non. Mais il ne peut s'empêcher d'en éveiller le soupçon. Il nous convainc, en tout cas, vu les instruments dont ils disposent, qu'ils ne peuvent l'atteindre. La tâche de déconstruction qu'ils poursuivent tourne court. Elle est acculée à l'échec, pense d'ailleurs Rorty, dès lors qu'elle n'est pas délivrée de l'obsession que, à travers la double hantise du mot primordial et de la poursuite du vocabulaire final, exerce la manie de la vérité comme celle de l'objectivité ; autrement dit, dès lors qu'elle s'obstine à vouloir *racheter* ce monde, au lieu de le changer [1]. Dans la perspective néo-pragmatiste de Rorty, le séculier désigne un monde qui est non seulement démythologisé, mais aussi désacralisé ; ou encore, qui, parce qu'il est dédivinisé, est aussi dédémonisé.

Mais, alors, j'en serais surpris s'il me fallait maintenant apprendre que Rorty n'a jamais su à quel point, dans cette besogne accomplie en démythologisant le monde, en désacralisant la nature, en affirmant le séculier, nous sommes profondément tributaires des deux sources – la grecque et la biblique – de la tradition religieuse de l'Occident. Rassurons-nous, je n'ai pas d'arrière-pensée ; je ne cherche pas – comme on rattrape une sauce – à rattraper ce que, désormais, on a pris coutume d'appeler la dérive ontothéologique de cette même tradition. Mais c'est une dérive qui, cependant, attire notre attention sur le fait que la pensée occidentale se déroule selon trois modes : celui des choses (antiquité et philosophie médiévale) ; celui des idées (période moderne) ; celui des mots (pensée contemporaine) [2] – trois modes

1. Nous y reviendrons. Mais d'ores et déjà il me semble approprié de citer ce passage de « Philosophes et romanciers » (*Lettre Internationale*, 42, 1990-91), où Rorty écrit : « Platon regarde en bas, Heidegger regarde en arrière. Tous deux espèrent… se purifier de ce qu'ils regardent… Cette pensée joue un rôle important dans la tradition occidentale et on en trouve l'équivalent (peut-être même la source) en Orient. C'est la raison pour laquelle Heidegger est le philosophe occidental du XXe siècle qu'on fait le plus souvent "dialoguer" avec la philosophie orientale. Le besoin d'ignorer les relations entre les êtres, d'échapper à l'affairement, d'être réceptif à la splendeur du simple, ce sont là des thèmes familiers à l'Orient ».

2. R. RORTY, *Philosophy and the Mirror of Nature, op. cit.*, p. 263.

qu'on pourrait aussi bien identifier par d'autres termes, tels que, respectivement, démythologisation, désacralisation, déconstruction, encore que, parmi les partisans de cette dernière, il en est qui souhaitent « la possibilité de voir l'amour, le pouvoir, la justice se rassembler dans la profondeur de la nature des choses ou de l'âme humaine ou de la structure du langage : *quelque part*... [Car] ils continuent de penser que la vertu et la connaissance sont en quelque sorte liées, et que le fait de penser correctement dans les questions philosophiques est important pour agir correctement [1] ». Soyons plus précis. S'ils adhèrent à la version qu'en donne Rorty, les pragmatistes sont tels qu'ils « do not see the end of logocentrism or the death of God as requiring [them] to adopt a new self-image [2] », moins encore ont-ils besoin d'échafauder une théorie de la connaissance à partir de la notion de représentation ou de l'esprit comme miroir du réel – bref, à partir de ce que Rorty résume par l'expression d'*essence spéculaire* (« glassy essence ») [3].

Il y a plus de quinze siècles, l'un des Pères cappadociens, Grégoire de Nysse avait déjà avancé une semblable proposition [4]. Il voulait tout simplement qu'on se débarrassât de cette notion du miroir de la nature et qu'on la remplaçât par ce qu'il appelle le *miroir de Jésus*. Il était lui-même profondément enraciné dans la tradition platonicienne. Et si j'en fais ici mention, c'est bien parce que, sans Platon comme en dépit de l'attrait de tout ce qui peut encore ressembler à de l'essentialisme ou à de l'idéalisme, de près ou de loin, un certain nombre d'options qui nous sont disponibles aujourd'hui ne le seraient pas. De même, ce qu'on entend maintenant par démocratie ou par solidarité, voire ce qu'on entend par politique et, mieux encore, par religion, je veux dire : ce qu'au fond on entend par *séculier,* ce terme, repris par Rorty, comme tant d'autres le sont par ses pairs à cette même tradition qu'on dit dévoyée – mais quelle différence entre le choix de Rorty et celui de ses pairs ! – je veux dire : ce que Rorty et lui seul veut nous laisser entendre par ce terme de séculier ne pourrait que tomber dans les oreilles de sourds si, comme lui, nous n'étions surpris par nous-mêmes en train de prêter attention au cardiogramme de cette tradition plutôt qu'à son encéphalogramme, à son dire plutôt qu'à son dit ; si, comme

1. R. RORTY, « Trotsky et les orchidées sauvages », *Lire Rorty* (Jean-Pierre Cometti, éd.), Paris, L'Eclat, 1992, p. 274.

2. R. RORTY, *Essays on Heidegger and Others* (Philosophical Papers, vol. 2), Cambridge, Cambridge Univ. Press, 1991, p. 132.

3. R. RORTY, *Philosophy and the Mirror of Nature,* p. 37, 42, sqq.

4. GRÉGOIRE DE NYSSE, *Ecrits spirituels*, Paris, Migne (Diffusion Brépols), 1990.

lui, nous n'étions surpris par nous-mêmes en train de puiser à cette tradition théologique comme à un puits, si improbable ou décrié soit-il pour cause d'archaïsme, qui aurait échappé à la sécheresse ne serait-ce que parce qu'il a été négligé et délaissé, abandonné.

Incidemment, je voudrais profiter de l'occasion que m'offrent ces remarques pour dénoncer cet abus de langage qui frôle la turpitude et qui, pour sa décharge, prouve moins un relâchement de la pensée contemporaine qu'il n'en fait apparaître le scandale de sa « déréglementation » ou sa « dérégulation » – à supposer que ce dernier vocable soit plus approprié : ce n'est qu'une question de mots. Comme l'est peut-être aussi celle qui me préoccupe ici. Mais là, il me semble qu'on aurait tout à y gagner si l'on disait *ontothéisme* plutôt qu'*onto-théologie*. En effet, s'il faut qu'aboutisse la tentative de ce qu'avec justesse Rorty désigne par l'expression de « philosophie édifiante » et qu'il nous propose non seulement comme l'une des deux possibilités d'un choix mais aussi, probablement, comme l'ultime solution de rechange à ce qu'on pourrait appeler l'acharnement déconstructionniste auquel se livre une philosophie en train de glisser sur la pente qui, au bout de la course, prétendrait en faire une « science sûre » [1], alors je ne vois pas pourquoi, pour des raisons analogues et non moins évidentes, la pensée contemporaine devrait manquer d'humilité en refusant cette clémence à une théologie non moins « édifiante » – ne serait-ce qu'en souvenir de Kierkegaard. Après tout, si tant est qu'un discours théologique consiste moins à nommer Dieu qu'à le dénommer [2], pareil discours, je le demande, pour quel dessein voudrait-il s'avachir jusqu'à sombrer dans le mirage d'un « vocabulaire final » où Dieu ne serait plus un mot comme les autres mots du dictionnaire, mais un mot d'ordre servant à boucher les trous du langage avant de le réduire en vecteur d'une idéologie ? La théologie, c'est vraiment tout le contraire d'un vocabulaire final, s'il faut, en particulier et conformément à la tradition biblique, que Dieu soit parole : on ne peut adorer Dieu sans en faire une idole, mais pour autant rien n'est plus réfractaire à l'idole que le langage ; paradoxalement, il suffit de parler

1. R. RORTY, *Philosophy and the Mirror of Nature, op. cit.*, p. 375 : « ... edifying philosophy aims at continuing a conversation rather than at discovering truth » ; p. 374 : « Edifying philosophers can never end philosophy, but they can help prevent it from attaining the path of a secure science ». Cf. *Lc* 11, 52 : « Malheur à vous, docteurs de la loi, parce que vous avez enlevé la clef de la science ; vous n'êtes pas entrés vous-mêmes, et vous en avez empêché ceux qui le voulaient ».

2. Cf. G. VAHANIAN, *Dieu anonyme*, Paris, Desclée de Brouwer, 1989 ; *L'utopie chrétienne*, Paris, Desclée de Brouwer, 1992.

pour qu'à travers le plus pieux discours on « entende » l'idole : elle est muette comme un miroir. Dieu seul est un Dieu qui nous parle ; mais il échappe à l'embuscade tendue par un langage qui, sous le prétexte d'en être le gardien, le prendrait en otage. D'autant qu'effectivement il en est tout autre, puisqu'il est l'autre radical – un Dieu qui n'est Dieu pour moi et n'est mon Dieu que dans la mesure où il est aussi le Dieu des autres. Et non un Dieu qui, pour autant qu'il le serait également pour les autres, ne serait qu'une doublure de mon Dieu.

A cet égard, bien qu'il n'en soit pas directement concerné, Rorty ne se trompe pas, ni ne nous trompe. S'agissant de philosophie du langage, il sait de quoi il en retourne. Reste qu'en se rangeant au côté du pragmatisme, il en dévoile le paradoxe. Contrairement aux apparences et loin de tout relativiser, le pragmatisme de Rorty relativise moins encore le langage ; il le radicalise, l'empêchant de se résorber dans quelque mot primordial ou de se coaguler dans quelque vocabulaire final. Rorty rejette les prétentions à l'objectivité *hypernaturaliste* du discours scientifique tout comme il rejette les prétentions à la transcendance du discours religieux dans sa mouture *supranaturaliste.* Pour les mêmes raisons (*Extremes meet,* dirait Joyce). Ce sont les mêmes que celles qu'il invoque à l'encontre de Heidegger comme à l'endroit de Derrida et qu'il formule en rejetant tout recours au surnaturel dont il importe peu de savoir s'il relève de la spéculation, ou s'il ressortit au spéculaire.

Ni du même coup ne saurait-on s'étonner que Rorty s'en tienne quitte de toute obligation à l'égard de la tradition religieuse de l'Occident. Après tout, il n'est guère plus tendre envers l'héritage philosophique qui empreint sa propre culture intellectuelle. Au point qu'il ne déclenche rien de moins qu'une bombe lorsqu'à Guadalajara, en 1985, sans ambages, il déclare que, non plus que la religion, la philosophie ne doit se mêler à la politique.

Outre la sévérité du ton, certains en sont encore à se demander pourquoi. Et bien sûr, Rorty s'en explique, plutôt deux fois qu'une. En ce qui me concerne ici, un échantillon nous en est offert dans une réplique qu'il adresse à Thomas McCarthy, sous le titre de *Truth and Freedom*, où il écrit, notamment : « ... we already have as much theory as we need, and ... what we need now are concrete utopias, and concrete proposals about how to get to those utopias from where we are now » [1]. Alors, ne compte qu'une chose et une seule et, quand on a pris le parti de philosopher, cette chose consiste, pour Rorty comme

1. G. OUTKA & J. P. REEDER (eds.), *Prospects for a Common Morality*, Princeton, Princeton Univ. Press, 1993, p. 287.

avant lui pour Dewey, à clarifier les idées qu'ont les hommes et les femmes de notre temps sur les conflits qui les divisent [1]. Plus précisément, cette chose n'est autre que ce qu'avec Kundera il appelle une *utopie démocratique.* C'est-à-dire : « une société future imaginaire où personne ne rêve de croire que Dieu, ou la Vérité, ou la Nature des choses est de son côté. Dans cette utopie, personne ne pense qu'il existe quelque chose de plus réel que le plaisir ou la douleur, ou un devoir auquel il devrait se soumettre et qui transcenderait la recherche du bonheur. Dans la communauté de l'utopie démocratique, les premières vertus intellectuelles seraient la tolérance et la curiosité et non la recherche de la vérité ; dans cette communauté, il n'y aurait rien qui ressemblât de près ou de loin à une religion d'Etat ou à une philosophie d'Etat » [2].

Il y a quelques décennies, Raymond Aron l'avait déjà souligné. C'est seulement après que les églises chrétiennes eurent enfin été lassées de se battre entre elles et de s'étriper mutuellement au nom d'un seul et même Dieu que l'idée de tolérance put être mise en pratique autrement qu'en lui frayant un chemin qui mène à un cul-de-sac. Et qu'elles purent, de plus, en permettant que la tolérance s'établisse parmi les nations européennes, leur léguer, à elles comme au reste du monde, l'espoir d'un monde meilleur, l'espérance du meilleur des mondes possible [3]. Aron se garde bien, cependant, d'insinuer, comme Cioran [4], qu'un tel changement d'attitude de la part des églises fût le résultat d'une perte de sens ou de leur marginalisation sur le plan culturel. Sans doute, à la différence d'Aron, Cioran est-il naturellement porté à négliger les conséquences d'une évolution, si ce n'est d'une transformation radicale par suite de laquelle l'éthique de la foi n'est plus axée sur *la vision béatifique de Dieu* (Thomas d'Aquin), mais sur *la vie future* (Calvin). Quoi qu'il en soit, d'une façon comme de l'autre, il importe de noter qu'est établi un lien entre église et utopie [5]. Ce qui compte est qu'émerge alors la *redescription* d'une redescription antérieure de la foi chrétienne dans sa pratique comme dans sa théorie. Les réserves de Cioran n'y changent rien, qui voit d'ailleurs dans l'utopie le substitut d'un christianisme qui se désagrège ou, sur un autre plan, la panacée d'un individualisme issu du décentrement de la

1. R. RORTY, *Lire Rorty, op. cit.*, p. 167.
2. R. RORTY, « Philosophes et romanciers », *loc. cit.*
3. R. ARON, *Mémoires*, Paris, Julliard, 1983, p. 415.
4. CIORAN, *Histoire et utopie*, Paris, Gallimard (Folio Essais), 1960, p. 114.
5. Cf. F. ENGELS, « Introduction to Socialism : utopian and scientific », Karl Marx & Friedrich Engels, *On Religion*, New York, Schocken Books, 1964, p. 300-301.

personne, comme si la personne ne pouvait qu'être centrée « by virtue of a common essence » – comme dirait Rorty, qui s'en défend. Car, pour lui, « personhood... is... a matter of decision rather than knowledge, and acceptance of another being into fellowship rather than a recognition of a common essence » [1]. La notion de personne fait fond sur la solidarité, bien plutôt que sur ce que nous aurions en commun avec d'autres, sur des *commonalities* (pour employer un vocable particulièrement en vogue en anglais).

N'en soyons pas surpris : utopie et démocratie sont pour Rorty des termes qui se recouvrent l'un l'autre et s'enchevêtrent, l'un forçant l'autre à repousser les limites de la solidarité ou à en élargir l'horizon. Dans une note infrapaginale, qui n'en est pas moins significative, Rorty corrige Nietzsche pour avoir dit avec une pointe de ricanement que « la démocratie, c'est le christianisme devenu naturel », et ajoute : « ôtez-en le ricanement, et Nietzsche a raison » [2]. Ah ! si seulement Nietzsche avait écrit « séculier » au lieu de « naturel », bien plus encore aurait-il eu raison ! Sitôt qu'en effet on se garde de considérer le séculier seulement par opposition au religieux mais aussi – et, peut-être, de façon encore plus importante – par opposition au « naturel », alors on s'aperçoit que l'utopie démocratique de Rorty est en ligue moins avec la nationalisation de la personne humaine ou son institutionnalisation qu'avec sa privatisation, mais une privatisation qui s'effectue par le brassage des traditions culturelles résultant des sédimentations de religions qui, elles, sont remises en cause et, parce qu'elles sont irréductibles les unes aux autres, sont passées au crible de ce qui leur est étranger, la conscience qu'alors nous avons, malgré nous, de rien qui ne nous soit plus étrange que l'étranger, surtout quand, selon l'expression biblique, il est « dans nos portes » (*Ex*. 20,10 ; *Dt* 5,14). C'est bien pourquoi, dans la tradition biblique, Dieu n'est avec nous qu'en étant aussi le Dieu des autres. C'est pourquoi, également, chez Rorty, la solidarité, condition *sine qua non* de l'utopie démocratique et de ses autres composantes que sont la sécurité (c'est-à-dire le bien-être comme dialectique qui transcende le bien autant que l'être), d'une part et, de l'autre, la liberté, la solidarité ne peut s'empêcher d'être ethnocentrée, forcément. Mais il veut dire par là bien autre chose qu'ethnicisme. Le type d'ethnocentrisme proposé par Rorty nous réfère au corps social (*body politic*) lorsqu'il se construit en visant à la création d'un « more expansive sense of solidarity than we presently have »

1. R. RORTY, *Philosophy and the Mirror of Nature*, *op. cit.*, p. 38.
2. R. RORTY, *Contingency, Irony, and Solidarity*, Cambridge, Cambridge Univ. Press, 1991, p. 87, n. 8.

plutôt qu'à la consolidation d'un acquis, si ce n'est d'une pure et simple donnée, « [such] as something that exists antecedently to our recognition of it » [1]. Auquel cas, nous ne pourrions que prêter le flanc « to Nietzsche's insinuation that the end of religion and metaphysics should mean the end of our attempts not to be cruel » [2]. Et donc, a-t-on envie d'ajouter, de nos efforts pour aller au-delà de nous-mêmes tant individuellement que collectivement – si, toutefois, la cruauté, au lieu de situer l'ethnocentrisme, comme il se doit, en deçà de lui-même, en était perçue comme le plus essentiel et le plus alarmant des symptômes.

L'ethnocentrisme prôné par Rorty relève d'un tout autre principe. Il échappe à la malédiction qui pèse sur tout ce qui, par le biais de la nature et de l'histoire, ou par celui de l'ontologie et de la sotériologie, persiste à privilégier l'homme par rapport au reste de la création ainsi tenue à distance. Rorty ne craint pas de le préciser, quand il écrit : « What takes the curse off this ethnocentrism is not that the largest such group is "humanity" or "all rational beings" ». Loin s'en faut, car, écrit-il encore, « no one… *can* make *that* identification ». Ce qui soustrait l'ethnocentrisme dont il s'agit ici à cette malédiction, c'est, « rather, that it is the ethnocentrism of a "we" ("we liberals") which is dedicated to enlarging itself, to creating an ever larger and more variegated *ethnos*. It is the "we" of the people who have been brought up to distrust ethnocentrism » [3]. Nous ne pouvons que partir de là où nous en sommes. Ni fuite dans un autre monde, ni aversion pour ce monde, l'utopie démocratique est à la mesure de ce monde. Elle consiste, comme disait Niebuhr, à trouver des solutions approximatives à des problèmes insolubles [4]. La démocratie est une méthode qui fait fond sur la notion selon laquelle le progrès moral dont l'être humain est capable n'est plausible et n'a de valeur qu'en contrepartie d'un acte encore plus exigeant, le repentir [5]. La démocratie a partie liée avec l'acte public qu'est la confession des péchés – un thème qu'Auden reprend dans sa « New Year Letter » :

> …true democracy begins
> With free confession of our sins.

1. *Idem,* p. 196.
2. *Ibidem.*
3. *Idem,* p. 198 (c'est l'auteur qui souligne).
4. R. NIEBUHR, *The Self and the Dramas of History*, New York, Charles Scribner's Sons, 1955, p. 84-85 ; Cf. *An Interpretation of Christian Ethics*, New York, Harper & Brothers, 1935, p. 223sq.
5. Ce terme, que Niebuhr emprunte moins au vocabulaire sotériologique qu'au vocabulaire liturgique, nous rappelle que la liturgie est *l'acte public* de la communauté.

In this alone are all the same,
All are so weak that none dare claim,
« I have the right to govern », or
« Behold in me the Moral Law »,
And all real unity commences
In consciousness of differences... [1].

Reconnaître qu'on est pécheur est, à tout le moins, aussi important que de prendre conscience de la perfection qu'on est censé refléter en vertu du fait qu'on est créé à l'image de Dieu. Rorty, me semble-t-il, ne dit pas autre chose quand il insiste sur l'humilité ou qu'il écrit : « Simply by being human we do not have a common bond. For all share with all other humans is the same thing we share with all other animals – the ability to feel pain » [2]. Dans la perspective d'une utopie démocratique, la question n'est donc pas tellement de savoir si vous et moi partageons le même vocabulaire final que de savoir si vous souffrez. C'est la question du Bon Samaritain (*Lc* 10, 33). Ou encore, non sans quelque ironie, c'est la question soulevée par Jésus dans sa parabole du Jugement Dernier (*Mt* 25). C'est aussi celle qui préoccupe Rorty quand, poursuivant sa pensée là-dessus, il écrit : « Distinguishing these questions makes it possible to distinguish public from private questions, questions about pain from questions about the point of human life » et, sur un autre plan, « the domain of the liberal from the domain of the ironist », quitte à lâcher quelque peu de lest par la suite et, se ravisant, à reconnaître qu'à la condition d'admettre cette distinction la même personne pourrait, au demeurant, être à la fois libérale et ironiste [3]. Pourquoi pas ? D'autant que la formule en rappelle une autre, devenue classique, par laquelle Luther définit le croyant comme un être « à la fois pécheur et justifié ». Rappel dont je ne cherche aucunement à minimiser l'incongruité. Qu'en général Rorty n'apprécie guère Luther, c'est connu. Mais, ce Luther-là, qui sait ? Et pour peu qu'ici Rorty tolère cette comparaison, il me permet de comparer deux ordres d'idées : l'un mis en œuvre par lui-même quand il présente l'utopie démocratique comme consistant dans un ethnocentrisme subverti par lui-même, l'autre, mis en œuvre par Luther, quand il décrit la foi comme subversion de la religion par elle-même, et qu'on retrouve, plus récemment, chez Buber. Comme Luther, bien qu'avec une autre terminologie, Buber non plus n'a de peine à montrer que,

1. W.H. AUDEN, *The Collected Poetry of W.H. Auden*, New York, Random House, 1945, p. 314.
2. R. RORTY, *Contingency, Irony, and Solidarity*, *op. cit.*, p. 177.
3. *Idem*, p. 198.

dans la perspective biblique, la religion consiste à dépasser la religion. Dieu même nous y est montré comme repoussant les limites de Dieu – celles qui lui sont octroyées par l'homme qui ne veut se dépasser lui-même ni passer au crible de l'autre, de l'étranger [1]. Comme dira Karl Mannheim, n'y aurait-il qu'une vérité, « only one Truth, it is bound to be more comprehensive than any one human being or any one party could grasp » [2].

Non, je ne perds pas le fil de mes idées. Ni, moins encore, quand me revient ici à la mémoire la déclaration que fait John Cotton, à l'aube de la civilisation américaine. Il dit alors : « It is necessary that all power on earth be limited, church power or other... It is counted [by some] a matter of danger to the state to limit prerogatives ; but it is a further danger not to have them limited... And it is meet that magistrates in the Commonwealth and officers in the church should [each] desire to know the utmost bounds of their own [respective spheres] of power » [3]. A l'évidence, pour John Cotton, le domaine public comme la cause publique n'en vaudrait pas la chandelle si, par principe, n'en était requise la désacralisation de tout pouvoir, soit-il sacerdotal ou idéologique, religieux ou métaphysique [4]. Ou, comme dit aujourd'hui Rorty, si la morale, n'étant qu'affaire de vocabulaire, doit dépendre du langage et prendre en compte le fait que « languages are historical contingencies rather than attemps to capture the true shape of the world or of the self » ; et si, de plus, « [to] stand unflinchingly for one's moral convictions is a matter of identifying onseself with such a contingency » [5].

Mais détrompons-nous. Il n'était pas dans mon intention d'insinuer que l'utopie, la démocratie, le séculier, et tous leurs accoutrements, de la contingence à la solidarité en passant par l'ironie, sont tributaires de la tradition religieuse de l'Occident. J'ai voulu au contraire montrer

1. Cf. E. LEVINAS, « Diachronie et représentation », *Emmanuel Lévinas: L'éthique comme philosophie première* (J. GREISCH et J. ROLLAND, éds.), Paris, Cerf (La nuit surveillée), 1993 ; *Autrement qu'être ou au-delà de l'essence*, La Haye, Nijhoff, 1978[2].

2. K. MANNHEIM, *Freedom, Power and Democratic Planning*, New York, Oxford Univ. Press, 1950, p. 288.

3. Cité par W. G. McLAUGHLIN, « The Diverse Origins of the American Tradition of Separation of Church and State », *Cimarron Review*, 2 (1967), p. 50. Dans son *Ethique* (Labor & Fides, Genève), Dietrich Bonhœffer souligne les différences entre les révolutions américaine et française et les conséquences qui en résultent pour ce qui est du christianisme et de son rapport à la démocratie.

4. Sur démocratie et désacralisation, cf. P. TILLICH, *The Religious Situation*, New York, Meridian Books (Living Age Books), 1956, p. 107-108.

5. R. RORTY, *Contingency, Irony, and Solidarity*, p. 60.

que le cœur même ou l'héritage de la tradition judéo-chrétienne, tout comme celui de sa parente et alliée, la pensée grecque, ne saurait être proprement ni adéquatement apprécié sauf en fonction de son acculturation et des conséquences qui en découlent. J'ai dit *acculturation* afin d'éviter les connotations péjoratives, d'ordinaire associées à la sécularisation – un terme qu'à moins d'une grave erreur de ma part – Rorty n'utilise pas. De même, et puisqu'en revanche il évoque le phénomène technicien, il n'est pas non plus dans mon intention de suggérer qu'afin de mieux sonder la civilisation technicienne on doive la lier inextricablement avec le destin de la tradition judéo-chrétienne. Je dis au contraire que c'est la foi chrétienne qui ne se comprend pas sans son intégration à une culture et, donc, qu'elle ne se comprend pas indépendamment d'un réseau d'acculturation par où s'affirme et s'affine l'éthique de la foi, et dont la trame ne peut que se modifier d'une époque à l'autre ou d'un régime culturel à l'autre [1]. Je dis que c'est la tradition judéo-chrétienne qu'il est aujourd'hui impossible de comprendre sauf en osmose avec la technique et l'utopisme qui lui est inhérent, jusques et y compris les mille et une manifestations qu'elle nous donne de l'impression qu'avec elle on a de pénétrer un monde où, comme le surnaturel à la science, le naturel a fait place à l'artificiel [2], sinon l'ancienne alliance à la nouvelle alliance [3]. C'est qu'en effet ce qui rend la science exemplaire, comme le souligne Rorty (et j'en dirais autant de la technique) est qu'elle peut nous offrir un modèle de solidarité humaine ; modèle qu'elle nous offre dans la mesure où, toutefois, elle n'exerce aucun pouvoir à moins de le partager ; et où elle veut s'acquitter de la vocation qui lui est propre, l'humilité de la connaissance, et non humilier tous ceux qui en sont exclus [4].

Reste, il est vrai, la déstructuration du surnaturel. Elle n'endommage nullement la tradition religieuse de l'Occident dans la mesure où la version qu'en donne l'ontothéisme sotériologique n'en est qu'un aspect hypertrophié, certes. Mais qui n'a jamais su occulter totalement et moins encore invalider l'autre version, non moins significative : la version eschatologique, qui remonte aux sources de l'utopisme

1. Par exemple, du Moyen Age à la Réforme et au monde anglo-saxon ou de Byzance à Rome ou Genève.

2. Cf. J. ELLUL, *La technique ou l'enjeu du siècle*, Paris, Calmann-Lévy, 1954 ; M. WEYEMBERGH, *Entre Politique et Technique*, Paris, Vrin, 1991.

3. Cf. I. PRIGOGINE et I. STENGERS, *La nouvelle alliance*, Paris, Gallimard, 1987. Notons que l'amphibologie de l'expression ne me choque ni ne me rebute.

4. R. RORTY, *Science et solidarité : la vérité sans le pouvoir*, Paris, L'Eclat, 1992, p. 55.

biblique et va du Jardin d'Eden à la nouvelle Jérusalem en passant par la Terre promise ou la vision d'un nouveau ciel et d'une terre nouvelle.

Pour m'en expliquer ici, je partirai d'une idée qu'expose Paul Tillich quand il cherche à rendre compte du procès par lequel la tradition judéo-chrétienne s'étiole et connaît la désuétude face au prestige accru de la science et devant l'essor de la technique. Il attribue l'un et pour lui de loin le plus important des facteurs de ce procès à cette particularité de la tradition judéo-chrétienne, en vertu de laquelle une approche naturaliste de la religion finit par être remplacée par une approche religieuse de la nature [1]. Cela, Tillich le déplore et, bien entendu, ses réserves à l'encontre de la technique comme de l'utopie n'y sont pas étrangères. Et pourtant, mieux que quiconque, il sait que la religion biblique n'est pas une religion de la nature, mais qu'avant tout elle s'interroge sur la nature de la religion. Il sait que, pour elle, la réalité humaine se définit moins par son rapport à la nature que par son rapport à Dieu – rapport d'autant plus exclusif qu'elle n'aboutit pas à la négation de la nature pour autant ; bien au contraire, elle entraîne la désacralisation de la nature [2]. Désacralisée, voire sécularisée, la nature est rendue à elle-même, et Dieu, cessant du même coup d'en être la personnification, peut alors se penser en fonction d'une alliance, qu'il conclut tant avec le genre humain en particulier qu'avec sa création en général. Alliance, il convient de le noter, qui est en soi, déjà, une nouvelle alliance comme vont l'être toutes les autres qui, du premier Adam au second, jalonnent l'histoire qui noue Dieu à l'homme et l'homme à Dieu et dont le récit est, de ce fait, transformé en scénario d'une alliance nouvelle. C'est pourquoi le Dieu des pères est un Dieu qui vient. Braquée sur l'avenir, la religion biblique n'est pas rivée au passé ni engluée dans des récits d'autrefois. Plutôt qu'à se réduire à l'évocation de Dieu *autrefois,* elle consiste à invoquer Dieu *autrement.* Au point qu'il en résulte bientôt une éthique sabbatique dont l'utopisme n'a pas eu son pareil en matière de doctrine sociale, pour ne pas dire de solidarité, tant des hommes entre eux qu'entre les hommes et la nature.

Mais c'est une éthique, non pour l'au-delà, mais pour demain. Elle est axée sur le salut. Mais la religion biblique entend par là tout autre chose que l'ontothéisme. Pour elle, le salut ne consiste pas à changer de

1. P. TILLICH, *The Protestant Era,* Chicago, The Univ. of Chicago Press, 1948, p. 108 ; *The Spiritual Situation in our Technical Society* (J. Mark Thomas, ed.), Macon (Georgia), Mercer Univ. Press, 1988.

2. Voire de la nature humaine. Cf. R. RORTY, *Contingency, Irony, Solidarity,* p. 35 : « To abjure the notion of the "truly human" is to abjure the attempt to divinize the self as a replacement for a divinized world ».

monde, mais à changer le monde. Qu'une telle assertion puisse froisser certaine sensibilité, cela ne fait aucun doute, malheureusement. Cependant, on ne peut que la réitérer. Dans l'Ancien Testament, le salut a partie liée avec la Terre [1], à cette différence près que la Terre promise doit s'entendre moins comme la concrétisation d'un patrimoine national, combinant le droit du sang avec le droit du sol, qu'en fonction d'un droit à la Terre, propre à quiconque vient au monde, proche et descendant d'Abraham ou lointain, fût-il l'étranger (*Ps* 115,16). Dans le Nouveau Testament, le salut est affaire d'agrégation au Corps du Christ, symbole d'un nouvel ordre mondial où il n'y a plus Juif ni Grec, homme ni femme, maître ni esclave (*Ga* 3,28). Et quand Jésus entame son ministère, il ne prône pas un salut qui nous attend dans une vie après la mort ; il proclame le règne de Dieu. Et, du même coup, dénonce l'obsession du salut – comme le souligne Luther quand, à l'interlocuteur curieux de savoir ce qu'il ferait s'il apprenait que la fin du monde devait avoir lieu le lendemain, il rétorque : « Je planterai mon pommier, comme prévu ».

Que l'ontothéisme, comme le sotérisme, soit l'arbre qui cache la forêt, j'en conviens. Reste que l'idée qu'ils en donnent n'épuise pas la tradition occidentale, en tout cas sur le plan religieux où je risque moins d'être égaré par mes compétences. Reste, autrement dit, que pour cette tradition la réalité humaine est moins aliénée d'elle-même qu'étrangère à elle-même, et moins étrangère à elle-même qu'elle n'est appelée à repousser ses propres limites, s'il faut que par là soit humanisé ce qui lui est étranger – lui-même, tel qu'il voit reflété, non par la nature, mais par l'autre, l'étranger. Dans cette perspective, je le répète, Dieu est un Dieu qui repousse les limites de Dieu, s'il faut que Dieu crée et que, cependant, ce qu'il crée ne soit pas divin et qu'Israël, lumière des nations, leur serve de modèle. Avec ou sans Dieu, le monde est ce qu'il est. Dieu n'est pas Dieu sans le monde.

Je me demande s'il convient ici de le souligner. De concert avec cette manière de dire Dieu et le monde, c'est non pas au théisme ni non plus à son symétrique, l'athéisme, qu'on reconnaît la griffe de l'Occident. La dédivinisation du monde n'aboutit pas à l'affirmation d'un Dieu en soi, à l'isolement de Dieu, à dire Dieu par addition ou par

1. Cf. W.D. DAVIES, *The Gospel and the Land : Early Christianity and Jewish Territorial Doctrine*, Berkeley, University of California Press, 1974 ; « La dimension "territoriale" du judaïsme », *Recherches de Science Religieuse*, 66 (1978), 4.

soustraction [1]. Le discours que tient l'Occident jusque dans sa dérive ontothéiste, ou malgré cette dérive, n'est ni théiste ni humaniste. Exprimé à la manière biblique, c'est bien plutôt un discours messianique, ou christocentrique : si l'homme n'est pas la mesure de toutes choses, ce n'est pas non plus Dieu, mais la parole à défaut de laquelle Dieu même est une idole et, l'homme, une contrefaçon de l'humain. Parole dont la portée subversive a été plus que dévoyée par le sotérisme qui, ne sachant ou ne voulant voir dans la figure de l'agneau de Dieu qu'un agneau sacrificiel, est en réalité le véritable nerf de l'ontothéisme auquel, à tout le moins, il sert d'alibi. Mais la figure de l'agneau n'est pas seulement d'ordre sacrificiel. Elle comporte aussi, et de façon bien plus significative, une dimension subversive, en particulier dans la bouche de Jésus, dont le message fait écho aux visions eschatologiques des prophètes (où l'agneau cohabite avec le loup) avant d'être répercuté par l'iconographie du christianisme primitif. Iconographie traduisant l'espérance utopique nourrie par les récits de pêche miraculeuse ou de multiplication des pains et d'eau changée en vin ou de sourds qui se mettent à entendre, d'aveugles qui voient, de boiteux qui marchent, de malades qui sont guéris. Cet utopisme, l'ontothéisme sotériologique a certes voulu à son tour en être la traduction. Il n'y est parvenu qu'en le trahissant.

En résulte la dérégulation intellectuelle déjà évoquée, mais aussi cette situation si caractéristique de la modernité où la religion, liée tantôt au naturel, tantôt au surnaturel, en est réduite à subir les frais d'une interprétation à la solde d'un positivisme sociologique qui, au lieu de chercher ce qu'il peut trouver, ne trouve que ce qu'il cherche : l'éclipse de la religion. De Darwin à Freud en passant par Nietzsche, sans parler d'Auguste Comte ou de Karl Marx, on s'est empressé de voir dans la régression de la religion la condition du progrès de la civilisation, de l'idée selon laquelle l'horizon culturel de la réalité humaine s'élargit au fur et à mesure qu'on passe d'une étape à la suivante de la croissance humaine.

Il en va, pourtant, bien autrement quand on considère les choses au point de vue du paradigme utopique de la religion, un paradigme qui informe les deux composantes, tant la grecque que l'hébraïque, de la tradition religieuse propre à l'Occident. A la différence du paradigme sacral – qui consiste à tracer un cercle à l'intérieur d'un autre, et ainsi de suite – le paradigme utopique est illustré par un cercle dont la circonférence est partout et le centre nulle part. C'est la raison pour

1. Cf. M. BUBER, *Between Man and Man*, Boston, Beacon Press, 1955, p. 80.

laquelle le Jardin d'Eden ne comporte pas d'enceinte sacrée, et que, dans la nouvelle Jérusalem, il n'y a pas de Temple. Abraham plonge ses racines, non là d'où il vient, mais là où il va. Ulysse ne revient à Ithaque qu'afin de prendre à nouveau le large. L'homme utopique est l'homme en route vers son « vrai pays » (Calvin) et qui, entre temps, comme l'indique l'épître à Diognète, considère toute patrie comme une terre étrangère, toute terre étrangère comme une patrie [1]. C'est l'homme qui a partie liée avec tout homme, et pour qui la communauté est une affaire, non du sang qui coule dans ses veines, mais du sang versé pour lui par celui qu'on rejette. La communauté consiste, au contraire, à inclure l'étranger : là est l'épreuve de sa véritable authenticité [2]. Une communauté exclusiviste est en contradiction avec elle-même. La communauté fait fond sur une dialectique de l'altérité, bien différente de l'opposition entre *eux* et *nous* par quoi se résout la dialectique de l'identité et de la différence. A l'absolutisme de la notion romantique de complémentarité, elle substitue l'utopisme de la notion pratique, voire pragmatique, de compatibilité. Au lieu de se dire par *eux* et *nous,* elle se dit par *je* et *tu.*

Pour autant qu'en effet l'homme s'est cru maître et possesseur de la nature, il s'en est isolé. Chaque être de la nature est toujours le plus beau ou bien en représente l'étape la plus achevée. Il est seul : la chaîne de l'être ne peut que renvoyer à elle-même. L'être est un enchaînement de l'être, comme le rappelle saint Augustin, quand, pour dénoncer cet enchaînement, il met en scène les créatures. Aucune ne sait par qui elle a été ainsi faite et conseille de s'adresser à la suivante, et ainsi de suite jusqu'au sommet de l'échelle, à l'homme qui, par sa capacité d'en

1. *L'épître à Diognète* (H.I. Marrou, éd.), Paris, Cerf (Sources chrétiennes XXXIII), 1951, p. 62-63.

2. Cf. M. ELIADE, « Note pour un humanisme », *Nouvelle nouvelle revue française,* novembre 1961 : « Il n'est pas exclu que l'attraction pour les mythes et les symboles, l'engouement pour l'exotique, le primitif, l'archaïque, les rencontres avec les "Autres" et tous les sentiments ambivalents qu'elles impliquent, – il n'est pas exclu que tout cela apparaisse un jour comme un nouveau type de religiosité ». Qu'apparaisse de nos jours un nouveau type de religiosité, cela n'est certes pas exclu. J'en suis même convaincu. Encore faudrait-il se garder de prêcher pour sa paroisse, comme le fait Eliade, et d'en attribuer la cause seulement à cette attraction ou cet engouement, et à l'exclusion de tout autre facteur possible et même probable. Avec Ernst TRŒLTSCH (*Religion in History*, edited by James Luther Adams & Walter F. Bense, T&T Clark, Edinburgh, 1991) j'y verrai plutôt un effet de la révolution techno-scientifique par quoi, de reste, s'expliqueraient également et l'attraction et l'engouement dont parle Eliade avec la maîtrise qu'en d'autres domaines on ne saurait lui contester (Cf. G. VAHANIAN, *Dieu et l'utopie*, Paris, Cerf, 1977).

glorifier Dieu, fait aussitôt savoir qu'*avec l'homme* Dieu est à égale distance de tous comme de tout ce qui est [1], ne serait-ce que parce que l'homme reste à faire (saint Thomas) ou qu'il dépasse l'homme, infiniment (Pascal) et que l'humanisation est affaire de solidarité, non d'exclusivisme tribal. Elle est affaire d'utopie : en témoignent l'ingérence humanitaire tout comme les droits de l'homme sans parler de la technique qui rabote les différences culturelles au point d'en relativiser l'identification religieuse, sinon d'en exacerber la revendication au nom d'un fondamentalisme religieux dont les accents intégristes n'en trahissent pas moins la tentation exclusiviste sous le couvert du respect des différences. Respect qui malheureusement sert d'alibi au principe sacral d'un essentialisme hiérarchique, au lieu de défier le genre humain à la solidarité. Solidarité qui, seule, n'humilie pas les autres, tous ceux auxquels prétendent nous opposer aussi bien l'impérialisme religieux que l'idéologie totalitariste, et – à l'instar de la parole faite chair qui assume la condition humaine en la sécularisant – n'a lieu que dans ce qui n'a pas de lieu, la démocratie comme éthique politique de l'utopie.

Gabriel VAHANIAN*

1. Cf. SAINT AUGUSTIN, *Les Confessions* X, 6, Paris, Flammarion, 1937, p. 242-244.

* Université des Sciences Humaines, Strasbourg.

TABLE DES MATIÈRES

Imprimerie de la Manutention à Mayenne — avril 1994 — N° 135-94